# 마음의 문학, 문학의 마음
―『심경』과 문학의 상관성―

# 마음의 문학,
# 문학의 마음

『심경』과 문학의 상관성

정우락 외 지음
한국문학사상연구실 엮음

역락

## 책머리에

 심학心學은 마음에 관한 학문이다. 인간이 하는 일 가운데 마음과 관련되지 않는 것은 하나도 없다. 이 때문에 사상적으로 볼 때, 심학이라는 용어는 불교는 물론이고, 정주학程朱學, 육왕학陸王學, 심지어 동학東學에 이르기까지 다양하게 사용된다. 그러나 성즉리설性卽理說을 표방하는 정주학적 입장에서는 심즉리설心卽理說을 내세운 육왕학이 마음의 본체를 강조한다는 측면에서 불교의 선학禪學과 일치한다고 보고, 자파의 학문을 이학理學 내지 도학道學이라고 하면서 육왕학을 심학이라 비판하였다. 정주학자들은 마음을 기질로 보아 심즉기心卽氣의 입장을 취하고 있었기 때문이다.
 성리학에서 심학의 다른 이름은 성학聖學이다. 기실 심학에 대한 이러한 관점은 주자학과 양명학이 동일하다. 구체적인 방법론으로는 정일지학精一之學을 내세운다. 이것은 『서경書經』「우서虞書 대우모大禹謨」에서 말한 "인심은 위태롭고 도심은 미미하니 정밀하게 살피고 한결같이 지켜야 진실로 중도를 잡을 수 있다.[人心惟危 道心惟微 惟精惟一 允執厥中]"라고 한 16자 심결心訣을 의미한다. 주자는 성인의 심법이 여기에 있다고 했고, 왕양명도 심학의 근원을 여기에서 찾을 수 있다고 했다.
 진덕수陳德秀의 『심경心經』 역시 16자 심결에서 시작한다. 이에 대하여 정민정程敏政은 「심경부주서心經附註序」에서 진덕수가 성현의 격언을 뽑아 『심경』한 편을 만들면서 '위미정일危微精一' 16자를 앞에 놓고 주자의 「존덕성재명尊德性齋銘」으로 끝마쳤다고 하면서, 사람들이 성명性命을 입과 혀로만 말하고 있어 서산 선생이 이를 걱정하여 『심경』을 지었다고 했다. 진덕수는 『심경』의 요체로 '경敬' 한 자를 내세웠으며, 정민정은 이것은 '냇물을 막는 지주산砥柱山이요 남쪽을 가리키는 수레요 어둠을 밝히는 거울'이라 했다.

『심경』한 책이 15세기 초에 조선에 들어오면서 조선은 그야말로 심학心學의 나라가 되었다. 중국에서는 유례를 찾아보기가 어려운 것이었다. 조선의 선비들은 이로써 사유하고 이로써 행동하고자 했다. 퇴계退溪 이황李滉과 남명南冥 조식曺植, 율곡栗谷 이이李珥와 한강寒岡 정구鄭逑도 이를 스승 삼아 강학하였고, 조정에서는 경연經筵에서 『심경』을 주요 교재로 선택해서 강의하였다. 『심경』에 대한 관심은 일제강점기까지 지속되었고, 파리장서에 서명한 것으로 인해 순국했던 시골 선비 성재省齋 정재기鄭在夔는, '마음을 구하는 방법은 이 책을 버리고 무엇으로 하겠는가'라고 하면서 『심경』 읽기를 독려하기도 했다.

조선시대 선비들의 마음과 그것의 형상인 문학을 이해하고자 할 때, 우리가 반드시 읽어야 할 책이 바로 『심경』이다. 그들은 이를 통해 수양하고, 이를 통해 작품을 창작하였으며, 이를 통해 그들의 문화를 만들어 갔기 때문이다. 사정이 이러하므로 경북대학교 한국문학사상연구실의 주요 강독 교재 가운데 하나도 『심경』이었다. 우리는 이를 함께 강독하면서 스스로를 새롭게 하는 한편, 문학 작품의 행간을 깊이 있게 이해하기 위해 노력하였다. 여기서 더욱 나아가 자신이 사유하고 탐구한 바를 글로 써서 발표하기로 했다. 학자적 소임을 다하기 위함인데, 이 책은 바로 그 결과물이다.

먼저 『심경』의 유입에 따라 조선의 선비들은 마음을 문학으로 어떻게 형상화하였던가 하는 문제를 총론으로 다루었다. 이 작업은 내가 수행을 하였다. 그동안 우리는 문학과 철학의 분리라는 근대학문의 분과 논리에 따라 서로 다른 길을 걸어왔다는 것을 자각하고, 이를 성찰하면서 이 두 학문 분야의 교융적 시각에서 『심경』을 주목하고, 여기서 제시하는 핵심 개념을 드러내 문학적 형상을 따졌다. 이로써 『심경』과 문학의 상관관계와 이에 따른 연구의 가능성을 포괄적으로 제시할 수 있었다.

제1부에서는 '마음의 문학'이라는 이름 아래 마음이 문학 작품 속에서 어떻게 다양하게 작동할 수 있는지를 보였다. 김종구 선생은 『심경부주』의 공부론이 문학적으로 형상화되는 일국면을 살폈고, 신소윤 선생은 성재惺齋 금난수琴蘭秀라는 구체적인 작가를 들어 그의 마음 공부가 작품에 어떻게 반영되어 있는지를 따졌다. 이 둘이 모두 시문학에 초점을 둔 것이라면, 백운용 선생은 의인소설 「오일론심기五一論心記」를 중심으로 서사 문학 속에서 마음이 어떻게 이야기되는지를 다루었다. 또한 마음 문제는 조선시대 선비의 전유물이 아니므로, 불교와 화랑으로 확장하기도 했다. 이러한 시각에 기반하여 송현자 선생은 「대승기신론大乘起信論」과 『심경부주』를 비교하였고, 이난수 선생은 화랑의 영성과 감성 문화를 심도 있게 살폈다.

제2부에서는 '문학의 마음'이라는 이름 아래 문학에 보다 초점을 두었다. 여기에는 작가와 인문 공간, 그리고 시대를 포착해 다루었다. 문학이 다양한 각도에서 마음의 문제를 제기할 수 있기 때문이다. 작가를 중심으로 다룬 것은 나의 개암介巖 강익姜翼에 대한 논의와 김소연 선생의 간송澗松 조임도趙任道에 대한 논의가 있고, 인문 공간으로는 김선영 선생이 도산서원을, 최은주 선생이 세심정을 주목하였다. 이들이 모두 한문문학을 중심으로 다루었다면 조유영 선생은 근대전환기의 가사문학에 초점을 두고 문학과 마음의 문제를 탐구했다.

나는 여기서 이천伊川 정이程頤의 「호학론好學論」을 새롭게 떠올린다. 그는 이 글에서 성인은 배워서 될 수 있다는 신념을 갖고 안연顏淵이 그러하였던 것처럼 수양에 매진할 것을 특별히 당부하였다. "인의仁義와 충신忠信이 마음에서 떠나지 않고 아무리 위급하더라도 마음을 반드시 여기에 두어야 하고, 넘어지고 자빠지더라도 마음을 반드시 여기에 두어야 하며, 출처出處와 어묵語默에 있어서도 마음을 반드시 여기에 두어야 한다."라고 한 것이 그것이다. 한국문학사상연구실 동학들도 이러한 자세로 정진해나간다면, 어느 날 자신도 모르는 사이에 스스로가 희망하는 '그곳'에 도달해 있을 것이다.

2025년 1월
오하중마실梧下重磨室에서 정우락 씀

# 차례

책머리에 • 5

## 서론

『심경』의 문학적 수용과 '마음'의 형상 ──────── 정우락 • 15
    1. 『심경』의 유입과 독서 • 15
    2. 유가 수양론과 『심경』 • 19
    3. 수양론의 문학적 수용 • 26
    4. '마음'의 문학적 형상 • 34
    5. 마무리 : 지경을 위하여 • 40

## 제1부 마음의 문학

『심경부주』에 나타난 공부 방법론과 문학적 형상화
    ── 인식과 실천을 중심으로 ──────── 김종구 • 49
    1. 서론 • 49
    2. 『심경부주』에 나타난 '공부' • 52
    3. 공부의 방법론 • 57
    4. 공부론의 문학적 형상화 • 66
    5. 결론 • 71

성재 금난수의 심재의 추구와 그 의미 ──────── 신소윤 • 75
    1. 서론 • 75
    2. 주경과 심재의 추구 • 78
    3. 심재에 바탕한 문학적 형상화 • 86
    4. 실천과 자득을 통한 도학적 세계의 구현 • 95
    5. 결론 • 100

## 「오일론심기」의 주제론적 접근
― '마음'에 대한 변증법적 인식을 통한 삶의 성찰 ─────── 백운용 • 105

    1. 들어가는 말 • 105
    2. 다양한 양식의 차용과 그 기능 • 108
    3. 내면적 욕구의 분출과 그 향방 • 117
    4. 양식의 기능과 주제의 형상화 - 마무리 • 130

## 『심경부주』와 『대승기신론』의 심 구조와 수양론 비교 고찰 ── 송현자 • 133

    1. 머리말 • 133
    2. 『심경부주』와 『대승기신론』의 심 구조 • 135
    3. 『심경부주』와 『대승기신론』의 수양론 • 151
    4. 맺음말 • 165

## 고대 화랑의 영성과 감성적 문화 탐색 ──────── 이난수 • 169

    1. 화랑, 문화 원형으로의 탐색 • 169
    2. 화랑문화에 나타난 영성 • 174
    3. 화랑문화에 나타난 감성 • 182
    4. 화랑, 현대인과의 조우 • 190

# 제2부 문학의 마음

## 개암 강익의 심학과 그의 시가문학 ——————— 정우락·195

1. 머리말 • 195
2. 심학에 대한 강익의 입장 • 200
3. 강익 시가문학에 작동한 심학 • 206
4. 강익 시가문학의 의의 • 214
5. 맺음말 • 222

## 간송 조임도의 문학에 나타난 심학과 그 특징 ——————— 김소연·227

1. 서론 • 227
2. 간송 조임도의 학문과 심학 • 231
3. 간송 조임도의 문학에 나타난 심학의 양상 • 237
4. 현실 사회와 삶으로 이어지는 심학 • 247
5. 결론 • 253

## 도산서원 천연대의 문학적 형상과 경관 의미 ——————— 김선영·257

1. 머리말 • 257
2. 천연대의 축조와 명명 의미 • 259
3. 천연대의 문학적 형상 양상 • 265
4. 천연대의 문학경관적 의미 • 282
5. 맺음말 • 286

### 세심정 관련 한시에 나타난 공간감성과 그 의미 ──────── 최은주 • 291

    1. 들어가며 • 291
    2. 세심정과 관련 한시 현황 • 293
    3. 한시를 통해 본 세심정의 공간감성 • 300
    4. 세심정에 나타난 공간감성의 의미 • 309
    5. 나가며 • 315

### 근대 전환기 전통지식인의 마음 인식과 문학적 상상력의 향방
──명암가사 「태평책가」를 중심으로 ──────── 조유영 • 319

    1. 서론 • 319
    2. 명암 이태일의 마음 인식 • 322
    3. 명암가사 「태평책가」의 마음 형상 • 329
    4. 근대 전환기 전통지식인의 문학적 상상력과 그 향방 • 338
    5. 결론 • 343

# 서론

# 『심경』의 문학적 수용과 '마음'의 형상

정우락(경북대학교 국어국문학과 교수)

## 1. 『심경』의 유입과 독서

　『심경心經』은 송나라의 진덕수眞德秀(1178-1235)가 유가 경전 및 도학자들의 저술 가운데 심성 수양과 관련된 격언을 모아 편집한 책이다.[1] 경전은 『서경書經』, 『시경詩經』, 『역경易經』, 『논어論語』, 『중용中庸』, 『대학大學』, 『예기禮記』, 『맹자孟子』 등이며, 도학자의 저술은 주돈이周敦頤의 「양심설養心說」과 『통서通書』 「성가학장聖可學章」, 정이程頤의 「사잠四箴」, 범준范浚의 「심잠心箴」, 주희朱熹의 「경재잠敬齋箴」·「구방심재명求放心齋銘」·「존덕성재명尊德性齋銘」 등이다. 진덕수는 이들 글에 송유들의 관련 논의를 붙여 주석을 삼았고, 자신의 「심경찬心經贊」도 한 편 덧붙였다.
　명나라 사람 정민정程敏政(1445-1499)은 『심경』에 해설을 추가하여 『심경부주心經附註』를 편집하였다. 원문에 대한 해설은 물론이고 다양한 자료를 찾아

---

1　진덕수는 『심경』과 함께 『政經』도 지었다. 전자가 修己의 도를 논한 것이라면, 후자는 治人의 도를 논한 것이다.

발췌하여 크게 보완하였는데, 부주가 차지하는 분량이 7-8할이며 자신의 견해도 안按을 달아 제시하였다. 그러나 그의 학문경향에 대하여 육구연陸九淵의 선학禪學에 물들었다는 비판이 있었다. 이 때문에 『심경부주』는 외적 지식을 넓히기 위한 도문학道問學보다 내적 수양을 위한 존덕성尊德性에 더욱 치중하며 주자보다 육상산을 숭배했다며 비판을 받기도 했다.

우리나라에 『심경』과 『심경부주』가 들어온 것은 조선 전기로 보이고, 최초의 기록은 세조대의 문신 손조서孫肇瑞(?-?)가 『심경』을 애호하고 『심경연의』를 저술했다고 한다.[2] 그가 김굉필과 정여창의 스승이었음을 감안할 때, 사림파를 중심으로 이 책이 읽혔다는 것을 알 수 있다. 이 때문에 중종대에 오면 조광조, 김안국, 성수침 등 이른바 기묘명현들을 중심으로 『심경부주』를 읽었다는 기록을 볼 수 있게 된다. 이후 영남학파를 대표하는 이황李滉(1501-1570)과 조식曺植(1501-1572)에 의해 이 책은 매우 중요한 책으로 부각되기에 이른다. 다음 자료를 보자.

(가)

내가 젊어서 한성漢城에 유학할 때 처음으로 이 책을 여관에서 보고 구하여 얻었으니, 비록 중간에 병 때문에 포기하여 '늦게 깨달아 이루기 어렵다'는 한탄이 있었으나 처음 이 일에 감발感發하고 흥기興起한 것은 이 책의 힘이었다. 그러므로 평소 이 책을 높이고 믿음이 또한 사자四子와 『근사록近思錄』보다 못하지 않았는데 … 허노재許魯齋[許衡]가 일찍이 말하기를 '내가 『소학』을 공경하기를 신명과 같이 하고 높이기를 부모와 같이 한다'라고 하였는데,

---

[2] 조선시대 『심경』의 유입과 한국적 전개에 대해서는, 송희준, 「우리나라에 있어서 『심경』 주석서의 사적 전개」, 『동방한문학』 15, 동방한문학회, 1998; 김종석 역주, 『심경강해』, 이문출판사, 1999; 홍원식 외, 『조선시대 심경부주 주석서 해제』, 예문서원, 2007; 이광호 외, 『국역 심경주해총람』(상하), 동과서, 2014 등이 도움이 된다.

나는 『심경』에 있어서 또한 이렇게 말하노라.³

(나)

마음은 죽고 육체만 걸어 다닌다면 금수禽獸가 아니고 무엇이겠는가? 그렇다면 내가 이군李君[이준경]을 저버린 것이 아니라 바로 이 책[심경]을 저버린 것이며, 이 책을 저버린 것이 아니라 바로 내 마음을 저버린 것이다. 내 마음을 저버리면 마음이 죽은 것이니 슬프기로는 마음이 죽은 것보다 더 큰 것이 없다. 죽지 않는 약을 구했으면 먹는 것이 급한 일인데, 이 책이 아마 마음을 죽지 않게 하는 약이리라. 반드시 먹어서 그 맛을 알고 좋아해서 그 즐거움을 알아야, 오래 갈 수도 있고 편안할 수도 있으며 아침저녁으로 일상생활에서 쓰기를 스스로 마지않을 것이다.⁴

(가)는 이황의 「심경후론心經後論」의 일부이고, (나)는 조식이 이준경에서 받은 『심경』을 읽고 책 뒤에 쓴 「서이군원길소증심경후書李君原吉所贈心經後」의 일부이다. (가)에서 이황은 『심경』은 사서나 『근사록』 아래에 있지 않다고 하면서, 이 책 공경하기를 신명神明과 같이 하고 높이기를 부모와 같이 한다고 했다. 그리고 조식은 마음의 중요성을 자각하면서 『심경』은 '마음을 죽게 하지 않는 약'에 비유했다. 우리는 여기서 영남학파의 양대산맥이라 일컬어지는 이황과 조식이 이 책을 얼마나 중요하게 생각했는지를 바로 알 수 있다. 신명 혹은 부모와 같고, 마음을 살리는 불사약과 같다는 표현에서 이러한 사실은 자연스럽게 확인된다.

---

3  李滉, 『退溪集』 권41, 「心經後論」, "滉少時, 游學漢中, 始見此書於逆旅而求得之, 雖中以病廢, 而有晚悟難成之嘆, 然而其初感發興起於此事者, 此書之力也. 故平生尊信此書, 亦不在四子近思錄之下矣 … 許魯齋嘗曰, 吾於小學, 敬之如神明, 尊之如父母, 愚於心經, 亦云."
4  曹植, 『南冥集』 권2, 「書李君原吉所贈心經後」, "予心喪而肉行, 非禽獸而何? 然則非負李君, 則負是書, 非負是書, 卽負吾心, 哀莫大於心死, 求不死之藥, 惟食爲急, 是書者, 其惟不死之藥乎? 必食而知其味, 好而知其樂, 可久可安, 朝夕日用而不自已也."

퇴계학단을 중심으로 『심경』은 특별히 주목받았다. 그 문하생들에 의한 주석서는 이를 증명하기에 족하다. 이덕홍의 『심경질의心經質疑』, 조목의 『심경품질心經稟質』, 김부륜의 『심경차기心經箚記』, 이함형의 『심경강록心經講錄』, 조호익의 『심경질의고오心經質疑考誤』, 정구의 『심경발휘心經發揮』 등 허다한 책이 그것이다. 이러한 퇴계학단의 『심경』에 대한 열의는 후대의 이상정李象靖에게로 이어져 김종덕이 완성한 『심경강록간보心經講錄刊補』를 편찬하기에 이른다.

한편 『심경』 공부는 기호학계로 확장되어 송시열의 『심경석의心經釋疑』, 박세채의 『심경표제心經標題』와 『심경지결心經至訣』, 민백우의 『심경집해心經集解』 등 허다한 책으로 출판되기도 했다. 양명학자인 정제두의 『심경집의心經集義』나 실학자 이익의 『심경질서心經疾書』, 정약용의 『심경밀험心經密驗』 등으로 재확산되어 조선의 선비들은 그야말로 『심경』을 통한 도학의 나라를 만들어가고 있었다. 이에 따라 조정에서는 교서관校書館에서 『심경부주』를 간행하는 한편, 효종 때부터 『심경』이 경연과목으로 정식 채택되면서 조선의 심학화는 더욱 가속화되었다.[5]

이 글은 『심경』의 핵심이 문학에 어떻게 수용되고 형상화되었던가를 따진 것이다. 이를 위하여 먼저 유가 수양론과 『심경』의 관계를 밝혀, 『심경』이 수양론적 측면에서 주장하는 방향이 어떠한 것인가를 살핀다. 논의의 바탕을 마련하기 위함이다. 여기에 기반하여, 『심경』의 핵심이 문학에 어떻게 수용되며, 그것의 문학적 형상은 어떻게 이루어지는가 하는 문제를 차례대로 다룬다. 인간 심성의 문제를 가장 진지하게 다룬 책이 『심경』이라면, 그것이 추구하는 핵심 개념이 문학적으로 어떻게 형상화되는가 하는 문제는 주목받

---

5 이에 대해서는 박성순, 「조선중기 경연과목 『심경』의 정착과정과 그 정치적 의미」, 『한국사상사학』 22, 한국사상사학회, 2004 참조.

아 마땅하다. 민족과 민중을 중심으로 설계되어있는 근대문학적 시각에 일정한 문제를 제기하는 측면도 함께 지닌다.

## 2. 유가 수양론과 『심경』

수양론의 사전적 의미는 '품성·지혜·도덕을 함양함으로써 자아를 완성하여 성인聖人에 이르는 방법'이다. 맹자의 수양론은 성선설性善說에 입각해 있었고, 주자는 이것을 더욱 체계화하였다. 수양론의 목적이 성인에 있었으므로, 이 이론의 궁극은 성인되기에 있었다. 이이李珥(1536-1584)가 『격몽요결擊蒙要訣』을 통해, 처음 배우는 사람은 먼저 뜻을 세우되 반드시 성인이 될 것을 스스로 기약해야 하며, 조금이라도 자기 자신을 별 볼 일 없게 여겨 물러나려는 생각을 가져서는 안 된다고 한 바 있다. 이러한 생각에 기반하여 다음과 같이 보통 사람도 반드시 지녀야 할 성학론을 펼쳤다.

> 보통 사람[衆人]도 그 본성은 성인과 똑같다. 비록 기질에는 맑고 흐림과 순수하고 뒤섞인 차이가 없을 수 없으나, 참답게 알고 실천하여 젖어 온 구습舊習을 버리고, 그 본성本性을 되찾을 수 있다면, 털끝만큼도 더 보태지 않아도 온갖 선함을 다 갖출 수 있을 것이다. 그러니 일반 사람이라 해서 성인이 될 것을 스스로 기약하지 않을 수 있겠는가. 그러므로 맹자가 성선설性善說을 주장하시면서 말했다 하면 요순堯舜을 들어 실증하면서, "사람이면 누구나 요순처럼 될 수 있다."라고 하였으니, 어찌 우리를 속인 것이겠는가.[6]

---

6  李珥, 『栗谷集』 권27, 「擊蒙要訣·立志章第一」, "蓋衆人與聖人, 其本性則一也. 雖氣質不能無淸濁粹駁之異, 而苟能眞知實踐, 去其舊染, 而復其性初, 則不增毫末, 而萬善具足矣, 衆人豈可不以聖人自期乎? 故孟子道性善, 而必稱堯舜以實之曰, 人皆可以爲堯舜, 豈欺我哉!"

이이는 성인되기의 궁극은 본성 회복에 있다고 했다. 성선설에 기반하여 요순과 같이 된 자를 성인으로 생각하고, 우리는 누구나 요순과 같은 사람이 될 수 있다고 했다. 이러한 생각은 조선조 선비들이 일반적으로 지니고 있었던 것인데, 김원행金元行(1702-1772)과 김시준金時準(1706-?)의 문답에서 성인과 보통 사람은 성性이 본질적으로 같으며, 이에 대한 운용의 원리가 심心에 의해 결정되므로, 심 역시 다르지 않다[7]라고 한 데서 바로 알 수 있다. 이처럼 범인은 누구나 성인과 같은 본성을 갖고 있어, 수양을 하면 성인이 될 수 있다는 것이 유가 수양론의 핵심이다.

그렇다면 선비들은 어떤 개념에 입각해서 그들의 수양론을 전개하는가.[8] 성誠과 경敬, 그리고 의義가 그것이다. 이 용어들에 대해서는 원시 유가에서부터 끊임없이 논의되어 왔는데 송대에 이르러 철학적 개념, 특히 수양론의 핵심 개념으로 대두되었다. 조선조 선비들 또한 여기에 각별한 관심을 보였는데, 도표를 그려 설명하거나 글자를 창벽에 붙여 놓고 수양을 하거나, 스승과 제자가 모여 강학을 통해 논의를 펼치거나, 가장 중요한 용어를 채택하여 현판을 만들어 수양의 도구로 삼거나 하였다. 이제 성, 경, 의가 무엇을 의미하는지에 대하여 고찰해보기로 하자.

먼저 '성'에 대해서이다. 성리학의 사상적 기반을 형성한 대표적인 책 셋은 『주역』, 『대학』, 『중용』이다. 이 책에 두루 '성'에 대해서 언급되어 있지만 '성'에 대한 집중적인 논의가 이루어지고 있는 것은 『중용』이다. 그리하여 『중용』을 '성서誠書'라고도 한다. 『중용』에서는 '성자誠者'와 '성지자誠之者'를

---

[7] 김원행은 「答金平仲」(『渼湖集』 권7)에서, "범인이 성인으로 스스로를 기약하는 것은 그 성이 같다는 사실 때문입니까? 심이 같다는 사실 때문입니까?"라고 하자, 김원행이 "범인이 성인으로 스스로를 기약하는 것은 진실로 그 성이 같다는 것을 근거로 해서입니다. 그러나 심이 같지 않으면 성이 아무리 선하더라도 그 누가 운용하고 발휘하여 이 성의 분량을 극진히 할 수 있겠습니까."라고 하였다.

[8] 이에 대해서는 정우락, 『남명문학의 철학적 접근』, 박이정, 1998, 57-67쪽 참조.

구분해 놓고 '성이라는 것은 하늘의 도이며 성하려는 것은 사람의 도'[9]라 하였다. 여기에 대하여 주자는, '성자'라는 것은 진실무망眞實無妄을 말하는 것으로 천리의 본연이며,[10] '성지자'라는 것은 아직 진실무망하지 못하여 진실무망하려고 하는 것을 말하는 것으로 인사의 당연함[11]이라고 하였다. 천리의 본연을 제대로 실현하고 있는 사람이 성인이니 여기서 사람의 지향점이 분명해진다. 『중용혹문中庸或問』의 다음 자료를 보자.

> '성誠'의 뜻을 말하기는 대단히 어렵다. 우선 정의해 보면 진실무망이라고 할 수 있다. 사물이 이 명칭을 얻으면 역시 가리키는 것의 대소에 따라서 모두 진실무망의 뜻에서 취하는 것이 있을 뿐이다. 대개 자연의 이치로 말하면 천지의 사이에 오직 천리가 지실至實하면서 무망無妄하다. 그러므로 천리는 '성'이라고 하는 이름을 얻게 되는 것이다. 이른바 하늘의 도, 귀신의 덕이라고 하는 것이 이것이다. 덕으로 말하면 생명이 있는 것들에 있어 오직 성인의 마음이 지실至實하면서 무망無妄하다. 그러므로 성인은 '성'이라는 이름을 얻게 되는 것이다. 이른바 힘쓰지 않아도 적중하고 생각하지 않아도 얻는다는 것이 이것이다. 일에 따라서 말하면 일념一念의 실實이 또한 '성'이요, 일언一言의 실實이 '성'이며, 일행一行의 실實이 '성'이다. 이렇게 크고 작은 것은 비록 같지 않으나 그 뜻의 귀착은 처음부터 실實에 있지 않는 것이 없다.[12]

주자의 발언이다. 여기서 그는 '성'을 하늘의 도와 사람의 도에 일관하는

---

9 『中庸』 20章, "誠者, 天之道, 誠之者, 人之道也."
10 『中庸』 20章 '朱子註', "誠者, 眞實無妄之謂, 天理本然也."
11 『中庸』 20章, '朱子註', "誠之者, 未能眞實無妄, 而欲其眞實無妄之謂, 人事之當然也."
12 『中庸或問』, "誠之爲義, 難也. 姑以其名義言之, 則眞實無妄之云也. 若事理之得此名, 則亦隨其所指之大小, 而皆有取乎眞實無妄之意耳. 蓋以自然之理言之, 則天地之間, 惟天理爲至實而無妄, 故天理得誠之名, 若所謂天之道鬼神之德, 是也. 以德言之, 則有生之類, 惟聖人之心爲至實而無妄, 故聖人得誠之名, 若所謂不勉而中不思而得者, 是也. 至於隨事而言, 則一念之實亦誠也, 一言之實亦誠也, 一行之實亦誠也. 是其大小雖有不同, 然其義之所歸, 則未始不在於實也."

중요한 개념으로 파악하였다. 하늘의 도로 보면 자연의 이치에서 '천리'가 그것인데 지실至實하면서 무망無妄하다고 했다. 이 때문에 천리를 '성'이라 할 수 있다며 『주역』의 '천지도天之道, 귀신지덕鬼神之德'[13]을 그 예로 들었다. 또한 사람의 도로 보면 덕행의 원리에서 '성인'이 그것인데 또한 지실하면서 무망하다는 것이다. 이 때문에 성인을 '성'이라 할 수 있다며 『중용』의 '불면이중不勉而中, 불사이득不思而得'[14]을 그 증거로 들었다. 그러므로 일에 따라서 보면 하나의 생각, 한마디의 말, 하나의 행동이 모두 '실'하게 되어 모든 것이 '성'에 귀착된다는 것이다.

'지실'은 '성'의 적극적 표현이고, '무망'은 '성'의 소극적 표현이다. 여기에서 우리는 '성'으로 천리와 성인이 일치되고 있음을 본다.[15] 즉 인간이 지실하고 무망한 '성'을 획득하면 천리와 일치하는 성인이 된다는 것을 알 수 있다. 일찍이 『성리대전』에서도 '성인과 천도의 합일은 성으로 존재한다'라고 했는데 소위 천인합일은 바로 이를 두고 이른 것이다. 주자 또한 '성'으로 성기성물成己成物하여 내외합일이 이룩된다고 하였으니,[16] '성'은 천인과 내외를 합일시키는 중요한 수양개념임을 알 수 있다.

다음은 '경'에 대해서이다. '경'이 중요한 수양방법으로 그 의미가 전환된 것은 송대에 와서이다. 송대에 이르러 '경'은 노자의 청정淸靜과 선종의 좌선坐禪의 영향 아래 새로운 의미로 전환되어 심성수양의 한 방법으로 사용되었던 것이다.[17] 주자는 '경'의 사개조목四個條目을 제시하고 있다. 즉 정이程頤

---

13 『周易』,「乾」, "夫大人者, 與天地合其德, 與日月合其明, 與四時合其序, 與鬼神合其吉凶, 先天而天弗違, 後天而奉天時, 天且弗違, 而況於人乎, 況於鬼神乎?"
14 『中庸』 20章, "誠者, 不勉而中, 不思而得, 從容中道, 聖人也."
15 周敦頤는 '天'과 '誠'을 다음과 같이 일치시키고 있다. 周敦頤, 『通書』, "大哉! 乾元. 萬物資始, 誠之源也. 乾道變化, 各正性命, 誠斯立焉, 純粹至善者也."
16 『中庸』 25章, '朱子註', "誠雖所以成己, 然既有以自成則自然及物, 而道亦行於彼矣. 仁者體之存知者用之發, 是皆吾性之固有, 而無內外之殊, 既合於己則見於事者, 以時措之而皆得其宜也."
17 范壽康, 『朱子及其哲學』(臺灣: 開明書店, 1976, 50쪽), 金聖泰, 「敬思想의 心理學的 接近」, 『敬

(1033-1107)의 '주일무적主一無適'과 '정제엄숙整齊嚴肅', 윤돈尹燉(1061-1132)의 '기심수렴其心收斂', 사량좌謝良佐(1050-1103)의 '상성성법常惺惺法'이 그것이다. 주일무적은 마음을 오직 하나로 하여 흐트러지지 않게 한다는 말이고, 정제엄숙은 몸가짐을 바로 하는 것으로 정신의 전일을 가져다 줄 수 있는 '경'의 외적 성격이다. 그리고 기심수렴은 그 마음을 수렴하여 하나의 잡념도 용납하지 않는다는 것이며, 상성성법은 정신을 맑고 또렷이 하는 각성의 상태를 말한 것이다. 이 사개조목은 그 표현에 다소 차이가 있으나 하나의 의미 즉 '경'으로 귀납된다. 『성리대전』에는 이렇게 밝히고 있다.

> 성성惺惺은 혼매하지 않는 것을 말한다. 일一에 뜻을 두어 하나의 흔들림도 용납하지 않는 것이다. 정제엄숙은 바깥을 제어함으로써 그 마음을 기르는 것이다. 여기에서 모두가 '경'의 뜻을 체득할 수 있는 것이다. 그러나 혼매하지 않고 어지럽지 않은 것은 반드시 먼저 '경'한 뒤에 이와 같이 될 수 있는 것이다. 바깥을 제어해서 그 마음을 기른다는 것은 반드시 이와 같이 한 후라야 '경'할 수 있다. 이로써 '경'의 뜻을 체득하는 것이다. 이른바 '경'이라는 것을 나타내고자 하는 것은 외畏가 여기에 가깝다. 대개 외畏를 곧 '경'이라 한다. '경'하면 정제엄숙해지고, 정제엄숙하면 '경'하고, '경'하면 혼매하지 않고 혼란스럽지 않을 것이다.[18]

위의 자료는 '경'의 여러 조목들을 두루 이야기한 것이다. 특히 사량좌의

---

과 注意』(高麗大學校 出版部, 1982, 1-2쪽), 김석근·이근우 옮김, 『朱子學과 陽明學』(島田虔次, 『朱子學と陽明學』, 까치, 1986, 6-9쪽) 참조.
18 『性理大全』 권46, 學4, 存養25, "惺惺者, 不昏之謂也. 主於一而不容一物撓亂之謂也. 整齊嚴肅, 則制於外以養其中也, 是皆可以体, 夫敬之意矣. 然而不昏不亂者, 必先敬而後能如此, 制於外以養其中者, 必知此而後能敬如此, 制於外以養其中者, 必如此而後能敬, 以之體敬之義, 必欲眞見夫所謂敬者, 惟畏爲近之也. 蓋畏卽敬也, 能敬則能整齊嚴肅, 整齊嚴肅則能敬, 能敬則不昏不亂矣."

상성성법을 들어 하나에 뜻을 둘 때 비로소 이것이 가능하다고 했다. '성성'은 어둡거나 혼란스럽지 않은 심적 상태를 말하는 것인데, '경'으로 이를 이룩해 낼 수 있다고 했다. 또한 내면의 이 같음은 외면을 정이程頤가 말한바 정제엄숙으로 제어할 때 가능하다고 했다. 정제엄숙이 '외畏'이니 '외'를 곧 '경'이라 한 것도 이 때문이다. 그러니까 이 글은 외적 모습은 내적 정신을 규정하며, 내적 정신은 외적 모습을 가다듬는다는 '경'의 내외상양內外相養 관계를 설명한 것으로 보아야 한다. '경'의 이 같은 기능을 중시했기 때문에 정민정程敏政(1445-1499)은 『심경부주』에서 주자의 말을 빌려 경이 성학에 있어 시종의 요체가 된다[19]고 하였던 것이다.

다음은 '의'에 대해서이다. 원시 유가 이래 '의' 또한 수양방법의 하나로 중시되었다. 맹자는 '의'를 사람들이 마땅히 가야 하는 바른 길[20]로 이해하였고, 주자는 이것을 다시 해석하여 인욕의 사특함이 조금도 개입되어 있지 않는 것[21]이라 하며 철학적 의미를 가하고 있다. 우선 '의'는 인간이 바른 정신을 마땅히 실천해야 하는 것으로 이해되는데, 정이는 '경'과의 관계 하에서 '의'를 구체적으로 설명하고 있다. 즉 '경은 나를 지키는 방법이며 의는 시비를 가리는 것인데, 이理를 좇아 행동하면 이것이 의가 된다. 경만 지키고 집의集義를 모르면 이는 아무것도 아니다'[22]라고 하여 '경' 자체의 중요성보다 이것이 확립되고 난 다음의 행동 실천 면의 효과를 중시하였다. 경 상태에서 얻어지는 이理로 정확하게 판단하고 그 판단한 바를 실천한다는 것이다. 『근사록』에서는 다음과 같이 말한다.

---

19  程敏政, 『心經附註』, 「心經附註序」, "朱子亦曰 … 程先生有功于後學, 最是敬之一字, 敬者, 聖學始終之要也."
20  『孟子』, 「離婁章」 上, "仁, 人之安宅也. 義, 人之正路也."
21  『孟子』, 「離婁章」 上, 朱子註, "義者, 宜也. 乃天理之當行, 無人欲之邪曲, 故曰正路."
22  『二程全書』 권18, "敬只是持其之道, 義便知有是有非, 順理而行, 是爲義也. 若只守一箇敬, 不知集義, 是都無事也."

(가)

한갓 인仁을 좋아하기만 하고 불인不仁을 미워하지 않으면 비록 선善을 향하는 뜻이 있으나 단제斷制하는 밝음이 없으므로 반드시 다 의롭지는 못하다고 말한 것이요, 한갓 불인不仁을 미워하기만 하고 인仁을 좋아하지 않으면 비록 그름을 제거하려는 뜻이 있으나 선善을 좋아하는 정성이 없으므로 반드시 다 인仁하지는 못하다고 말한 것이다.[23]

(나)

지금 세상에 살면서 지금의 법령法令을 편안하게 여기지 않는다면 의義가 아니다. 만약 정치를 논한다면 하지 않으면 그만이지만 만약 다시 한다면 모름지기 지금의 법도法度 안에서 마땅하게 처리하여야 비로소 의義에 합하는 것이니, 만약 모름지기 변경한 다음에 행한다면 무슨 의義가 있겠는가."[24]

위의 두 자료는 모두 '의'를 설명한 것이다. 앞의 자료에서는 '인'과 '의'의 대비를 통해 불인을 판단하고 제어하여 미워하지 않는다면 '의'를 다한 것이 아니라 했다. 그리고 뒤의 자료에서는 행동 원리로서의 '의'를 제시하고 있는데 그것은 공도 안에서 시행되어야 한다고 했다. 이에는 필연적인 행동의 원리가 게재되어 있다 할 것인데, 실행을 한다면 반드시 현재의 공도를 따라야 한다는 것이다. 이 때문에 '의'에는 엄격성 혹은 공정성이 따르기 마련이다. 일찍이 조광조趙光祖는 '의'의 이 같은 점을 인식하고 지치주의至治主義를 내세워 유교적 의리정신을 정치에 적용하였던 것이다.

그렇다면 위 세 개념의 관계는 어떠한가. '성경'의 관계는 수양의 순서를

---

[23] 『近思錄』 권5, 「克己」, "徒好仁而不惡不仁, 則雖有向善之意, 而無斷制之明. 故曰未必盡義, 徒惡不仁而不好仁, 則雖有去非之意, 而無樂善之誠, 故曰未必盡仁."

[24] 『近思錄』 권10, 「政事」, "居今之時, 不安今之法令, 非義也. 若論爲治, 不爲則已, 如復爲之, 須於今之法度內, 處得其當, 方爲合義, 若須更改而後爲, 則何義之有?"

문제 삼으며 집중적으로 논의되었는데, 경선성후敬先誠後로 요약된다. '경'을 통해 마음을 굳건히 가지면 자연스럽게 '성'에 도달한다고 했다. '경의'의 관계는 체體와 용用, 정靜과 동動 등으로 이해되기도 하고, 거경집의居敬集義 등으로 설명되기도 했다. 이는 '경'과 '의'가 밀접하게 상호작용하는 관계를 말한 것으로 행동 실천의 원리인 '의'는 안을 규정하는 '경'에 의해 이루어진다는 것이다. 성학을 위한 이러한 수양론은 학자들에게 있어 매우 긴요한 것이었고, 『심경』의 중추적 의미를 형성한다.

## 3. 수양론의 문학적 수용

성리학적 세계관을 갖고 있었던 조선시대의 선비들은 '성경'과 '경의'를 통해 천리와 인사를 온전히 하고자 했다. 『주자어류朱子語類』에서도 "배우는 사람이 자기 수양을 위한 공부를 하지 않기 때문에, 하루 중에서 의리에 마음을 두는 시간은 적고, 쓸데없는 일에 마음을 두는 시간이 많다. 그래서 의리에 대해서는 생소하고 쓸데없는 일에 대해서는 익숙하다."[25]라고 하였거니와, 자기 수양을 위한 학문이 다름 아닌 위기지학爲己之學이다. 공자가 '경敬으로써 자신을 수양한다'[26]라고 한 것도 모든 학문은 수양론에서 시작한다는 것을 보이기 위함이었다. 이제 수양론에 대한 문학적 수용을 구체적으로 살펴보기로 하자.

먼저, '성경'이 문학에 어떻게 수용되는지를 보자. 성경은 수양론이 핵심이

---

25　『朱子語類』 권8, "學者只是不爲己, 故日間此心安頓在義理上時少, 安頓在閑事上時多, 於義理卻生, 於閑事卻熟."

26　『論語』, 「憲問」에 자로가 군자에 대하여 물으니, 공자가 "敬으로써 몸을 닦는 것이다.[子路問君子, 子曰修己以敬.]"라고 했다.

다. 이 때문에 일상에서 이를 구현하기 위하여 무척 노력하였다. 예컨대, 정온 鄭蘊(1569-1641)이 그의 아버지 정유명鄭惟明(1539-1596)의 행장에서, '성경誠敬'이란 두 자와 함께, '스스로 속이지 않는다[毋自欺]', '혼자 있을 때를 삼간다[謹其獨]', '경솔한 것을 바로잡고 게으른 것을 경계한다[矯輕警惰]', '은밀한 곳에 있더라도 드러난 곳에 있듯이 한다[處幽如顯]', '혼자 있을 때에도 대중과 같이 있듯이 한다[視獨如衆]'는 등의 말을 창과 벽에 직접 써서 걸어 놓고 스스로 경계하였던 것을 강조하였다²⁷고 한 데서 이러한 사정을 알 수 있다. 그의 아버지가 성인을 희구하였다는 것을 보이기 위함이었다. 정유명의 선배격인 이언적李彥迪(1491-1553)은 시를 통해 성경의 수양론을 제시했다.

兩儀中自一身分　음과 양 가운데서 한 몸이 나왔으니
形似塵埃跡似雲　형체는 먼지 같고 자취는 구름 같네
榮辱死生渾一視　영욕과 사생을 모두 한가지로 볼 것이니
只存誠敬事天君　다만 성경을 보존하여 천군을 섬길 뿐²⁸

위 작품은 제목 자체가 「성경음誠敬吟」이다. 첫째 구에서 우리의 몸이 하늘과 땅 사이에서 나왔다고 했으니, 둘째 구에서 형체가 보잘 것 없다는 것으로 이어질 수 있었다. 그러나 형상은 먼지와 구름 같아서 영욕과 사생이 한 가지이지만 마음은 전혀 다른 문제라 했다. 넷째 구에서 이를 적실하게 나타냈다. 즉 우리 마음에 성경을 보존하여 천군을 섬겨야 한다는 것이 바로 그것이다. 천군은 마음이다. 『순자』「천론天論」에 "이목구비는 각각 접촉하는 것이 있어서 다른 것은 할 수 없으니, 대개 이것을 하늘이 준 벼슬이라 한다. 마음은

---

27　鄭蘊, 『東溪集』 권3, 「成均進士府君行狀」, "手書誠敬二字及毋自欺, 謹其獨, 矯輕警惰, 處幽如顯, 視獨如衆等語於窓壁間, 以自觀省焉."
28　李彥迪, 『晦齋集』 권4, 「誠敬吟」.

가운데 빈 곳에 거처하여 오관을 다스리니, 대개 이것을 천군이라 한다."[29]라고 한 데서 유래하였다.

성경을 통해 천군을 섬기는 것은 인간의 마음이 하늘에 근거해 있다고 보기 때문이다. 일찍이 정이程頤가 성경이 쓰이지 않는 곳이 없다고 생각했다. 어떤 일이든 그 일에 해당하는 이치가 있는 바, 효도에는 효도의 이치가 있고 충성에는 충성의 이치가 있다고 본 것이다. 이러한 까닭에 임성주任聖周(1711-1788)는 「주일명主一銘」을 지어 "일一은 성誠이요, 주일主一은 경敬이니, 성誠과 경敬은 하나이다."[30]라고 하여 일一을 성誠으로 풀이하기도 하였다. 성을 한결같이 하는 것이 천군을 섬기는 일, 바로 그것이기 때문이었다.

다음으로 '경의'가 어떻게 문학적으로 수용되는지를 보자. 16세기의 선비 조식은 「패검명佩劍銘」을 지어, "안으로 마음을 밝게 하는 것이 경이요, 밖으로 일을 결단하는 것이 의다."[31]라고 한 바 있다. 창과 벽에 또 경敬 자와 의義 자를 큰 글씨로 써 붙이고, "우리 유가의 이 두 글자는 천지에 해와 달이 있는 것과 같다."[32]라고 말하기도 했다. 여기서 나아가 세상을 뜰 무렵 정인홍鄭仁弘과 김우옹金宇顒을 불러 경과 의에 대해 힘써 말하면서, "공부가 푹 익고 나면 가슴속에 외물이 한 가지도 없게 된다. 그러나 나는 아직 이러한 경지에 이르지 못하였다."[33]라 하였다고 한다. 홍여하洪汝河(1620-1674) 역시 경의의 관계를 생각하며 다음과 같이 노래한 적이 있다.

---

29  荀卿, 『荀子』, 「天論」, "耳目鼻口形, 能各有接而不相能也. 夫是之謂天官, 心居中虛, 以治五官, 夫是之謂天君."
30  任聖周, 『鹿門集』 권22, 「主一銘」, "一者誠也, 主一者敬也, 誠敬一也."
31  曺植, 『南冥集』 권1, 「佩劍銘」, "內明者敬, 外斷者義."
32  許穆, 『記言』 권39, 「德山碑」, "窓壁, 又大書敬義曰, 吾家此二字, 如天地之有日月."
33  許穆, 『記言』 권39, 「德山碑」, "呼鄭仁弘·金宇顒, 語敬義亹亹曰, 用工旣熟, 無一物在胸中, 吾未到此境."

(가)

| 敬義相夾持 | 경과 의는 서로 꽉 잡아 |
| 霎然放不得 | 잠시도 놓아버리면 안 되네 |
| 只得直上去 | 단지 곧바로 올라가기만 해야 |
| 故便達天德 | 곧 천덕에 도달할 수 있으리 |

(나)

| 表裏夾持處 | 안과 밖이 서로 잡고 있는 곳에 |
| 東西沒走作 | 마음이 동서로 달리지 않는다네 |
| 君看此上面 | 그대 보아라, 그 위에 |
| 只有箇天德 | 다만 하나의 천덕이 있음을[34] |

홍여하는 「우음」이라는 제목의 시 여섯 수를 짓는데, 위의 작품은 그 가운데 앞의 두 수이다. 조식이 『주역』「곤괘」'문언전'의 '경하여 안을 곧게 하고, 의하여 밖을 방정하게 한다'[35]는 것에 근거하여 내외상수內外相須의 명단론적明斷論的 경의학을 확립하였듯이, 홍여하 역시 경의협지敬義夾持 혹은 표리협지表裏夾持라는 상수론相須論을 폈다. 경의의 확립이야말로 천덕에 도달하는 유일한 길이었기 때문이다. 이러한 생각은 위의 두 수에 두루 나타나는 바, 이에 대한 노력은 군자가 할 수 있는 것이며, 그 마지막 도달점은 바로 천덕에 있었다. 천덕의 성취야말로 성인의 성취 바로 그것이다.

『심경』의 작자 진덕수眞德秀(1178-1235)는 「경의재명敬義齋銘」을 지어 경의상수의 도를 적극 피력한 바 있다. "경이란 무엇인가, 마음을 한 군데에 집중함이니 늠연히 스스로 굳게 가지면 신명이 곁에 있게 된다. 의란 무엇인가,

---

34  洪汝河, 『木齋集』 권1, 「偶吟」.
35  『周易』, 坤, 「文言」, "敬以直內, 義以方外."

오직 천리만을 따르는 것이니 이해에 관한 사사로운 마음이 그 진실을 혼란시키지 못한다. 고요함으로써 마음을 기르면 중심에 주관이 서게 되어, 움직여 수작을 하면 법도에 맞지 않는 게 없다."[36]라고 한 것이 그것이다. 이는 정구가 『심경발휘』에서 인용하여 그 중요성에 대하여 특기한 것이기도 하다.

성경은 동정을 관통하고, 경의는 내외를 일관한다. 이러한 생각에 기반하여 조선조 선비들은 위기지학에 매진하였다. 위기지학이라는 자기 수양은 행동의 준칙이면서 치도의 근간이었기 때문이다. 위기지학은 밖으로 명예를 좇는 위인지학爲人之學의 대척점에 있는 것으로, 오직 자신의 덕성을 닦아 천군을 섬기기 위한 공부를 말한다. 공자가 『논어』에서 "옛날 배우는 자들이 자기를 위함은 자신의 몸에서 얻고자 해서이고, 지금 배우는 자들이 다른 사람을 위함은 남이 알아주기를 바라서이다."[37]라고 한 것에 근거한다. 여기에 대하여 『근사록』은 정이程頤의 생각을 빌려와 이렇게 적고 있다.

> '자신을 위한다'는 것은 밥을 먹을 때 배부름을 구하고 옷을 입을 때 따뜻함을 구하여, 따뜻하고 배부름이 자신에게 있고 남을 위하지 않는 것과 같은 것이다. '남을 위한다'는 것은 다만 밖에 있는 미관美觀만을 구하고 자신에게 있는 실용實用을 관계하지 않는다. 그러므로 배우면서 자신을 위하면 얻는 바가 모두 진실로 얻는 것이요, 배우면서 남을 위하면 비록 혹 선善을 하더라도 성심誠心이 아닌데, 하물며 뜻이 외면外面을 힘씀에 있다면 스스로 남을 속이게 되어 선善이 날로 사라지고 악惡이 날로 자라나게 될 것이다."[38]

---

36   陳德秀, 『西山文集』 권33, 「敬義齋銘」, "曰敬伊何, 惟主乎一. 凜然自持, 神明在側. 曰義伊何, 惟理是循. 利害之私, 罔泪其眞. 靜而存養, 中則有主. 動而酬酢, 莫不中矩."
37   『論語』, 「憲問」, "古之學者, 爲己, 欲得之於己也, 今之學者, 爲人, 欲見知於人也."
38   『近思錄』 권2, 「爲學」, "說見論語. 爲己者, 如食之求飽, 衣之求溫, 溫飽在己, 非爲人也. 爲人者, 但求在外之美觀, 非關在我之實用. 故, 學而爲己, 則所得者皆實得, 學而爲人, 則雖或爲善, 亦非誠心, 況乎志存務外, 自爲欺誑, 善日消而惡日長矣."

위 내용은 『논어』「헌문」의 위기爲己와 위인爲人에 관한 것이다. 여기에서 우리는 수양이 무엇을 의미하는 지를 바로 알 수 있다. 그것은 외물에 자신의 마음을 빼앗기는 것이 아니라, 내적 진실을 찾으며 자신에게 있는 실용을 구하는 것이었다. 이 때문에 주자는 "학문을 함에는 우선 모름지기 내內와 외外, 의義와 이利를 구분하여야 하니, 곧 이것이 생사生死의 노두路頭이다."[39] 라고 말할 수 있었다. '노두'가 갈림길을 의미하는 것이니, 내內와 의義를 찾아가는 길은 삶의 길이고, 외外와 이利를 따르는 길은 죽음의 길이라는 것을 의미한다. '외리'를 배제하고 '내의'를 온전히 할 때, 우리는 천군을 만날 수 있다. 이러한 생각에 근거하여 홍여하는 「천군」이라는 여덟 수의 시를 짓는다.

(가)

| 明見萬里外 | 만리 밖을 밝게 보니 |
| 天君乃聖神 | 천군은 곧 성신일세 |
| 都將不欺義 | 장수는 의리를 속이지 않고 |
| 盡瘁作忠臣 | 심신을 다해 충신이 되네 |

(나)

| 臣妾不相治 | 신첩이 서로 연마하지 않으면 |
| 何以事天君 | 무엇으로 천군을 섬기겠는가 |
| 盡禮唯在敬 | 예를 다함은 오직 경에 있으니 |
| 閑邪要策勳 | 사특함을 막아 공을 세우리라 |

---

39 『近思錄』 권2, 「爲學」, "朱子曰, 爲學, 且須分內外義利, 便是生死路頭."

(다)

| 王道在愼獨 | 왕도는 신독을 하는 데 있으니 |
| 戒懼不覩聞 | 보고 듣지 않는 곳에서 두려워해야 하네 |
| 中和天地位 | 중화를 이루면 천지가 자리를 잡으니 |
| 然後得君君 | 그런 뒤에 임금다운 임금이 될 수 있다네 |

(라)

| 降衷元年正 | 원년 원일에 본성을 받아 태어나니 |
| 靈臺儼紫宸 | 영대는 위엄스런 자줏빛 대궐일세 |
| 歸仁一朝驗 | 천하가 인을 따름은 하루로 징험되니 |
| 富有四海春 | 넉넉히 사해의 봄을 소유하리라 |

(마)

| 君有堯舜質 | 임금은 요순의 자질이 있으니 |
| 受命火德王 | 천명을 받아 화덕으로 왕이 되었네 |
| 致知資賢輔 | 치지는 어진 이의 도움에 힘입고 |
| 懲忿遣良將 | 징분에는 뛰어난 장군을 보낸다네 |

(바)

| 克己卽匪躬 | 극기는 곧 일신을 위함이 아니요 |
| 省察是諫諍 | 성찰해야 할 것은 간쟁의 말일세 |
| 若論帶礪功 | 만약 힘써 공부하길 논하려면 |
| 第一曰唯敬 | 첫째는 오직 경 공부라 하리라 |

(사)

| 人心每聽命 | 인심이 매양 천명을 듣고 따라 |

| 作德逸於上 | 덕을 행하면 위에서 편하리라 |
| 恭己定無爲 | 공손하면 이미 할 것이 없으리니 |
| 太平還有象 | 태평시절을 도리어 상상할 수 있겠네 |

(아)

| 天君眞富貴 | 천군은 참으로 넉넉하고 귀하니 |
| 持盈愼終始 | 지키고 채워서 시종 삼가야 하네 |
| 莫敎頻出狩 | 자주 밖으로 사냥가게 하지 말고 |
| 端坐明堂裏 | 명당 안에 단정히 앉아 있게 해야지[40] |

홍여하는 이 작품을 1659년(현종 1)에 지었다. 천군은 성신聖神인데, 이 성신이 자신이 기거하는 명당明堂에 단정히 앉아 충성을 다하는 장수將帥나 신첩臣妾의 섬김을 받아야 한다고 했다. 물론 의인화한 것이다. 그렇다면 장수와 신첩은 무엇으로 천군을 섬기는가. 경敬이 바로 그것이다. '예를 다함은 오직 경에 있으니 사특함을 막아 공을 세우리라'라고 하거나, '만약 힘써 공부하길 논하려면 첫째는 오직 경 공부라 하리라'라고 한 것이 모두 그것이다. 인욕이라는 적이 나타났을 때 장수가 나아가 물리치고, 보고 듣지 않는 곳에서도 두려워하며 신첩처럼 섬길 때, 천군이 다스리는 마음의 국토는 태평을 맞이한다. '공손하면 이미 할 것이 없으니 태평시절을 도리어 상상할 수 있겠네'라고 한 것이 그것이다.

성경과 경의는 성학의 핵심이다. 이것으로 사지와 백체가 외물에 따르고자 하는 것을 막고 천군에게 복종할 수 있다는 것이다. 이 때문에 정약용이「극기잠」을 써서, "나의 지수志帥로 하여금 그 물기勿旗를 지휘하게 하여 그

---

40 洪汝河, 『木齋集』 권1, 「天君」

저공狙公의 속임수를 살피고 원숭이처럼 달리는 것을 막아서 구적을 쳐부수면 마음이 깊숙이 자리를 잡게 되어 사체와 백지가 생각하는 것마다 복종할 것이다."[41]라고 하였다. 이로써 천군이 다스리는 마음의 국토는 태평성세를 구가할 수 있다는 것이다.

## 4. '마음'의 문학적 형상

마음은 허령虛靈을 본체로 하고 지각知覺을 작용으로 한다.[42] 그러나 이 둘이 완전히 구분되는 것은 물론 아니다. 이를 인식하면서 임성주任聖周(1711-1788)는 이것을 체용의 관계로 이해하고자 했다. "정靜할 때에는 지각이 전무全無하고 동動할 때에는 허령할 수 없다는 것을 말하는 것이 아니요, 단지 허령은 이 심心의 전덕全德을 표현하려고 한 것이기 때문에 체體라고 말하였고, 지각이라는 이름을 얻게 된 까닭도 이발已發에서 근원한 것이기 때문에 용用이라고 말하였을 뿐이다."[43]라고 한 것에서 이러한 사실을 알 수 있다.

허령불매虛靈不昧나 신묘막측神妙莫測 등으로 표현되는 마음은 애당초 동정과 체용이 있는 것이 아니다. 그러나 체용과 동정으로 설명하지 않을 수 없는 부분이 있기 때문에, 체體는 용用이 미발未發한 것이고 용은 체가 이발한 것으로 설명한다. 이렇게 보면 우선 허령이라 하였다면 비록 지각을 말하지 않더라도 그 허령을 알 수 있고 느낄 수 있어서 허령한 뜻이 그 안에 들어 있고,

---

41　丁若鏞, 『茶山詩文集』 권12, 「克己箴」, "命我志帥, 麾厥勿旗. 察其狙詐, 遏其猿馳. 寇賊其鷹, 天君穆穆. 四體百支, 無思不服."
42　주희의 三傳弟子인 程若庸(?-?)은 이에 대하여, "허령은 마음의 본체이고, 지각은 마음의 작용[虛靈心之體 知覺心之用]"이라고 한 데서도 이를 확인할 수 있다.
43　任聖周, 『鹿門集』 권13, 「中庸·序」, "非謂靜時全無知覺, 而動時不能虛靈也. 只以虛靈者, 所以狀此心之全德, 故謂之體, 而知覺之所以得名, 本自已發, 故謂之用爾."

지각이라고 한 이상 허령을 말하지 않더라도 신묘한 뜻이 그 속에 내포되어 있는 것이다. 마음에 대한 이러한 이해 방식에 입각하여, 본 장에서는 정구鄭 逑(1543-1620)의 다음 작품을 분석하여, '마음'의 문학적 형상, 그 일단을 따져 보기로 한다. 작품은 이러하다.

夜宿松間屋　　밤에 솔숲 사이 집에서 잠들고
晨興水上軒　　새벽엔 물가의 집에서 일어나네
濤聲前後壯　　앞뒤로 들리는 바람 소리 물소리
時向靜中聞　　때때로 고요 속에서 듣는다네[44]

「효기우음曉起偶吟」이라는 짧은 시이다. 이 시는 현재 경상북도 성주군 수륜면 소재 한강대에 각자되어 있기도 하다. 첫째 구에서 솔숲 사이의 집에서 자고, 둘째 구에서 물가의 누각에서 일어난다고 했지만 두 집이 있는 것은 아니다. '어시헌於是軒'의 앞으로 맑은 물이 흐르고 뒤로는 소나무가 숲을 이루고 있기 때문이다.[45] 이 같은 지리 공간 속에서 위 작품이 생성되었다며 그치고 말 일이 아니다. 여기에는 마음의 문제가 게재되어 있기 때문이다. 이를 두 가지 측면에서 나누어 분석해 보기로 한다.

첫째, 마음을 체용과 관련하여 이해하고 있는 점이다. 우선 시의 제목 「효기우음」을 주목할 필요가 있다. 『맹자』가 먼저 제시하고, 『심경』에서 이를 적극 수용해 '우산지목장'을 따로 두어 본성의 문제를 심각하게 제기한 부분을 적극 수용하고 있기 때문이다. 일찍이 맹자는 "붙잡으면 있다가도 놓아 버리면 없어지고, 출입이 일정한 때가 없이 어디로 가는지 종잡을 수가 없는

---

44　鄭逑, 『寒岡集』 권1, 「曉起偶吟」
45　이 시의 원래 제목은 「於是軒」이다. 문집 제작에 앞서 정구가 직접 적은 필사본을 보면 이를 확인할 수 있다.

것, 이것이 바로 마음이다."⁴⁶라고 한 바 있다. 이 때문에 성리학자들은 마음을 거두어들여 달아나지 않게 할 것을 끊임없이 주문했던 것이다. 『맹자』를 인용한 『심경』의 '우산지목장' 일부는 이러하다.

> 우산牛山의 나무가 일찍이 아름다웠는데 대국大國의 교외郊外이기 때문에 도끼와 자귀로 매일 나무를 베어 가니, 재목이 아름다울 수 있겠는가. 그 밤낮에 자라나는 것과 이슬이 적셔 줌에 따라 싹이 나오는 것이 없지 않지만 소와 양이 다시 따라서 방목放牧되므로 이 때문에 저와 같이 헐벗게 되었다. 사람들은 그 헐벗은 것을 보고는 우산牛山에는 일찍이 훌륭한 재목이 있지 않았다라고 여기니, 이것이 어찌 산山의 본성本性이겠는가.⁴⁷

맹자가 전하고자 했던 메시지는 사람의 본성도 우산의 나무와 마찬가지로 원래는 인의仁義의 마음이 존재하였지만, 그것을 보존하고 길러내는 야기夜氣가 보존되지 않으면 금수와 다르지 않게 된다는 것이었다. 인의는 바로 인간 심성의 본체에 해당하며, 이 인의를 충만케 하는 데 있어 필요한 것이 바로 야기이다. 그리고 본체와 작용은 다르지 않아 야기로 인해 인의가 인간의 일상 속에서 작동하게 되는 것이다. 이 때문에 조호익은, "오직 야기를 잘 기르고 선기善幾를 잘 살펴서 그 본체本體의 참됨을 온전히 한다면, 이른바 태극이 하늘에 있지 않고 사람에게 있으며, 사람에게 있지 않고 자신에게 있게 될 것이다."⁴⁸라고 할 수 있었다.

---

46  『孟子』, 「告子上」, "操則存, 舍則亡, 出入無時, 莫知其鄉, 惟心之謂與."
47  『孟子』, 「告子上」, "牛山之木, 嘗美矣, 以其郊於大國也. 斧斤, 伐之, 可以爲美乎? 是其日夜之所息, 雨露之所潤, 非無萌蘗之生焉, 牛羊, 又從而牧之. 是以, 若彼濯濯也. 人見其濯濯也, 以爲未嘗有材焉, 此豈山之性也哉?"
48  曺好益, 『芝山集』 권5, 「太極論」, "惟夫夜氣之養, 善幾之察, 而全其本體之眞, 則所謂太極者, 不在天而在人, 不在人而在己."

정구의 「효기우음」은 바로 위와 같은 사상적 맥락 속에 창작된 것이다. 작품 제목 가운데 등장하는 '효기曉起'는 야기로 충만한 새벽의 맑은 기운, 즉 평조지기平朝之氣를 갖고 깨어남을 의미한다. 이 때문에 소나무 소리와 물결 소리가 전후에서 우렁차게 나는 것을 들을 수 있었다. 외물外物과 접하지 아니하였을 때에는 혼연渾然히 내면이 거울처럼 텅 비고 물처럼 고요하여 선악善惡의 기미가 나누어지지 않다가 소리를 통해 외물과의 감이수통感而遂通이 이루어지게 되었던 것이다. 결국 정구의 위 작품은 본체와 작용이 서로 소통하며 일체를 이루는 데서 그 묘미가 있다.

둘째, 마음을 정동과 관련해서 이해하고 있는 점이다. 주돈이는 『통서通書』에서 "고요하되 움직임이 없고, 움직이되 고요함이 없는 것은 사물이고, 움직이되 움직임이 없고, 고요하되 고요함이 없는 것은 신神이다."[49]라고 하였고, 주자는 이것을 가져와 「태극도설」의 '무극이태극無極而太極'을 설명하고자 하기도 했다.[50] 정구는 위의 작품에서 야기로 충만한 인의의 본체, 그 이후 사물과 접하면서 소통하는 일련의 과정에서 정중유물靜中有物의 상태를 감지한다고 밝혔다. 그는 이를 네 번째 구절에 담았는데, "때때로 고요 속에서 듣는다"라고 한 것이 그것이다. 고요함[靜] 속에서 사물의 움직임[動]을 느끼게 되는 것이다. 다음 자료를 중심으로 조금 더 깊이 들어가보자.

(가)

혹자或者가 "희노애락喜怒哀樂의 전에는 동자動字를 놓아야 합니까? 정자靜

---

49    周敦頤, 『通書』, 「動靜」 第16
50    『朱子語類』 권94, 「太極圖」에서, "'무극이면서 태극'이라 하는 것은 태극의 바깥에 따로 무극이 있는 것이 아니라 無 가운데 저절로 이러한 이치가 있는 것이다. 또 무극을 곧 태극이라고 간주해서는 안 된다. '무극이면서 태극'이라 했는데, 여기서 '而'자는 가벼우니, 차례의 순서가 없기 때문이다."라고 하였다.

字를 놓아야 합니까?" 하고 묻자, 다음과 같이 말씀하였다. "정靜이라고 이르는 것은 가하나 정靜한 가운데 모름지기 물物이 있어야 비로소 되니, 이것이 곧 어려운 곳이다. 배우는 자가 우선 먼저 경敬을 이해함만 못하니, 경敬하면 자연 이것을 알게 될 것이다."[51]

(나)

유자儒者의 학문은 불가佛家에서 추구하는 공무空無와는 달라서 비록 마음이 아무런 생각이 없이 고요한 때라 하더라도 환하여 어둡지 않은 이치가 기본적으로 그 속에 있어 일찍이 소멸되지 않는 것이네. 배우는 자는 깨닫는 것이 무엇인가에 대하여 억지로 찾아서도 안 되고 의도적인 사려를 가해서도 안 되며, 다만 마땅히 경敬으로써 마음을 곧게 하고 함양해 나가기만 하면 그 뒤에는 저절로 도를 깨닫게 되는 것이네. 그대 또한 고요한 마음으로 앉아 경을 위주로 하고 그것을 함양하며 방치하지도 말고 조장하지도 말면서 오랜 시일이 지나 저절로 익숙해지면 저절로 깨닫게 될 것이네.[52]

(가)는 『심경부주』 「천명지위성장天命之謂性章」의 일부인데, 어떤 사람의

---

51 程敏政, 『心經附註』 권1, 「天命之謂性章」, "或問喜怒哀樂之前, 下動字? 下靜字? 曰 謂之靜則可, 然靜中, 須有物, 始得, 這裏便是難處. 學者莫若且先理會得敬, 能敬則自知此矣."
52 鄭述, 『寒岡集』 권4, 「答蔡靜應」, "儒者之學, 異於釋氏之空無, 雖於湛然淵靜之時, 而有箇炯然不昧之理, 自在裏面, 未嘗有熄. 學者於此不可尋覓, 不容安排, 但當敬以直內, 涵養將去, 上面自然有這物事. 公且靜坐, 主敬涵養, 勿忘勿助, 久自純熟, 便自見得." 이익의 「主靜」(『星湖僿說』 권27) 역시 이러한 맥락에서 작성된 것이다. 이 글에서 이익은 "南軒은 오로지 主靜만을 하였는데, 朱子는 主敬으로 바꾸었으니, 主靜하여 靜한 가운데 物이 있으면 곧 主敬이 된다. 주자가 받은 편지의 뜻을 인용하여 말하기를, '반드시 靜하여야 動의 근본하는 바를 포함할 수 있고, 動을 살펴야 한가운데 靜이 있는 바를 볼 수 있다. 動과 靜이 서로 작용하여 體와 用이 한 덩어리가 된 뒤에라야 滲漏함이 없다.'라고 했으니, 이 몇 마디 말은 훌륭하여 말뜻이 완벽하다. 그러면, 소위 主靜이란 것이 어찌 일호라도 禪味에 관계되겠는가? 내가 전에 畏庵 李敬叔 선생을 뵈오니 남헌의 主靜說에는 瑕疵가 없다고 말하면서, '靜한 가운데 物이 없으면 이것은 바로 禪이 되는 것이다. 이미 學을 알고 있었으니 어찌 이럴 리가 있었겠는가? 다만 敬으로 말하자면 초학자가 갑자기 진리에 도달하기가 어렵기 때문에, 우선 主靜 공부를 하여야 결국에 敬과 합치하게 될 것이다.'라고 했다."라고 하였다.

물음에 대한 정이의 답변이다. 즉 희노애락의 미발 상태에서 정동靜動의 문제를 묻자 정이는 정중유물靜中有物 해야 한다고 했다. 물은 다름 아닌 마음을 지키는 실체를 뜻하는데, 정이는 그 방법론으로 경敬을 제시하였던 것이다. 이에 대하여 송시열은 『심경석의』에서, "지극히 허한 가운데 지극히 진실한 것이 있으므로 '유물有物'이라 한 것이다."라고 풀이하고 있다. 우리는 여기서 주자가 경을 들어 "경은 바로 성문聖門에 제일의第一義이니, 철두철미하다. 잠시라도 간단間斷함이 있어서는 안 된다."[53]라고 말할 수 있었던 사정을 비로소 이해하게 된다.

미발 상태에서의 정동 문제는 경연에서도 심각하게 논의된 적이 있다. 영조의 질문에 대하여 시독관 황재黃梓는 "지각知覺이 있는 상태에서 사려思慮가 아직 발현되기 전이 정자程子가 말한 '고요한 가운데 물이 있다.[靜中有物]'라는 것입니다. 미발일 때에는 존양하는 공부를 할 따름이고 이발일 때에 따로 성찰하는 공부를 하여 존양하는 공부와 성찰하는 공부를 양쪽 모두 지극하게 한다면 천리天理와 인욕人慾의 갈래가 자연히 눈앞에서 구별될 것입니다."[54]라고 설명하였고, 영조 또한 여기에 수긍하였다.

정구는 정중유물에 대하여 제자 채몽연蔡夢硯(1561-1638)에게 더욱 분명하게 설명한 바 있다. 불가에서도 정을 주장하지만 공무空無를 추구하기 때문에 정중무물靜中無物이 된다고 하면서, 정주유물 해야 환하여 어둡지 않은 이치가 기본적으로 그 속에 있게 되어, 기발의 상태에서 마음의 작동이 온전할 수 있다는 것이다. 이러한 정중유물은 '경'으로써 가능하다는 것도 놓치지 않았다. 이처럼 수양론적 맥락 속에서 정구는 위에서 제시한 「효기우음」을

---

53 『心經附註』 권3, 「牛山之木章」, "朱子曰, 敬, 乃聖門第一義, 徹頭徹尾. 不可頃刻間斷."
54 『承政院日記』 권618, 영조 2년 6월 13일조, "知覺已存, 思慮未顯, 程子所謂靜中有物者也. 未發之前, 只爲存養, 已發之後, 另加省察, 使存省之工, 皆得兩至, 則天理人欲之分, 自然判別於眼前矣."

창작하였던 것이다. 특히 새벽에 일어나 고요함 속에서 들리는 솔바람 소리와 물소리는 그의 마음이 '유물有物'하다는 것을 적실히 보여주는 것이 된다.[55]

조선조 선비들은 마음을 문학적으로 매우 다양하게 형상하였다. 체와 용을 관통하고, 정과 동을 일관하는 데 있어 경으로 마음을 주재하는 것은 매우 중요한 것이었고, 이를 문학적으로 다양하게 형상화하였다. 위에서 든 정구의 시「효기우음」도 마찬가지인데, 이를 서정시로 읽고 말면 그 본의를 놓치고 만다. 『심경』에서 제시하는 경의 수양론이 깊이 있게 내장되어 있기 때문이다. 특히 조선시대 사대부들은 『심경』을 심도 있게 연구하면서, 이를 통해 한편으로 마음을 다스리며, 다른 한편으로 일상생활에 적용하기 위해 노력하였다. 이러한 점을 감안한다면 그들의 문학에 이러한 사실이 자연스럽게 드러나기 마련이다. 정구의「효기우음」도 그 가운데 하나이다.

## 5. 마무리 : 지경을 위하여

주자는 "마음은 신명의 집으로 일신을 주재한다."[56]라고 하였고, 황간黃榦은 "마음이란 신명의 집이니, 허령하고 통철하여 뭇 이치를 갖추고서 모든 사물을 수응한다."[57]라고 하였다. 일신을 주재하는 것이 마음이라면, 마음을

---

55　정중유물에 대하여 유중교는 「紫陽琴調候詞」(『省齋集』 권1)에서, "음률이 응종에 어울리니[律中應鍾], 하늘과 땅이 막히고 숨었네[二儀閉藏]. 무지개는 빛깔을 감추고[蠕蝀晦彩], 귀뚜라미는 침상 밑에 있네[蟋蟀在牀]. 용으로 의심하면 싸우고[龍疑則戰], 자벌레는 몸을 움츠렸다 펼친다네[蠖信于屈]. 군자가 편안히 쉬며[君子宴息], 고요한 가운데서도 사물이 있다네[靜中有物]."라 하기도 했다.

56　『朱子語類』 권98, 「心」, "是神明之舍, 爲一身之主宰."

57　黃榦, 『勉齋集』 권2, "心者, 神明之舍, 虛靈洞澈, 具衆理而應萬事者也."

주재하는 것은 무엇인가. 주자는 경敬이 바로 그것이라 했다. 이 때문에 『대학혹문』에서, "경은 한 마음의 주재요 모든 일의 근본이다."[58]라고 할 수 있었다. 『심경』은 경공부가 핵심이다. 일생동안 『심경』을 읽으면서 자신의 일상을 가다듬어 가고자 했던 조선시대의 선비들, 그들에게 있어 경공부는 학문의 처음이자 끝이었다. 『주자어류』에 전하는 다음 말을 상기할 필요가 있다.

> 기원器遠이 전날 밤에 "경敬은 소학小學을 감당할 수 없습니다."라고 말했는데, 내가 보기에 도리어 소학이 경을 감당할 수 없으나, 경은 이미 소학을 포함하고 있다. 경은 위부터 아래까지 철저하게 관통하는 공부이다. 비록 성인의 경지에 이른다 해도 이 경의 공부만은 버릴 수 없다. 요堯와 순舜의 경우에도 처음부터 끝까지 경敬으로 일관했다. 예를 들어 "경건하고 밝으며 모습이 아름답고 생각이 편안하다"라고 하여 요의 덕을 칭송하였는데, 이 네 글자 중에서 유독 경敬으로 분명하게 글의 첫머리를 열었다. 예를 들어 "몸을 공손히 하고 바르게 왕 노릇을 했을 뿐이다"라고 하거나, "돈독하고 공손하니 천하가 편안해 진다."라고 말하는 것은 모두 경이다.[59]

『서경』, 『논어』, 『중용』의 구절을 통해 성인도 처음부터 끝까지 경공부로 일관했다는 것을 보였다. 이렇게 보면 경은 체용은 물론이고, 동정과 상하에 있어서도 일관되게 적용되는 것이었다. 위의 자료에서 요의 덕을 들어, "경건하고 밝으며 모습이 아름답고 생각이 편안하다"라고 하였는데, 이황은 우성전禹性傳(1542-1593)과의 문답에서, "나와 같은 사람은 아침저녁으로 혹 정신이 맑고 기운이 안정되었을 때는 저절로 공경스럽고 엄숙하여 마음을 굳이 잡지

---

58  『大學或問』, "敬者, 一心之主宰, 萬事之本根."
59  『朱子語類』 권7, 「學一」, "器遠前夜說, 敬當不得小學, 某看來, 小學卻未當得敬. 敬已是包得小學. 敬是徹上徹下工夫. 雖做得聖人田地, 也只放下這敬不得. 如堯舜, 也終始是一箇敬. 如說欽明文思, 頌堯之德, 四箇字獨將這箇敬做擗初頭. 如說恭己正南面而已, 如說篤恭而天下平, 皆是."

않아도 자연히 잡히고, 사지를 얽매지 않아도 자연히 공손해진다. 옛사람도 기상氣象이 좋은 때는 반드시 이러할 것이라고 생각되지만 나는 그것을 오래 지속할 수는 없다."[60]라고 고백한 바 있다. 요의 기상을 갖고 있을 때가 있지만, 그 지속성에 문제가 있다고 스스로 말했던 것이다.

경공부의 지속성을 위해 잊지도 말고[勿忘] 조장함도 없어야[勿助長] 한다. 여기에 대하여 『심경질의心經質疑』와 『심경강록心經講錄』을 지으며 마음공부로 일관했던 이덕홍李德弘(1541-1596)은 스승 이황과의 문답을 『언행록』에 실어두었다. 즉, 그가 "경敬에 대한 학설이 많은데, 어떻게 하면 잊어버리거나 조장助長하는 병통에 빠지지 않을 수 있겠습니까?"라고 묻자, 이황은 다음과 같이 답변하였던 것이다.

> 학설이 많지만 정자程子·사량좌謝良佐·윤돈尹焞·주자朱子의 학설만큼 절실한 것은 없다. 다만 배우는 자로서 어떤 이는 정신을 성성惺惺한 상태로 유지하는 공부를 하려고 하고, 어떤 이는 마음에 하나의 물物도 용납하지 않는 공부를 하고자 하지만, 먼저 무엇을 찾는 데 마음을 두거나 이리저리 안배하게 되면, 빨리 자라게 하려고 이삭을 뽑는 식의 병통이 생기지 않을 사람이 거의 드물 것이요, 조장하지 않으려고 조금도 마음을 쓰지 않으면, 농사를 버려두어 김을 매지 않는 병통에 이르지 않는 사람이 또한 드물 것이다.[61]

이 자료에서 말한 학설이란 정제엄숙, 주일무적, 기심수렴, 상성성법 등 경의 4개 조목과 함께 주자가 제시한 외畏를 말한다. 이것은 이미 앞에서 언급한 바다. 이러한 학설에 근거를 두되 자연스러워야 하며, 방기하거나 조장하지 말아야 한다고 했다. 이황은 이어서 정이의 말을 제시하며, '뜻을

---

60     『陶山言行錄』 권1, 「論持敬」
61     『陶山言行錄』 권1, 「論持敬」

두는 것도 아니요, 뜻을 두지 않는 것도 아닌' 상태에서 경敬으로 한마음을 주재하게 하면, 안팎이 모두 엄숙해져서, 잊어버리지도 않고 조장하지도 않으며, 마음이 저절로 보존될 것이라 했다. 그러니까 지경持敬은 사림파 선비들에 의해 채택되면서, 퇴계학파를 중심으로 전국화 되었던 조선 선비들의 집단 지성에 핵심 역할을 담당하였다고 하겠다.

이상에서 우리는 조선시대 『심경』의 유입과 사림파를 중심으로 한 독서, 성·경·의에 기반한 유가 수양론과 『심경』의 관계, 성경과 경의의 문학적 수용, 정구의 「효기우음」을 통한 마음의 형상 등을 두루 고찰하였다. 그동안 우리는 문학과 철학의 분리라는 근대학문의 분과 논리에 따라 서로 다른 길을 걸어왔다. 본고에서는 이를 성찰하면서 이 두 학문 분야의 교육적 시각에서 『심경』을 주목하고, 여기서 제시하는 핵심 개념의 문학적 형상을 따졌다. 그러나 이것은 한 시도에 불과하다. 이후 보다 본격적인 논의가 지속적으로 이루어져야 할 것이다.

## 참고문헌

『近思錄』
『論語』
『大學或問』
『陶山言行錄』
『孟子』
『性理大全』
『荀子』
『承政院日記』
『二程全書』
『周易』
『朱子語類』
『中庸或問』
『中庸』
金元行,『渼湖集』
李彦迪,『晦齋集』
李　珥,『栗谷集』
李　瀷,『星湖僿說』
李　滉,『退溪集』
柳重敎,『省齋集』
任聖周,『鹿門集』
鄭　逑,『寒岡集』
程敏政,『心經附註』
丁若鏞,『茶山詩文集』
鄭　蘊,『東溪集』
曹　植,『南冥集』
曺好益,『芝山集』
周敦頤,『通書』
陳德秀,『西山文集』
許　穆,『記言』

洪汝河, 『木齋集』
黃  榦, 『勉齋集』

金聖泰, 『敬과 注意』, 高麗大學校 出版部, 1982.
島田虔次, 김석근·이근우 옮김, 『朱子學과 陽明學』, 까치, 1986.
김종석 역주, 『심경강해』, 이문출판사, 1999.
박성순, 「조선중기 경연과목 『심경』의 정착과정과 그 정치적 의미」, 『한국사상사학』 22, 한국사상사학회, 2004.
范壽康, 『朱子及其哲學』, 開明書店, 1976.
송희준, 「우리나라에 있어서 『심경』 주석서의 사적 전개」, 『동방한문학』 15, 동방한문학회, 1998.
이광호 외, 『국역 심경주해총람』(상·하), 동과서, 2014.
정우락, 『남명문학의 철학적 접근』, 박이정, 1998.
홍원식 외, 『조선시대 심경부주 주석서 해제』, 예문서원, 2007.

# 제1부
# 마음의 문학

# 『심경부주』에 나타난 공부工夫 방법론과 문학적 형상화*
— 인식과 실천을 중심으로 —

김종구(동국대학교 WISE캠퍼스 불교사회문화연구원 전임연구원)

## 1. 서론

　우리나라의 경우, 『심경』과 『심경부주』¹는 조선 전기에 들어와, 그 최초의 기록이 세조대의 문신 손조서孫肇瑞(?-?)에게서 보인다. 그는 『심경』을 애호하고, 『심경연의』를 저술했다. 손조서는 김굉필과 정여창의 스승이었다. 이를 통해 보면, 『심경』의 독서층은 사림파가 중심이었다. 이후, 중종대에 오면 조광조·김안국·성수침 등 기묘명현들이 『심경부주』를 읽었다는 기록이 있다. 『심경』과 『심경부주』는 영남학파를 대표하는 이황李滉(1501-1570)과 조식 曺植(1501-1572)에 의해 중요한 책으로 부각된다.²

---

\*　이 글은 기발표된 필자의 논문(「『심경부주』에 나타난 工夫 방법론과 문학적 형상화 -인식과 실천을 중심으로-」, 『우리문학연구』 84, 우리문학회, 2024, 7-32쪽)을 수정, 보완한 것이다.
1　『심경과 『심경부주』의 유입과 한국적 전개는 정우락, 「『심경』의 문학적 수용과 '마음'의 형상」(『영남 선비들의 공부론과 지역 문헌』, 경북청년유도회, 2023.)에 자세하게 나온다.
2　조선시대 『심경』 유입, 한국적 전개는, 송희준, 「우리나라에 있어서 『심경』 주석서의 사적

퇴계는 『심경』의 중요성을 다음과 같이 말했다. "『소학』과 『근사록』과 『심경』 가운데서 어느 책이 가장 긴절합니까."라고 물었더니, 선생이 대답하기를, "『소학』은 체와 용을 함께 갖추었고, 『근사록』은 의리義理가 정미精微하니 모두 읽지 않을 수 없으나, 초학자가 처음 시작하는 데는 『심경』보다 긴절한 것이 없다."[3] 퇴계와 김수金睟의 대화에서 그 절실함을 알 수 있다. 이어 퇴계는 만년까지 『심경』을 강론했고, 생이 마칠 때까지 중요하게 여겼다.

이후 『심경』의 중요성은 더욱 강조되어, 조선시대의 유학자들은 관련 저술에 힘을 다했다. 이황, 『심경석의心經釋義』(1권)·『심경질의고오心經質疑考誤』(2권), 이덕홍李德弘, 『심경질의心經質疑』(1권), 조호익曺好益, 『심경질의』(1권), 이함형李咸亨, 『심경표제心經標題』(2권)·『심경질의부주心經質疑附註』(1권), 정구鄭逑, 『심경발휘心經發揮』(2권), 박세채朴世采, 『심경요해心經要解』(2권), 주세붕周世鵬, 『심경심학도心經心學圖』 등이 그것이다.

우선 『심경부주』의 공부론에 관심을 가져 서술한 것은 미미하다. 「『심경』의 문학적 수용과 '마음'의 형상」[4]의 논의에서, 『심경』의 위상과 그 구체적인 실상을 예로 들어 설명한 게 의미가 있다. 그 외 『심경부주』의 구성과 체재 관련[5], 퇴계의 문학작품 분석[6], 심학과 수양론[7], 『심경부주』 각 장의 개별

---

전개」, 『동방한문학』 15, 동방한문학회, 1998; 김종석 역주, 『심경강해』, 이문출판사, 1999; 홍원식 외, 『조선시대 심경부주 주석서 해제』, 예문서원, 2007; 이광호 외, 『국역 심경주해 총람』(상·하), 동과서, 2014 등의 자료가 있다.

3 李滉, 『退溪集 言行錄』 권1, 類編, 「讀書」

4 정우락, 「『심경』의 문학적 수용과 '마음'의 형상」, 『영남 선비들의 공부론과 지역 문헌』, 경북청년유도회, 2023. 그 외 기행과 해외 체험 부분에서 心狀을 논의한 경우가 있다.(김종구, 「갈암 이현일 기행시의 특징 및 心의 형상화」, 『韓民族語文學』 94, 한민족어문학회, 2021; 김종구, 「정유재란기 정경운의 호남 체험과 그 의미 - 고대일록을 중심으로」, 『嶺南學』 80, 경북대학교 영남문화연구원, 2022; 김종구, 「『연행일기』와 『해유록』의 心狀 표현과 同異性」, 『일본학연구』 67, 단국대학교 일본연구소, 2022.) 본격적으로 논의된, 마음의 문학적 형상화에 맞는 논의가 없으므로, 기타 선행연구는 생략한다.

논의[8] 철학과 교육 분야에서 마음공부와 관련된 논의[9] 등이 관련이 있다. 특히 『심경부주』를 문학적 현상으로 분석한 연구는 대개 마음 현상과 공부론을 언급[10]했다. 즉 『심경부주』와 직접 관련된 '공부'에 초점을 맞춘 것은

---

5   선병삼, 「양명학자 정제두의 『심경』 이해 : 『심경집의』의 구성 분석과 공부론 고찰을 중심으로」, 『韓國思想史學』 43, 한국사상사학회, 2013.
    편집부(편집자), 「『心經』·『心經附註』 속의 마음공부」, 『원불교사상과 종교문화』 28, 원광대학교 원불교사상연구원, 2004.
    김종석, 「조선유학 이해를 위한 또 하나의 방법론, 『심경부주』」, 『오늘의 동양사상』 19, 예문동양사상연구원, 2008.
    황금중, 「『심경부주』를 통해 본 주자학적 배움의 성격」, 『교육철학연구』 43, 한국교육철학회, 2008.
    정일균, 「다산 정약용의 『心經』론 - 『心經密驗』을 중심으로」, 『사회와 역사』 73, 한국사회사학회, 2007.
6   김기주, 「퇴계심학의 특징과 그 전승」, 『汎韓哲學』 37-2, 범한철학회, 2005.
    박종용, 「퇴계의 시에 나타난 학문관 연구」, 『유교사상문화연구』, 한국유교학회, 2014.
    위는 철학적 논의와 단순한 시에 나타난 학문관만 표출하고 있다.
7   김성훈, 「箴 장르의 效用性 연구」, 『동양문화연구』 11, 영산대학교 동양문화연구원, 2012.(『심경』의 키워드 중, 교훈과 경계가 일부 수용되어 있음)
    김기주, 「心學, 退溪心學 그리고 『心經附註』」, 『東洋哲學研究』 41, 동양철학연구회, 2005.
    한정길, 「마음 수양에 관한 조선 유학자들의 성찰 보고서 『국역 심경 주해총람』(상·하)」, 『역사와실학』 62, 역사실학회, 2017.
    오석원, 「『심경』의 구성과 수양론 연구(1)」, 『東洋哲學研究』 36, 동양철학연구회, 2004.
    오석원, 「『심경』의 구성과 수양론 연구(2)」, 『東洋哲學研究』 37, 동양철학연구회, 2004.
8   송희준, 「『心經』「尊德性齋銘」장의 尊德性과 道問學에 대한 시비」, 『퇴계학논집』 13, 영남퇴계학연구원, 2013.
    이진영·신창호, 「'우산지목'의 확장을 통해 본 마음 공부론 고찰 - 『맹자』에서 『심경부주』로의 성리학적 인식을 중심으로」, 『교육철학』 65, 한국교육철학회, 2017.
9   신창호, 『함양과 체찰-조선의 지성 퇴계 이황의 마음공부법』, 미다스북스, 2010.
    이치억, 「퇴계의 마음공부」, 『동양철학연구』 81, 동양철학연구회, 2015.
    이유정·박혜영·김미소, 「退溪와 茶山의 마음[心]에 대한 이해와 공부」, 『교육사상연구』 37-2, 한국교육사상학회, 2023.
10  김소연, 「간송 조임도의 문학에 나타난 심학과 그 특징」, 『백록어문교육』 32, 백록어문교육학회, 2023.(心學 언급)
    김종구, 「『연행일기』와 『해유록』의 心狀 표현과 同異性」, 『일본학연구』 67, 단국대학교 일본연구소, 2022.
    김병일, 「영남 선비들의 공부론과 지역 문헌」, 경상북도청년유도회, 디자인 라온, 2023.(心 언급)
    김종구, 「갈암 이현일 기행시의 특징 및 心의 형상화」, 『韓民族語文學』 94, 한민족어문학회,

없다.

　공부는 인식과 실천이 중요하다. 이를 바탕으로 『심경』에 나타난 공부론과 그 문학적 형상화를 고찰한다.

　첫째, 『심경부주』 자체에 나타난 공부에 관해 분석한다.
　둘째, 『심경부주』, 공부의 인식을 '독서'를 중심으로 고찰한다.
　셋째, 『심경부주』, 공부의 실천을 '정좌'를 중심으로 살펴본다.
　넷째, 공부론이 조선의 선비들에게 어떻게 문학적으로 형상화되었는가를 전개한다.

## 2. 『심경부주』에 나타난 '공부工夫'

　『심경』은 마음의 경전, 즉 마음공부의 경전이다. 그 『심경부주』 역시, 핵심은 마음공부를 어떻게 설명하고 표현하는가에 초점이 맞춰져 있다. 특히 '공부工夫'라는 키워드를 잘 살펴보면, 공부의 근원에 가까이 갈 수 있다. 물론 이 용어를 사용하지 않으면서 마음공부를 표현한 사례는 많을 수 있다. 하지만, 본고에서는 우선 '공부工夫' 키워드를 살펴봄으로써 그 용례와 표현 양상을 구체적으로 살펴, 궁극적인 '공부工夫'를 밝히고자 한다. 다음은 '공부工夫' 용례를 도표화한 것이다.

---

2021.
　김종구, 「정유재란기 정경운의 호남 체험과 그 의미 - 고대일록을 중심으로」, 『嶺南學』 80, 경북대학교 영남문화연구원, 2022.(心狀 언급)
　정순우 외, 『영남 선비들의 공부론과 지역 문헌』, 경북청년유도회, 2023.(한 장 정도, 유가의 '敬' 공부를 언급했다.)

<표 1> '공부工夫' 용례 분석(?는 공부에 관한 질문 또는 논의)

| 순번 | 권, 장 | 내용 | 비고 |
|---|---|---|---|
| 1 | 心學圖 | 遏人欲而存天理之工夫 | 遏人欲存天理 |
| 2 | | 遏人欲處工夫 存天理處工夫 | 遏人欲存天理 |
| 3 | | 主一無適 整齊嚴肅 其心收斂 常惺惺, 工夫 | 敬 工夫, 敬 4 조목 |
| 4 | 제1권, 易, 1. 閑邪存誠章 | 閑邪 甚工夫 | 遏人欲 |
| 5 | 제1권, 易, 2. 敬以直內章 | 孟子一書 持敬工夫少 | 敬 工夫 |
| 6 | | 大槩工夫較麤些 | 孟子 英氣 |
| 7 | | 持敬工夫, 下工夫處 | 敬 工夫 |
| 8 | | 下工夫 | 下工夫 |
| 9 | 제1권, 易, 2. 敬以直內章 | 做工夫 | 義以方外 |
| 10 | | 實把做工夫 | 敬以直內, 義以方外 |
| 11 | | 省工夫 | 敬以直內 |
| 12 | | 古人-這工夫 | 心 工夫 |
| 13 | | 不做這工夫 | 心 工夫 |
| 14 | | 程先生, 須令於敬上做工夫 | 敬 工夫 |
| 15 | | 伊川 整齊嚴肅一段 是切至工夫 | 整齊嚴肅, 敬 4 조목 |
| 16 | | 持敬工夫 | 敬 工夫 |
| 17 | | 敬以直內 最是緊切工夫 | 敬以直內 |
| 18 | 제1권, 易, 4. 遷善改過章 | 得甚工夫 | 箇矜字 |
| 19 | 제1권, 中庸, 2. 顔淵問仁章 | 無克己工夫 | 克己 工夫 |
| 20 | | 工夫只在勿字上 | 克己 工夫, 說文 |
| 21 | 제1권, 中庸, 1. 天命之謂性章 | 用本領工夫 | 敬, 鏡明水止 中節 |
| 22 | | 日用工夫 | 日用 工夫, 察識端倪 最初下手處 |
| 23 | | 平日涵養一段工夫 | 日用 工夫 |
| 24 | | 致知居敬 費盡工夫 | 敬 工夫 |
| 25 | | 未發 才著工夫 | 未發 工夫, 性 공부 |
| 26 | | 最緊要著工夫處 | 工夫處? |
| 27 | 제2권, 大學, 1. 誠意章 | 處工夫 極細在 未便說到粗處 | 工夫處? |

| 순번 | 권, 장 | 내용 | 비고 |
|---|---|---|---|
| 28 | 제2권, 禮記, 1. 禮樂不可斯須去身章 | 今人 不肯做工夫 | 당대 工夫 비판 |
| 29 | | 顯然用工夫 | 用工夫? |
| 30 | 제2권, 孟子, 1. 人皆有不忍人之心章 | 四勿, 三戒, 絶四 正心上工夫 | 正心 工夫? |
| 31 | 제3권, 孟子, 4. 牛山之木章 | 횡거 工夫處 | 횡거 工夫? |
| 32 | | 대단 工夫 | 대단 工夫? |
| 34 | | 零碎工夫 | 零碎 工夫? |
| 35 | | 誠意工夫 | 誠意 工夫 |
| 36 | | 敬工夫 | 敬 工夫 |
| 37 | | 今於下工夫之時 | 今 工夫? |
| 38 | | 敬守此心-下工夫處 | 敬 工夫? |
| 39 | | 敬字工夫 | 敬 工夫? |
| 40 | 제3권, 孟子, 5. 仁人心章 | 如今-要下工夫 | 今 工夫? |
| 41 | | 學者工夫-喚醒 | 喚醒 工夫? |
| 42 | 제3권, 孟子, 7. 人之於身也兼所愛章 | 聖賢-工夫 | 聖賢 工夫 |
| 43 | 제4권, 孟子, 11. 雞鳴而起章 | 朱子云-主敬一段工夫 | 敬一段工夫, 학자권고 |
| 44 | | 當初 大段做工夫 | 今 工夫, 당대 비판 |
| 45 | 제4권, 孟子, 12. 養心章 | 實就上面做工夫 | 工夫處?, 지향 |
| 46 | | 存天理切實工夫 | 存天理 工夫, 聖 |
| 47 | 제4권, 周子, 1. 養心說 | 工夫-由於能寡欲 | 聖人 工夫, 지향 |
| 48 | 제4권, 程子, 1. 視聽言動四箴 | 上做工夫(處) | 工夫(處)? |
| 49 | | 愼獨工夫 | 愼獨 工夫 |
| 50 | | 自家下工夫 | 自家 工夫 |
| 51 | 제4권, 周子, 1. 敬齋箴 | 做工夫大段迫切然後 | 只今 工夫?, 비판 |
| 52 | | 持敬工夫 | 敬 工夫 |
| 53 | 제4권, 周子, 2. 求放心齋銘 | 做工夫底本領 | 本領 工夫?, 本領旣立 |
| 54 | 제4권, 周子, 3. 尊德性齋銘 | 兩邊做工夫 | 尊德性 道問學 工夫, 博文約禮_방법론 |

| 순번 | 권, 장 | 내용 | 비고 |
|---|---|---|---|
| 55 | | 學者工夫 唯在居敬窮理二事 | 居敬窮理 工夫?, 二事互相發 |
| 56 | | 能窮理則居敬工夫日益進 能居敬則窮理工夫日益密 | 居敬窮理 工夫, 兩邊 |
| 57 | | 玩索文理底工夫 | 文理 工夫?, 自然心地平夷 |
| 58 | | 自家心地上做工夫 | 自家 工夫? |
| 59 | | 七篇之書를 如此看이 是涵養工夫否 | 涵養 工夫, 孟子千言萬語-心 |
| 60 | | 全不是自做工夫 | 自做 工夫?, 空談 |
| 61 | | 理會窮理工夫多 | 窮理工夫? |
| 62 | | 今人 從前無此工夫 | 今人 工夫?, 비판 |
| 63 | | 就身心上用工夫 | 心上 工夫?, 聖賢學? |

위 &lt;표 1 '공부工夫' 용례&gt;에 나타난 '공부' 쓰임새를 분석하면 다음과 같다. 「심학도」 3회, 『역』 15회, 『중용』 8회, 『대학』 1회, 『예기』 2회, 『맹자』 16회, 주자周子 14회, 정자程子 3회와 같이 공부를 사용하고 있다. 『맹자』, 『역』, 주자周子, 『중용』과 관련된 장에서 가장 많이 사용하고 있음을 알 수 있다. '공부'의 빈도를 통해 각 장에서 나타내고자 하는 공부의 핵심적인 부분을 확인할 수 있는 바다.

첫째, 『맹자』의 중요성에 초점을 맞추고 있다. 그중, 「우산지목장」을 통해 '경敬' 공부의 중요성을 강조하고 있다. 『맹자』의 「우산지목장」은 그 분량도 압도적으로 차지한다. 공부에 대한 질문과 그 사례 역시 많은 분량을 차지하며, 그 중요성이 더욱 부각되고 있는 것이다.

둘째, '경이직내敬以直內, 의이방외義以方外'가 총체적인 '경敬' 공부의 중요성을 강조하고 있다. 성리학은 '성誠, 경敬, 의義'로 집약되며, 나아가 '경의敬義'로 집약된다. 퇴계와 남명이 가장 중요시하며, 이를 실천하고자 했던 것도 '경의敬義'인 것이다. 그 원천이 바로 여기에 해당되는 것이다.

셋째, 주자의 존덕성尊德性과 도문학道問學의 중요성을 병치하고 있다. 이는 수레의 두 바퀴처럼 강조되어, 격물치지格物致知·거경궁리居敬窮理 등이 조화된 공부를 구체화시키고 있다. 조선의 경우 존덕성을 강조되었던 시기와 도문학을 더욱 강조했던 시기도 있다. 하지만, 존덕성과 도문학의 병치야 말로 올바른 공부가 되는 것이다.

> (가)
> "『맹자孟子』 한 책은 경敬을 잡아 지키는 공부가 적으니, 이 한 구句와 같은 것은 가장 세밀하나 또한 다만 호연지기浩然之氣를 기르는 데에만 시행하였으니, 이른바 '일삼는다[事]'는 것은 의義와 곧음을 가리켜 말한 것이다.[11]

> (나)
> 그러나 경자敬字의 공부가 동動·정靜을 관통하되 반드시 정靜을 근본으로 삼으니, 이제 만약 경자敬字로 바꾼다면 비록 완전한 듯하나 경敬의 베푸는 바가 선先·후後가 있음을 볼 수 없으니, 또한 적당的當[正當]하지 못합니다.[12]

위의 (가)와 (나)는 '경敬'에 관한 논의를 말한 것이다. 우선 (가)는 문답의 과정에서 '경敬'에 대한 생각을 읽을 수 있다. 진식陳埴이 가장 중요하게 생각한 것은 지경持敬 공부이다. 이에 나아가 정자程子는 항상 지경持敬을 일삼아 올바른 호연지기를 길러 '의義'를 실천할 할 수 있는 밑거름이 될 수 있다고 논의하고 있다. 즉, 정자程子는 '맹자孟子가 영기英氣가 있다'라고 말한 것을,

---

11 『心經附註』 권1, 「敬以直內章」, "孟子一書, 持敬工夫少, 如此二句, 最細密, 然亦只施於養氣, 所謂事者, 指義直而已."(본 논의의 국역은 '한국고전종합DB' 및 '동양고전종합DB'를 참조하였다. 이하 생략)
12 『心經附註』 권3, 「牛山之木章」, "然敬字工夫, 貫動靜而必以靜爲本, 今若遂易爲敬, 雖若完全, 却不見敬之所施有先有後, 亦未爲的當也."

기초로 삼아 지경持敬을 함양한다. 정자程子는 호연지기 함양과 함께, 마음을 수양해 그 경敬을 실천하는 공부를 하고자 했다.

(나)에서는 '경敬' 공부에 대한 논의를 진전시키고 있다. 정靜과 동動을 문제 삼아, 동정이 서로 필요하고, 체용體容이 서로 떨어지지 않게 해야 올바른 경敬 공부가 된다고 보고 있다. 『심경부주』에서는 '경敬'에 대한 인식, 논의, 실천 문제까지 깊이 논의하고 그 방향성을 제시하고 있다. 경敬을 잡아 지키는 것은 동動과 정靜이 서로 병치되어야 됨을 강조하고 있는 것이다.

『심경부주』에서는 다양한 마음 함양 공부와 수양을 언급하며, '경敬' 공부의 실천에 가까이 가고자 했다. 그 가운데 알인욕존천리遏人慾存天理가 중심이 되어, 마음의 안정과 그 깨달음을 통해 실천하고자 한 것이 중요하다. 다양한 전거를 가져와 '경敬'에 대한 논의와 사례를 통해 바람직한 공부론을 형성하고 있었다. 이러한 원천적 공부는 조선시대 사상을 장악하며, 선비들은 성리학을 발전시키고 성현의 학문을 하고자 했다.

## 3. 공부工夫의 방법론

### 1) 인식 : 독서讀書

퇴계는 「독서」라는 시에서, "옛 성인의 글에는 천고 마음 전했으니, 글을 읽는다는 것이 쉽지 않음을 알았노라. 누른 책권冊卷 가운데서 성현을 대했으니, 허다한 그 말씀이 모두 나의 행할 일일세."[13]라고 했다. 그는 성인의 천고의 마음에 다가가기 쉽지 않음을 알고, 성현을 대하듯 항상 독서를 하고 있었

---

13   李滉, 『退溪集』 권5(續內集), 「讀書」, "書傳千古心, 讀書知不易. 卷中對聖賢, 所言皆吾事."

다. 그리고 이러한 독서는 실천을 담보한 것이었다.

조선의 선비들이 공부를 한다는 것은 '독서'라고 생각했다. 사물을 인식하고 판단하는 것으로 독서를 가장 중요히 여겼다. 그 가운데『심경』은 퇴계가 강조했듯이, 성현의 길로 가는 첩경인 것이다. 주지하다시피, 퇴계가 김수金晬의 문답에서 초학자의 첫 시작은『심경』이 제일 긴절하다고 말한 것에서도 잘 알 수 있다. 그렇다면『심경부주』에 나타난 공부론 중, 그 인식되는 '독서讀書' 현상은 어떠한지 알아보자.

<표 2> '독서讀書' 용례

| 순번 | 권, 장 | 내용 | 비고 |
|---|---|---|---|
| 1 | 心經附註序 | 或稱西山讀書記 | 心經附註=西山讀書記 |
| 2 | 제1권, 易, 2. 敬以直內章 | 朱子堂旁兩夾室 暇日默坐 讀書其間 | 敬齋 義齋 |
| 3 | | 讀書看義理 | 당대 독서 비판, 心 |
| 4 | 제2권, 禮記, 1. 禮樂不可斯須去身章 | 老先生 讀書 必具衣冠 正坐莊色 | 誠意讀之 |
| 5 | | 玉藻九容處-好讀書 | 有意思 |
| 6 | 제3권, 孟子, 4. 牛山之木章 | 不必盡日讀書 | 終日乾乾 |
| 7 | 제3권, 孟子, 5. 仁人心章 | 陳烈 初年讀書 不理會得 | 讀孟子求放心一段 |
| 8 | 제4권, 孟子, 11. 雞鳴而起章 | 今人 只讀書爲利 | 당대 비판 |
| 9 | 제4권, 程子, 1. 視聽言動四箴 | 讀書爲學 | 簡冊傳聞 聽類 |
| 10 | 제4권, 周子, 3. 尊德性齋銘 | 河南夫子所謂或讀書 | 格物之事 |
| 11 | | 聖謨六經之編-始是讀書人 | 尹和靖門人 |
| 12 | | 著實讀書 | 당대 비판 |
| 13 | | 平日讀書時 | 病根, 의문 |
| 14 | | 讀書方有味 | 身 → 求 |
| 15 | | 蒙見敎 讀書 須要涵養 | |
| 16 | 제4권, 周子, 3. 尊德性齋銘 | 某爲見人讀書鹵莽 所以說讀書 | 當涵養 |
| 17 | | 所謂涵泳 是子細讀書之異名 | |
| 18 | | 只是添得多 說得遠 如此讀書 | 당대비판 |

위 <표 2 '독서讀書' 용례>에 나타난 '독서讀書' 쓰임새를 분석하면 다음과 같다. 주자周子의 「존덕성재명尊德性齋銘」 9회, 『역易』의 「경이직내장敬以直內章」 2회, 『예기禮記』의 「예악불가사수거신장禮樂不可斯須去身章」 2회, 『맹자孟子』에서 3회인데 「우산지목장牛山之木章」, 「인인심장仁人心章」, 「계명이기장雞鳴而起章」 각각 1회이다. 그리고 「심경부주서心經附註序」와 정자程子의 「시청언동사잠視聽言動四箴」에서 각각 1회이다. 주자, 맹자, 『역』, 『예기』를 통해 독서의 성향을 표현하고 있는 것이다.

첫째, 주자의 존덕성尊德性과 관해서다. 존덕성은 도문학道問學[14]과 함께 병치된다. 덕德은 하루 아침에 이뤄지지 않는다. 그러므로 선현들은 일월日月의 왕래처럼 매일 노력하면서, 잠깐이라도 쉬지 않고 덕성을 밝히고자 했다. 그 중요성이 『심경부주』에 여실히 드러나고 있는 것이다.

둘째, 독서讀書의 경우에도 '경敬'과 『맹자』와 관련된 중요성을 확인할 수 있다. '경敬'은 『심경부주』 전반에 걸쳐 중요하게 인식되고 있다. 독서의 기본은 '경'을 인식하고 실천할 수 있는 바탕에서 독서를 공경히 해야 한다고 설파說破한다. 『심경부주』 기저에 자리하고 있는 것이다.

셋째, 진정한 독서讀書의 방법과 당대 독서讀書 경향에 대해 언급하고 있다. 역사적으로 독서讀書의 경향은 시대별로 달리 나타나고 있다. 『심경부주』에서는 당대 독서讀書 실태를 비판하며 진실하고 제대로 된 독서讀書를 고민하고 있는 것이다. 이는 제대로 된 성현의 길로 가고자 하는 것과 일맥상통하는 것이다.

결국, 올바른 공부工夫 방법론을 독서讀書에서 찾고 있다. 그 가운데에서도 독서讀書의 중요성과 방법론을 논설하고 당대의 독서讀書 경향을 비판하고

---

14  본 논의에서는 존덕성과 도문학에 관한 논쟁은 제외한다. 이미 선행연구에서 제시된 바가 있고, 여기서는 『심경』의 본질적인 공부론을 다루기 위해서다.

있는 것이다. 이러한 인식을 통해 격물치지와 궁리를 적극적으로 실천해, '독서讀書=성현학聖賢學=성학聖學'를 성립하고자 했다.

(다)
그러나 그 주註 가운데에『서산독서기西山讀書記』라고 칭하였으나 모든 정주程朱 대유大儒들이 열어 보여주고 간절히 경계한 말씀은 대부분 이 권卷에 들어 있지 않은 점이 의심스러우니, 생각하건대 이『심경心經』은 본래 선생先生에게서 나왔으나 주註는 후인後人들이 뒤섞어 넣었기 때문인가 보다.[15]

주지하다시피 진덕수는 성현의 격언을 추출하여『심경』을 편찬하였다. 위의 글은 이 책을『서산독서기西山讀書記』라고 칭했음을 확인할 수 있다. 그렇다면 서산이 중요하게 생각한 긴요한 경전을 결국 순환 반복하여 독서讀書했음을 추론할 수 있다. 우리는 여기서, '독서기'라고 칭했던 점에 주목을 해야 하는 것이다. 즉 성현 공부의 시작은 제대로 된 독서로부터 우선해야 한다고 강조하고 있는 것이다.

정민정程敏政 역시 "성경현전聖經賢傳의 가운데에 마음을 두어서 몸을 검속檢束하여 욕심을 막고 익숙히 반복하는 터전으로 삼기를 꾀할 뿐이다."[16]라고 하며, 서문을 마무리한다. 정민정은『심경부주』의 마음 수양 및 함양을 통해 몸과 마음을 검속하기를 후학들에게 바라고 있다. 그 중심에는『심경부주』의 글귀를 순환 반복해 경계하며, 독서하는 것에 두고 있는 것이다. 이러한 인식을 가져야 성인에 가까이 가는 지극한 공부에 이를 수 있다고 봤다.

---

15  程敏政,『心經附註』,「心經附註序」, "然猶疑其註中, 或稱西山讀書記, 而凡程朱大儒開示警切之言, 多不在卷, 意此經, 本出先生, 而註則後人雜入之故邪."
16  程敏政,『心經附註』,「心經附註序」, "圖眞心于聖經賢傳之中, 爲檢防熟複之地云爾."

(라)

요진경廖晉卿이 "무슨 책을 읽어야 합니까?" 하고 묻자, 주자朱子가 말씀하였다. "공公은 마음을 놓은 지가 이미 오래되었으니, 우선 정신을 수렴하여야 한다. 『예기禮記』「옥조玉藻」의 구용九容을 자세히 체인體認하여 의사意思가 있기를 기다린 다음 책을 읽는 것이 좋다.[17]

(마)

조민표趙民表에게 답한 편지에 다음과 같이 말씀하였다. "옛사람의 학문은 치지致知를 우선으로 하였으니, 치지致知하는 방법은 격물格物에 달려있다. 격물格物이란 하남부자河南夫子[程子]의 이른바 '혹 책을 읽어 의리義理를 강명講明하고 위로 고인古人을 논하여 옳고 그름을 분별하고, 혹 사물을 응접하여 마땅한지 마땅하지 않은지를 처리한다.'는 것이 모두 격물格物의 일이다. 사물의 이치를 궁구하여 지식이 지극해지면 행함에 힘쓰지 않음이 없어서 일을 만남에 성립하지 못함을 걱정할 것이 없다."[18]

(라)는 요진경廖晉卿과 주자朱子의 문답이다. 요진경廖晉卿이 독서讀書의 방편을 묻자 주자朱子는 구용九容의 중요성을 설파하고 있다. 구용九容은 『예기』「옥조玉藻」에 나오는 '발 모양은 무게 있게 하고, 손 모양은 공손하게 하고, 눈 모양은 단정하게 하고, 입 모양은 다물어야 하고, 소리 모양은 조용하게 하고, 머리 모양은 곧게 하고, 기상의 모양은 엄숙하게 하고, 서 있는 모양은 덕스럽게 하고, 안색의 모양은 장엄하게 하는 것'[19]을 말한다. 여기서 중요한

---

17 『心經附註』권2,「禮樂不可斯須去身章」, "廖晉卿, 請讀何書, 曰公, 心放已久, 可且收斂精神. 玉藻, 九容處, 子細體認, 待有意思, 却好讀書."
18 『心經附註』권4,「尊德性齋銘」, "答趙民表書曰, 古人之學, 以致知爲先, 致知之方, 在乎格物. 格物云者, 河南夫子所謂或讀書, 講明義理, 尙論古人, 別其是非, 或應接事物, 而處其當否皆格物之事也. 物格知至, 則行無不力, 而遇事, 不患其無立矣."
19 『禮記』「玉藻」, "足容重, 手容恭, 目容端, 口容止, 聲容靜, 頭容直, 氣容肅, 立容德, 色容莊."

것은 독서의 선조건을 먼저 제시한 것이다. 즉 주자朱子는 구용九容을 수렴 및 체인하고, 그다음에 독서讀書를 해야 한다고 강조하고 있는 것이다.

(마)는 격물치지格物致知의 중요성을 말하고 있다. 이는 독서讀書를 통해 사물의 이치에 가까이 가서 그 의리를 밝히는 것이다. 격물은 하늘과 인간, 사물과 내가 원래 하나의 이치임을 통찰해야 한다. 바로 독서讀書를 통해 그 근본에 가까이 가고자 한 것이다. 특히 독서讀書는 고인古人이 남겨 놓은 진중한 뜻을 이해할 수 있다. 이로써 옳고 그름의 분별심이 생겨나는 것이다. 독서讀書는 '격물치지格物致知'에 정통할 수 있는 첩경이자, 기초가 되는 것이다.

『심경부주』의 핵심은 마음을 함양하는 공부론의 경전이다. 그 출발점은 독서讀書에 대한 정확한 인식으로 시작한다. 당대의 잘못된 독서讀書 경향을 비판하기도 하고, 올바른 讀書 방법 및 지향점을 논의하기도 한다. '독서왈讀書 曰 사士'라는 말이 있듯이, 『심경부주』를 편찬한 그 이후의 경향을 살펴보면, 끊임없는 독서讀書를 통해 마음을 함양하고 나아가 실천할 수 있는 밑바탕을 만들고 있는 것이다.

### 2) 실천 : 정좌靜坐

퇴계는 김성일과 문답에서, "정좌靜坐한 뒤라야 몸과 마음이 수렴되어서, 도리道理도 비로소 한곳에 모이게 될 것이다. 만일 육신이 나태하여 단속함이 없으면, 심신이 혼란해져서, 도리道理도 더 이상 한곳에 모일 수 없을 것이다. 그러므로 고정考亭[주자]은 연평을 마주 대해서 온종일 정좌靜坐해 앉았다가 물러 나와 혼자 있을 때에도 여전히 그렇게 했다."[20]라고 했다.

---

20  李滉, 『退溪集 言行錄』 권1, 類編, 「持敬을 논함」, "靜坐然後身心收斂, 道理方有湊泊處. 若形骸

퇴계는 여기서 지경持敬의 중요성을 인식하고 주일무적主一無適의 경敬을 함양하는데 정좌靜坐가 필요하다고 했다. 성현의 마음처럼 되기 위해서는 초학자로서는 할 수 있는 일이 아니기에 정좌靜坐의 실천을 통해 공부를 완성해 나가며 실천할 수 있다고 본 것이다. 조선 선비들의 공부는 '독서讀書-정좌靜坐-독서讀書'를 순환 반복하며 이뤄지고 있다.

<표 3> '정좌靜坐' 용례

| 순번 | 권, 장 | 내용 | 비고 |
|---|---|---|---|
| 1 | 제1권, 中庸, 1. 天命之謂性章 | 或曰 當靜坐時 物之過乎前者 還見 | |
| 2 | | 某曩時 從羅先生學問 終日相對靜坐 某時未有知 退入室中 亦只靜坐而已 | |
| 3 | | 元晦偶有心恙 不可思索 更於此句內 求之 靜坐看 如何 往往 不能無補也 | |
| 4 | 제3권, 孟子, 4. 牛山之木章 | 請問焉 曰且靜坐 | 방법 |
| 5 | | ② 伊川先生 每見人靜坐 便歎其善學 | 善學 |
| 6 | | ⑤ 問程子常敎人靜坐 如何 曰 | 敎人靜坐 |
| 7 | | 明道, 延平 皆敎人靜坐 看來 須是靜坐 | 敎人靜坐 |
| 8 | | ⑧ 先生 問伯羽 如何用工 曰 且學靜坐 痛抑思慮 | 痛抑思慮 |
| 9 | | 或靜坐存養 皆是用功處 | 靜坐存養 |
| 10 | | 人在世間 未有無事時節 自早至暮 有許多事 不成 說事多撓亂我 且去靜坐 | 靜坐存養 |
| 11 | | 曰 靜坐久之 一念 不免發動 如何 曰 | 방법 |
| 12 | 제3권, 孟子, 5. 仁人心章 | 陳烈 初年讀書 不理會得 又不記 因讀孟子求放心 一段 遂謝絶人事 靜坐室中 數月後 看文字 記性 加 數倍 又聰明 | 정좌-독서 |
| 13 | 제4권, 周子, 3. 尊德性齋銘 | ① 朱子曰 痛理會一番 如血戰相似然後 涵養將去 因自云 某如今 雖便靜坐 道理自見 若未能識得 涵養簡甚 | 함양-정좌 |
| 14 | | 嘗觀明道先生 語謝上蔡云 諸公來此 只是學某說話 上蔡請益 明道云 且靜坐 | 명도-정좌 |

放怠無檢, 則身心昏亂, 道理無復有湊泊處. 故考亭對延平靜坐終日, 及退私, 亦然."

위 <표 3 '정좌靜坐' 용례>에 나타난 '정좌靜坐' 쓰임새를 분석하면 다음과 같다. 『맹자孟子』의 「우산지목장牛山之木章」 8회, 『중용中庸』의 「천명지위성장天命之謂性章」 3회, 주자周子의 「존덕성재명尊德性齋銘」 2회, 『맹자孟子』의 「인인심장仁人心章」 1회이다. 『맹자』의 중요성과 그 비중이 높고, 『중용』의 '성性' 그리고 주자의 「존덕성재명」을 통해 정좌靜坐를 드러내고 있는 것이다.

첫째, 『맹자孟子』에 대한 관심이다. 그중 「우산지목장牛山之木章」에 관심을 보이고 있고 다음으로 「인인심장仁人心章」, 「계명이기장雞鳴而起章」에 대한 관심이다. 성리학의 역사에서 맹자의 역할은 지대하다. 공자의 사상을 체계화시키고 구체적인 사례를 들며 사상을 전개시키고 있다.

둘째, 독서讀書를 하는 시간 이외에는 '정좌靜坐'를 강조하고 있다. 간혹 정좌靜坐는 불교의 참선과 비교되어 비판 받기고 한다. 유학자들의 정좌靜坐는 성찰의 단계, 깨달음의 단계로 이어진다. 그리하여 정좌靜坐는 도리道理를 함양 성찰하는 가장 올바른 척도로 인식하고 있다.

셋째, '구방심求放心'의 경지에 나아가 성현의 길을 실천하고자 했다. 항상 마음을 적자지심赤子之心처럼 순전히 한결같이 하기는 쉽지 않다. 마음을 흐트러지지 않게 정좌靜坐를 활용하고 있는 것이다. 결국 정좌靜坐의 목적은 성현처럼 되고자 한 것이다. 이를 인식하며 실천하고자 했다. '정좌靜坐-구방심-성현'의 단계를 형성하며, 궁극적으로 성현에 가까이 가고자 한 것이다.

(바)

주자朱子가 말씀하였다. "횡거橫渠의 이 말씀이 지극히 좋으니, 군자君子는 종일토록 부지런히 힘써서 밥 먹을 때나 숨 쉴 때에도 간단間斷하지 않으며, 또한 굳이 종일토록 책만 읽지 않는다. 혹 고요히 앉아서 존양存養하는 것이 모두 공부工夫하는 곳이다. 천지天地가 만물을 낼 적에 사시四時로써 운동하니, 봄에 낳고 여름에 자라는 것은 진실로 쉬지 않는 것이요, 비록 가을과 겨울에 초목이 말라 잎이 떨어지더라도 생의生意가 일찍이 그 가운데에 있지 않은 적이 없으니, 배우는 자가 항상 불러 깨워서 이 마음으로 하여금 죽지 않게 하면 날로 진보함이 있을 것이다."[21]

(사)

주자朱子가 말씀하기를 "이치를 통렬히 한 번 살펴 알기를 혈전血戰을 하듯이 한 뒤에야 함양涵養하여 갈 수 있는 것이다." 하시고는 인하여 스스로 말씀하기를 "내 지금에는 비록 정좌靜坐를 하더라도 도리道理가 저절로 보이니, 만약 도리道理를 알지 못한다면 무엇을 함양涵養하겠는가." 하였다.

(바)는 장횡거가 "말함에는 가르침이 있고 동함에는 법이 있고 낮에는 함이 있고 밤에는 얻음이 있고 눈 깜짝할 사이에도 기름이 있고 숨 쉴 때에도 보존함이 있어야 한다."[22]라고 한 것에 대한 주자朱子의 논평이다. 주자朱子는 하루 종일 책만 보라고 권고하고는 있지 않다. 그는 조용히 앉아 존양성찰存養省察하는 것 역시 공부工夫라고 지적하고 있다. 천지天地와 사시四時의 이치를 깨달아 이를 실천하는 것이 진정한 공부工夫라고 보고 있는 것이다.

(사)에서는 주자朱子가 얼마나 공부工夫를 치열하게 하는지를 확인할 수 있다. 그는 천리天理를 간파하기 위해 피를 흘리며 싸우듯이 해야 한다고 했다. 그런 다음에야 비로소 차츰 함양할 수 있는 것이다. 주자朱子는 정좌靜坐를 통해 도리道理를 터득해, 함양한 것을 실천하고자 했다. 이러한 궁리窮理, 즉 격물치지 이후 함양을 해 '경敬'을 명확히 인식하고 실천할 수 있는 것이다.

---

21 『心經附註』 권3, 「牛山之木章」, "朱子曰, 橫渠此語極好, 君子終日乾乾, 不可食息間, 亦不必盡日讀書, 或靜坐存養, 皆是用功處. 天地生物, 以四時運動, 春生夏長, 固是不息, 雖秋冬凋落, 生意未嘗不在其中, 學者常喚令此心不死則日有進."
22 『心經附註』 권3, 「牛山之木章」, "言有教, 動有法, 晝有爲, 宵有得, 瞬有養, 息有存."

『심경부주』에서는 독서讀書를 한 후, 이를 바탕으로 정좌靜坐하여 그 이치를 깨달으라고 설파한다. 독서讀書를 통해 이치를 통달하고, 정좌靜坐를 통해 함양해 그 '경敬'을 실천하고자 한 것이다. 하지만, 잘못된 정좌靜坐는 이단으로 치달을 수 있기 때문에 경계를 분명히 하고 있다. 독서讀書는 그 바탕이 되어 순환 반복을 거듭해야 하고, 정좌靜坐는 그 방편이 되어 존양성찰, 함양을 꾸준히 노력해야 한다. 비로소 존덕성尊德性, 도문학道問學을 잘 실천해 성현의 길로 나아갈 수 있는 것이다.

## 4. 공부론의 문학적 형상화

퇴계가 『심경』에 대한 중요성을 설파하자, 이후 조선의 선비들에게는 『심경부주』가 필독서이자, 가장 많이 읽는 책으로 급부상한다. 선비들은 『심경부주』를 재료로 삼아 다양한 문학적 형상화를 이룬다. 일정한 의도, 구체적인 모양 등을 함의해 구체적, 명확한 형상화를 이뤄내고 있었다. 본 논의의 공부工夫, 독서讀書, 정좌靜坐의 구체적인 실상도 그러하다. 다음은 '독서讀書'와 '정좌靜坐'를 중심으로 공부론을 효용적으로 작품화를 이뤄낸 사례를 분석하고자 한다.

(아)
| | |
|---|---|
| 翰墨爭名已喪眞 | 문장으로 이름 다툼은 참뜻을 잃을 것이니 |
| 那堪擧業又低人 | 과거공부가 사람을 비루하게 만듦을 어찌 감당할까? |
| 可憐往日如奔駟 | 어여뻐라 지난날은 말 달리듯 하였으니 |
| 來歲工夫盍日新 | 오는 해 공부라고 어찌 새롭지 않으랴[23] |

(자)

  때와 일에 따라 마음을 잡아 지키고 스스로의 몸에서 진리를 살피는 공부를 떼어 놓지 말며 여가를 얻으면 책에 가까이하여 어떻게 해서라도 자신이 노력하던 곳을 찾아내서 요령을 얻어야 합니다. 올바른 이치와 깊은 맛으로 마음과 가슴을 푹 적시며 그 속에서 노닐기를 하루에 하루를 더하면서 오래오래 익히면 당연히 힘을 얻는 때가 있을 것입니다.[24]

  퇴계는 일찍이 19세에 「심사」라는 시에서, "유독 초당의 만 권 책을 사랑하여, 한결같은 심사로 지내온 지 십여 년, 근래에는 근원의 시초를 깨달은 듯, 내 마음 전체를 태허太虛로 여기네."[25]라고 했다. 그가 독서讀書를 얼마나 중요하게 생각하며, 실천한 모습을 확인할 수 있다. 그리고 만년에도 「도산십이곡」에서 긴수작과 한수작의 최고 경지를 노래했다. 즉 "천운대 돌아들어 완락재 소쇄瀟灑한데, 만권萬卷 생애로 즐거운 일이 무궁하여라. 이 중의 왕래 풍류를 일러 무엇 할꼬."[26]라고 하며 도산서당에서의 공부工夫[讀書]와 풍류의 최고 경지를 누리며 실천하고 있었다.

  (아)에서 퇴계는 도문학과 존덕성의 공효를 얘기하며, 날마다 열심히 공부工夫해야 됨을 금문원琴聞遠, 금응훈琴應壎(1540-1616), 김전金㙉 등 문인에게 경계의 말을 하고 있다. (자)는 최응룡崔應龍(1514-1580)에 답한 편지이다. 퇴계는 몸과 마음에 항상 공부工夫를 염두하며, 책을 가까이하라고 권고하고 있다. 그는 이렇게 한다면 '자득自得'할 수 있고, 그 이후 진리에 유영遊泳할 수 있다

---

23  李滉,『退溪集』권2,「歲終 琴聞遠 琴壎之 金子厚將歸 示詩相勉 亦以自警警安道」三首 中 一.
24  李滉,『退溪集』권12,「答崔見叔」, "亦當隨時隨事, 不廢持守體察之功, 而苟得餘暇, 近書冊, 須尋取所嘗用力處. 義理趣味, 澆灌心胸, 玩適游泳, 日復一日, 久久漸熟, 則當有得力之時矣."
25  李滉,『退溪集』,「退溪先生年譜」1, "獨愛林廬萬卷書, 一般心事十年餘, 邇來似與源頭會, 都把吾心看太虛."
26  「도산십이곡」.

고 봤다. 이러한 공부工夫, 늘 오래 평생토록 독서讀書해야 한다고 했다. 퇴계는 「차이백춘운次李伯春韻」에서도, "듣건대 대장부는 스스로 수립한다지, 그대에게 권하노니 글 읽는 선비 되어다오."[27]라고 독서讀書하는 선비를 권고하고 있다.

(차)

| 味淡無夷險 | 맛이 담박해 평탄함과 험함 없고 |
| 情輕任去留 | 세정 가벼워 가고 머묾 맘대로네 |
| 功程看草長 | 공정은 풀이 자라는 데에 보이고 |
| 世道付江流 | 세도는 강물 흘러가는 데 부치네 |
| 物外莊生馬 | 물외의 세상은 장생의 말인 거고 |
| 人間范蠡舟 | 인간의 세상은 범려의 배인 거네 |
| 高翔雖可樂 | 높이 날아오르는 게 즐겁긴 하나 |
| 靜坐亦忘憂 | 조용히 앉음도 근심을 잊게 하네[28] |

(카)

| 第一是靜坐 | 정좌靜坐 그것이 제일이지 |
| 何必看書史 | 왜 꼭 서사書史를 봐야하던가 |
| 客至亦無言 | 객이 와도 말이 없으니 |
| 誰知有眞理 | 진리가 게 있음을 뉘라서 알 것인가[29] |

(타)

| 無事此靜坐 | 일 없으면 이렇게 조용히 앉았다가 |

---

27　李滉, 『退溪集』 권5, 『續內集』, 「次李伯春韻」 二首, "聞道丈夫能自樹, 勸公須作讀書人."
28　宋翼弼, 『龜峯集』 권2, 「五言律詩 一百三十九首」, 「靜坐」.
29　申欽, 『象村集』 권17, 「靜坐」.

| 有興或題詩 | 홍이 일면 더러 시를 적어 보네 |
| 歲月空晼晚 | 세월은 부질없이 저물어 가는데 |
| 出門亦何之 | 문을 나선들 또한 어디로 갈 것인가 |
| 林禽足幽伴 | 숲의 새들은 은거의 반려로 삼을 만하고 |
| 澗雲生寒思 | 시내 구름은 쓸쓸한 생각이 들게 하네 |
| 我懷已云阻 | 내 그리는 마음은 이미 막혔으니 |
| 我佩玩何時 | 나의 패물은 언제나 완상케 하리 |
| 惜惜古人心 | 화락하던 옛사람들의 마음을 |
| 千歲祇在茲 | 천년이 지난 지금 여기에서 느껴 보네 |
| 此樂終何忘 | 이 즐거움을 끝내 어찌 잊을 것인가 |
| 莫被浮名欺 | 헛된 명성에 속는 일이나 없었으면 하네[30] |

(차)는 송익필의 「오언율시五言律詩 일백삼십구수一百三十九首」, 「정좌靜坐」이다. 송익필은 서인 세력의 막후 실력자였다. 이이李珥·성혼成渾과 성리학을 논변하기도 했고, 그의 예학禮學은 김장생金長生에게도 큰 영향을 주었다. 김장생·김집金集·정엽鄭曄·서성徐渻·정홍명鄭弘溟·강찬姜澯·김반金槃·허우許雨 등이 있어, 선조 대의 팔문장가로 불려졌다. 하지만 송익필은 붕당으로 인해 불우한 삶을 이어가다 죽었다. 위의 시에서도 알 수 있듯이, 장자와 범려의 배, 고사를 가져와 초세超世를 하고자 한 뜻이 다분하다. 그는 정좌靜坐를 통해 망우忘憂의 경지에 들어가고자 했다. 이단異端까지는 아니지만, 송익필은 정좌靜坐를 일상생활에 잘 활용하고 문학적으로 형상화하고 있는 모습이다.

(카)는 신흠의 「정좌靜坐」이다. 신흠은 진리를 깨닫는 최고의 방편으로 정좌靜坐로 삼고 있다. 그는 객이 와도 모를 정도로 집중을 하고 있는 것이다.

---

30  李象靖, 『大山集』 권1, 「巖齋見成用退陶集和陶移居韻與弟休文光靖共賦二首」

선비들이 서사書史를 중요하게 여기지 않았던 것은 아니지만, 신흠은 정좌靜坐를 통해 그 이치를 뛰어넘을 수 있다고 본 것이다. 신흠은 서인인 이이와 정철을 옹호해 동인의 배척을 받았던 인물이다. 하지만, 선조의 신망을 받으며 문운을 진흥하고자 노력한 인물이다. 그 역시 정좌靜坐를 통해 학문적 깨달음을 얻고자 노력한 것이다.

(타)는 이상정의 「암재가 완성되었기에, 『퇴도집』 「화도이거」의 운자를 써서, 아우 휴문[광정]과 함께 읊다」 2수 중 두 번째 수이다. 이상정은 일이 없을 경우, 조용히 앉아 고인古人의 마음을 생각하며 함양하고 있다. 그 즐거움이 때로는 시를 창작하게 만든다. 『퇴계집』에는 「화도집이거운和陶集移居韻」으로 되어 있다. 이상정은 퇴계[31]의 마음 수양 및 함양을 생각하며 정좌靜坐하고 있는 것이다. 즉 천리天理를 깨달은 선현의 마음과 퇴계의 마음 그리고 자신의 마음에 즐거워하고 하고 있다.

퇴계로 인해 『심경부주』는 후대의 선비들에게 중요한 책이자, 공부론에 귀감이 되어 각자의 방식대로 실천하고자 했다. 위는 붕당별 간단한 예를 가져왔다. 각 사례를 구체적으로 들여다보면, 중요하게 생각하는 부분이 분명 달라질 것이다. 나아가 동인과 서인의 선비들은 『심경부주』에서 그 나름 중요한 부분을 가져와 실천하며, 문학적 형상화를 이루고 있다. 몇 사례를 살펴봤지만, 정좌靜坐의 이미지는 '망우忘憂'의 경지, '진리'의 영역, '고인심古人心'으로 문학적으로 형상화되고 있었다.

---

31 이상정의 시에는 程朱와 退溪의 언급이 다채롭게 나타나고 있다. 그의 도학자였기에 도학시를 창작하고 있다. 바로 도학적 실천 및 수기와 正心을 추구하고 있는 것이다.(이와 관련해서는 金汀東, 「大山 李象靖 詩의 類型의 性格과 道學詩의 樣相」, 경산대학교 석사학위논문, 2002를 참조할 수 있다)

## 5. 결론

　본 논의는 『심경부주』에 나타난 공부工夫 방법론과 문학적 형상화를 고찰했다. 공부에 대한 인식과 실천은 독서讀書와 정좌靜坐를 통해 구체적으로 드러나고 있었다. 공부工夫에 대한 핵심은 경敬을 지향하며 실천해 성현의 영역에 가까이 가고자 했다. 즉 알인욕존천리遏人慾存天理의 경지를 지향한 것이다.

　『심경부주』에 나타난 독서讀書에 대한 인식은 당대의 잘못된 독서讀書 방법을 비판하기도 하고 올바른 독서讀書 방법론을 논설하기도 했다. 이러한 인식의 중심은 격물치지와 궁리를 적극적으로 실천해 독서讀書를 통해 성학聖學의 공부를 하고자 했다.

　『심경부주』에 나타난 실천은 정좌靜坐를 통해 구체적으로 나타난다. 자신의 수양과 함양을 통해 그 깨달음을 실천하고자 했다. 독서讀書를 통해 격물치지 및 궁리를 하고, 정좌靜坐를 통해 그 이치를 깨닫고 실천하고자 했다. 즉 존덕성尊德性, 도문학道問學을 잘 실천해 성현의 길을 따라가고자 했다.

　본 논의를 통해 다음과 같은 의미를 형성한다. 첫째, 『심경부주』에 나타난 공부론의 정립이다. 공부론은 다양하게 개별화되어 개념화되어있다. 공부론의 명확하게 정립할 수 있다. 둘째, 조선시대, '독서讀書'에 대한 명확한 인식을 확립할 수 있다. 독서讀書는 다양하게 이뤄졌지만, 그 방법과 요령을 확인할 수 있다. 또한 『심경부주』에 대한 독서讀書가 얼마나 이뤄졌는가를 추후 확인할 수 있다. 셋째, '정좌靜坐'에 대한 올바른 인식이다. 불교의 좌선과 비교해 조선의 선비들이 행한 정좌靜坐의 모범을 찾을 수 있다. 그 근원이 『심경부주』에 잘 나타나고 있다.

　남은 과제는 다음과 같다. 첫째, 『심경부주』의 다른 키워드 '학學', '경敬'

등을 추출해 그 인식을 통해, 공부론을 완성시킬 수 있다. 둘째, 『심경부주』의 수많은 키워드가 어떻게 문학적으로 형성되었는가를 밝힐 수 있다. 셋째, 영남학파, 기호학파 등 각 학파가 중요하게 생각한 『심경부주』의 키워드를 추출해 비교·분석할 수 있다.

## 참고문헌

『심경부주』

송익필, 『구봉집』
신　흠, 『상촌집』
이　황, 「도산십이곡」
이　황, 『퇴계집』
이상정, 『대산집』

김기주, 「心學, 退溪心學 그리고 『心經附註』」, 『東洋哲學研究』 41, 동양철학연구회, 2005.
＿＿＿, 「퇴계심학의 특징과 그 전승」, 『汎韓哲學』 37-2, 범한철학회, 2005.
김병일, 『영남 선비들의 공부론과 지역 문헌』, 경상북도청년유도회, 디자인 라온, 2023.
김성훈, 「'箴'장르의 效用性 연구」, 『동양문화연구』 11, 영산대학교 동양문화연구원, 2012.
김소연, 「간송 조임도의 문학에 나타난 심학과 그 특징」, 『백록어문교육』 32, 백록어문교육학회, 2023.
金汀東, 「大山 李象靖 詩의 類型的 性格과 道學詩의 樣相」, 慶山大學校 석사논문, 2002.
김종구, 「갈암 이현일 기행시의 특징 및 心의 형상화」, 『韓民族語文學』 94, 한민족어문학회, 2021.
＿＿＿, 「정유재란기 정경운의 호남 체험과 그 의미 - 고대일록을 중심으로」, 『嶺南學』 80, 경북대학교 영남문화연구원, 2022.
＿＿＿, 「『연행일기』와 『해유록』의 心狀 표현과 同異性」, 『일본학연구』 67, 단국대학교 일본연구소, 2022.
김종석 역주, 『심경강해』, 이문출판사, 1999.
김종석, 「조선유학 이해를 위한 또 하나의 방법론, 『심경부주』」, 『오늘의 동양사상』 19, 예문동양사상연구원, 2008.
박종용, 「퇴계의 시에 나타난 학문관 연구」, 『유교사상문화연구』, 한국유교학회, 2014.
선병삼, 「양명학자 정제두의 『심경』 이해 『심경집의』의 구성 분석과 공부론 고찰을 중심으로」, 『韓國思想史學』 43, 한국사상사학회, 2013.
송희준, 「우리나라에 있어서 『심경』 주석서의 사적 전개」, 『동방한문학』 15, 동방한문학회, 1998.

송희준, 「『心經』「尊德性齋銘」 장의 尊德性과 道問學에 대한 시비」, 『퇴계학논집』 13, 영남퇴계
　　　학연구원, 2013.
신창호, 『함양과 체찰-조선의 지성 퇴계 이황의 마음공부법』, 미다스북스, 2010.
오석원, 「『심경』의 구성과 수양론 연구(1)」, 『東洋哲學硏究』 36, 동양철학연구회, 2004.
_____, 「『심경』의 구성과 수양론 연구(2)」, 『東洋哲學硏究』 37, 동양철학연구회, 2004.
이광호 외, 『국역 심경주해총람』(상·하), 동과서, 2014.
이유정·박혜영·김미소, 「退溪와 茶山의 마음[心]에 대한 이해와 공부」, 『교육사상연구』 37-2,
　　　한국교육사상학회, 2023.
이진영·신창호, 「'우산지목'의 확장을 통해 본 마음 공부론 고찰 -『맹자』에서 『심경부주』로
　　　의 성리학적 인식을 중심으로」, 『교육철학』 65, 한국교육철학회, 2017.
이치억, 「퇴계의 마음공부」, 『동양철학연구』 81, 동양철학연구회, 2015.
정순우 외, 『영남 선비들의 공부론과 지역 문헌』, 경북청년유도회, 2023.
정우락, 「『심경』의 문학적 수용과 '마음'의 형상」, 『영남 선비들의 공부론과 지역 문헌』,
　　　경북청년유도회, 2023.
정일균, 「다산 정약용의 『心經』론 -『心經密驗』을 중심으로」, 『사회와 역사』 73, 한국사회사학
　　　회, 2007.
편집부(편집자), 「『心經』·『心經附註』 속의 마음공부」, 『원불교사상과 종교문화』 28, 원광대학
　　　교 원불교사상연구원, 2004.
한정길, 「마음 수양에 관한 조선 유학자들의 성찰 보고서 『국역 심경 주해총람』(상·하)」,
　　　『역사와실학』 62, 역사실학회, 2017.
홍원식 외, 『조선시대 심경부주 주석서 해제』, 예문서원, 2007.
황금중, 「『심경부주』를 통해 본 주자학적 배움의 성격」, 『교육철학연구』 43, 교육철학회,
　　　2008.

# 성재惺齋 금난수琴蘭秀의 심재心齋의 추구와 그 의미*

신소윤(경북대학교 교양교육센터 강사)

## 1. 서론

　금난수는 자가 문원聞遠, 호가 성재惺齋이다. 성재는 21세 때 횡성 조씨橫城趙氏와 혼인하여 월천月川 조목趙穆(1524-1606)과 교유하기 시작했으며, 월천의 권유로 그의 스승인 퇴계退溪 이황李滉(1501-1570)의 문하에 나아가 수학하였다. 성재는 32세(1561) 때 사마시司馬試에 급제하기도 하고 관직에 나아가기도 했으나, 그의 본령은 위기지학爲己之學에 있었다. 성재는 퇴계의 이른 시기 제자 중 한명이다. 그의 문집을 살펴보면 퇴계가 보낸 편지나 주고받은 시들이 여럿 보인다.[1] 이러한 관계성을 고려할 때 성재는 퇴계의 대표적인 문인 중 한 사람이라고 할 수 있을 것이다.

---

\* 이 글은 기발표된 필자의 논문(「惺齋 琴蘭秀의 心齋의 추구와 그 의미」, 『영남학』 88, 경북대학교 영남문화연구원, 2024, 165-194쪽)을 수정, 보완한 것이다.
1 　이외에도 성재는 『朱子書節要』 편찬, 陶山書堂 건립, 易東書院 건립 등 퇴계의 주요 사업에 참여했다. 성재의 아들 금개琴愷는 퇴계의 증손녀와 혼인하기도 하였다.(박현순, 「성재 금난수의 수학과 교유」, 『역사문화논총』 4, 신구문화사, 2008, 37쪽.)

그럼에도 불구하고 성재에 대한 기존 연구는 소략한 편이다. 기존 연구는 크게 두 가지 방향에서 이해할 수 있다. 하나는 성재의 학문적 특징과 관련하여 위기지학의 실천을 주목한 연구이며, 다른 하나는 문집과 『성재일기惺齋日記』를 함께 주목하여 일기에 등장하는 인물 간의 교유 양상을 주목한 연구이다.[2] 본고의 논의와 밀접한 것은 전자의 연구들이다. 성재의 위기지학과 관련된 기존 연구의 연구를 살펴보면, 성재가 『심경心經』을 학문적 득력처得力處로 여겼으며, 주경함양主敬涵養을 목적으로 위기지학에 힘썼다는 점을 알 수 있다.[3] 즉, 기존의 논의들은 성재의 학문적 노력과 성취를 밝히는 방향으로 진행되었다.

본고는 이러한 기존의 논의를 수용하면서 성재의 학문적 노력이 그의 시에 어떻게 형상화되고 있는가에 대해 다루어보고자 한다. 문집 『성재선생문집惺齋先生文集』은 기존 연구에서 주로 다루었던 편지, 잡저雜著뿐만 아니라, 시詩와 같은 문학 작품들을 포함하고 있다. 문학 작품은 기본적으로 작가의 삶, 학문, 사상 등 다양한 요소를 내포하고 있기 마련이다. 그러나 성재의

---

[2] 후자의 논의의 경우, 『성재집』과 『성재일기』의 내용을 통해 성재가 일생동안 어떤 다양한 관계를 맺어왔는지 자세히 살피며, 16세기 재지사족의 실상을 이해하는 데 목적을 두고 있다. 박현순, 「성재 금난수의 수학과 교유」, 『역사문화논총』 4, 신구문화사, 2008; 김종석, 「『성재일기』에 나타난 16세기 재지사족의 교유 양상」, 『국학연구』 41, 한국국학진흥원, 2020; 이연순, 「성재 금난수의 생애와 교유 양상」, 『국학연구』 41, 한국국학진흥원 2020 등의 논의가 있다.

[3] 최영성은 성재가 퇴계의 학문과 긴밀한 관계를 맺고 있으며, 함양涵養 공부를 통해 '상성성법常惺惺法'을 체득하고자 했다고 설명하였다.(「성재 금난수의 학퇴계 정신과 주경함양 공부」, 『퇴계학과 유교문화』 29, 경북대학교 퇴계연구소, 2001.)
이치억은 퇴계의 위기지학의 구축과 그 실천 정신이 제자들에게 이어진 가운데, 그 대표적인 인물로서 성재를 주목하여 논의를 전개하였다.(「퇴계 위기지학의 특성과 그 정신의 전승」, 『퇴계학논집』 14, 퇴계학연구원, 2014.)
안영석은 성재의 학문적 특징은 '경의상수敬義相須의 심학적 학문 성향'이며, 실천적 측면이 주목된다고 설명하였다.(「성재 금난수의 실천적 위기지학-퇴계심학의 실천적 계승과 발휘」, 『국학연구』 42, 한국국학진흥원, 2020.)

삶이나 철학 등을 바탕으로 창작된 문학에 대한 논의는 지금까지 본격적으로 이루어지지 않은 상태이다.

특히 본고에서 주목하는 것은 성재의 마음공부와 관련하여 시 창작이 어떻게 이루어졌는가에 대한 부분이다. 이는 성재가 특별히 마음공부에 천착하였다는 점에 기인한다. 주자 성리학의 지향점이라 할 수 있는 '내성외왕內聖外王', '수기치인修己治人'의 실천 주체가 '마음[心]'이기 때문에, 마음을 바로 세우는 것이야 말로 성리학의 궁극적 목표라 할 수 있다.[4] 성리학과 마음이 이처럼 긴밀한 관계를 맺고 있으므로, 성재와 그의 작품을 이해하는 데 있어 '마음'과 관련하여 논의를 이어가는 것은 마땅하다.

성재의 문집을 살펴보면, 늦어도 24세(1553) 때쯤부터 『심경』에 관심을 가지고, 존심양성存心養性에 크게 관심을 기울인 듯하다.[5] 그가 25세(1554) 때 동계東溪에 서재를 마련하자, 퇴계는 손수 '성재惺齋'라 이름 지으며 편액을 써 주기도 하였다. 성재의 마음공부는 당시 퇴계학파를 중심으로 『심경』을 특별히 주목한 학문적 분위기 속에서 이루어진 것이라 추측된다. 우리나라에 『심경』과 『심경부주心經附註』가 조선 전기에 유입된 이래, 이 책들은 먼저 사림파士林派를 중심으로 읽혀졌으며, 이후 영남학파嶺南學派를 대표하는 퇴계와 남명南冥 조식曹植(1501-1572)에 의해 이 책들은 매우 중요한 위치에 놓여졌다.[6] 성재의 『심경』에 대한 이해와 실천은 퇴계의 영향 아래서 이루어졌을

---

4 김기주,「『心經』에서 『心經附註』로 : 미완의 '朱子學的 心學'」, 『퇴계학논집』 13, 영남퇴계학연구원, 2013, 89쪽.
5 琴蘭秀,『惺齋先生文集』권3,「惺齋先生年譜」, "三十二年癸丑, 讀心經, 上二絶詩于退溪先生." 연보에 따르면, 성재는 21세 때 월천에게 배우고 그 인연으로 퇴계 문하에서 수학하였다. 이후 본문에 금난수의 작품을 인용하고 표기할 때, 琴蘭秀,『惺齋集』卷數,「작품명」으로 표기한다. 본고에서 인용한 작품은 금난수·박미경 옮김, 『성재선생문집』, 한국국학진흥원, 2019를 따르되, 필요한 경우 수정하였다.
6 퇴계를 비롯한 영남학파가 『심경』을 특별히 중시한 내용에 대해서는, 정우락,「『심경』의 문학적 수용과 '마음'의 형상」, 『영남 선비들의 공부론과 지역 문헌』, 경상북도청년유도회,

것이다.

  이를 염두에 두고 논의의 전개를 위하여 먼저 시 창작의 기저로서, 성재가 세상을 어떻게 바라보고자 했는지에 대해 살펴본다. 성재는 성리학자로서 마음공부에 천착했던 인물이다. 성재가 위기지학에 뜻을 두었던 만큼 마음공부의 과정과 결과가 그의 삶에 나타나는 것은 자연스러운 일이다. 여기서는 성재가 마음공부를 실천하면서 무엇을 중요하게 여겼는지 살펴봄으로써, 성재 시를 이해할 바탕을 마련한다. 다음으로, '성재'라는 호號에서 알 수 있듯이 그는 마음공부에 있어서 경敬을 중시했으며, 이를 바탕으로 세상을 관조하고 이해하려했다. 따라서 주경主敬을 비롯한 성재의 마음공부가 시에 어떻게 형상화되고 있는지에 대해 구체적으로 살펴볼 것이다. 마지막으로 마음공부와 그 시문학이 지닌 의미로서, 성재의 현실 인식과 대응 문제를 다루어보고자 한다. 이 논의를 통해 성재를 종합적으로 이해할 수 있는 기회를 마련할 수 있을 것이다.

## 2. 주경主敬과 심재心齋의 추구

  성재가 특별히 주목했던 『심경』은 송나라 서산西山 진덕수陳德秀(1178-1235)가 경전 및 도학자들의 저술 가운데 심성 수양과 관련된 격언을 모아 편찬한 책이다. 전술하였듯이 성재는 영남학파의 학문적 풍토 속에서 20대 때부터 『심경』 및 『심경부주』를 읽었다. 그는 평생토록 상성법常惺法을 벗어나지 않는 존양存養 공부를 실천하고자 노력했다.[7] '상성성'은 항상 마음이 깨어있는

---

    2023, 55-59쪽에 자세하다.
7  琴蘭秀, 『惺齋集』 권1, 「序」, "惺齋二字, 又師門所命也, 主敬單傳之訣, 密付於當日, 而先生之日用存養, 不出於常惺之法, 則庶不負俛焉孶孶, 以遂此願之訓, 而有足可徵於後."

상태로, 마음이 혼매昏昧하지 않은 것을 이른다.[8]

(가)

| 西山一部倡斯文 | 서산의 한 부 서적 사문을 창도하니 |
| 敬義相須養本源 | 경과 의 서로 도움 수양의 근본이네 |
| 四子遺書共終始 | 네 선생이 남긴 글 시종을 함께하니 |
| 何須別路更求門 | 어찌 굳이 다른 길로 다시 문을 찾으랴[9] |

(나)

| 況我之衷 | 하물며 나의 마음은 |
| 則聖之心 | 바로 성인을 본받은 마음이니 |
| 不以愚而自棄 | 어리석다고 스스로 포기하지 말고 |
| 不以聖而自弛 | 성인이 아니라고 스스로 해이하지 말아야지 |
| 有爲者亦若是 | 일을 이루려는 자는 또한 이같이 해야 하니 |
| 豈賢愚之有二 | 어찌 어질고 어리석음의 구분이 있으랴 |
| 過而能悔 | 잘못을 저지르고 나서 뉘우치며 |
| 迺悛迺箴 | 이에 고치고 이에 경계하네 |
| 顧諟明命 | 하늘의 밝은 명을 돌아보아 |
| 非禮則禁 | 예가 아닌 것을 금한다면 |
| 上帝是臨 | 이것이 바로 상제가 임한 것이니 |
| 敢不欽欽 | 감히 공경하고 공경하지 않으랴 |
| 爰刻銘於靈臺 | 이에 마음에 굳게 새겨 |
| 如履薄而臨深 | 얇은 얼음과 깊은 못에 임한 듯하리라[10] |

---

8   『心經附註』 권1, 「敬以直內章」, "上蔡謝氏曰, 敬是常惺惺法."
    『心經附註』 권1, 「敬以直內章」, "朱子曰, 惺惺乃心不昏昧之謂, 只此便是敬."
    본고에서 인용한 『心經附註』는 진덕수, 성백효 역, 『心經附註』, 전통문화연구회, 2006을 따르되, 필요한 경우 수정하였다.
9   琴蘭秀, 『惺齋集』 권1, 「讀心經書二絶上退溪先生」 一首

(가)와 (나)는 성재가 마음을 공부하는 데 무엇을 중요하게 여겼는지에 대해 알 수 있는 내용이다. 먼저 (가)는 성재가 24세 때 『심경』을 읽고 깨달은 바를 읊은 시 중 1수이다. 성재는 『심경』을 읽고 경敬과 의義를 함께 수행하는 것이 수양의 근본임을 깨닫는다. 일찍이 경의협지敬義夾持를 추구하는 수양론은 천덕天德, 즉 성인의 덕에 도달하는 방법으로,[11] 성인의 성취를 이루기 위해 '경의'의 확립은 조선조 성리학자들에게 주된 관심사였다.

성재 또한 마찬가지로 경의의 수양을 통해 성인의 경지에 다가갈 수 있다고 여겼다. 이러한 마음 수양을 통해 근원으로 거슬러 갈 수 있으므로, 이어지는 2수에서 성재는 "창은 밝고 책상은 깨끗하여 책 읽기 마땅하니, 산 구름에게 분부하여 마을 문 닫게 했네[窓明几淨書宜讀, 分付山雲鎖洞門]."[12]라 하여 진지하게 마음을 수양하리라 다짐한다.[13] 이는 퇴계가 "『심경』에 잠심하여 공부를 쌓는다면 도에 들어가는 문은 이를 벗어나지 않을 것이다."[14]라고 한 것처럼, 성재 역시 『심경』을 통해 성인의 길로 나아갈 수 있을 것이라 이해한 것이라 할 수 있다.

(나)는 「좌우명」의 일부 내용이다. '좌우명'이니, 성재의 삶이나 학문·철학적 지표 등을 엿볼 수 있는 작품이라 할 수 있다. 그 내용을 살펴보면 성인의 마음을 본받기 위해 어떻게 해야 하는가에 대해 설명하고 있다. 성재는 비록 자신은 본질이 어리석지만 만약 잘못을 저지른다면 뉘우치고, 고치고, 경계하여 성인을 닮아가고자 한다고 했다. 또, 밝은 명明을 따라 예禮에 맞게 하며, 공경恭敬하리라 다짐했다. 이는 성인의 마음을 갖추기 위해 경을 유지해야

---

10  琴蘭秀, 『惺齋集』 권3, 「座右銘」
11  『近思錄』 권2, "敬義夾持直上, 達天德自此."
    『周易』, 「坤卦 文言」, "敬以直內, 義以方外."
12  琴蘭秀, 『惺齋集』 권1, 「讀心經書二絶上退溪先生」 二首
13  『心經附註』, 「心經贊」, "明窓棐几, 淸書鑪薰, 開卷肅然, 事我天君."
14  琴蘭秀, 『惺齋集』 권1, 「讀心經書二絶上退溪先生」, "聖遠千秋文自文, 幸從溪路溯眞源."

함을 말한 것인데, 특히 '고시명명顧諟明命'-'이박이임심履薄而臨深'까지의 내용에 경을 실천하고자 하는 의지가 잘 나타나 있다.

예컨대, '상제시임上帝是臨, 감불흠흠敢不欽欽'은 『심경부주』 「상제임여장上帝臨女章」에 "『시경詩經』에 이르기를 '상제가 너를 굽어보시니 마음을 두 가지로 하지 말라.' 하고, 또 이르기를 '두 마음을 품지 말고 근심하지 말라. 상제가 너를 굽어보신다[詩曰, 上帝臨女, 無貳爾心, 又曰, 無貳無虞, 上帝臨女]."라 하였으니 공경하고 삼가는 것을 말하며, '이박이임履薄而臨深'도 『시경』 「소민小旻」에 "두려워하고 조심하여, 깊은 못에 임하는 듯 하며, 얇은 얼음을 밟는 듯이 한다[戰戰兢兢, 如臨深淵, 如履薄冰]."는 구절에서 나온 말로, 조심하고 삼가는 것을 의미한다.[15] 삼감, 공경, 조심 등은 '경'의 다른 표현일 뿐이다. 이 때문에 성재는 다양한 표현을 통해 경에 바탕한 성인의 마음가짐을 좇겠노라 표현한 것이다.

이처럼 성재가 성인의 마음을 본받으려 노력한 가운데, 특별히 '안연顔淵'의 마음에 관심을 가지고 있는 대목이 있어 주목할 만하다. 아래의 글은 「류이현의 옥연정에 대한 명[柳而見玉淵亭銘]」이다.

> 수면은 진주같이 빛나고/ 물결 한가운데 거울처럼 밝네/ 마음의 찌꺼기를 정결하게 다 씻어 내니/ 온갖 이치가 이에 함양되네/ 혼탁한 물결에 빠진다면/ 물가를 분별하지 못하고/ 바람에 흔들릴 것 같으면/ 파도가 거세게 일어나는 법/ 아주 잠깐이라도 성대히 흐르는 것이/ 어찌 물의 본성이 아니랴/

---

15 『心經附註』 권4, 「求放心齋銘」, "勉齋黃氏曰, 心者, 神明之舍, 虛靈洞徹, 具衆理而應萬物者也, 然耳目口鼻之欲, 喜怒哀樂之私, 皆足以爲吾心之累也, 此心, 一爲物欲所累, 則奔逸放蕩, 失其至理, 而無所不至矣, 是以, 古之聖賢, 戰戰兢兢, 靜存動察, 如履淵冰, 如奉槃水, 不使此心少有所放, 則成性存存而道義行矣, 此孟子求放心之一語, 所以警學者之意, 切矣, 自秦漢以來, 學者所習, 不曰詞章之富, 則曰記問之博也, 視古人存心之學, 爲何事哉, 及周程, 倡明聖學, 以繼孟子不傳之緒, 故其所以誨門人者, 尤先於持敬, 敬則此心自存, 而所以求放心之要旨歟."

장마가 개이고 안개가 걷히면/ 본체는 더없이 맑아지리라/ 그러므로 군자는/ 함양함을 귀히 여기니/ 물결을 보라는 가르침/ 못을 굽어보며 날로 성찰하네 … 내 드디어 즐거이 정자에 명을 지어/ 안연의 심재에 비유해보노라.[16]

이견而見은 서애西厓 류성룡柳成龍(1542-1607)의 자字이며, 옥연정玉淵亭은 서애가 하회河回에 세운 정자이다. 이 작품에서 성재는 하회를 둘러싼 채 흐르는 물[水]을 굽어보며, 그 형용과 성질 등을 이용해 도의 본체, 성찰 등을 이야기하였다. 이 물은 사람의 마음과 닮아 있다. 물이 바람이나 파도에 영향을 받는 것처럼 사람의 마음도 외물에 영향을 받는다. 또 흐려진 물에 사람이 빠지면 물인지 땅인지 구분하지 못하는 것처럼 사람의 마음도 외물에 영향을 받아 흐려지면 피아彼我 구별을 막기도 한다. 또 물의 본체本體의 맑음도 사람의 마음과 닮아있다. 물이 장마나 안개와 같은 장애물이 사라지면 본체가 맑아지듯이, 사람의 마음도 본디 순전한 성性을 부여받아 인욕人欲과 같은 장애물이 사라지면 맑아지기 때문이다. 이러한 유사성에 주목하여 성재는 물을 날로 성찰해 깨끗한 마음을 회복하겠다는 다짐을 표현한 것이다.

한편, 성재는 이러한 물의 가르침을 이해하면서 마지막 즈음에 이르러 안연의 마음을 떠올린다. 안연의 심재心齋는 『장자莊子』 「인간세人間世」에 제시된 마음 수양법이다.

안회顔回가 말하였다. "감히 마음을 재계하는 것에 대해 여쭙겠습니다." 중니仲尼가 말씀하였다. "너는 뜻을 한결같이 하여 귀로 듣지 말고 마음으로 들으며, 마음으로 듣지 말고 기氣로 들어야 한다. 귀는 소리를 들음에 그치고

---

[16] 琴蘭秀, 『惺齋集』 권3, 「柳而見玉淵亭銘」, "珠光水面, 鏡明波心, 查滓淨盡, 萬理斯涵. 如汨濁浪, 不辨涯涘, 如被風盪, 波濤激起, 造次淵渾, 而豈水性, 潦收霧霽, 本體之澄, 是以君子, 所貴涵養, 觀瀾有訓, 臨淵日省 … 余遂樂爲銘亭, 取譬顔氏之心齋"

마음은 부합하는 데에 그친다. 기는 마음을 텅 비워서 물物을 기다리는 것이다. 오직 도道만이 비어 있는 곳에 모이니 비어 있는 것이 마음의 재계이다." 안회가 말하였다. "제가 아직 마음을 재계하지 않았을 때는 실로 저 자신이 있었는데, 마음을 재계한 뒤에는 비로소 제가 있지 않게 되었습니다. 마음을 비웠다고 이를 만합니까?" 공자가 말씀하였다. "극진하다."[17]

공자는 안연에게 심재의 마음으로 세상을 살아가야함을 일러준다. 이 글에 따르면, 심재는 텅 빈 마음 상태를 의미한다. 세상을 구성하고 있는 많은 사물을 이해하기 위해서는 감각感覺에 의존해서는 안 된다. 귀가 소리를 듣는 데서 그치는 것처럼, 이목耳目과 같은 감각기관은 사물의 본질에 다가가지 못하고 그 단면만 이해할 뿐이다. 그래서 공자는 귀보다는 마음으로 사물을 보라고 말한다. 그러나 마음으로 사물을 이해하는 것도 사물의 본질을 이해하는 것은 아니다. 마음은 사물을 인지하거나 분별하는 등 선험先驗하는 지식으로 이해할 뿐이다.[18] 그래서 궁극적으로 공자는 사물의 본질을 이해하기 위해서는 '허이대물虛而待物'해야 한다고 한다. 즉 공자는 감각기관이나 지식과 같은 선입견이나 편견을 배제한 채 사물을 이해해야 한다고 하는 것이다.

이와 같이 뜻을 한결같이 하여 마음을 비우면 종래에는 나를 잃어버리는 경지인 '무아無我'에 이르게 되는데, 이로써 마음과 하늘이 하나가 되어 태극太極이 온전하게 드러나는 가장 자연스럽고 편안한 상태가 될 수 있다. 즉, 마음을 비우면 외물의 자극이 없을 땐 맑고 깨끗한 마음이 되고, 외물의 자극이 있을 땐 적실하게 응할 수 있게 되는 것이다.[19]

---

17 『莊子』, 「人間世」 一章, "回曰, 敢問心齋. 仲尼曰, 若一志, 無聽之以耳, 而聽之以心, 無聽之以心, 而聽之以氣, 聽止於耳, 心止於符, 氣也者, 虛而待物者也, 唯道集虛, 虛者心齋也. 顏回曰, 回之未始得使, 實自回也, 得使之也, 未始有回也, 可謂虛乎. 夫子曰, 盡矣."

18 이유정, 「전국시대 문헌에서 마음[心]의 의미와 마음공부의 방법 : 『장자』, 『관자』, 『순자』를 중심으로」, 『교육사상연구』 36-2, 한국교육사상학회, 2022, 170쪽.

"저 문 닫힌 집을 보라. 비어 있는 방에 햇살이 비치니 길상吉祥은 고요한 곳에 머무르는 것이다. 또한 [길상이 머물지 않는 것은]마음이 고요히 머물지 않기 때문이다."[20]

이어지는 대화에서 공자는 안연에게 허심虛心[비어있는 마음]을 비유하기를 위와 같이 '허실생백虛室生白'이라 표현한다. 마음을 하나의 건축물에 비유한 것인데, 이는 주자朱子가 맹자孟子의 '구방심求放心'을 논하며, 몸을 '집', 마음을 '집의 주인'에 비유한 것에서 그 연원을 찾을 수 있다.[21] 여기서 허실虛室은 비어있는 마음을, 이 방에 깃드는 햇살, 상서로운 조짐은 맥락상 도道를 가리키는 것으로 보인다. 중요한 것은 마음에 도가 깃들게 하기 위해서는 마음의 '고요함'을 확보하는 것이다. 성재는 이러한 마음의 고요함을 확보하는 방법으로서 '경'을 추구한다.

| 虎尾春氷寄我生 | 호랑이 꼬리나 봄날 살얼음 내 생에 붙어 있는데 |
|---|---|
| 東溪頗喜室虛明 | 동계의 집이 환하고 밝아 자못 기쁘구나 |
| 聖門自有南車訓 | 성인의 문에 절로 지남거 같은 가르침 있어 |
| 爐案前頭得細評 | 화롯가 책상 앞에서 자세히 살펴보네[22] |

퇴계가 손수 '성재'라는 편액을 써준 동계의 서실에서 느낀 감흥을 읊은 시이다. 호미춘빙虎尾春氷은 『서경書經』「군아君牙」에 나오는 말로, "호랑이

---

19  이치억, 「敬의 철학과 理의 철학」, 『퇴계학논집』 17, 영남퇴계학연구원, 2015, 323쪽.
20  『莊子』, 「人間世」 一章, "瞻彼闋者虛室, 生白, 吉祥止止, 夫且不止."
21  안세현, 「15세기 후반-17세기 전반 성리학적 사유의 우언적 표현 양상과 그 의미」, 『민족문화연구』 51, 고려대학교 민족문화연구원, 2009, 225쪽.
22  琴蘭秀, 『惺齋集』 권1, "甲寅仲春, 築書室於東溪之上, 爲讀書藏修之所, 宅地閒曠, 泉石可愛, 先生手書惺齋扁額賜之, 又有臨鏡臺, 風乎臺, 總春臺, 活源塘諸詩, 不勝感佩, 遂用其韻, 甲寅」 二首

꼬리를 밟은 듯이, 봄날 살얼음을 건너듯이[若蹈虎尾, 涉于春冰]."라 하여 항상 조심하고 삼감을 의미한다. 이는 성재가 평생토록 자기 마음이 흐트러지지 않도록 항상 조심했음을 표현한 것으로, 그가 일평생 경의 상태를 유지했음을 의미한다. 그가 마음에 경의 상태를 유지했기 때문에 동계는 환하게 비고 밝은 상태가 될 수 있었던 것이다. 이는 앞서 공자와 안연의 대화에 등장했던 '허실생백'과 유사하다. 성재가 경으로서 고요한 마음을 유지하니, 그가 있는 서실書室에 빛이 머문 것이다.

한편, 성재는 허심虛心을 유지하기 위해서 경을 통한 '고요함'의 확보 외에도 '조장하지 않는[勿助長]' 태도를 강조했다.

> 그중에서도 더욱 부끄럽고 한스러운 것은, 산에 막 들어올 때는 마음을 씻고 생각을 떨쳐내고 책상에서 책을 보며 심신心身을 가다듬어 본원本源을 함양하여 뒷날 그 도움을 받는 바탕으로 삼으려 하였는데, 다른 세속적인 일에 휘둘리거나 일 때문에 곧장 나오게 되어 공부에 전력을 기울이지 못한 것이다. 산문山門을 나서자마자 귀로 듣는 소리와 눈으로 보는 빛깔이 사물의 끝없는 변화에 접하기만 하면 결국 그나마 조금 얻은 것마저도 보존하지도 못하고 다 잃어버려 말이나 행동에서 한 가지도 볼 만한 것이 없었으니, 오히려 세속에 빠져 사는 속된 부류만도 못하게 되었다. 지금까지 헤매다 끝내 소인이 되고야 말았으니, 이를 통해서 사람이 수양하는 것은 어떻게 힘쓰는가에 달려 있지, 있는 곳이 떠들썩하거나 조용한 것과는 관계없다는 것을 알았다.[23]

---

23 琴蘭秀, 『惺齋集』 권3, 「普賢菴壁上 書前後入山記」, "其中尤有所可愧可恨者, 方其入山之時, 洗心滌慮, 對案觀書, 收拾身心, 涵養本源, 以爲他日受用之地, 而被他俗務擾奪, 或因事卽出, 做功不專, 纔出山門, 耳聲目色接事物無窮之變, 則竟未能保其些少所得而並失之, 其於動靜云爲, 無一可觀, 反不如沒頭塵土之俗流, 至今貿貿, 終不免小人之歸, 是知人之所養, 在用功之如何, 不係於所處之閙靜也."

성재는 청량산淸凉山을 자주 왕래하며 공부를 했다. 처음에 산에 들어갈 때는 근본 공부를 하고자 했으나, 여러 가지 일을 수행해야 했으므로 공부에 전심할 수 없었고, 그 결과 소인小人이 되어버렸다고 고백했다. 그는 학문의 근본인 마음공부의 실패를 밑거름으로 중요한 가치를 깨달는다. 마음공부는 일부러 조용한 곳, 시끄러운 곳을 찾아가지 않는다는 것이다. 즉 조장助長하지 않는 것이다. 성재가 깨달은 마음공부란 억지로 인욕을 막고 천리를 보존하기 위해 경을 잊거나 조장하는 것이 아니라, 마음을 편안하고 여유롭게 하여 마음공부가 몸에 베어들도록[體化] 힘쓰는 것이다.[24] 『심경부주』에서 주자는 "마음에는 한 가지 사물도 머물러 두어서는 안 된다."[25]고 하였다. 마음은 사물의 변화에 응應하는 것이지 매이거나 속박되는 것이 아니기 때문이다. 이러한 맥락에서 성재는 체화된 경 공부를 통해 허심을 이루며 순선한 마음을 보존하고자 한 것이라 이해할 수 있겠다.

## 3. 심재心齋에 바탕한 문학적 형상화

성재는 경을 바탕으로 심성心性의 본원을 함양하고자 노력했다. 그는 특히 '허심'과 '조장하지 않는 태도'를 지향하였으므로, 자연히 평범한 일상에서도 마음공부를 도모했다. 이러한 마음공부에 대한 노력과 성취는 성재 시에 잘 나타난다. 성재 시는 약 90제 116수로 많은 양은 아니지만, 퇴계의 문하에

---

24  "又日日用之間, 主敬窮理, 親切用工, 眞積力久, 則有以的見聖言之不我欺, 何憂用功之未端的耶, 熟觀前賢之論此事也, 不可强力把捉, 亦不可急迫制縛, 如此則非但無成, 必至生病, 須寬著意思, 優遊涵泳, 而惺惺主人常不失照管."(琴蘭秀, 『惺齋集』권3, 「惺齋先生年譜」三二年)이라 하여 퇴계가 보낸 편지에도 '조장하지 말라'는 가르침이 보인다.
25  『心經附註』 권2, 「正心章」, "心不可有一物."

나아가 배우던 20대 때의 작품을 시작으로 70대 때까지 그의 일상을 풍부하게 담고 있다.

여기서는 논의의 선명함을 위해 일상 속에서 실천한 마음공부가 잘 드러나는 작품들을 중심으로 살펴본다. 이는 크게 두 가지 양상으로 나누어 살펴볼 수 있다. 하나는 본연지성本然之性을 회복하기 위해 비어있으면서도 고요한[虛靜] 상태를 지향하는 것이며, 다른 하나는 심재의 마음으로 자연을 관조하며 흥취興趣를 느끼는 것이다. 전자는 마음공부를 실천하는 면모가 적극적으로 나타난다면, 후자는 마음공부가 체화體化되어 수양의 실상이 겉으로 드러나지 않으나 그 안에 내재된 즐거움을 나타내고 있다.

### 1) 본연지성本然之性의 회복을 위한 허정虛靜 지향

성재는 일찍이 위기지학爲己之學에 뜻을 두었으며, 20대 때 퇴계의 문하에 들며 더 절실히 학문과 수양을 실천하였다. 그는 50세 이후에야 본격적으로 서울에서 벼슬살이를 시작했는데, 70세까지 여러 관직을 역임하면서도 종신토록 자기 수양을 다하였다.[26] 실제로, 성재는 관직에 나아가기 전부터 자기 수양이 부족하다며 과거 공부를 사절하는 뜻을 굳게 내비쳐 퇴계가 칭찬한 바 있었다.[27] 또, 늘 마음을 다스리고 본성을 기르는 요체와 강론하고 질문한 여러 기록을 손수 베껴 자리 오른쪽에 두고 아침저녁으로 보며 반성하기도 하였다.[28]

---

26  성재의 생애에 관한 자세한 내용은, 이연순, 「성재 금난수의 생애와 교유 양상」, 『국학연구』 41, 한국국학진흥원, 2020을 참조.
27  李滉, 『退溪集』 권2, 「送琴聞遠讀書淸涼山, 用前韻, 蓋聞遠, 乃敬仲之甥, 而澤卿, 敬仲今皆下世, 因聞遠之行, 而有懷其人, 故次前韻以贈云」, "正是槐黃爭走日, 愛君堅坐玩書塵."
28  琴蘭秀, 『惺齋集』 권3, 「惺齋先生年譜」 四十五年

| 雲捲月露軆 | 구름이 걷히면 달이 몸을 드러내고 |
| 塵掃鏡還明 | 먼지를 닦아내면 거울이 다시 밝아지듯 |
| 如能淨人慾 | 사람 욕심을 씻어 깨끗하게 할 수 있다면 |
| 天理自昭呈 | 하늘 이치가 저절로 밝게 나타나리라[29] |

성재가 이러한 수양을 통해 실현하고자 한 것은 인욕을 제거하고 천리를 보존하는 것이었다. '알인욕 존천리遏人欲存天理'는 『심경』에서 말하는 수양론의 핵심이다. '알인욕'은 이미 사려思慮나 감정이 발했을 때[已發時]의 공부이며, '존천리'는 사려나 감정이 발하지 않았을 때[未發時]의 수양 공부에 해당한다.[30]

위의 시는 알인욕 존천리를 실천하고자 하는 의지를 잘 표현하고 있는 작품이다. 이 시는 '구름=먼지=욕심'과 '달=거울=천리를 보존한 마음'이 대對를 이루고 있는 것이 특징이다. 여기서 성재는 유사한 속성을 주목하여 구름, 먼지, 욕심은 장애물로, 달, 거울, 천리를 보존한 마음은 본체本體로 표현하고 있다. 이를 통해 표현하고자 하는 바는 명확하다. 인욕[장애물]을 제거[遏]하여 본성本性을 보존[存]하고자 하는 것이다. 여기서 등장하는 달, 거울, 마음이 밝고 깨끗해질 수 있는 것은 비어있으면서 고요[虛靜]하기 때문이다. 도의 보존 및 회복을 위한 전제는 바로 '허정'의 확보에 있으므로, 성재는 사물을 바라봄에 있어 허정을 강조하는 모습이 나타난다.

대개 사람의 마음은 일상 중에 끊임없이 인욕에 흔들린다. 도심은 이러한 인욕[인심]을 억제하여 확보할 수 있으므로, 성재 시에는 수양의 실천을 꾀하는 모습이 나타난다. 이는 구체적으로 허정한 마음을 갖춤으로써 도심을 회

---

29  琴蘭秀, 『惺齋集』 권1, 「偶書」
30  오석원, 「『심경』의 구성과 수양론 연구(二)」, 『동양철학연구』 37, 동양철학연구회, 2004, 116쪽.

복하고자 하는 모습으로 표현된다. 아래의 시를 보자.

(가)
奔走風波患失人　풍파에 분주히 잃을 것을 근심하는 사람
安閒不似退溪濱　편안함과 한가함 퇴계 물가만 못하구나
何當遊歷還歸早　언제쯤이면 유람하다가 일찍감치 돌아가
更向天淵學隱淪　다시 천연대에서 은거하는 법을 배우랴[31]

(나)
江城逢著養眞人　강성에서 참됨을 잘 기르는 사람과 만나고
時到淸香寂寞濱　이따금 청향당의 고요한 물가로 이르네
若與先生同隱此　만일 선생과 함께 이곳에 은거한다면
滔滔慾浪免沈淪　도도한 욕심의 물결에 빠지지 않으리[32]

(가)는 성재가 32세 때 단성丹城에 있으면서 지은 작품이다. 그는 여기에서 자신을 '풍파에 무엇인가를 잃을까 근심하는 사람'이라 표현하고 있다. 그와 대對를 이루는 것이 '퇴계 물가'이다. 먼저 그가 근심하는 이유는 마음을 비우지 못했기 때문이다. 잃는 것을 두려워한다고 하였으니 그의 마음은 이미 욕심이나 사사로움 같은 인욕에 휩쓸려 있다. 이와 달리 퇴계 물가는 편안함과 한가함을 갖추었다. 퇴계의 물가는 퇴계의 암자인 양진암養眞庵을 지나는 일명 토계土溪일 수도 있고, 퇴계라는 인물 그 자체일 수도 있다. 중요한 것은 이 퇴계 물가[퇴계]는 비어 있어 외물에 영향을 받지 않아 편안하고 한가하다는 것이다. 즉, 퇴계 물가는 '천리를 보존한 상태'이지만 성재는 '인욕으로

---

31　琴蘭秀,『惺齋集』권1,「丹城客中 伏次退溪先生寄詩一絶」
32　琴蘭秀,『惺齋集』권1,「訪淸香堂李公源 相對甚歡 次退溪先生韻以贈 仍次二絶奉呈」

인해 마음을 놓쳐버린 상태'인 것이다. 그래서 성재는 하루빨리 퇴계 물가에 있는 천연대로 돌아가고 싶은 마음을 표현함으로써, 허정한 마음의 희구를 통한 알인욕의 수양 의지를 표출하고 있는 것이다.

(나)는 청향당淸香堂 이원李源(1501-1568)을 만나 읊은 시이다. 강성은 단성의 옛 지명이다. 성재는 단성에서 만난 청향당을 본성을 잘 기르는 사람[養眞人]이라 하며 그 훌륭한 인품을 설명하고, 이어서 청향당의 고요함을 포착하였다. 성재는 청향당의 인간됨과 물가에 큰 깨달음을 얻은 듯하다. 이는 청향당과 물가에 은거한다면 마음이 욕심에 빠지지 않을 것이라 기대하는 것에서 알 수 있다. 성재가 보기에 청향당은 이미 인욕을 제거하여 본성을 잘 기른 사람이다. 마음에 욕심을 이겨내면 도심이 충만해질 수 있는 기회를 얻을 수 있는 것처럼, 성재는 청향당을 따라 은거한다면 자신도 도심이 충만해질 수 있을 것이라 여긴 것이다. 물론 여기에는 청향당이 허심虛心을 유지하고 있어 외물[욕심]에 영향을 받지 않음을 전제하고 있다.

이처럼 인심을 관리하고 통제하여 도심을 굳건히 지키는 것은 마음공부의 핵심이며, 성리학의 수양론이 지향하는 궁극적인 목표이기도 하다. 진덕수는 일찍이 심학의 연원을 "인심은 위태롭고 도심은 미미하니, 정밀하게 살피고 한결같이 하여, 진실로 그 중심을 잡으라[人心惟危, 道心惟微, 惟精惟一, 允執厥中]."[33] 라는 16글자로 말하였다. 인심을 억제하고 도심을 잘 지키는 방법은 바로 마음을 '정일精一'하게 하는 것이다. 성재는 마음을 정일하게 하는 요법이 바로 '경'에 있음을 알았다. 이는 퇴계가 성재에게 보낸 「동계의 금문원 성성재에게[琴聞遠東溪惺惺齋]」라는 시에 "마음을 정일하는 데 경이 핵심이니, 지극히 깨어있는 자리 절로 밝으리라[精一心傳敬是要, 儘惺惺地自昭昭]."라고 한 것에서

---

33 『心經附註』 권1, 「人心道心章」

도 마음을 정일하게 하는 방법이 경 공부에 있음을 확인할 수 있다. 즉, 성재는 마음에 경의 상태를 유지함으로써 허정한 마음을 지향하고자 한 것이다. 성재의 다른 시에서 마음 수양과 관련하여 주일主一이나 신독愼獨 등의 표현이 등장하는 것은 경이 허정한 마음을 가능하게 하는 방법이기 때문이다.[34] 이처럼 성재 시에는 일상의 동정動靜 속에서 경을 실천하기 위한 노력들을 확인할 수 있다.

### 2) 심재心齋의 경지에서 느끼는 도학적道學的 흥취興趣

성재는 평소 산수벽山水癖이 있음을 고백할 만큼 자연을 사랑했다.[35] 그는 "아흔 날 봄빛을 차례대로 찾다가, 시인은 몇 편 시 읊는 데 다 써 버리고, 산사에서 꽃 찾는 흥취 찾으려다, 시냇가 푸른 나무 그늘 밑에 앉았네[九十春光取次尋, 騷人費盡幾篇吟, 卻將山寺探花興, 替向溪邊坐綠陰]."[36]라며, 산수의 아름다운 풍광風光을 마주하며 느낀 흥취를 자연스럽게 시로 읊기도 했다.

갑자년(1564) 여름에 내가 고산孤山에서 선생을 찾아가 뵈었는데 선생께서 지팡이를 짚고 천연대天淵臺를 한가롭게 거닐고 계셨다. 당시에 바람과 햇살이 따뜻하고 경치는 화창하여 천리天理가 유행하여 막힘이 없는 오묘함에 대해 위로 관찰하고 아래로 살펴서 알았다. 선생께서 "오늘 마음에 맞는

---

34 예컨대 「讀先師心經後論 更用前韻 二絶」이라는 시에서 "舜禹相傳到孔文, 洋洋洙泗接流源, 始知妙契同羣聖, 主一關頭竟路門."이라 하여 주일主一로써 마음을 수양하고자 하는 모습을 확인할 수 있으며, 「甲寅仲春 築書室於東溪之上 爲讀書藏修之所 宅地開曠泉石可愛 先生手書惺齋扁額賜之 又有臨鏡臺風乎臺總春臺活源塘諸詩 不勝感佩 遂用其韻」이라는 시에서 "虎尾春氷寄我生, 東溪頗喜室虛明."이라 하여 신독愼獨을 통한 마음공부의 즐거움을 읊고 있는 것을 확인할 수 있다.
35 琴蘭秀, 『惺齋集』 권1, 「南征」, "平生山水願, 馴致烟霞痼."
36 琴蘭秀, 『惺齋集』 권1, 「次趙士敬穆韻二絶」

경지[會心境]를 만났는데 그대가 이런 즈음에 오니, 또 마음이 맞는 사람[會心人]을 얻었구나."라고 하셨다. 인하여 나아가서 묻기를, "연비어약鳶飛魚躍을 자사子思가 인용하여, 위아래로 밝게 드러나는 이치를 밝히면서 특별히 솔개가 날고 물고기가 뛴다고 한 것은 어째서입니까?"라고 하니, 선생께서 말씀하셨다. "무릇 사물의 자연스러운 것이 바로 이치요. 솔개가 하늘 높이 날고 물고기가 못에서 뛰어오르는 것이 어찌 억지로 힘써서 할 수 있는 것이겠는가. 조금이라도 작위적인 것이 관계된다면 이치의 절로 그러함이 아니다."[37]

성재는 퇴계의 곁에서 수학하며, 도산서당陶山書堂 건축의 계획과 완성을 모두 살펴보았다. 그는 도산서당이 완성되자 「도산서당을 건립한 일을 기록하다[陶山書堂營建記事]」라는 글을 써서 서당의 구체적인 모습을 기록하였다. 그 내용은 건물의 방향이 어디에 있으며, 그 공간의 기능은 무엇이며, 그 공간에서 있었던 일화 등을 다룬 것이다. 위의 글은 그 기록의 일부 내용이다. 성재는 35세(1564) 여름에, 퇴계를 만나기 위해 고산에서 천연대로 향했다. 그는 그곳에서 천리天理의 오묘함을 깨닫는데, 더 절실히 이해하기 위해 퇴계에게 이치가 무엇인지 질문한다. 이에 퇴계는 각 사물의 자연스러움이 곧 이치임을 알려준다. 사물의 자연스러움은 억지로 힘쓰거나 작위적으로 행하거나 이해할 수 없다. 단지 퇴계처럼 마음을 비우고 유유자적悠悠自適하여 천지의 온화한 경치 속에서 자연스럽게 운행되는 천리를 바라볼 수 있는 것이다. 성재는 이러한 사물의 조화를 포착하여 천인합일天人合一에 도달하는 도학적 흥취의 세계를 추구했다.

---

[37] 琴蘭秀, 『惺齋集』 권3, 「陶山書堂營建記事」, "甲子夏, 蘭秀自孤山往拜先生, 先生杖屨逍遙於臺上, 時風日暄姸, 景物和暢, 天理流行, 無所滯礙之妙, 可得於仰觀俯察矣, 先生日, 今日遇會心境, 君此際來到, 又得會心人矣, 因進而問日, 鳶飛魚躍, 子思引之以明上下昭著之理, 而特言鳶之飛魚之躍何也, 先生日, 凡事物之自然者, 是理也, 鳶之戾天, 魚之躍淵, 豈勉強而爲之歟, 纔涉於有所作爲, 非理之自然也."

(가)
一歲中間六度歸　　한 해 사이에 여섯 차례 돌아와도
四時佳興得無違　　사계절 아름다운 흥취 어김이 없네
紅花落盡靑林暗　　붉은 꽃 모두 떨어지자 푸른 숲 무성하고
黃葉飄餘白雪飛　　국화 잎 흩날린 뒤 흰 눈이 휘날리네
砂峽乘風披袂服　　사협에서 바람 타고 옷자락 펄럭이며
長潭逢雨荷簑衣　　장담에서 비 만나면 도롱이 걸치네
箇中別有風流在　　그 안에 특별한 풍류가 있으니
醉向寒波弄月輝　　술 취해 찬 물결 대하여 달빛을 즐기네[38]

(나)
乾坤身世水雲間　　천지에 이내 몸 물과 구름 사이
物色秋風次第看　　가을바람 부는 경치 차례로 보았네
待得千林紅葉盡　　숲속 붉은 단풍이 다 지는 때
霜英還對滿庭寒　　서리 맞은 꽃이 뜰 가득한 찬 기운 대하네
笑向黃花把酒巵　　술잔을 잡고 노란 국화꽃 향해 웃으며
十年心事擬東籬　　십 년 심사 동쪽 울타리에 견주어 보네
還愍筆力衰遲甚　　필력이 몹시 노쇠하여 되려 부끄러우니
盡日吟來未有詩　　종일 읊조려도 시 한편이 없네[39]

(가)는 1564년, 낙동강 명승지 중 하나인 고산정사孤山精舍[일동정사日洞精舍]를 마련한 해에 지은 시이다. 정사 주위에는 깎아지른 듯한 취벽翠壁이 서 있으며 고산이 마주해있고 그 중간에 맑은 못이 있었다. 이 아름다운 풍경에 빠진 성재는 정사를 방문하지 않은 달이 없고 또 가기만 하면 돌아오기를

---

38　琴蘭秀, 『惺齋集』 권1, 「孤山精舍」.
39　琴蘭秀, 『惺齋集』 권1, 「溪齋賞菊」.

잊어버릴 정도였다고 한다.⁴⁰ 이 시에서 성재는 정사를 방문하여 느낀 흥취를 표현하였다. 특히 '붉은 꽃', '푸른 숲', '국화 잎', '흰 눈'이라는 시어를 사용해 계절의 흐름을 표현하고 있는데, 이 사시四時의 순행巡幸은 절로 그러한[自然] 이치를 잘 보여준다. 봄에 핀 꽃이 떨어져 여름의 푸르름을 얻고, 가을에 잎이 떨어진 후 겨울에 눈이 내리는 것은 성재가 인위적으로 할 수 없는 것이다. 그저 성재는 천지가 만물을 내는 움직임으로서의 계절의 순행을 그대로 포착하여 표현한 것이다.⁴¹ 이어서 성재는 이 조화로움 속에서 특별한 흥취를 느낀다. 자연의 조화로움을 이해한 상황에서 물을 바라보니 수면 위에 달빛이 즐겁게 느껴진 것이다. 아마도 그가 이 달빛을 즐거워할 수 있었던 이유는 이미 사물의 자연스러움에 동화되었기 때문일 것이다.

(나)는 계상서당溪上書堂에서 국화를 보고 지은 시이다. 계상서당은 퇴계가 후학後學을 가르쳤던 장소이다. 성재는 가을날 서당의 경치를 완상玩賞하며 자연의 이치를 실감한다. 성재의 시선은 큰 것에서 작은 것으로 점차 옮겨가는데, 하늘과 땅으로부터 숲속 단풍나무와 뜰에 있는 꽃이 그것이다. 성재의 시선 속에 사물은 자연스러운 모습으로 나타난다. 가을날 단풍이 들고 지고, 그 쌀쌀한 날씨로 인해 꽃에 서리가 내려앉은 경관을 묘사함으로써 있는 그대로의 자연을 받아들이고 있다. 이처럼 성재가 자연의 절로 그러함을 즐길 수 있는 이유는, 그가 하늘과 땅이라는 대자연 사이에 있는 존재이기 때문이다. 이 시에서 그는 천인합일天人合一을 이루고 있다. 이어서 성재는 자신을 도연명陶淵明에 비유하며 즐거움을 극대화한다. 「음주飮酒」시⁴²에서 국화꽃을 완상하며 속세를 떠나 자연과 합일된 즐거움을 느낀 도연명과 자신이

---

40　琴蘭秀, 『惺齋集』 권4, 「日洞山水記[琴悏]」
41　『心經附註』, 「牛山之木章」, "天地生物, 以四時運動, 春生夏長, 固是不息, 雖秋冬凋落, 生意未嘗不在其中, 學者常喚令此心不死, 則日有進."
42　陶淵明, 『陶淵明集』 권3, 「飮酒」, "採菊東籬下, 悠然見南山."

자연 속에서 느낀 즐거움이 비슷하다고 여긴 것이다.

　이처럼 성재의 시에는 성리학적 용어를 직접적으로 제시하고 있지 않지만 그 이면엔 계절의 순행과 같은 음양陰陽의 순환과 같은 천리天理가 내재되어 있다. 그의 시에 구현된 도학적 흥취는 대부분 도학의 직접적인 표출보다는 자연과의 조화 속에서 느끼는 즐거움을 표현한 형태로 나타난다. 이러한 진락眞樂은 심재의 경지에 이르렀을 때 비로소 느낄 수 있다. 자연과의 조화는 조장하지 않고 마음이 비어있고 밝은 상태일 때 비로소 깨달을 수 있기 때문이다. 그의 시가 유유자적하여 더욱 생기生氣있는 자연을 그려낼 수 있는 것은 이러한 마음 상태에서 비롯된 것이라 추측해 볼 수 있을 것이다.

## 4. 실천과 자득自得을 통한 도학적 세계의 구현

　이상의 논의를 통해 성재가 경 공부를 통한 심재의 마음 상태를 희구希求하고 있음을 확인하였다. 전술하였듯이 심재는 선입견을 배제하여 사물의 본질을 이해하는 것이다. 성재가 심재를 희구한 것은 달리 말하면, 그가 현실을 제대로 바라보기 위해 노력했음을 증명하는 것이기도 하다. 왜냐하면, 허이대물虛而待物, 즉 허심虛心으로 사물을 응대하는 것은 곧 주체와 사물의 관계를 말하는 것이기 때문이다. 대개 주체인 작가는 사물을 인식하고, 그 인식한 바를 나름대로의 체계에 따라 문학적으로 형상화하기 마련이다.[43] 이러한

---

43　사물은 '사事'와 '물物'로 다시 구분할 수 있다. 이때 '사'는 만사萬事로 인사人事, 즉 인간 사이에 일어나는 모든 일을 의미한다. '물'은 만물萬物로 인공물과 자연물을 의미한다.(정우락, 「한국문학 연구 방법론의 내재적 모색」, 『한국문학과 예술』 33, 숭실대학교 한국문학과 예술연구소, 2020, 117쪽.)
　사물의 정의 및 사물인식에 관한 논의는 정우락, 「16세기 士林派 作家들의 事物觀과 文學精神 硏究」, 『퇴계학과 한국문화』 34, 경북대학교 퇴계연구소, 2004를 참조.

맥락에서 성재의 문학작품을 살펴본다는 것은 그의 현실인식과 대응을 추측해볼 수 있는 기회를 제공한다고 할 수 있다.

성재의 문학은 도학자道學者의 면모가 두드러지게 나타난다. 그는 일찍이 사람의 본성은 모두 선善함을 자각하였고, 이 때문에 종신토록 마음공부를 실천해 이를 실현하고자 했다.[44] 그러나 그가 도학적 이념이라는 다소 관념적인 것에 몰두했다고 해서 현실성이 떨어지는 것은 아니었다. 성재는 퇴계가 세상 돌아가는 사정을 알아야 한다고 조언한 것을 충실히 따라, 자신을 둘러싸고 있는 현실을 잘 살피고 이해하고자 했다.[45] 이는 그의 많은 문학작품이 일상생활 중에 창작되었다는 점을 통해서도 확인할 수 있다. 성재는 자신이 마주한 현실에 대하여 도학적 이념을 실천하는 것으로 대응하고자 했다.

| 忠信行蠻貊 | 충신은 오랑캐에게도 통한다는 |
| 吾聞古聖言 | 옛 성인 말씀을 나는 들었네 |
| 使乎通聘後 | 사신이여 통신사로 간 뒤에는 |
| 應賴晏南藩 | 덕분에 남쪽 국경 편안해지리라[46] |

이 시는 1590년 통신사를 파견할 때, 그 일행 중 한 명이었던 학봉鶴峯 김성일金誠一(1538-1593)을 전송하며 쓴 것이다. 이 작품은 성재가 성리학의 가르침에만 몰두한 것이 아니라, 현실 사회 문제에도 관심을 기울였음을 확

---

44　琴蘭秀, 『惺齋集』 권3, 「惺齋先生年譜」, 二十三年甲辰, "勵志讀書, 蚤知爲己之學, 嘗讀至人性皆善之訓, 惕然有警者也."

45　琴蘭秀, 『惺齋集』 권1, 「南征 並小序」, "庚申十一月也, 初九日拜先生於溪上. 進曰, 人之賢與愚貴與賤雖殊, 各自守其身, 蘭秀才薄不能成名於科目, 卽合屛迹山林, 耕理荒田, 是所分也, 而父兄在上, 不能自遂, 隨俗汨沒, 有失己之恨焉. 先生曰, 今欲使子知物情而行也, 子獨心知而愼之."

46　琴蘭秀, 『惺齋集』 권1, 「又贈一絶」

인할 수 있다는 점에서 중요하다. 물론 시문학 전체를 두고 봤을 때, 이러한 성향의 작품은 많지 않다. 그러나 그의 일기 기록이라든지 임진왜란壬辰倭亂, 정유재란丁酉再亂 발발 이후 그 일에 적극적으로 대응한 것을 상기했을 때, 분명히 주목할 만한 이유는 있다.[47] 여기서 특히 주목되는 부분은 그의 현실 대응 방식이다. 당시 조선은 지속적으로 남부 해안 지역에서 일본에 의한 여러 가지 사건이 발생하고 있었고, 이에 1590년 통신사 사절의 목적은 일본의 정세 파악과 전쟁 정보의 진위 확인을 위한 것에 있었다.[48] 이 시에서 성재는 도학적 이념을 통해 현실 문제를 해결할 수 있으리라 전망했다. 시의 마지막 부분에 충忠과 신의信義로 오랑캐[일본]를 교화시켜 그 문제를 해결할 수 있을 것이라고 읊고 있는 것이 바로 그것이다.

이처럼 성재는 학문적인 측면에서 성리학적 가르침을 이해하는 데 멈추는 것이 아니라, 그 이념을 현실에 실천하는 데까지 나아갔다. 이는 그가 일생동안 수신修身을 바탕으로 제가치국평천하齊家治國平天下를 실현하기 위해 노력한 행적들을 통해서도 확인할 수 있다. 성재는 출사出仕하기 전후로 동정動靜 속에서의 경 공부에 각별히 주의를 기울였는데, 특히 동動할 때의 마음공부에 신경을 쓸 수밖에 없었다. 그는 마음에 대해 '들락날락하여 붙잡을 수 없는 것'[49]이라며 마음을 '활물活物'로 여겼기 때문이다.

그렇다면 살아있는 마음을 보존操存하는 것과 제가치국평천하는 무슨 관계가 있을까? 마음이 살아있기 위해서는 제가치국평천하와 같은 일들에 대

---

47  일본과의 전쟁이 발발하자 성재는 수성장守城將의 직첩을 받고 마을에 적절한 조처를 취했으며, 의병 모집에 아들을 보내 응하거나, 군량미軍糧米를 모으는 등 적극적으로 일에 대응했다. 또, 전쟁이 끝난 후엔 각박해진 백성들을 위해 향약鄕約을 강구하여 시행하기도 하였다.
48  윤경하, 「임진왜란 직전 조선의 전쟁정보에 대한 연구」, 강원대학교 석사학위논문, 2011, 15-21쪽.
49  琴蘭秀, 『惺齋集』 권2, 「上退溪先生」, "有時對卷, 此心乍出乍入."

해 응應해야 하기 때문이다.

　　묻기를 "경敬이 동정動靜을 관통한다고 말하나, 정靜할 때는 적고 동動할 때는 많으니, 요란해지기 쉬울까 두렵습니다." 하자, 주자朱子가 말씀하였다. "어찌 모두 정靜할 수 있겠는가. 일이 있으면 모름지기 응해야 한다. 사람이 세상에 있음에 일이 없을 때가 없어서 이른 아침부터 저녁까지 허다한 일이 있으니, 일이 많아 나를 요란하게 하므로, 우선 가서 정좌靜坐한다고 말해서는 안 된다. 경敬은 이와 같이 하는 것이 아니니, 만약 일이 앞에 닥쳤는데도 자신이 도리어 정靜을 주장하고자 하여 완연頑然히 응하지 않는다면 곧 이 마음이 모두 죽은 것이다. 일이 없을 때에는 경敬이 이면裏面에 있고, 일이 있을 때에는 경敬이 일 위에 있어서 일이 있든 일이 없든 나의 경敬은 일찍이 간단間斷하지 않아야 한다."[50]

　　사람은 원하든 원치 않든 무수한 일[사事 또는 사물] 속에 존재한다. 그 일을 마주하는 과정에서 사람의 마음은 동動하기도 하며 정靜하기도 한다. 이 가운데 성리학의 가르침은 경敬을 통해 마음을 정靜하게 유지하기를 권한다. 그렇다면, 이 정靜의 상태를 유지하기 위해 마음을 어지럽히는 대상인 일[事]이 눈앞에 닥쳤을 때, 이를 피해 도망가거나, 무시한다면 되지 않을까? 하고 생각할 수도 있다. 이에 대해 주자는 일을 정면으로 마주하지 않는 것은 올바른 방법이 아니라며, 오히려 마음을 죽이는 방법이라고 말한다. 마음이 살아 있기 위해서는 마땅히 사물에 응하되 정靜한 마음을 유지해야 한다. 일의 유무와 관계없이 나의 경敬은 끊임없이 작동하는 것이다. 이러한 맥락에서

---

50　『心經附註』 권3, 「牛山之木章」, "問敬, 通貫動靜而言, 然靜時少, 動時多, 恐易得撓亂, 朱子曰 如何都靜得, 有事須著應, 人在世間, 未有無事時節, 自早至暮, 有許多事, 不成說事多撓亂我, 且去靜坐, 敬不是如此, 若事至前而自家却要主靜, 頑然不應, 便是心都死了. 無事時, 敬在裏面, 有事時, 敬在事上, 有事無事, 吾之敬, 未嘗間斷也."

앞서 마음공부의 성취로서 나타난 시작품은 성재의 현실 대응이 적극적으로 나타난 것이라고 할 수 있겠다.

한편, 성재의 실천성과 관련해서 그 이면에 자득自得을 중시하는 태도가 깔려 있음을 주목할 필요가 있다. 아래의 시를 보자.

| 溪源沿泝得從君 | 시내의 근원을 따라 거슬러 그대 좇으니 |
| 開豁衿懷似罷雲 | 탁 트인 흉금은 구름이 걷힌 것만 같네 |
| 學道由來貴自得 | 도를 배우는 데는 본래 자득함이 귀한데 |
| 役心科目奈迷門 | 과거 공부에 마음 써 문 찾지 못하면 어찌하랴 |

위 시는 백운동서원白雲洞書院에서 삼송당三松堂 남몽오南夢鰲(1528-1591)의 시에 차운한 것이다. 여기서 시내의 근원은 도학道學의 근원을 말하는 것으로, 성재 자신이 수양을 통해 성리학적 가르침을 따르고 있음을 표현하였다. 수기修己를 실천하니 절로 막히는 곳이 없어 활연豁然한 가운데, 성재는 문득 깨달음을 얻는다. 도를 배우는 방법은 스스로 터득함이 가장 귀하다는 것이다. 성재는 자득하는 방법에 있어 '실천'에 중점을 두었다. 그 예로 1559년 성성재惺惺齋에 방문한 간재艮齋 이덕홍李德弘(1541-1596)에게 사람의 성선性善을 기르기 위해 『소학小學』을 배우라고 했으며,[51] 성재 스스로도 『소학』을 소중히 여겨 날마다 예禮를 행하고 싶다며 퇴계에게 질문을 한 일화도 전한다.[52] 즉, 성재의 학문 바탕에는 실천을 통한 자득을 중시하는 태도가 깔려

---

[51] 李德弘, 『艮齋集』 권3, 「上退溪先生 辛酉」, "己未春, 聞琴公棲惺惺齋, 泝東溪而尋訪, 因處一月, 琴公每歎曰, 人性初無不善, 而汩於私欲, 不知本體之善, 可勝歎哉, 弘驚問日何如, 曰讀小學則可知也, 後日棲月瀾, 始讀小學, 悚然點檢前日之事, 汗出沾背."
간재는 18세(1558년)되던 해 청량산에 머물며 『古文眞寶』를 배우며 성재와 인연을 맺었다. 성재가 그에게 『소학』을 권유한 것은 그 다음해의 일이다.

[52] 琴蘭秀, 『惺齋集』 권3, 「惺齋先生年譜」 三十二年 癸丑, "居家素有禮法, 欲父子兄弟逐日行拜,

있는 것이다. 이로 볼 때, 성재의 마음공부와 그 시문학은 이러한 도학적 세계를 구현하고자 하는 학문적 태도의 자장 속에서 이해할 필요가 있다고 하겠다.

## 5. 결론

성재惺齋 금난수琴蘭秀는 퇴계退溪의 문인으로, 24세 때부터 『심경心經』을 접하며 마음공부에 관심을 기울였다. 이에 본고는 성재의 마음공부와 이러한 학문적 노력이 시에 어떻게 형상화되었는가에 대해 살펴보고자 하였다. 아울러 마음공부와 시 창작이 지닌 의미를 살핌으로써 성재를 종합적으로 이해해 보고자 하였다.

먼저, '성재'라는 호號에서 알 수 있듯이, 그는 마음공부에 있어서 경敬을 중시했다. 경을 실천하고, 마음에 경의 상태를 유지하는 것은 곧 성인聖人의 마음과 같기 때문이다. 특히 성재는 안연의 '심재心齋'를 닮고자 노력했다. 심재는 마음을 비운다는 것으로, 마음에 경의 상태를 유지해 사욕을 비우는 것이다. 또, 성재는 마음공부에 있어서 '조장하지 않는 것[勿助長]'을 강조했다. 이는 자연스러운 경 공부를 통해 심재를 이루어 순선한 마음을 보존하고자 한 것으로 이해할 수 있다.

성재는 꾸준히 일상에서도 마음공부를 도모했으므로, 그의 시에 이에 대한 노력과 성취를 찾아볼 수 있다. 마음공부와 관련된 시는 크게 두 가지 양상으로 나누어 살펴볼 수 있는데, 하나는 본연지성本然之性을 회복하기 위

---

仰質於師門, 先生擧徐節孝, 安吏判故事答之, 又曰此事處之得宜甚不易, 旣不可率意直行, 又不可遂廢不行, 但平日積其誠意, 行來行去, 一家孚信旣著, 則其所未行者, 猶可以次而擧之也."

해 비어있으면서도 고요한[虛靜] 상태를 지향하는 것이며, 다른 하나는 심재의 마음으로 자연을 관조하며 흥취興趣를 느끼는 것이다. 전자는 마음공부의 실천이 적극적으로 나타난다면 후자는 마음공부가 체화體化되어 겉으로 드러나지 않지만, 그 안에 내재된 즐거움을 나타내었다.

마지막으로, 성재의 마음공부와 그 시문학이 지닌 의미로서, 성재의 현실 인식과 대응 문제를 살펴보았다. 성재는 다양한 일상에 관심을 가졌으며, 자신이 마주한 현실에 대하여 도학적 이념을 실천하는 것으로 대응하고자 했다. 즉, 성재는 도학적 세계관을 구현하기 위해 노력한 것인데, 그 이면에 실천과 자득自得이 중요하게 작동하고 있었다.

이상의 내용을 통해 성재의 마음공부와 이와 관련된 문학 작품을 살펴보았다. 다만, 논의의 정밀함을 위해 성재의 모든 문학 작품을 다루지는 못했기 때문에 후속 연구가 반드시 필요해 보인다. 특히, 성재의 문학 작품은 양적으로 많지는 않으나, 그 안에 다양한 일상을 표현하고 있다. 이와 관련하여 『성재일기』도 함께 살펴본다면 일상에 관한 새로운 논의를 이어갈 수 있을 것이다.

## 참고문헌

『近思錄』
『心經附註』
『莊子』
『周易』
琴蘭秀, 『惺齋集』
李德弘, 『艮齋集』
李滉, 『退溪集』

금난수, 박미경 옮김, 『惺齋先生文集』, 한국국학진흥원, 2019.
김기주, 「『心經』에서 『心經附註』로 : 미완의 '朱子學的 心學'」, 『퇴계학논집』 13, 영남퇴계학연구원, 2013.
김병일 외 12인, 『영남 선비들의 공부론과 지역 문헌』, 경상북도청년유도회, 2023.
김종석, 「『성재일기』에 나타난 16세기 재지 사족의 교유 양상」, 『국학연구』 41, 한국국학진흥원, 2020.
박현순, 「성재 금난수의 수학과 교유」, 『역사문화논총』 4, 신구문화사, 2008.
안세현, 「15세기 후반~17세기 전반 성리학적 사유의 우언적 표현 양상과 그 의미」, 『민족문화연구』 51, 고려대학교 민족문화연구원, 2009.
안영석, 「성재 금난수의 실천적 위기지학」, 『국학연구』 42, 한국국학진흥원, 2020.
오석원, 「『심경』의 구성과 수양론 연구(二)」, 『동양철학연구』 37, 동양철학연구회, 2004.
이연순, 「성재 금난수의 생애와 교유 양상」, 『국학연구』 41, 한국국학진흥원, 2020.
이유정, 「전국시대 문헌에서 마음[心]의 의미와 마음공부의 방법 :『장자』,『관자』,『순자』를 중심으로」, 『교육사상연구』 36-2, 한국교육사상학회, 2022.
이치억, 「敬의 철학과 理의 철학」, 『퇴계학논집』 17, 영남퇴계학연구원, 2015.
윤경하, 「임진왜란 직전 조선의 전쟁정보에 대한 연구」, 강원대학교 석사학위논문, 2011.
정우락, 「16세기 士林派 作家들의 事物觀과 文學精神 硏究」, 『퇴계학과 한국문화』 35, 경북대학교 퇴계연구소, 2004.
＿＿＿, 「한국문학 연구 방법론의 내재적 모색」, 『한국문학과 예술』 33, 숭실대학교 한국문학과예술연구소, 2020.
조성환·장지영, 「퇴계학에서 마음과 생명의 만남」, 『퇴계학논집』 18, 영남퇴계학연구원,

2016.
진덕수, 성백효 역, 『心經附註』, 전통문화연구회, 2006.
최영성, 「惺齋 琴蘭秀의 '學退溪' 精神과 '主敬涵養' 工夫」, 『퇴계학과 유교문화』 29, 경북대학교 퇴계학연구소, 2001.

동양고전종합DB(https://db.cyberseodang.or.kr/)
한국고전종합DB(https://db.itkc.or.kr/)

# 「오일론심기五一論心記」의 주제론적 접근*
— '마음'에 대한 변증법적 인식을 통한 삶의 성찰 —

백운용(경북대학교 국어국문학과 강사)

## 1. 들어가는 말

「오일론심기五一論心記」는 붓, 먹, 벼루, 종이 문방사우와 연적 등 의인사물이 작자의 꿈속에 등장하여 '마음'에 대해 이야기하는 형식으로 꾸며진 몽유의인소설이다. 의인소설이면서 동시에 몽유의 양식 속에서 이야기가 전개되고 있으며, 작품에 삽입한 산문인 문대問對[1]와 운문인 사부詞賦의 양식[2]을 통해 주제를 드러내고 있다는 점에서 한국 고소설사에서 보기 드문 독특한

---

\* 이 글은 기발표된 필자의 논문(「<오일론심기五一論心記>의 주제론적 접근-변증법적 인식을 통한 삶에 대한 성찰」, 『국학연구론총』 11, 택민국학연구원, 2013, 1-31쪽)을 수정, 보완한 것이다.
1 대對와 문問은 모두 어떤 주제를 설정하면서 묻는 데 대한 대답의 형식을 띠는 글을 말한다. 둘 다 문답식의 문장이지만, '문'은 '대'와는 달리 문답이 한 번만 이루어진다. 즉, 물음에 역점을 두기 때문에 그 물음이 상당히 논리적이다. '대'는 이에 대한 답을 하는 것이다. 이 논문에서는 주제를 선정하고 답하는 글쓰기 형식을 통틀어 '문대問對'라 지칭한다.(박완식 편역, 『한문 문체의 이해』, 전주대학교 출판부, 2001, 107쪽, 246쪽 참조.)
2 여기서 말하는 '양식'은 '장르'나 '갈래'를 지칭하는 것이 아니다. 소설의 서사 기법으로서, 서술의 방법을 통괄적으로 지칭한 것이다.

양식의 소설이라 할 수 있다. 게다가 유일본이어서 그 가치는 더욱 높다.[3]

「오일론심기」에 대한 최초의 연구는 창작 방법이나 서사 기법에 주목한 것이었다. 여기서는 의인소설이면서 몽유의 양식을 차용한 것에 주목하였으며, 대화식 서술과 작품에 삽입한 사에 작자의 서술의식이 드러난다는 점을 밝혔다.[4] 그 뒤 후속 연구가 이루어지지 않았고, 구체적인 서술의식이 무엇인지, 대화와 삽입 사부를 통해 드러나는 주제가 무엇인지에까지 나아가지 않았다.[5]

한편 「오일론심기」에는 '구귀년具龜年'이라는 저자의 성명이 기술되어 있다. 구체적으로 누구인지 알 수 있는 다른 기록이 없기 때문에 작자에 대해 논란의 여지가 있다. 다만 지금까지 알려진 능성구씨 문중의 증언과 『능성구씨세보』의 간략한 약전에 따르면, 작자는 조선 후기 인천에 거주하였던 구귀년具龜年(1752-1822)인 것으로 보인다. 그는 32세 때 생원을 지냈지만, 그 이후 관직에 뜻이 없어 평생 초야에서 청렴한 선비로 살았던 인물이다. 만년에 인천 주안에서 용유도로 이거하여 속세와 절연하고 독서와 저술로 여생을 보냈다고 한다.[6] 한편 작품 속의 의인물이 작자의 분신인 오유 선생의 삶에 대해 논하는 부분이 있는데, 그의 생몰연대나 가족 사항과 부합하는 측면이 적지 않다.[7] 이런 점 등을 통해 볼 때, 결정적인 반증이 없는 한 구귀년을

---

3 김광순, 『오일론심기·명각녹 연구』, 박이정, 2006, 42-46쪽.
4 김광순, 위의 책, 14-42쪽 참조.
5 논문 발표 후, 송진한이 「오일론심기」에 등장하는 대상의 형상화 과정과 수사적 표현을 중심으로 「오일론심기」 글쓰기에 대해 연구한 바 있다.(송진한, 「유일본 <오일론심기>의 글쓰기 연구」, 『국학연구론총』 19, 택민국학연구원, 2017.)
6 『능성구씨세보綾城具氏世譜』 권4, 2002, 376쪽 참조.
7 예컨대 작품 속에서 북명호사는 "인생살이 일흔 살은 예로부터 드물었고 … 양쪽 귀밑머리 백발이 되도록 사니 이 또한 복이로다."라고 하였는데 구귀년은 71세를 일기로 세상을 떠났으니, 작중의 언설과 실제 삶이 일치한다고 할 수 있다. 또한 이러한 점을 참고할 때, 이 작품은 구귀년이 70세를 전후한 때에 지어진 것으로 볼 수 있다.

작자로 인정해야 할 듯하다.

「오일론심기」는 다양한 양식을 차용한 복합양식적 성격을 띠고 있다. 몽유, 의인, 사부, 문대 등 다양한 양식이 작품 속에 활용되고 있는데, 각각의 양식은 그 역할과 효과가 다르다. 각각의 양식이 어떤 역할을 하면서 작품 속에서 어떻게 효과적으로 활용되고 있는지를 살펴본다면 작품을 보다 심층적으로 이해하는 단서를 찾을 수 있을 것으로 보인다. 아래에서는 우선 「오일론심기」에 사용된 다양한 양식들을 분석하고, 각각의 양식이 작품 속에서 어떤 기능을 하는지 살펴보고자 한다. 이를 통해 작품의 주제의식과 밀접한 관련을 맺고 있는 양식이 밝혀질 것이며, 그 양식을 면밀하게 분석함으로써 주제를 명확하게 드러낼 수 있을 것이다.

한편 양식을 통해 드러내려는 주제는 '마음' 즉 '심'에 집중되고 있다. 작품에 등장하는 다섯 가지 의인물의 관심사는 '마음'이다. 그런데 이때의 '마음'은 '심'에 대한 본질론적 측면이 아니다. 즉 '성즉심性卽心'이니 '심즉리心卽理'니 하는 따위의 철학적 주제가 아니라는 것이다. 여기서 다섯 사물이 논하는 것은 '작자의 심정心情이나 심사心事'이다. 즉 작자가 평소 가진 생각과 지금 처한 상황에 대해 의인물이 서로 의견을 주고받는 것이다. 그런데 결말 부분에서는 '작자의 심정이나 심사'에 대한 논의가 단순히 심정을 논하는 것을 떠나 오히려 '심'에 대한 본질론적인 차원으로 상승하며, 심정은 단순한 비분강개의 심정이 아니라 '삶에 대한 초탈적 인식'으로 전화轉化한다.

아래에서는 이러한 점에 착안하여 먼저 작품에 차용된 다양한 양식을 분석하고, 이어서 주된 양식인 문대와 사부의 의미를 분석함으로써 주제 의식을 도출해보기로 한다.

## 2. 다양한 양식의 차용과 그 기능

「오일론심기」에 활용된 양식은 크게 보아서 몽유, 의인, 문대, 사부 등이다. 이 가운데 작품의 뼈대 역할을 하는 것은 몽유양식이며, 의인물이 그 속에서 사건을 전개해나간다. 그리고 의인물은 문대와 사부를 통해 자신의 의견을 드러내고 있다. 이렇게 볼 때 작품의 외부를 구성하는 것은 몽유와 의인의 양식이며, 내부를 채우고 있는 것은 문대와 사부의 양식이라 할 수 있다.

### 1) 작품의 뼈대를 이루는 양식 - 몽유와 의인

(가)

오유선생은 술을 좋아하였으나 항상 술을 얻을 수는 없었다. 우연히 촌료한 단지를 얻어서는 산과 시냇가의 친구에게 대접하려 하였으나 마침 비가 오는 날씨여서 오지 못하였다. 이에 홀로 네댓 사발을 마시고 문득 얼큰하게 취하니 대도大道를 통한 듯 느껴졌다. 오두막 주렴 아래 대나무 창문 사이에 쓰러지듯 누워서 소나무 목침을 베고 부들부채를 부치니, 몸은 마치 메어놓지 않은 배처럼 흔들흔들하고 마음은 마치 장차 나비가 날아갈 듯 황홀하였다.

문득 네 사람이 대문 두드리는 소리도 없이 당에 올라와서 잔기침하고는 궤안几案 곁에 마주하고 앉았다.[8]

---

8   "烏有先生愛酒, 酒不常得. 遇得村醪一大壺, 待山友溪朋而天適雨, 不至. 仍獨酌三五甌, 便覺醺醺然通大道矣. 頹臥蘆簾之下, 竹牖之間, 支松枕, 搖蒲扇, 身搖搖如不繫之舟, 情悅悅, 若將飛之蝶. 忽有四個人, 無叩扃之聲, 上堂之, 咳而儼然, 對坐於几案之側."

(나)

다섯 사람이 모두 크게 웃었다. 그 한 소리에 드디어 놀라 일어나 찾아보니 궤안 사이에 한 사람도 보이지 않고 다만 주렴 방울에 물방울 듣는 소리만 들릴 뿐이었다. 나도 또한 한 번 웃고서 이처럼 그 대략을 기록하노라.[9]

(가)는 「오일론심기」의 첫 장면이며, (나)는 마지막 장면이다. (가)에는 작자의 분신인 오유 선생이 술에 취하여 정신이 몽롱한 상태에서 꿈속으로 빠져드는 상황이 묘사되어 있고, (나)에는 꿈에서 깨어나는 과정이 서술되어 있다. 그리고 (가)와 (나) 사이에 의인물이 등장하여 꿈속에서 논쟁하고 담론을 쏟아낸다. 이른바 '입몽 - 몽중세계 - 각몽'[10]의 몽유 양식을 따르고 있는 것이다.

그런데 「오일론심기」에 보이는 몽유 양식은 몽유록과는 다르다. 몽유록에는 도몽導夢을 담당하는 인물이 주인공을 찾아오는 장면이 등장한다. 즉 주인공은 몽중 세계의 초대를 받아 입몽하게 된다. 또 주인공은 참여형이든 방관형이든[11] 꿈속에서 몽중 세계의 인물과 만나 대화를 나눈다. 다시 말해 어떤 식으로든 몽중 세계와 교섭하는 장면이 등장한다는 것이다.

---

9 "五人俱發大笑. 這一聲 遂驚起, 視之几案間, 不見一人, 只聞簾鈴猶滴滴然響. 余亦一笑, 而略記如右."

10 '입몽 - 몽중세계 - 각몽'으로 이루어지는 '현실 - 꿈 - 현실'의 환몽구조는 유몽遊夢의 환몽구조, 낙몽樂夢의 환몽구조, 고몽苦夢의 환몽구조로 다시 나눌 수 있다. 이 분류에 따른다면, 「오일론심기」는 유몽의 환몽구조에 해당한다고 할 수 있다.(박진아, 「환몽구조로 본 <조신전> 연구」, 『국학연구론총』 6, 택민국학연구원, 2010, 271-272쪽.)

11 서대석은 액자 내부의 시점을 중심으로 몽유록의 서사구조를 몽유자가 몽유세계에 개입함이 없이 완전한 방관자의 입장을 취하고 있는 방관자형(강도몽유록, 금화사몽유록 등), 몽유자가 몽유세계에 등장하고 몽중사건에 개입하는 참여자형(원생몽유록, 달천몽유록, 피생명몽록 등), 몽유자가 몽유세계에서 주인공의 역할을 하는 주인공형(대관재몽유록, 몽결초한송 등)으로 나누고, 수성궁몽유록으로 불리는 운영전은 몽유록과는 다른 구조를 가지고 있는 것으로 보았다.(서대석, 「몽유록의 장르적 성격과 문학사적 의의」, 『한국학논집』 3, 계명대 한국학연구소, 1978, 512-520쪽.)

「오일론심기」에는 도몽인導夢人이 등장하지 않으며, 주인공인 오유 선생도 꿈속의 세계에 전혀 개입하지 않는다. 또 몽중 세계의 인물들은 오유 선생을 인식하고는 있지만, 오유 선생과 직접 접촉하지 않는다. 특이하게도 「오일론심기」는 작중의 주인공과 몽중 세계의 인물이 상호 교섭하지 않고 몽중 세계의 인물은 몽중 세계의 인물대로, 꿈을 꾸는 주체는 주체대로 혼융 없이 작품이 진행되고 있다. 이 때문에 몽중 세계에서 오유 선생의 역할은 철저히 방관자로만 머물며, 그가 부재한 상태에서 몽중 인물들의 대화와 운문으로만 이야기가 진행된다. 비유하자면 마치 의인물들 사이의 대화를 오유 선생이 TV 화면을 보고서 기록한 것처럼 보인다.

이와 같은 진행방식은 몽유록과 다르며, 실제 꿈의 체험을 기록한 몽기류夢記類와 유사하다. 몽기류 작품은 작자가 실제로 꿈을 꾼 후 자신이 경험한 꿈에 대해 서술해 놓은 것이다. 이 때문에 꿈 이야기를 작가의 체험의 서술로 간주한다.[12] 「오일론심기」는 외견상 작자의 꿈 체험이며, '나도 또한 한 번 웃고서 이처럼 그 대략을 기록하노라.'라며 기록의 의식을 드러내고 있다.

하지만 「오일론심기」는 일반적인 몽기류와는 다른 점이 있다. 하나는 몽중의 등장인물이 모두 가공의 의인물이라는 것이다. 여기에 등장하는 인물은 그가 평소 교유하던 인물이나 가족도 아니고, 각종 고전을 통해 만나던 성현이나 악인도 아니다. 작자가 현실에서 직간접적으로 경험한 인물이 아닌 가공적이고 허구적인 의인물이 몽중에 등장하고 있다. 이는 이 작품이 실제의 경험을 반영한 것이라기보다는 허구에 기반하고 있음을 보여주는 것이다.

또 하나는 몽중의 인물인 의인물들이 작자의 심정을 대변하고, 궁극에는 작자에게 일정한 삶의 지침을 내린다는 것이다. 의인물들은 작자를 대신하여

---

12  신재홍, 『한국몽유소설연구』, 계명문화사, 1994, 281-283쪽.

작자의 말을 전하는 역할을 하며, 그것을 통해 작자의 인생관과 소설적 진실을 드러내고 있다. 이는 작자가 궁극적으로 제시하려는 것이 꿈 체험이 아니라 꿈속의 이야기를 통해 드러나는 진실임을 보여준다.

마지막으로 꿈속 세계에 대한 묘사가 전혀 없다는 것이다. 꿈의 기록은 환상적 사물에 대한 경이를 동반하는 것이 보통이다. 그런데 「오일론심기」에는 꿈속 세계에 대한 묘사가 전혀 드러나지 않는다. 이것 또한 작자가 꿈 체험이라는 경험적 현실을 기록하기보다는 꿈이라는 간접적인 방식을 통해 다른 무언가를 드러내려 했다는 것을 방증하는 것이다.[13]

이러한 점을 고려할 때 「오일론심기」는 실제의 꿈이 아니라 가상으로 꾸며진 허구적 꿈에 기반을 두고 창작되었다고 할 수 있지만, 그렇다고 본격적인 몽유록 양식에 나아갔다고 할 수도 없다. 이렇게 볼 때 「오일론심기」에 활용된 몽유 양식은 몽기와 몽유록의 중간적 성격이라 할 수 있다. 구체적으로는 몽기의 양식을 차용하면서 몽유록의 허구성을 수용한 양상으로 서술되었다고 할 수 있다.

「오일론심기」가 차용하고 있는 양식 중 가장 두드러진 것은 의인이다. 의인은 사물을 사람으로 형상화하여 작품을 전개하는 수법이다. 의인의 대표적인 양식은 가전이다. 가전은 사마천의 『사기』「열전」에서 비롯되었다. 사마천은 역사적 인물의 일대기를 '입전 대상의 가계와 출생담 → 행적 → 죽음 → 처자손록妻子孫錄 → 평결'의 형식에 따라 기술하였는데,[14] 이 사전史傳의 형식을 이용하여 사물을 의인화하고 이를 입전하여 전의 형식으로 기술한 것이 가전이다.

---

13 신재홍은 몽기류와 몽유록의 차이를 작가의식에서 찾는다. 몽기류는 허구에 대한 인식이 결여되어 있고 수필에 해당하며, 몽유록은 허구적 줄거리를 갖춘 문학작품의 창작을 의도하여 이루어진 양식이라고 하였다.(신재홍, 위의 책, 282쪽.)
14 주명희, 「「전傳」의 양식적 특징과 소설로의 수용양상」, 서울대학교 박사학위논문, 1985.

「오일론심기」에서도 가전의 양식을 차용한 흔적이 드러난다. 그러나 본격적인 가전이라 하기에는 미흡한 점이 많다.

> (가) 한 사람은 그 얼굴은 희고 가슴은 활달하여 마치 공자의 후소後素의 뜻을 갖춘 듯하였고, 거백옥이 권서捲舒하는 의취를 얻은 듯하였다. (나) 겉을 바라보면 속을 알 수 있으니 묻지 않아도 저 선생의 현예賢裔임을 알 수 있었다. (다) 저 선생은 이름이 백白이다. 무왕이 주를 벌할 때를 당하여 고죽국의 두 아들이 수양산에서 굶어 죽고 고죽국이 능체陵替하여 떨치지 못할 때 저백이 드디어 고죽을 대신하여 그 직분을 잘 세웠던 까닭으로 천하 사람이 현명하고 어리석고 귀하고 천할 것 없이 맞아서 힘껏 부르짖고 좋아하지 않음이 없어 호시후好時侯라 불렀다. (라) 이 사람은 그 운잉이니 이름은 운손雲孫이요 스스로 호당주인浩塘主人이라 하였다.[15]

위는 종이의 의인물인 호당주인을 소개하는 부분이다. (가)에서는 호당주인, 즉 종이의 외면을 형상화한다. 얼굴이 희다는 것과 공자의 후소는 종이의 면이 흰 것을 묘사한 것이며, 흉금이 활달하다는 것과 거백옥의 권서는 종이가 넓어서 말아 보관함을 묘사한 것이다. (나)에서는 호당주인의 선계인 저선생을 소개하고 (다)에서는 그의 업적을 드러내고 있다. (라)에서는 의인물인 호당주인의 이름과 호를 소개하고 있다.

이 부분은 의인물을 소개하는 부분이라고 할 수 있다. 대체로 의인물의 외형적 특징을 고사와 연관하여 언급하고, 이어서 선계와 선조의 업적으로 드러낸다. 그런데 정작 의인물 본인의 행적이나 특징을 설명하는 부분 없이

---

15 (가) "一人, 白晳其面, 胸衿豁如, 服夫子後素之志, 得伯玉捲舒之義." (나) "望表知裏, 不問可知爲楮先生賢裔也." (다) "楮先生名白. 當武王伐紂之時, 孤竹君二子, 餓死首陽, 孤竹之國, 陵替不振, 楮白, 遂代孤竹而立, 善於其職, 故天下之人, 無賢愚貴賤, 莫不延迎款曲, 號爲好時侯." (라) "此其雲仍, 其人名雲孫, 子号浩塘主人."

그저 이름과 아호를 드러내는 것으로 마무리하고 있다. 이와 같은 서술형식은 붓의 의인물인 흑두공黑頭公, 벼루의 의인물인 자담거사紫潭居士, 먹의 의인물인 북명호사北溟豪士의 경우에도 마찬가지로 적용된다.

의인물들의 묘사에서 가장 많은 비중을 차지하고 있는 것은 선계와 조상의 업적을 소개하는 부분이며, 의인물 자신의 출생담, 행적, 죽음, 처자손록, 평결 등 열전의 다른 요소들은 더 이상 나타나지 않는다. 이처럼 선계와 조상의 업적만 강조한 것은 작자가 의인물들의 업적에 주목하지 않는다는 말이다. 이는 이 이야기는 의인물 각각에 대한 이야기가 아니라 그들이 모여서 주고받은 이야기를 더 주목해야 하는 것이라는 작자의 서술의식이 드러난 것이라 할 수 있다.

이렇게 볼 때, 이 작품에서 의인과 몽유는 작품의 뼈대 역할을 하고 있지만, 몽유는 본격적 몽유양식이라 할 수 있는 몽유록이나 몽기를 차용한 것이 아니며, 의인도 가전의 수준까지 나아가지 못했다고 할 수 있다. 작품의 구성양식으로서 몽유와 의인은 작품을 구성하는 틀로, 그저 허구성을 강화하는 역할에 머무르고 있다고 하겠다.

## 2) 작품의 주제를 드러내는 양식 – 문대問對와 사부詞賦

의인물들의 소개가 끝난 뒤에 사우四友의 앞에 연적의 의인물인 천일옹天一翁이 나타난다. 여기서부터는 사우와 천일옹 사이의 대화로 점철되면서 사건이 진행된다. 이후 작품이 끝날 때까지 대화체 서술이 이어진다. 몽유와 의인으로 작품의 외벽을 쌓고, 그 내부는 대화체 서술로 엮은 것이라 할 수 있다.

그런데 이 대화는 흔히 말하는 '주고받기식'의 대화가 아니다. 하나의 주제를 제시하고 거기에 대한 각자의 답변을 모으는 식으로 진행된다. 또 답변은 서로 평가하지 않으며 각자의 판단에 맡기는 것으로 구성되어 있다.

(가)
　천일옹이 말하기를, "다섯 사람의 마음 논함이 한꺼번에 터져 나오면 반드시 참착參錯의 병폐가 있으리니 이제 고관이 선비를 시험하는 법에 의거하여 특별히 한 개의 제목을 걸고 여러분이 모름지기 각자 병풍에 숨어서 써서, 이로써 논한 바가 같고 같지 않음을 보는 것이 어떠하겠습니까?"라고 하니 모두 좋다고 하였다.[16]

(나)
　흑두공이 말하기를, "제목을 건 사람은 마땅히 고관이 되니 원컨대 천일옹은 주필이 되어 우열을 가리시기 바랍니다."라고 하니, 천일옹이 말하기를, "제가 어찌 감히 하겠습니까, 제가 어찌 감히 하겠습니까? 스스로의 안목과 정평이 있으니 제가 감히 어찌 할 수 있겠습니까?"[17]

　작품의 전반에 등장하는 대화 양식은 문대이다. 천일옹은 좌장에 추대된 뒤에 주제를 걸고 각자의 심회를 서술하자고 한다. 이어서 그는 (가)에서 보듯이 답변에 대해 고과를 매겨 우열을 정할 것이 아니라 '같고 다름' 즉 차이만 살펴보자고 한다. 따라서 대화는 논쟁이나 토론의 성격을 지니지 않게 된다.
　한편 좌장인 천일옹은 대화 속에서 발생하는 문제 해결을 위해 좌장으로

---

16　"天一翁曰, "五人論心, 一時竝發, 則必有參錯之患, 今依考官試士之法, 特揭一個題目, 諸君須各隱屛而書, 以觀所論之同也未同 何如?" 僉曰 好好."
17　"黑頭公曰, "揭題之人, 當爲考官, 願天一翁, 主筆而優劣焉." 天一翁曰, "吾何敢何敢? 自有眞眼目定評, 吾何敢, 吾何敢?"

서 군림하거나 의견을 조율하지 않는다. 그는 사우와 동일한 조건에서 사우들과 마찬가지로 자신의 의견을 드러낼 뿐이다.[18]

(나)에서 다시 평가를 문제 삼고 있다. 그러나 천일옹은 각자의 안목과 정평에 맡기자고 하면서 평가를 거부한다. 「오일론심기」에서의 문대는 갈등 없이 서로의 소회를 밝히는 것으로 마무리된다.

문대에 이어 다섯 사물은 다시 각자의 평소 생활을 서술하자고 한다. 이때 차용되는 양식은 사부이다. 이들이 차용한 사부는 사패詞牌[19]의 하나인 「일전매一剪梅」이다. 사패는 일종의 가락의 명칭이기 때문에 사의 내용과 전혀 관련이 없다. 따라서 '매화'를 노래한다고 하였으나 사실은 제목과는 연관이 없는 내용을 담는 것이 보통이다.[20] 다음은 자담거사의 사詞이다.

> 자담의 깊은 곳이 한번 크게 열리니,
> 하늘빛도 배회하고 구름 그림자도 배회하네.
> 무심한 주묵朱墨이 떠났다 되돌아오니,
> 얻어도 아득하고 잃어도 아득하도다.
> 빈 가운데 조용히 지내니 누가 재주 알리오,
> 나 스스로 시기하지 않으니 사람들도 시기하지 않네.
> 한평생 종적은 진애를 싫어하였으니
> 어느 곳에서 모실까, 한가한 여기에 모시리라.[21]

---

18  이렇게 하나의 주제에 대해 각자의 의견을 제시하면, 천일옹은 다시 주제를 제시한다. 희喜, 애愛, 쾌快 등의 주제에 대해 각자의 주장이 동일한 비중으로 처리되고 있으며, 제시된 의견에 대한 반론도 없고, 그 주제가 다시 반복되지도 않는다. 심지어 '불쾌不快'의 주제에 대해서는 모두 북명호사의 의견에 동의하여 다른 사물들은 견해를 제시하지도 않는다.

19  사를 창작할 때에는 일정하게 정해진 악보인 사조詞調, 즉 곡조에 따라 지어져야 했고, 사조는 각각 특정한 명칭이 있었는데, 이를 사패詞牌라 하였으며 먼저 곡조가 있는 상태에서 가사를 지었기 때문에 사를 짓는 것을 전사塡詞, 즉 '가사로 메운다'라 하였다.(이청조 저, 이지운 역, 『이청조 사선』, 지만지, 2012.)

20  이청조 저, 이지운 역, 『이청조 사선』, 지만지, 2012.

제목인 「일전매」와는 관련 없이 1-4행에서는 벼루의 의인인 자담거사가 벼루를 형상화하였고, 8-12행에서는 벼루의 모습에서 인생의 경계警戒를 찾고 있다. 나머지 의인물들도 이와 마찬가지로 붓, 먹, 종이, 연적의 형상을 감각적으로 묘사한 뒤에 이것을 삶의 철학이나 자세와 연결하여 각자의 삶의 태도가 이러하다고 칭송한다. 대체로 의인물들과 연관된 도덕론적인 주제가 나열되어 있으며, 의견이 대립하거나 갈등을 드러내지 않는다.

이처럼 각자의 평소 삶을 서술한 뒤에 의인물들은 오유 선생을 위한 시를 짓자고 의논한다. 앞서 다섯 의인물이 모두 한 편씩 지었던 것과는 달리 이때에는 북명호사만이 포대화상의 「가가소가訶訶笑歌」를 차용하여 오유 선생에 대하여 노래한다. 시를 짓자고 하였으나 여기서 사용되는 양식은 근체시나 고체시가 아니다. 자수가 일정하지 않고, 노래에 의지한 것으로 보아 일종의 사부형식이라 할 수 있다.

> 인생 일흔 살의 삶은 옛날부터 드물었고,
> 북망산 쇠한 풀 속에 누운 이 반이나 청춘인데,
> 양쪽의 귀밑머리 백발이 되도록 살았으니 도리어 복이로세.
>
> 세간에 도리어 아내 없는 사람 있어,
> 홀로 외로이 잠드니 그 어찌하리오.
> 다만 기건綦巾을 즐거워하니 도리어 복이로세.[22]

이것은 「가가소가」의 앞부분이다. 위에서 보듯이 자수는 일정하지만 3행

---

21 "紫潭深處一泓開, 天光徘徊, 雲影徘徊. 無心朱墨去還來, 得亦悠哉, 失亦悠哉. 虛中居默孰知才 我自無猜, 人自無猜. 一生蹤跡厭塵埃, 何處是陪, 閒處是陪."
22 "人生七十古來稀, 北邙衰草半青春, 雙鬢白髮還是福. 世間還有無妻者, 獨宿孤眠可奈何. 聊樂綦巾還是福."

으로 하나의 의미가 완결된다. 「가가소가」의 나머지 부분은 자유로운 자구의 형식 속에 의미가 담겨 있다. 또한 앞에서 의인물들이 각자의 삶의 태도를 묘사한 사부가 간략한 4구 형식이었다면 이 「가가소가」는 50여 행으로 이루어진 장편이다.

이상에서 살펴본 희喜, 애愛, 쾌快, 불쾌不快에 대한 문대와 사부인 「일전매」, 「가가소가」에는 의인물들이 오유 선생에게 하고 싶어 했던 이야기가 담겨 있다. 이것은 작품의 주제 의식과 직결된다. 이렇게 볼 때, 「오일론심기」에서 몽유 양식은 이야기의 외부 액자로서 배경을 조성하고, 의인 양식은 내부 인물로서 사건을 만들어가며, 구체적인 사건은 문대와 사부의 양식 속에 녹아서 의미망을 형성하고 있다고 할 수 있다.

## 3. 내면적 욕구의 분출과 그 향방

주제를 드러내기 위해 「오일론심기」에는 몽유와 의인, 문대와 사부의 형식을 적절히 배열하여 구성하였는데 주제는 문대와 사부를 통해 표출되어 있다. 그렇다면 「오일론심기」의 주제를 파악하기 위해서는 문대와 사부의 양식 속에 담긴 내용이 지향하는 바가 무엇인지 살펴보아야 할 것이다.

### 1) 문대에 나타난 선비의 이상과 좌절

한자리에 모인 문방사우와 천일옹은 마음을 논하자[論心]는 데 합의하고, 주제를 정하여 질문을 만들어 여기에 대해 각자 답을 한다. 먼저 천일옹은 '무슨 일을 희喜라 할 수 있을까?'라는 질문을 던진다. 질문에서 알 수 있듯이 이때 마음을 논한다는 것은 본질론적인 질문이 아니라, 어떤 일이 가장 마음에 기쁜 일인가라고 하는 심정과 심사에 대한 것이다.

북명호사와 자담거사는 다음과 같이 대답한다.

> 북명호사가 말하기를, "어진 군주와 현명한 신하가 한 몸처럼 서로 의지하여 다스림을 정하고 공을 이루어 갱재가賡載歌가 불리니, 훌륭한 사관이 곁에서 모시며 태평한 기상을 모두 드러내는 것, 이것이 가히 기쁨이 되노라."[23]

> 자담거사가 말하기를, "검은 휘장 같은 어둠이 물러가고 새벽이 열릴 때 훌륭한 노사께서 자리에 나오시면, 제자들이 은은히 모시고 조용하고 침착하게 논란하는데, 곁에 명민한 재주를 가진 자가 있어서 잘 지켜보고 가만히 알아서 스승의 아름다운 일을 기록하여 전하는 것, 이것이 가히 기쁨이 되노라."[24]

무엇이 마음에 가장 기쁜 일인가? 북명호사는 태평성대에 군신이 화합하여 정치를 하는 것이라 하였고, 자담거사는 사제가 고담준론하며 학문을 연마하는 것이라고 하였다. 마찬가지로 흑두공은 부자와 형제가 화락하여 지기知己로서 글을 논하는 것이라고 하였고, 호당주인은 멀리 떨어져 있던 붕우에게 소식이 오는 것이라 하였다. 천일옹은 효자가 어버이를 위해 행장과 묘갈을 청하자 대인이 정성껏 지어주는 것이라 하였다.

다섯 의인물이 희, 즉 마음에 기쁜 일이라고 하는 것은 군신의 화합, 사제의 도전道傳, 가족의 돈목, 붕우의 우애, 효자의 효심이라고 할 수 있다. 이것

---

23 "北溟豪士曰, "聖君賢相, 一體相須, 治定功成, 賡載歌作, 良史侍側, 盡出太平氣像, 此爲可喜.""
24 "紫潭居士曰, "緇帷曉闢, 名師在座, 列侍闇闇, 論難閒閒, 傍有明敏之才, 善觀竊識, 記傳函丈間美事, 此爲可喜.""

은 조선조 선비들이 유가적 이상으로 꼽던 것을 나열한 것이다.

이때 '기쁜 일'의 공통점은 모두 '글'과 관련된다는 것이다. 군신간에는 '갱재가'를 짓고, 스승의 언행은 제자가 기록하며, 부자와 형제는 글을 논하고, 붕우끼리는 서신을 주고받는다. 효자의 일도 부모를 위해 대인에게 묘갈문을 받아오는 것이다.

문장과 글에 대한 찬사는 그다음 주제인 애愛에 더욱 구체적으로 드러난다.

> 천일옹이 말하기를, "풍류 운사韻士가 사람들과 더불어 성대한 잔치를 베풀고는 운을 뽑아 각각 짓되 압축壓軸으로 기약하고, 왼손에는 운전雲箋을 들고 오른손으로는 현상玄霜을 갈며 입으로는 붉은 붓을 머금고 눈으로는 푸른 산을 응시하니 이것이 하나의 사랑스러운 일이로다."[25]

'애'는 '무엇이 가장 마음에 아낄 만한 일일까'라는 질문이다. 이에 대해서 천일옹은 풍류 운사가 시객과 잔치를 열며 시를 짓는 일이라고 하였다. 마찬가지로 북명호사는 충신과 열사가 영욕과 이해를 따지지 않고 국가와 생민을 위해 서릿발 같은 상소문을 쓰는 것이라 하였고, 자담거사는 어려운 처지에서도 좌절하지 않고 글을 읽어 대문장가가 되는 일이라고 하였다. 호당주인은 시주詩酒와 필법에 능한 선비가 과장에 들어가 준매한 과문을 짓는 일이라고 하였고, 흑두공은 남편을 그리는 부인이 정을 맺어 비단으로 수놓을 편지 글을 이루는 일이라고 하였다. 이처럼 '애'에 대한 답도 모두 글 짓는 일과 연관된다.

---

25 "天一翁曰, "風流韻士, 與人高筵, 抽韻各賦, 期於壓軸, 而左手接來雲箋, 右手磨去玄霜, 口含丹筆, 眼凝靑山, 此一可愛.""

훌륭한 상소문과 과문, 시, 서간을 짓는 일과 이런 문장에 달통한 대문장가 되는 일은 선비들이 평소 꿈꾸는 이상적 삶이다. 글을 읽고 그것을 세상에 적용하여 제가 평천하는 일이야말로 유학자의 궁극적 목표라 할 수 있다. '애'에 대한 답에는 이 같은 선비들의 이상적인 소망이 함축되어 있다.

한편 글에 달통한 선비가 세상에 등용되어 할 수 있는 구체적인 일은 '쾌快'의 답에 드러난다. '쾌'는 '가장 마음에 상쾌한 일이 무엇일까'에 대한 답이다.

> 북명호사가 말하기를, "태위 단수실段秀實이 상아홀을 들어 주자朱泚의 이마를 쳐서 피가 나게 하고, 담암澹菴 호전胡銓이 상소를 올려 진회秦檜의 참수를 청하니, 이것이 천고의 쾌사일 듯하오."²⁶

이것은 북명호사가 쾌사로 여긴 것인데, 조정의 간신을 응징하는 일을 쾌사라 하였다. 마찬가지로 자담거사는 신명이 복선화음의 이치에 따라 정의를 실현하는 일을 쾌사라 하였고, 흑두공은 이백이 취중에 웅혼한 시를 지은 일을 쾌사라 하였다. 호당주인은 사안이 종이를 구하자 왕희지가 구만 전牋을 준 일이 쾌사라 하였고, 천일옹은 형가가 연나라 태자 단의 부탁을 받아들여 진나라에 자객으로 갔다가 실패하자 담담하게 운명으로 받아들였던 것이 쾌사라 하였다.

'쾌'는 상소문을 지어 간신을 출척하고, 이백처럼 시를 짓거나 사안처럼 문장의 대가가 되는 일이다. 그런데 훌륭한 문장을 짓거나 글을 통해 악을

---

26  "北溟豪士曰, "殷太尉擧笏, 血濺朱泚, 胡澹庵封事, 請斬秦檜, 似是千古快事.""(참고로, 단수실段秀實은 당나라 덕종 때에 주자朱泚가 반란을 일으켰을 때, 그의 얼굴에 침을 뱉고 크게 꾸짖으며 상아로 만든 홀을 가지고 그의 이마를 쳐서 피가 흐르게 하였다고 하며, 호전胡銓은 남송 때의 학자로 고종 때 재상이 된 진회秦檜가 금나라와의 화친을 추진하자 봉사를 올려 진회 손근孫近 왕윤王倫 등을 목 벨 것을 주정하였다고 한다.)

축출하거나 문장의 대가가 되는 일을 '쾌'라고 답한 것은 지금까지 문장의 일에 대해 호감을 드러내던 작자의 논지와 일치한다. 하지만 사필귀정의 이치를 실현하는 신명의 응감과 형가의 의협도 '쾌'로 간주하는 천일옹과 자담거사와 논의는 앞서의 논조와 조금 달라 보인다.

문장가로서의 자질을 통한 정치적 대업의 달성이 선비의 궁극적 소망 가운데 하나라고 봤을 때, 협객과 신명을 통한 문제의 해결을 '쾌'로 여기는 것은 선비의 길이 아니다. 왜냐하면 문장을 통한 문제의 해결은 현실적이고 능동적인데 비해 신명의 복선화음이 세상사의 당연한 귀결이기는 하지만 신명이라는 초월적 존재에 문제 해결을 맡긴다는 점에서 이상적이고 수동적이기 때문이다. 또한 협객에 의한 문제 해결은 문보다는 무를 숭상하고, 이성보다는 힘에 의지하는 것이어서 선비의 길과 상충한다고 할 수 있다.

이처럼 유가의 이상과 다소 상충하는 절대적인 힘과 무력에 의지해서라도 문제를 해결하려는 의지를 드러낸 것은 무엇 때문일까? 작자의 심중에 그렇게 해서라도 풀고 싶었던 응어리가 있었기 때문이 아닐까? 구체적인 상황은 작품 속에 나타나 있지 않아 알 수 없지만, 근본적으로 무엇이 문제였는지는 '불쾌不快'에 대한 대답에서 실마리를 찾을 수 있다.

> " … 우리가 겪은 것으로써 이것을 말하리라. … 정미롭고 아름다운 품질만이 선발되어 가난한 집은 제외하고 부귀한 집으로 실려오니, 부유하고 귀한 자가 마땅히 쓸 곳에 쓰고 마땅히 베풀 곳에 베푼다면 상쾌함이 이보다 큰 것이 무엇이겠는가마는 다락 위에 밀어 놓고 궤 가운데 깊이 간직하여 옛것과 새것이 서로 쓸모없이 쌓이기만 하니 … ."[27]

---

27 " … 以吾輩經歷者 而言之. … 極選精美之品, 撤了蓬華之門, 都輸富貴之宅, 彼富且貴者, 若用於當用, 施於當施, 則快孰大焉, 類多拉置樓上, 深藏櫃中, … ."

'불쾌'에 대한 대답은 북명호사가 다섯 의인물을 대신하여 지었는데, 모두가 여기에 동의한다. 결론적으로 문방사우가 제대로 쓰이지 못하고 다락과 궤 속에서 시들어감을 한탄한 내용이다. 다섯 의인물이 논한 것은 오유 선생이 품고 있던 마음이다.[28] 그렇다면 북명호사가 '불쾌'라고 대답한 것은 문방사우가 제대로 쓰이지 못하고 버려지듯 오유 선생 또한 세상에 쓰이지 못하고 버려진 것을 한탄한 것이라 할 수 있다. 오유 선생은 평소의 꿈을 펼치지 못하였고, 그것이 마음에 쌓여 '불쾌'가 되었던 것이다.

'희'는 글을 지어 군신의 화합, 사제의 도전, 가족의 돈목, 붕우의 우애, 효자의 효심을 이루는 것이다. '애'는 이와 같은 목적을 이루기 위해 평소 연마하는 일이다. 구체적으로는 훌륭한 상소문과 과문, 시, 서간을 짓는 일과 이런 문장에 달통한 대문장가가 되는 일이다. '쾌'는 연마를 통해 목적을 성취하는 일이다. 이백과 사안처럼 대문장가가 되고, 상소문을 통해 간신을 척결하는 일은 선비의 당면 과제였다. '희, 애, 쾌'는 문장의 완성을 통해 꿈꾸는 선비들의 이상적 삶이다. 여기에 신명의 응감, 협객의 의협을 통해서라도 쾌를 이루는 일을 더한다면, 전체적으로 볼 때 이상적 삶을 완성하는 것이 선비들이 꿈꾸었던 삶이었다고 할 수 있다.

이같은 이상이 좌절된 상황이 '불쾌'이다. 훌륭한 문방사우가 제대로 쓰이지 못하고 부잣집 다락에서 썩어가듯이 아름다운 재주를 제대로 펴지 못하고 늙어가는 것이 '불쾌'이다. '불쾌'는 해소되어야만 한다. 그래야 이상적 삶이 완성된다.

작자는 '불쾌'를 해소하고 이상적 삶을 완성하는 방법을 앞서 '쾌'의 논의에서 제시하였다. 여기에는 이백과 사안처럼 대문장가가 되고, 상소문을 통

---

28   다섯 사람이 논하는 바 마음이 어찌 우리 선생님이 품고 계신 바의 마음이 아니겠습니까?
    [五人所論之心 豈非吾先生所懷之心耶?]

해 간신을 척결하는 실현 가능한 방법도 있고 신명과 의협에 의지하는 실현 불가능한 방법[29]도 있었다. 그러나 이 운명론적 순응주의,[30] 즉 형가의 의협 시도나 사필귀정의 원리가 세상에 구현됨으로써 '쾌'할 수는 있어도 '불쾌'의 문제를 근본적으로 해결한 것은 아니다.

작자가 살았던 18세기 말에서 19세기 초는 현실주의적 사고가 팽배하던 실학의 시대였다. 운명론적 사고의 틈을 비집고 자유 의지에 대한 인식이 싹트고 있었다.[31] 인간의 문제가 인간에 의해 해결되지 않고 초월적 존재에 의해 해결되도록 내버려 두는 것은 이러한 시대적 흐름에 반하는 것이다. 이 때문에 천명이 아니라 현실적 차원에서 문제를 해결할 때 진정한 '쾌'에 도달할 수 있다는 인식의 전환이 필요했고, 「오일론심기」에 보이는 사부에는 이런 의식이 담겨 있다.

### 2) 「일전매」에 나타난 이상주의적 해결

'희', '애', '쾌'의 논의를 통해서 볼 때, '불쾌'를 해결하는 방법은 문장을 연마하여 문장가가 되거나, 연마한 문장을 조정에서 발휘하여 간신을 척결하는 일이다.

지금 오유 선생이 처한 상황은 '불쾌'의 상황이다. 선생은 "닭이 울면 오히

---

29  하나는 신명이 복선화음하는 사필귀정의 이치이고, 하나는 힘에 의지한 의협이다. 신명에 의한 해결은 초월적 존재를 통한 해결이며, 의협에 의한 해결은 무력에 의한 해결이라는 점에서 현실주의적 사고를 바탕에 둔 문인 유학자에게는 실현 불가능한 해결 방법이라 할 수 있다.
30  형가의 의협이 실패로 돌아간 데 대해 천일옹은 "도모함은 비록 사람에게 있으나 이룸은 하늘에 있으니, 형경이 천명을 어찌 하리오?[謀雖在人 成之在天 荊卿於天 奈何奈何.]"라고 한다.
31  강영숙, 「조선조 사회상과 열녀전의 창작의식」, 『국학연구론총』 9, 택민국학연구원, 2012, 183-184쪽 참조.

려 베개를 어루만지고 밤마다 만인소를 이리저리 계획하며", "괴로움 가운데 괴로움을 더하고 번뇌 위에 번뇌를 더하였다가", "근자에 매질하고 몰아냄을 당하여 일곱 번 넘어지고 여덟 번 자빠지며 허둥거린" 인물이다.

문장을 통해 세상에 참여하고자 했던 오유 선생의 꿈은 칠전팔도의 좌절을 경험한다. '희' '애' '쾌'는 이상일 뿐이며, 현실은 능력이 있어도 쓰이지 못하는 '불쾌'이다. 순응주의적 운명론은 진정한 해결책이 아니며, 보다 현실적이고 차원 높은 해결책이 제시되어야 한다.

「일전매」는 다섯 의인물들이 오유 선생의 평소 생활을 묘사한 사詞이다. 여기서 말하는 평소의 생활이란 오유 선생의 평소 생활 모습이라는 의미가 아니다. 오유 선생이 평소 꿈꾸던 '살아가고자 마음먹고 실천하고 있는 이상적인 삶의 태도'이다. 그리고 그 이면에는 의인물들이 제시하는 '불쾌' 극복의 비책이 녹아 있다.

「일전매」에서 제시하고 있는 비책은 모두 의인물의 형상과 특징에서 유추할 수 있는 인생철학이다. 예컨대 종이의 의인물이 호당주인의 사에서는 종이가 넓게 펴지는 것을 비유하여 그처럼 여유로운 태도를 가지라고 한다. 이러한 점이 가장 잘 부각되어 있는 것은 자담거사의 사이다.

> 자담의 깊은 곳이 한번 크게 열리니,
> 하늘빛도 배회하고 구름 그림자도 배회하네.
> 무심한 주묵이 떠났다 되돌아오니,
> 얻어도 아득하고 잃어도 아득하도다.
> 빈 가운데 조용히 지내니 누가 재주 알리오,
> 나 스스로 시기하지 않으니 사람들도 시기하지 않네.
> 한평생 종적은 진애를 싫어하였으니
> 어느 곳에서 모실까, 한가한 여기에 모시리라.[32]

앞의 4행은 벼루를 형상한 것이며, 뒤의 4행은 이를 바탕으로 제시하는 삶의 모습이다. 벼루에 물을 넣으면 거기에 구름과 하늘이 비친다. 먹이 그곳을 지나가면 하늘빛도 바꾸고 구름도 흩어버린다. 그러면서 먹은 물에 녹아 벼루를 채운다. 이에 대해 자담거사는 '얻어도 아득하고 잃어도 아득하다'라고 한다. 먹을 받아들이는 벼루의 태도는 그야말로 무념 무상한 공空의 경지이다. 이어서 자담거사는 공수래공수거의 인생살이 속에서 재주를 숨기고 조용하고 한가하게 살면 시기할 일도 없고 시기할 사람도 없다고 한다. '불쾌'는 이처럼 모든 것을 담담히 받아들이며 재주를 숨기고 한가하게 사는 것으로 해소할 수 있는 것이다.

이는 작자의 만년 삶과 일치한다. 이귀년이 만년에 인천 주안에서 용유도로 이거하여 속세와 절연하고 독서와 저술로 여생을 보냈다는 것은 그가 '불쾌'를 해소하기 위해 선택한 삶의 방법이었다.[33]

마찬가지로 붓에서는 닳아 없어지는 것을 본보기로 삼아 한가로이 세월을 보내지 말라고 하며, 먹의 경우에는 '긴 것도 한 때요, 짧은 것도 한 때'라 하며 먹이 시간이 갈수록 짧아지는 것을 묘사한 뒤, 그 시간 속에서 도심道心과 천기天機를 드러내는 것이 쉽지 않다고 경계한다. 마지막으로 연적의 경우에서는 연적의 형상이 모나거나 둥글거나 간에 모양에 따라 편안한 먹물에 빗대어 물처럼 자연스러운 삶을 찬양하고 있다.

동시에 「일전매」에 나타나는 삶의 태도는 글을 짓고 문장을 다듬는 일과

---

32  "紫潭深處一泓開, 天光徘徊 雲影徘徊. 無心朱墨去還來, 得亦悠哉, 失亦悠哉. 虛中居默孰知才, 我自無猜, 人自無猜. 一生蹤跡厭塵埃, 何處是陪, 閒處是陪."
33  구귀년이 '근자에 매질하고 몰아냄을 당했고', '만언소에 골몰했다'는 것이 용유도로 이거하기 전인지 후인지는 알 수 없다. 이전의 일이라면 자담거사의 충고를 따라 이거한 것이고, 이후의 일이라면 공간만 옮기고 여전히 마음은 그러한 삶에 철저하지 못하여 자담거사가 충고한 것이라 할 수 있다. 이전이든 이후이든 지금 당면 과제는 '불쾌'이고 '불쾌'는 공간의 문제가 아니라 마음의 문제라는 점에서 용유도 이거 시기는 크게 중요하지 않다.

연관되어 있다. 종이의 형상에 빗댄 관용적 삶, 벼루의 모습에서 유추한 유연한 인생관, 붓과 먹의 마모에서 연상한 무정히 흐르는 세월과 그 속에서 치열하게 살라는 주문, 연적이 어떤 모양이든 그 속에 적응하여 낙도樂道하는 먹물처럼 살라는 경계 등이 「일전매」에서 다섯 의인물들이 제시한 삶의 철학이다.

앞서 말했던 것처럼 이것은 오유 선생의 평소 삶이 아니라 지향한 바였다. 작자에게 '불쾌'는 극복되어야 할 문제였으며, 그것은 순응주의적 운명론이 아닌 현실적인 해결 방법이어야 했다. 평소 공부했던 유가의 경전 속에 그 답이 있었고, 다섯 의인물이 지은 「일전매」에는 이와 같은 선비의 이상적인 삶의 태도가 오롯이 드러난다. 여기에는 '불쾌'는 평소 갈고 닦았던 심성을 통해 극복할 수 있고, 또 그것으로 극복해야 한다는 의지가 표출되어 있다.

### 3) 「가가소가」에 나타난 현실주의적 극복

'불쾌'는 본성을 훼손하는 감정이다. 「일전매」에서 제시한 것처럼 이념에 기대어 이를 극복하는 것은 이상주의적인 실천 방법이다. 이상주의적인 실천 방법은 시행하기 어렵지만 이루어지기만 하면 가장 완벽한 해결책이다. 그러나 이상주의적인 실천 방법은 호연지기를 길러 일생을 두고 놓지 않아야 하는 지극히 어려운 해결 방법이다. 또는 이념의 공허함 속에 막연히 감정을 누르고서 해결했다고 믿으며 자위하는 우를 범할 수도 있다.

작자는 실학의 인식이 싹트던 조선 후기의 인물이다. '불쾌'라는 감정도 다소 현실적인 차원에서 해결할 수 있는 방법이 있어야 했다. 이 현실주의적인 해결 방안이 「가가소가」에 나타나 있다.

「가가소가」는 북명호사가 오유 선생에게 직설적으로 '불쾌'의 문제를 해결하는 답안을 제시한 노래이다. 북명호사는 오유 선생의 잘못된 삶의 태도를 비웃으며 어떻게 사는 것이 바람직한 것인가를 제시한다.

    인생 일흔 살의 삶은 옛날부터 드물었고,
    북망산 쇠한 풀 속에 누운 이 반이나 청춘인데,
    양쪽의 귀밑머리 백발이 되도록 살았으니 도리어 복이로세.

    세간에 도리어 아내 없는 사람 있어,
    홀로 외로이 잠드니 그 어찌하리오.
    다만 기건을 즐거워하니 도리어 복이로세.

    세간에 도리어 자식 없는 사람 있으니,
    외로운 몸 외로운 그림자 그 어찌 하리오?
    어리석은 아이라도 슬하에 노니니 도리어 복이로세.[34]

  오유 선생은 인생의 만년에 직면해 있다. '인생칠십고래희'라는 말처럼 일흔의 인생을 살기 어려운데 지금 일흔의 즈음을 살았다. 그만하면 다른 사람보다도 훨씬 나은 삶이었는데 재주가 쓰이지 않았다고 해서 '불쾌'하게 생각할 것이 무엇이겠는가? 처자식이 없어 외로운 이들도 많은데 처자식과 단란하니 부족한 것이 또 무엇인가 하고 노래한다. 이어지는 노래에서 북명호사는 밭도 있고, 옷도 있고, 집도 있으니 신선의 삶이라고 말한다.[35]

---

34  "人生七十古來稀, 北邙衰草半靑春, 雙鬢白髮還是福. 世間還有無妻者, 獨宿孤眠可奈何. 聊樂萋巾還是福. 世間還有無子者, 隻身單影可奈何? 癡兒侍膝還是福."

35  "선생은 스스로 저러한 복이 있어 눈앞에서 적당히 누리니 누가 금하리오? 걱정 없이 높은 베게 베고 누웠으니 이 분이 신선이 아니라면 누가 신선이리오? 선생은 무슨 일로 이것을 모르시나.[先生自有這般福, 會享眼前孰能禁? 無一思慮高枕臥, 不是神仙 誰是神仙? 先生何事不會此.]"

그런데 '불쾌'한 것은 왜인가? 북명호사는 오유 선생이 현실을 만족할 줄 모르며, 자신의 능력 밖의 일을 하려고 욕심을 부리는 데서 그 답을 찾는다.

> 공공연히 마음속에 경륜을 일으켜
> 백만억 창생을 두루 구제할 듯 하시며,
> 공공연히 마음속에 강개를 일으켜
> 천하의 불평을 제거할 듯 하시네.[36]
>
> …
>
> 괴로움이여, 무엇이 괴로운 일인가
> 선생이 양식을 지고서도 굶는 것이 아닌가.
> 번뇌여, 무엇이 번뇌인가
> 선생이 황금을 묻어버리고 가난한 것이 아닌가.[37]

번뇌와 괴로움은 자신이 가진 것을 망각하고 더 나은 것을 찾으려는 데서 발생한다. 또 유가의 이상주의적 삶의 태도는 실천하기 어려운데, 그 어려움을 극복해보려는 시도에서 발생한다. 북명호사는 이상주의적 삶의 태도를 버리고 현실에서 '쾌'를 찾으라고 충고하고 있다.

이어서 북명호사는 오유 선생이 근자에 당한 곤욕과 번뇌는 오유 선생이 이와 같은 삶의 태도를 가진 데서 기인한 것이라고 하며, 그러한 삶의 태도를 계속 견지하다가는 죽을 때까지도 유쾌하고 즐거운 일을 얻을 수 없을 것이라고[38] 비웃는다.

---

36 "公然心上起經綸, 如將普濟百萬億蒼生, 公然心上起慷慨, 如將掃除天下不平事."
37 "苦也, 麽苦? 莫是先生負糧饑. 惱也, 麽惱? 莫是先生埋金貧."
38 "비록 괴롭고 번뇌함이 이와 같아도 선생의 심사를 돌이킬 수 없도다. 괴로움 속에서 그

이상의 내용은 일견 이상주의적인 삶의 태도를 버리고, 현실에 만족하는 현실주의적인 삶의 태도를 가지라는 충고로 보인다. 그러나 몽중에서 의인물을 통해 굳이 이런 말을 한 이면에는 또 다른 의도가 숨어 있다. 북명호사가 오유 선생을 조롱한 것은 역설적으로 현실주의적인 삶의 태도가 사실은 저급한 해결책임을 넌지시 드러낸 것이었다.

「가가소가」를 지은 뒤에 북명호사는 이 노래가 선생을 비하한 것이 될까 두려워한다. 이에 천일옹은 자담거사가 선생의 뜻을 칭송하였으니 가상하게 여길 것이라며 위로한다. 문면에서 뜻을 읽지 말고 행간에서 뜻을 읽으라는 암시이다.

문면에 드러난 것처럼 현실주의적인 삶의 태도가 '불쾌'를 해소하는 좋은 방법일 수 있다. 그러나 이것은 완전한 해결책이 아니다. '불쾌'의 요소인 '불우지생不遇之生'이 사라진 것이 아니라, 현실의 조건과 한계를 인정하면서 그런 감정을 묻어버린 것이기 때문이다. 이것은 제거가 아니라 은폐이며, 극복이 아니라 회피이다.

그렇다면 '불쾌'의 심정을 온전히 극복하는 방법은 무엇인가? 결국 이상주의적인 삶의 태도를 충실히 실천함으로써 이를 극복하는 것보다 더 나은 것은 없다. 이상주의적인 삶의 태도가 지니는 한계를 극복하고 이상주의적 삶을 실천할 수 있을 때 진정한 의미로써 '불쾌'는 극복된다. 그리하여 가장 현실적인 방법은 이상을 실천하는 것이라는 초탈적 인식이 여기서 드러나고 있으며, 작자가 인생의 만년에서 깨달은 바는 바로 이것이었다.

---

즐거움을 찾고 도리어 번뇌 위에서 쾌락을 찾네. 혹 곤궁하였다가 형통해짐을 보지 못하였는가? 아, 산이 평평해지고 바다가 마른 뒤에야 선생은 유쾌하고 즐거워질 수 있으리라.[縱然苦惱也如此, 先生心事回不得. 還從苦裡心這樂, 還從惱上心這快. 倘非觀於困於亨? 呀, 直待山平兼水渴, 先生快樂也便得.]"

## 4. 양식의 기능과 주제의 형상화 - 마무리

주제를 드러내기 위해 「오일론심기」에는 몽유와 의인, 문대와 사부의 형식을 적절히 배열하여 구성하고 있다. 외부는 몽유와 의인이라는 허구적 수법을 구사하면서 내부에서는 산문인 문대와 운문인 사부를 통해 주제를 드러내는 수법을 취하고 있다.

몽유와 의인의 양식은 작품의 틀을 구성하는 요소이다. 하지만 몽유 양식에는 철저하지 못하여 몽기류와 몽유록의 중간적 성격 정도만을 띠고 있을 뿐이다. 마찬가지로 의인 양식의 경우에도 가전의 일부만을 차용하여 인물을 소개하는 데 그치고 있다. 이처럼 전傳의 다른 요소들이 드러나지 않는 것은 작자의 의중에는 애초에 전을 쓰겠다는 의식이 없었기 때문인 것으로 보인다.

작자가 이처럼 몽유와 의인 양식의 일부만 차용하면서 몽유라는 액자에 의인물이 등장하여 행동하고 사건을 만들도록 구성한 것은 이 작품이 허구임을 적극적으로 드러내려는 인식이 반영된 것이다. 즉 작자는 앞으로 드러날 주제는 허구적인 세계에서 허구적인 인물이 구축한 것이므로 크게 주목할 것이 없다는 전제를 두고 작품을 전개하고 있는 것이다.

그러나 문예물인 문대와 사부를 통해 제시하고 있는 주제는 그리 녹록하지 않다. 마음에 대한 철학적 토론이나 논변이 아니면서도 마음을 어떻게 유지하고 갖추어가야 할 것인가에 대한 심각한 문제의식을 드러내고 있기 때문이다.

작자는 마음의 문제를 끄집어내기 위해서 문대를 통해 있어야 할 것과 있는 것을 대비하고 있다. 희, 애, 쾌는 '있어야 할 것'이며, 불쾌는 '있는 것'이다. 이 '있는 것'과 '있어야 할 것'이 갈등을 유발하고 그 갈등 속에서 마음은 훼손된다. 이를 어떻게 해결할 것인가?

운문의 표현인 「일전매」에서는 이상적인 삶의 태도를 견지하는 것으로 해결이 가능하다[正]고 하였다. 그러나 「가가소사」에서는 그런 방법이 어리석은 짓이며 현실을 인정하면서 만족하라[反]는 현실주의적인 삶의 태도를 제시한다. 그러나 이상주의적인 삶의 태도를 비난하면서 현실에 맞추어 살라는 「가가소가」의 대안은 곧바로 부정된다[合]. 이와 같은 변증법적 사유 과정을 통해 얻게 된 진리는 "마음의 문제는 일시적인 회피로 해결할 수 있는 것이 아니고, 평생을 통한 각고의 노력을 통해 극복될 수 있다는 것"이었다.

이처럼 허구 속에 삶의 진리를 드러내고 심각한 철학적 담론 없이 마음의 본질을 제시한 것이 이 작품이 지닌 매력이다. 소설이라는 갈래가 추구하는 바도 아마 이와 같을 것이다. 구귀년은 소설의 형식 속에서 자신의 심론心論을 전개하고 있다. 현학적인 말이나 고차원의 논리보다 몽중에서 의인물들이 떠들썩하게 주고받는 말속에서 오히려 가슴에 와닿는 진실을 찾을 수 있다. 그것은 갈등 혹은 마음의 불쾌는 임기응변의 현실적 방법이 아니라 기본에 충실한 가장 이상적인 방법을 통해 극복할 때만이 진정한 극복에 이를 수 있다는 것이었다.

## 참고문헌

김광순, 『김광순소장 필사본 한국고소설전집』 51, 박이정, 2002.
능성구씨 대종회, 『능성구씨세보』 4, 2002.

강영숙, 「조선조 사회상과 열녀전의 창작의식」, 『국학연구론총』 9, 택민국학연구원, 2012.
김광순, 『오일론심기·뎡각녹 연구』, 박이정, 2006.
박완식 편역, 『한문 문체의 이해』, 전주대학교 출판부, 2001.
박진아, 「환몽구조로 본 <조신전> 연구」, 『국학연구론총』 6, 택민국학연구원, 2010.
서대석, 「몽유록의 장르적 성격과 문학사적 의의」, 『한국학논집』 3, 계명대학교 한국학연구소, 1978.
신재홍, 『한국몽유소설연구』, 계명문화사, 1994.
유기옥, 『신광한의 기재기이 연구』, 한국문화사, 1999.
유협 저, 이민수 역, 『문심조룡』, 을유문화사, 1984.
이청조 저, 이지운 역, 『이청조 사선』, 지만지, 2012.
주명희, 「「傳」의 양식적 특징과 소설로의 수용양상」, 서울대학교 박사학위논문, 1985.

# 『심경부주』와 『대승기신론』의 심 구조와 수양론 비교 고찰*

송현자(안동대학교 고전문학 박사)

## 1. 머리말

본 연구의 목적은 오랜 세월을 거쳐 중국에 유입된 불교문화가 송대에 이르러 꽃피는 과정에서 특히 중국 신유학에 끼친 모습을 심의 구조와 수양론을 통해 살펴보려는 데 있다. 맹자의 심학 이래 심에 대한 이론은 구체적인 진척을 보이지 못했는데, 신유학자들에게 심 이론에 대한 구체적이고 체계화된 이론을 구축할 수 있게 해 준 배경이 불교의 심 이론과 수양론이었다.

중국에서 송 왕조는 왕조 존속 기간인 300여 년 동안 강력한 외세의 침략과 핍박 아래 놓여 있었다는 점에서 매우 불운한 시기를 겪었지만, 한편으로는 무역과 기술 발전을 통해 경제적 성장을 이루고, 그동안 수용한 외래문화를 자기화하는 과정을 통해 고도의 문화적 융성을 이룬 시기이기도 하다. 송대에 이루어낸 문화적 업적 중 하나가 바로 신유학이다.

---

\*   이 글은 기발표된 필자의 논문(「『심경부주』와 『대승기신론』의 심 구조와 수양론 비교 고찰」, 『영남학』 89, 영남문화연구원, 2024, 321-355쪽)을 수정, 보완한 것이다.

불교와 유학은 개아個我의 인격 완성을 궁극의 목표로 삼았지만, 여기에 그치지 않고 백성 또는 중생이라 불리는 수많은 다른 개아들의 삶도 자신과 같은 경지에 이르도록 이끄는 것을 최종의 목표로 삼고 있다는 점에서 비슷한 면모를 보인다. 이런 목표를 달성하기 위한 최고의 지침서가 바로 유학에서는 『심경』[1]으로 결실을 맺었고, 대승불교에서는 『기신론』[2]으로 열매를 맺었다.

『기신론』과 『심경』은 어느 한 사상가의 창작물이 아니라 사상사의 전개과정에서 많은 이들의 참여를 거쳐 하나의 저작물로 완성되었다는 점에서도 공통점을 지닌다. 『심경』의 경우 『서경』과 『맹자』, 『중용』을 비롯하여 송대 유학자들의 '심'에 관한 이론이나 수양과 관련한 논설이 집약되어 있다. 『기신론』의 경우에도 중관학파의 공空 사상과 여래장경 계열의 여래장 사상, 『화엄경』의 「십지품」이나 일체유심조 사상, 유식 계열의 알라야식과 염정훈습 사상까지 총망라되어 있다.

『기신론』과 『심경』은 여러모로 닮았지만, 이 둘을 직접 비교한 논문은 찾아보기 어렵다. 주자 성리학과 『기신론』의 심론心論을 비교한 논문[3]이 한 편 있는 정도이다. 본 논문에서는 『심경』과 『기신론』을 두 가지 방면에서 비교해 보고자 한다.

먼저 2장에서는 『심경』과 『기신론』의 핵심 용어인 심心에 대해 구조를 중심으로 살펴본 후 둘 사이의 유사점과 차이점을 비교해 보고자 한다. 3장에서는 『심경』과 『기신론』의 수양론에 대해서 고찰한 후 둘 사이의 유사점

---

[1] 논의의 범위를 『심경부주』로 확장하여 다루었으나 본문에서 일컬을 때는 '부주'를 생략하고 『심경』으로 칭한다.
[2] 이하 『기신론』이라고 약칭한다.
[3] 안유경, 「주자 성리학과 마명 대승기신론의 심론 비교 고찰」, 『퇴계학논집』 26, 영남퇴계학연구원, 2020.

과 차이점에 대해 살펴볼 것이다.

이는 세계 문화사에서 거대 문화권에 속하는 중국 문화와 인도 불교 문화가 교류한 자취를 보여주는 동시에 두 문화의 건널 수 없는 간극을 보여주는 데에도 일조하리라고 본다. 아울러 신유학자들이 외래문화를 적극 수용하면서 동시에 차이점을 인지하는 과정을 통해 고유의 문화적 정체성을 이어가면서 자신들의 문화에 걸맞게 재창조하려고 노력했던 자취를 엿볼 수 있을 것이다. 태생적 배경이 다른 두 문화의 융합을 통해 고유의 정체성을 지키면서 자기 문화를 이론적으로 정교하게 구축해 나간 신유학의 자세는 후대의 우리에게도 시사하는 바가 크다.

## 2. 『심경부주』와 『대승기신론』의 심 구조

### 1) 『심경부주』의 심 구조

『심경』은 『서경』의 '인심도심'이라는 말에서 시작하여 인심과 도심에 대한 해석, 어떻게 도심을 지키면서 확장해 나갈 것인지, 반대로 인심 또는 인욕을 어떻게 제어해 나갈 것인지로 이어진다. 인심과 도심의 의미를 해석하는 과정에서 인심과 도심은 성性과 정情의 개념으로 발전하고 성과 정이라는 개념이 등장하면서 성정의 관계가 어떠한지에 대해 구명究明하게 되었으며 이는 마침내 '심통성정心統性情'으로 정리되었다. 그리하여 『심경』에는 '심통성정'이라는 말이 직접 등장하지 않지만, 도심과 인심이 종국에는 성정으로 이어지고 심과 성정의 관계는 '심통성정'으로 발전하였기 때문에 『심경』의 심의 구조와 성정의 기능 및 성정의 관계는 결국 '심통성정'이라는 한마디로 나타낼 수 있다.

정이는 '인심도심'을 해석하여 인심을 인욕으로, 도심을 천리로 이해했다.[4] 주희도 처음에는 정이의 이런 해석을 옳게 여겼는데, 이에 대해 이황은 「심경후론心經後論」에서 인심을 인욕으로, 도심을 천리로 이해한 주희의 해석이 그의 초기설에 해당한다고 언급한 바 있다.[5] 나중에 주희는 만년의 저술에 해당하는 「중용장구서」에서 마음의 허령지각虛靈知覺은 하나이되, 지각의 근원을 어디에 두었느냐에 따라 도심으로 발현하기도 하고 인심으로 발현하기도 한다고 밝혔다.[6]

『서경』의 '인심도심'이 성性의 개념으로 발전하고 마침내 이理의 지위를 획득하게 된 중간 과정에 『중용』이 있다. 『서경』과 『중용』의 결합 과정에는 먼저 주돈이가 등장한다. 『심경』에서 조치도는 주돈이의 말을 언급하면서 다음과 같이 해석했다. 이는 『심경』의 심에 관한 여러 학설을 종합한 것인데, 주희도 조치도의 이런 견해를 옳다고 인정했으므로 조치도의 발언을 자세히 살펴볼 필요가 있다.

> "주자周子가 말씀하기를 '성誠은 작위가 없고 기미幾微에 따라 선악으로 나뉜다'라고 했으니, 이는 인심이 아직 발하지 않았을 때의 체를 밝히고 아직 발하지 않았을 때의 단서를 가리킨 것입니다. 이는 배우는 자들이 생각이 싹터서 움직이는 은미한 곳에서 살피기를 지극히 하여 결정하고 선택하여 취사할 바를 알게 하여 본심의 체를 잃지 않게 하고자 하였습니다. 그런데 혹자는 이를 의심하여 '[천리와 인욕이]체는 같으나 용은 다르다'[7]라는 호굉

---

4 『心經附註』, 「人心道心章」, "問, 人心道心, 伊川說天理人欲便是. 曰, 固是."
5 李滉, 『退溪先生文集』 권41, 雜著, 「心境後論」. 이 글에서 이황은 『朱子大全』 『答李叔京書』에서 확인할 수 있다고 했다.
6 『心經附註』, 「人心道心章」, "朱子曰, 心之虛靈知覺, 一而已矣, 而以爲有人心道心之異者, 則以其或生於形氣之私, 或原於性命之正, 而所以爲知覺者不同."

胡宏의 말과 유사하다고 여기므로 마침내 망령되이 마음대로 헤아려서 다음과 같이 그림으로 만들었습니다. 선과 악이 비록 상대가 되나 손님과 주인으로 나누어야 하고, 천리와 인욕이 비록 갈래를 나누나 적통인지 서얼인지 살펴야 합니다. 성誠이 동動함으로부터 선으로 가면 나무가 뿌리에서 줄기에 이르고, 줄기에서 끝에 이르러 상하가 서로 통함과 같으니, 이는 도심의 발현이요 천리의 유행이니, 이는 마음의 본래 주인이고 성의 적통입니다. 혹 옆에서 나와 꽃이 피고 곁에서 빼어나 기생하는 겨우살이나 사마귀와 혹과 같은 것은 이것도 비록 성이 동한 것이기는 하나 인심의 발현이요 사욕의 유행이니, 이른바 악이라는 것입니다. 이는 마음에 고유한 것이 아니고 붙어사는 손님이며, 성誠의 적통이 아니고 서얼입니다. 만일 빨리 분별하고 정밀하게 선택하지 않으면 손이 주인을 업신여기고 서얼이 종자를 대신할 것입니다. 배우는 자가 마음이 싹터 움직이는 기미의 순간에 발한 바의 향배를 살펴서, 곧게 나온 것은 천리가 되고 삐딱하게 나온 것은 인욕이 되며 곧게 나온 것은 선이 되고 삐딱하게 나온 것은 악이 됨을 알아서, 곧게 나온 것은 인도하고 삐딱하게 나온 것은 끊어버려 공력이 이미 지극하면 이 마음의 발함이 자연 한 길에서 나와 천명을 보유하게 될 것입니다. 여기에서 아직 발하기 전에는 선만 있고 악이 없음을 볼 수 있으니, 정자의 이른바 '성性 가운데에 원래 선악 두 가지가 상대하여 생기는 것이 아니다'라는 것은 이것을 이름입니다. 만약 선악을 동서가 마주하고 피차가 버티고 서 있는 것처럼 여긴다면 이는 천리와 인욕이 함께 한 근원에서 나와 아직 발하기 전에 이미 두 가지 단서를 갖추고 있는 것이니, 이른바 '천명지성天命之性'이라는 것도 또한 매우 더럽고 잡될 것입니다. 이것이 바로 호씨의 '체는 같으나 용은 다르다'라는 말입니다."

주희가 말하기를 "맞다."라고 하였다.[8]

---

7 胡宏, 『知言』, "天理人欲同體異用."
8 『心經附註』, 「誠意章」, "趙致道問於朱子曰, 周子云, 誠無爲, 幾善惡, 此明人心未發之體而指已發之端. 蓋欲學者, 致察於萌動之微, 知所決擇而去取之, 以不失乎本心之體而已, 或疑之, 以謂有

위 조치도의 발언은 「중용장구서」에서 주희가 한 발언의 요지와 거의 같다. 「중용장구서」에서 주희는 마음의 허령지각은 하나이지만, 인심과 도심의 다름이 있는 것은 인심은 형기의 사사로움에서 생기고, 도심은 성명의 바름에 근원하여 지각하는 바가 같지 않기 때문에 인심은 위태해서 편안하지 못하고 도심은 미묘하여 보기 어려운데, 다만 사람은 누구나 형체를 갖고 있기 때문에 상지上智라도 인심이 없을 수 없고 또한 누구나 성성을 갖고 있기 때문에 하우下愚라도 도심이 없을 수 없다고 했다.[9]

조치도의 위 발언은 몇 가지 점에서 매우 흥미로운 사실을 보여준다. 먼저 조치도가 인용한 주돈이의 '성무위기선악誠無爲幾善惡'이란 발언의 성誠과 기幾라는 용어의 쓰임새이다. 여기서 '성'이란 말은 마음의 작용을 가리키는 게 아니고 마음의 체를 가리키는 것으로 보인다. 따라서 성정性情의 '성'으로 보아야 한다. '기'는 마음이 막 발하려고 하는 찰나, 선과 악으로 나누어지는 기미를 가리키는 것으로 보인다. 따라서 정으로 막 발하려고 하는 찰나와 같은 의미를 지닌다. 주돈이가 말한 기幾라는 용어가 성이 정으로 드러나는 과정의 중간 단계 역할을 한 셈이다.

그다음 눈여겨볼 대목은 호굉의 '[천리와 인욕은]체는 같으나 용이 다르

---

類於胡子同體異用之云者, 遂妄以意, 揣量爲圖, 如后. 善惡雖相對, 當分賓主, 天理人欲, 雖分派, 必省宗孼, 自誠之動而之善, 則如木之自本而榦, 自榦而末, 上下相達者, 則道心之發見, 天理之流行, 此心之本主而誠之正宗也. 其或旁榮側秀, 若寄生疣贅者, 此雖亦誠之動, 則人心之發見, 私欲之流行, 所謂惡也, 非心之固有, 蓋客寓也, 非誠之正宗, 蓋庶孼也. 苟辨之不早, 擇之不精, 則客或乘主, 孼或代宗矣. 學者能於萌動幾微之間, 察其所發向背, 凡直出者爲天理, 旁出者爲人欲, 直出者爲善, 旁出者爲惡, 而於直出者, 利道之, 旁出者, 遏絶之, 功力旣至, 則此心之發, 自然出於一途 而保有天命矣. 於此, 可見未發之前, 有善無惡, 而程子所謂不是性中, 元有此兩端, 相對而生者, 蓋謂此也. 若以善惡爲東西相對, 彼此角立, 則是天理人欲, 同出一原, 未發之前, 已具兩端, 所謂天命之性, 亦甚汙雜矣. 此胡氏同體異用之說也, 朱子曰, 得之."

[9] 『中庸』, 「中庸章句序」, "心之虛靈知覺一而已矣. 而以爲有人心道心之異者, 則以其或生於形氣之私, 或原於性命之正, 而所以爲知覺者不同. 是以或危殆而不安, 或微妙而難見耳. 然人莫不有是形, 故雖上智, 不能無人心, 亦莫不有是性, 故雖下愚, 不能無道心."

다'라는 부분이다. 천리와 인욕이 비록 용에서는 구분되지만, 체의 위치에서는 같다고 본 것이다. 체란 곧 성性을 가리키고 용이란 정情을 가리키므로 성의 위치에서 보면 천리와 인욕으로, 다시 말해 선악으로 구분할 수 없다는 말이기도 하다.

세 번째 흥미로운 부분은 천리를 주인이자 적통으로, 이에 비해 인욕을 나그네이자 서얼로 보았다는 점이다. 즉 인간의 마음에서 천리가 주인이고 적통인 반면 인욕은 나그네이자 서얼이 된다. 원문의 '정종'은 불교에서 적통을 뜻하므로 서얼은 방계가 된다. 적통과 방계, 주인과 나그네라는 비유를 통해 조치도가 말한 의도는 먹고 마시고 잠자는 따위의 생리적 욕구도 인간의 본성이기는 하나 그것은 한낱 방계에 지나지 않고 중심되는 본원은 오로지 천리에 있음을 드러낸 것이다.

주희가 중용의 문구를 인용하여 "자사는 먼저 도의 본원이 하늘에서 나와서 바꿀 수 없으며 그 체는 자기 몸에 갖추어져 떨어질 수 없음을 밝혔다."[10]라고 하여 성性이 바로 이理임을 명시했다면, 조치도는 주돈이가 말한 성誠이란 개념을 인심이 아직 발하지 않았을 때의 본체로 봄으로써 주돈이의 '성誠'을 주희의 '성性'과 같은 미발의 의미로 해석하고 있음을 알 수 있다. 성誠이나 성性이 미발 상태를 가리킨다면 이발 상태를 가리키는 개념은 정情이 부여받게 된다.

이理가 형체에 부여된 이후를 가리켜 성性이라고 하므로, 성은 이理 일변만 가리키는 말과 이기理氣를 겸하여 가리키는 말로 구분할 수 있다. 장재는 전자를 천지지성天地之性, 후자를 기질지성氣質之性으로 지칭했는데,[11] 이후 주

---

10    『心經附註』, 「天命之謂性章」, "朱子曰, 子思首明道之本原, 出於天而不可易, 其實體, 備於己而不可離."
11    張載, 『正蒙·誠明』, "形而後有氣質之性, 善反之則天地之性存焉."

희는 전자를 본연지성本然之性이란 개념으로 재정리했다. 따라서 본연지성과 기질지성을 둘로 구분했다고 해서 성 자체가 둘인 것은 아니다. 한편 주희는 제자의 물음에 답하면서 『논어』에서 공자가 말한 '성은 서로 가깝다'란 말을 기질지성이라고 못 박으면서 만약에 본연지성이라면 모든 개아가 동일해야 하므로 비슷하다는 말이 통용될 수 없다는 취지의 발언을 했다.[12]

본연지성은 이理 자체를 가리키는 용어이므로 특성상 중中이면서 선善이다. 또한 그 자체로는 운동성을 지니지 않으므로 정靜이다. 아울러 모든 개아가 똑같이 부여받기 때문에 동일하다. 이에 비해 기질지성은 개아가 부여받은 형기의 청탁에 따라 달라진다. 형기의 청탁으로 인해 본연지성은 온전해질 수 없게 되었지만, 형기 덕분에 개아는 의지와 작용력을 행사할 수 있는 정신적 기능인 심을 지닐 수 있게 되었다. 신체를 통해 적극적 활동을 펼칠 수 있게 된 심의 활동 결과가 정情이 되므로 심은 이제 이理에 해당하는 성性과 형기적 결과물인 정을 통어할 수 있게 됨으로써 마침내 '심통성정心統性情'의 단계에 이른다.

그렇다면 '심통성정'의 '통'은 어떤 의미일까? '통'의 사전적 의미는 크게 두 가지로 나눌 수 있는데, 하나는 '묶다, 합하다'라는 의미이고 다른 하나는 '통솔하다, 다스리다'라는 의미이다. 전자의 의미로 해석한다면 '심통성정'은 '심이 성과 정을 겸한다'라는 뜻이 되고, 후자의 의미로 해석한다면 '심이 성과 정을 주재한다'라는 의미가 된다. 실제 주희는 이 두 가지 의미 모두로 해석했다.[13]

다만 심이 성과 정을 주재한다고 하면 이치상 모순에 봉착하게 될 수도

---

12  『朱子語類』 권47, 論語 29, 「性相近章」, "性相近, 以氣質言. 性善, 以理言.", "問 性相近, 是本然之性, 氣質之性? 曰, 是氣質之性. 本然之性一般, 無相近."
13  위의 책, 권98, 「張子之書」 1, "心統性情, 統猶兼也.", "問, 心統性情, 統如何? 曰, 統是主宰, 如統百萬軍. 心是渾然底物, 性是有此理, 情是動處."

있다. 심에 부여된 이理가 성인데, 심이 성을 주재한다고 하면 심 밖에 또 다른 성을 상정한 것처럼 비춰질 수 있기 때문이다. 따라서 엄밀히 말하면 성은 심에 부여된 이치이므로 심이 주재하는 것은 바로 정이 되어야 한다. 미발의 상태에서는 주재하는 심이 끼어들 여지가 없다. 이발의 상황에 닥쳤을 때 심은 하늘이 명한 성의 바름을 따를 것인지 형기의 사사로움을 따를 것인지 결단해야 하는데, '심통성정'이라는 말은 대개 이런 경우를 의미하는 것으로 쓰인다. 마음이 어느 쪽을 따를 것인지 주재하여 성의 바름을 따라서 발현한 정의 결과는 도심의 형태로 나타나게 될 것이고 형기의 사사로움을 따라서 발현한 정은 위태로운 인심이 되거나 욕심의 형태로 나타나게 될 것이다.

### 2) 『대승기신론』의 심 구조

『기신론』에 드러난 심의 구조는 매우 복잡하다. 불교 이론이 발달하는 과정에서 나온 온갖 용어들이 결합되어 있기 때문이기도 하고, 심의 구조에 대한 언급 자체가 복잡하기 때문이기도 하다. 『기신론』에서 심은 중생심, 일심, 의意, 알라야식, 여래장, 생멸심, 능견상能見相, 전식轉識, 말나식, 의식意識 등 참으로 다양하게 표현된다. 그러므로 『기신론』의 심의 구조에 대한 분석은 이들 용어 사이의 관계를 드러내는 일이기도 하다.

먼저 『기신론』의 입의분立義分은 『기신론』 전체의 종지를 밝힘과 동시에 『기신론』의 심의 구조를 총괄해서 보여준다.

> 법이라고 말한 것은 중생심을 이르니, 이 마음이 곧 일체 세간법과 출세간법을 포섭하고 이 마음에 의거해서 대승의 의義를 드러낸다. 어째서인가?

이 마음의 진여상이 바로 대승의 체를 보이는 까닭이요, 이 마음의 생멸인연상이 대승 자체의 상과 용을 보이는 까닭이다. 의라고 한 것은 세 종류가 있으니 무엇이 셋인가? 첫째는 체대이니, 일체법이 진여로서 평등하여 늘거나 줄지 않는 까닭이다. 둘째는 상대이니, 여래장이 다함 없는 성공덕을 갖추었기 때문이다. 셋째는 용대이니, 일체 세간과 출세간의 선한 인과를 잘 만들기 때문이다. 일체 모든 부처가 본래 타던 바이고, 일체 보살도 모두 이 법을 타고 여래지에 도달하기 때문이다.[14]

  중생심이 일체 세간법은 물론이고 출세간법까지 포섭한다는 것은 세간과 출세간의 모든 일이 중생심의 여하에 달려 있음을 표명한 것이다. 다시 말해 깨닫지 못한 세계와 깨달은 세계 어디에 놓일지를 결정하는 주체가 중생심이며, 중생심이 이런 일을 할 수 있는 것은 중생심이 체·상·용 삼대의 속성을 지니고 있기 때문에 가능하다고 본 것이다. 그러나 원래 놓여 있던 중생의 자리가 어디였든, 궁극에 이르러 본각에 도달하면 중생이 곧 부처가 되어 중생과 부처가 둘이 아니게 된다.

  해석분에 이르면 입의분의 중생심은 일심으로, 진여상과 생멸인연상은 심진여문과 심생멸문의 두 문으로 바뀌어 나타난다. 중생심이 일심으로 바뀌고, 진여상과 생멸인연상이 진여문과 심생멸문으로 바뀌어 나타나면서 『기신론』의 핵심이라 볼 수 있는 일심의 이문二門 구조가 명확해진다.

---

14  『起信論』, "所言法者, 謂衆生心, 是心則攝一切世間法出世間法, 依於此心, 顯示摩訶衍義. 何以故. 是心眞如相, 卽示摩訶衍體故, 是心生滅因緣相, 能示摩訶衍自體相用故. 所言義者, 則有三種, 云何爲三. 一者體大, 謂一切法, 眞如平等, 不增減故. 二者相大, 謂如來藏, 具足無量性功德故. 三者用大, 能生一切世間出世間善因果故. 一切諸佛, 本所乘故, 一切菩薩, 皆乘此法, 到如來地故."

(가)

　심진여란 바로 일법계 중의 대총상법문체이니 이른바 심성이 생기지도 없어지지도 않는다. 일체 제법이 망념에 의거하여 차별이 있어서 만약 심념에서 벗어나기만 하면 일체 경계의 상이 없어진다. 이러므로 일체법이 본래부터 언어를 벗어나고 개념을 벗어나며 마음으로 반연함을 벗어나서 필경에는 평등하여 변하거나 달라짐이 없고 파괴할 수 없어서 오직 일심일 뿐이니, 그래서 진여라고 이름한다.[15]

(나)

　심생멸이란 여래장에 의하므로 생멸심이 있는 것이니 이른바 불생불멸이 생멸과 화합하여 같은 것도 아니고 다른 것도 아닌 것을 이름하여 알라야[16]식 이라고 하는 것이다.[17]

　(가)의 인용문은 일심의 진여문 측면을 표명한 부분이다. 진여 자체의 속성을 나타낸 것이기 때문에 '대총상법문체大總相法門體'라고 했다. '심진여'가 생하지도 멸하지도 않는다는 것은 진여가 개아에게 부여된 속성이자 개아가 도달한 궁극의 정신적 경지임을 의미한다. 개아가 존재하는 한 개아에게 부여된 진여도 존재할 것이며, 진여라는 측면에서 보면 A에게 주어진 진여나 B에게 주어진 진여가 다를 수 없으며, A와 B가 똑같이 부처의 경지에 이르렀다면 A와 B의 진여의 속성이 다를 수도 없다. 이것이 진여가 평등하다는

---

15　위의 책, "心眞如者, 卽是一法界大總相法門體, 所謂心性, 不生不滅. 一切諸法, 唯依妄念而有差別, 若離妄念, 則無一切境界之相. 是故一切法, 從本已來, 離言說相, 離名字相, 離心緣相, 畢竟平等, 無有變異, 不可破壞, 唯是一心, 故名眞如."
16　진제 한역 『起信論』에서는 '阿黎耶'라고 되어 있으나 용어의 통일을 위하여 원어 'ālaya'의 발음에 가까운 '알라야'로 통일해서 쓰기로 한다.
17　위의 책, "心生滅者, 依如來藏故, 有生滅心, 所謂不生不滅, 與生滅和合, 非一非異, 名爲阿黎耶識."

의미이다.

(나)의 인용문은 일심의 생멸문 측면을 표명한 부분이다. '심생멸'이 여래장에 의한다는 것은 진여가 무명에 물들어 생멸하는 존재로 연기하게 되더라도 생멸하는 존재 안에는 여래가 될 가능성이 태생적으로 구비되어 있음을 의미한다. 여래장을 구비한 채 생멸하는 존재로 연기한 상태를 알라야식이라 함으로써 기존에는 막연하던 연기의 주체를 알라야식으로 구체화했다.

알라야식 자체는 심진여문이 아니고 심생멸문에 속하지만, 심생멸문에 속하는 알라야식도 각과 불각의 두 가지 뜻을 모두 포함한다.

> 이른바 각의 뜻은 마음의 본체가 망념을 여읜 것을 말한다. 망념을 여읜 모습은 허공계虛空界와 동등하며, 두루 하지 않은 곳이 없어 법계 그대로인 한 모습인지라 이것이 곧 여래의 평등한 법신法身이니 이 법신에 의하여 본각本覺이라 한다.[18]
>
> 이른바 불각의 뜻은 진여법이 하나임을 여실히 알지 못하여 불각심不覺心이 일어나서 생각이 있게 되었으나 생각은 제 모습이 없는 것이어서 본각을 여의지 않는다.[19]

알라야식에 각과 불각의 두 측면이 있다는 것은 알라야식이 깨달음의 상태로 나아갈지 염오의 세상을 계속 윤회할지 결정하는 연기의 주체임을 보여준다. 알라야식이 생겨난 근본적 원인이 무명으로 인한 업이기 때문에 불각의 모습을 지니지만, 알라야식 자체에 진여에 해당하는 무루종자 내지, 여래장이 본원적으로 구비되어 있는 데다가 염오의 모습 자체 또한 본원적 모습

---

18  위의 책, "所言覺義者, 謂心體離念, 離念相者, 等虛空界, 無所不徧, 法界一相, 卽是如來平等法身, 依此法身, 說名本覺."
19  위의 책, "所言不覺義者, 謂不如實知眞如法一故 不覺心起而有其念, 念無自相, 不離本覺."

이 아니라 진여가 무명에 의해 가려진 것에 불과한 부대적인 것이므로 본각을 여의지 않는다고 한 것이다.

그렇다면 심진여문과 심생멸문의 관계는 어떠한가?

> 이와 같이 중생들의 자성 청정한 마음이 무명이라는 바람으로 인해 움직이나 마음과 무명이 모두가 형상이 없어 서로 여의지 않으나 마음은 움직이는 성품이 아니니 만일 무명이 멸하면 상속심相續心도 멸하지만 지혜의 성품은 멸하지 않기 때문이다.[20]

이 관계를 『기신론』에서는 바다와 파도에 비유하여 잔잔하던 바다에 무명이라는 바람이 불어 파도가 일어난 것으로 표현하면서 바다와 파도의 관계처럼 두 문이 서로 떠나지 않는다고 함으로써 둘이 다르지만 둘이 분리될 수는 없는 관계임을 분명히 했다. 위 인용문의 상속심은 연기하는 알라야식을 가리키는 것으로 제7말나식에 의해 망념이 계속 유지되는 상속념과는 다르다. 무명이라는 바람이 사라지면 파도라는 상속심도 사라지지만 바다라는 진여 자체는 사라지지 않는다. A라는 개아의 무명이 멸하면 A의 상속심인 알라야식도 멸하지만 무명이 멸해 알라야식이 멸했다고 해서 진여 자체가 사라지지는 않는데, 진여 자체를 위 인용문에서는 지혜의 성품이라고 표현했다.

『기신론』은 유식학파가 제기한 식의 전변설轉變說을 그대로 차용하여 일심의 심생멸문을 오의五意와 의식意識, 또는 삼세육추상三細六麤相의 개념으로 정립했다. 오의와 의식으로는 알라야식의 삼중三重 전변 과정을 통해 이 세상이 펼쳐지는 생멸인연의 전개를 보여준다면, 삼세육추상의 개념으로는 이미

---

20  위의 책, "如是衆生, 自性淸淨心, 因無明風動, 心與無明, 俱無形相, 不相捨離而心非動性, 若無明滅, 相續則滅, 智性不壞故."

생기한 8식의 구체적 의식 활동을 통해서 선업과 악업을 쌓아가는 생멸의 모습을 간결하게 보여준다.[21]

　삼세육추상을 중심으로 심생멸문의 양상을 간략하게 살펴보면, 삼세상은 알라야식의 활동과 관계되며 이는 무명업상과 능견상, 경계상이라 불린다. 그런데 『기신론』에는 이들 삼세상의 의식 상태가 어떠한지에 대해서는 구체적 설명이 없는데, 그것은 삼세상이 우리가 보통 의식 활동이라고 부르는 정신 작용을 뛰어넘는 과정이기 때문이다. 다시 말해 우리가 의식이라고 부르는 뇌의 활동 이전의 불교 특유의 윤회 연기 과정과 관계되는 것이기 때문이다.

　다음 육추상은 제7말나식과 전6식의 심 활동과 관련된다. 제7말나식에 의해 개아는 '나'라는 자아의식을 갖게 된다. 자아의식을 갖게 되면서 동시에 '나'와 '나 아닌 것'을 구별하여 '나 아닌 것'을 대상으로 구분하고 대상에 대해 고苦와 락樂, 또는 비고비락非苦非樂의 감수 작용을 일으키는데, 이것이 지상智相이다. 지상으로 인해 대상에 대한 고와 락, 비고비락의 감수 작용이 일관되게 지속되는데, 이것이 상속상相續相이다. 상속상으로 인해 마침내 대상에 집착하는 집취상執取相이 생기고 집취상으로 인해 대상을 직접 지각하지 않았을 때조차 표상으로 떠올릴 수 있는 계명자상計名字相이 형성되며 계명자상의 지속적인 작용은 좋아하는 것에 집착하고, 집착을 넘어 좋아하는 것을 쟁취하기 위해 좋지 않은 행동으로 이어지기도 하는데, 이것이 기업상起業相이다. 기업상이 형성되면서 이것이 지속되면 이는 마침내 중생을 업에 구속되게 하는 업계고상業繫苦相으로 이어진다. 업계고상에 의해 중생심은

---

21　『기신론』에서는 五意와 意識, 三細相과 六麤相, 生住異滅의 四相 등 참으로 다양한 개념을 통해 심의 구조와 활동을 표현하고 있다. 五意 중의 業識, 轉識, 現識 세 가지와 三細相에 해당하는 無明業相, 能見相, 境界相, 그리고 生住異滅 四相 중의 生相에 해당하는 業相, 轉相, 現相은 결국 같은 것을 다른 관점에서 가리킨 것으로 볼 수 있다.

다시 삼계三界와 육취六聚 중 어디에 윤회하게 된다.

정리하자면 『기신론』이 보여주는 심의 구조는 심진여문과 심생멸문의 두 문을 모두 포괄한다. 심생멸문에 해당하는 알라야식 또한 각과 불각의 두 가지 성격을 모두 지니고 있다. 또한 심생멸문으로서 알라야식은 제7말나식과 제6의식으로 전변하므로 심의 기능은 여덟 가지가 있는 셈이 된다. 그중 제8알라야식은 기억을 간직하고 생명을 유지하며 심신을 통합하는 기저 기능을 하고, 제7말나식은 자아의식을 형성한다. 제6의식은 감각을 총괄하여 판별하는 기능을 하며, 전5식은 다섯 가지 감각기관에 대응하는 감각 기능을 갖는다.

### 3) 『심경부주』와 『대승기신론』 심 구조의 이론적 동이점同異點

『심경』과 『기신론』은 이 세상을 관통하는 진리가 무엇인지에 대해 한쪽은 이理로 보고 한쪽은 연기법緣起法으로 본다. 『심경』에서는 이理가 바로 진리이고 인간 누구나 타고난 본성이자 덕성이 된다. 불교에서는 연기법이 진리이고 존재의 실상이 된다. 그리하여 진리의 실제 내용면에서는 현격한 차이를 보이지만 형식적인 구조 측면에서는 매우 유사하다.

우선 『심경』과 『기신론』은 모두 하나의 마음에 두 가지 상반된 성격을 부여하지만, 마음 자체에 둘이 있다고 보지는 않는다. 마음은 하나인데, 『심경』의 경우 형기形氣를 따르는 마음과 천리天理를 따르는 마음의 두 가지 모습이 있다. 『기신론』의 경우에도 일심이 심진여문과 심생멸문의 두 측면을 지니고 있고, 심생멸문에 속하는 알라야식 또한 진과 망의 두 가지 측면을 지니고 있다. 『심경』의 경우 마음의 본체인 성은 본연지성과 기질지성으로 나뉘는데, 이는 『기신론』에서 일심에 진여문과 생멸문의 두 문이 있다고 보는 방식과 흡사하다. 본연지성으로서 이理가 진여문 내의 진여에 해당한다면 기질지성 안의 인의예지는 생멸문 내의 진여인 성정본각性淨本覺이나 수염본각隨染本覺에 해당하며, 기질지성 안의 기욕嗜欲은 생멸문 내의 말나식이나 제6의식의 작용과 비슷한 양상을 지닌다. 이理인 성의 측면에서 볼 때 성인이나 범인이나 동일하듯이 진여의 체성體性에서 볼 때 부처와 모든 중생이 동등하다고 보는 견해도 동일하다.

『심경』과 『기신론』은 선한 본성의 내재성을 주장한다는 면에서도 동일하다. 진여심과 본연지성은 도달하고자 하는 목적이자 동시에 그것을 가능하게 하는 근거로서 내재되어 있다는 점에서 공통된다. 『심경』의 경우 선한 마음이 주인이고 적통이며 악한 마음은 객이고 방계에 불과하다고 말한다. 선한 마음이 악한 마음에 비해 근원적이고 본원적임을 주장한 것이다. 이 점은 『기신론』도 같다. 자성청정한 진여가 마음의 본래 모습이며 오염된 마음은 무명에 진여가 가리워져 나타난 양상일 뿐이다. 즉 악의 생성은 무명이나 기욕에 근거하여 나타나게 된 현상일 뿐 양쪽 모두 선한 마음이 본래적이라는 것이다.

선한 본성을 근원적인 것으로 보는 이유도 비슷하다. 『기신론』의 명색名色과 『심경』의 형기形氣는 특정 공간을 점유하는 신체로서 개별성을 띠지만, 진여와 성은 모든 존재에 편재하는 보편성을 지니는데, 바로 이 보편성을 개별성에 비해 근원적인 것으로 보고 있다. 심생멸문 바깥에 따로 진여문이 존재하지 않듯이 현실 세계와 분리되어 본연지성이 따로 존재하지 않는다는 점에서도 둘은 일치한다. 『심경』과 『기신론』 모두 현실 세계에 난무하는 악을 제거하여 바람직한 상태로 되돌리고자 하는 필요성에서 선한 본성의 내재성을 주장하는 것으로 보이는데, 이것이 『심경』의 경우 본연지성의 개념으로 드러났다면 『기신론』에서는 진여문의 개념으로 나타났다.

『심경』과 『기신론』은 모두 모든 사람이 똑같이 선한 본성을 지니고 태어나는데, 왜 현실의 사람들은 차등의 모습을 보이는가에 대한 설명 방식도 유사하다. 『심경』에서는 사람들의 기욕嗜欲이 다르기 때문으로 본다.[22] 성은 똑같지만 기욕의 차이에 따라 천차만별의 모습을 지니게 된다. 『기신론』의 경우에도 마찬가지이다. 중생의 근기根機가 얕아서 번뇌가 두터우면 부처를 만나더라도 윤회에서 벗어나지 못한다.[23] 진여는 본래 하나여서 모두에게 평등하지만, 중생 각자의 근기나 무명의 깊이에 따라 다르게 나타난다고 본 것이다.

이상으로 『심경』과 『기신론』이 심의 구조적 측면에서 매우 유사함을 살펴보았다. 다음은 『심경』과 『기신론』이 심의 구조적 측면에서 어떤 차이를 보이는지 살펴보자.

『심경』과 『기신론』은 심의 형식적 구조를 바라보는 관점이 매우 유사하지만, 유학과 불교의 근본 차이에서 비롯된 차이점 또한 뚜렷하다. 『심경』과 『기신론』의 차이점은 일단 심의 의미가 다르다는 데 있다. 『심경』의 경우 심은 심신 이원 구조 내에서 몸에 대한 정신적 차원으로서만 심이라는 개념을 사용하고 있다. 이때 심은 의지와 사유를 통어하는 기관이자 인격 수양의 주체로서 역할을 한다. 그런데 『기신론』의 심은 이런 기능 이상의 독특한 개념을 보여준다. 물론 이는 불교적 사유의 특징에서 비롯한다. 『기신론』은 심의 의미 안에 알라야식의 의미를 포함한다. 이 알라야식이 불교의 연기론적 사유를 보여주는 핵심 개념이다. 알라야식이라는 개념은 업의 연기를 통해 생기해 나간다는 존재론적 측면을 지닌다. 그리하여 『기신론』에서 심의

---

22 『心經附註』, 「養心章」, "程子曰, 人於天理昏者, 只爲嗜欲亂著他."
23 『起信論』, "若有衆生善根微少, 久遠以來煩惱深厚. 雖値於佛亦得供養, 然起人天種子, 或起二乘種子."

한 측면인 알라야식은 독특한 윤회 연기의 주체로 설정되어 비록 자성청정의 진여 본성도 함께 부여받고 태어나기는 하지만, 알라야식에 내재된 과거 업장의 결과가 현재의 심 활동에도 영향력을 미치게 된다. 이는 『심경』과 『기신론』의 차이라기보다 유학과 불교의 근본적 차이와 관련되는 부분이다.

두 번째 『심경』과 『기신론』의 심 구조의 차이는 『심경』에 비해 『기신론』의 심의 활동이 매우 세분되어 있다는 점이다. 『심경』에서는 심의 활동을 허령지각과 주재의 기능[24]으로 설명한다. 이에 비해 『기신론』은 심의 활동을 세분화하여 일심의 심생멸문을 오의五意와 의식意識, 또는 삼세상三細相육추상六麤相으로 구분했다. 오의와 의식이 알라야식의 삼중三重 전변을 통한 생기적生起的 측면을 보여준다면 삼세상과 육추상은 이들 식의 오염된 활동으로 펼쳐지는 현실 세계의 전개를 보여준다. 다시 말해 『심경』이 하나의 심의 두 가지 기능으로 본 것을 『기신론』은 크게는 세 가지,[25] 작게는 여덟 가지[26] 식으로 구분했고, 삼세육추상을 통해 이들 여덟 가지 식이 각각 자신만의 기능을 갖는 것으로 본 것이다.

심의 구조와 관련한 세 번째 차이점은 심의 본체로서 이理와 진여에 구체적 내용이 있느냐 없느냐 하는 점이다. 『심경』에서 이理는 구체적 내용을 지니는 것으로 전제된다. 성이 바로 이理이므로 성도 따라서 구체적 내용을 담고 있다. 『심경』에서 성의 구체적 내용으로 제시한 개념이 바로 인의예지이다. 이에 비해 『기신론』을 포함한 모든 불교 사상에서 사용하는 진여라는

---

24 『心經附註』, 「人心道心章」, "朱子曰, 心之虛靈知覺, 一而已矣."; 『心經附註』, 「牛山之木章」, "朱子答石子重書曰, … 此心瑩然, 全無私意, 是則寂然不動之本體. 其順理而起, 順理而滅, 斯乃所以感而遂通天下之故者云爾.". 안유경도 심의 기능을 허령지각과 주재의 두 기능으로 설명했다.(안유경, 위의 논문, 289-291쪽.)
25 제8알라야식, 제7말나식, 제6의식의 세 가지이다.
26 제8알라야식, 제7말나식, 제6의식, 전5식을 모두 합하면 8가지 식이다. 알라야식을 업식, 전식, 현식으로 나누고 제9아마라식을 설정하여 11식으로 구분하기도 한다.

용어에는 구체적 이치의 내용이 담겨 있지 않다. 도리어 진여를 어떤 개념에 담아 표현하는 것을 적극 거부한다. 진여는 오직 모든 존재자의 존재 실상 그 자체를 가리켜 표현한 말이거나 존재의 실상을 온몸으로 체현하여 깨달은 자, 또는 깨달은 이의 시각에서 바라본, 있는 그대로의 실상을 나타내는 말일 뿐이다. 따라서 거기에는 구체적 개념으로 표현할 수 있는 내용은 없다.

## 3. 『심경부주』와 『대승기신론』의 수양론

### 1) 『심경부주』의 수양론

『심경』의 수양론에 대해 이 글에서는 다음 세 가지로 압축하고자 하는데, 바로 경敬과 도문학道問學, 존양存養이다.[27]

먼저 경에 대해 살펴보자. 경이 신유학에서 수양의 핵심 개념으로 자리잡기 이전에 먼저 수양의 방법으로 제시된 것이 '정좌靜坐'였다. 그런데 '정靜'이라는 용어가 풍기는 불교적 색채나, 실생활과 밀착력을 중시하는 유학의 입장에 비추어 볼 때 너무 정적靜的인 점이 적절하지 않다고 여겼는지, 정이는

---

[27] 김선희는 『심경부주』의 수양 방법으로 '거경법'과 '존천리', '알인욕'을 제시했는데(김선희, 「『심경부주』의 수양론에 관한 연구」, 성균관대학교 유학대학원 석사학위논문, 2001, 19-47쪽 참조.) '알인욕'과 '존천리'가 심경의 주요 수양 방법임은 분명하지만, "천리와 인욕이 상대하여 일분의 인욕이 있으면 곧 일분의 천리가 없어지고 일분의 천리를 지키면 일분의 인욕을 이긴다.[『心經附註』, 「養心章」, "天理與人欲相對, 有一分人欲, 卽滅一分天理, 存一分天理, 卽勝一分人欲."]"는 말에서 엿볼 수 있듯이 '알인욕'을 하게 되면 저절로 '존천리'가 되고 '존천리'를 하게 되면 절로 '알인욕'이 되므로 이 둘이 대대적인 관계에 있는 바로 그 이유로 인해 수행의 방법에서는 이 둘을 따로 다룰 필요가 없어 보인다. 이윤희도 「유가 심성수양법 분류안」에서 '존천리'하게 되면 '알인욕'이 당연히 그것에 포함된다고 보아 이 둘을 택일 관계로 보았다.(이윤희, 「유가 심성수양법 분류안」, 『동양예학』 18, 동양예학회, 2008, 159쪽.)

이를 '경敬'이라는 용어로 대체했다.28 이후 경敬은 신유학에서 매우 중요한 수행의 방법으로 격상되었다. 경敬은 처음 몸의 통제를 거쳐 이루어낸 행동거지의 반듯함을 뜻했다.29 바로 정제엄숙整齊嚴肅을 가리킨다. 행동거지가 반듯해지면 자연히 마음도 몸의 반듯함과 호응을 이룬다. 몸의 통제가 절로 마음의 통제로 이어지는 것이다. 정이가 경敬을 해석하여 '달아나지 않도록 한 곳에 집중하는 것을 경이라 한다'30고 한 이후 경敬은 의지와 정신의 집중과 연계되었다. 산만하여 해이해지거나 여기저기 방향 없이 흐트러지기 쉬운 마음을 거두어들여 한곳에 모이게 하는 것을 두고 경敬이라 표현한 것이다.

그러나 경敬이 외부의 일을 당한 이발시已發時에 그 일에 집중하는 '주일무적主一無適'의 태도만 가리키지는 않는다. 일이 없을 때에도 경敬해야 한다. 일이 없을 때, 즉 미발의 상태에서는 경외하는 마음을 지니고 이 마음이 끊어지지 않게 '계신공구戒愼恐懼'하는 것이 미발시의 경敬이다. 그러므로 경敬은 행동거지를 반듯하게 통제하여 마음도 반듯하게 하려는 신체 활동의 통제에서 시작하여 애초에 삿된 마음이 자라나지 않도록 삼가고 두려워하는 자세로 정신을 맑게 유지하다가 일을 만나게 되면 그 일에 정신적 에너지를 집중할 수 있게 하려는 자세를 가리킨다고 볼 수 있다.

그런데 만일 일을 만나 일에 집중할 힘을 길러 주는 경敬의 자세를 나쁜 일에 쓴다면 어떻게 될까. 선인뿐만 아니라 악인도 충분히 정신적 에너지를 허튼 데 쓰지 않고 자신의 이익이 되는 일에 투입하고자 할 수 있다. 그래서 두 번째 수양 방법으로 도문학道問學이 필요하게 된다. 도문학은 수양보다 학문 연구나 왕도 정치를 도울 실무적 이론을 익히는 공부의 성격이 더 강해

---

28  『朱子語類』 권12, "朱子曰, 程先生所以有功於後學, 最是敬之一字有力."
29  『心經附註』, 「敬齋箴章」, "朱子敬齋箴曰, 正其衣冠, 尊其瞻視. … 守口如甁, 防意如城."
30  위의 책, 「敬以直內章」, "程子曰, 主一之謂敬, 無適之謂一"

보이지만, 『심경』에서는 심성을 보존하고 심성을 함양하기 위한 단계로서 매우 중요하게 거론된다.

(가)

천하 사물의 이치와 서책과 성현의 말씀을 모두 자세하게 반복하고 끝까지 연구해야 한다. 그러나 다잡아 지킴에 이르러서는 오히려 많은 일은 없다.[31]

(나)

문공 선생[32]께서 이에 지知와 행行의 학설을 힘써 주장하여 반드시 먼저 의리를 밝히고 옳고 그름을 변별하여 분명히 한 연후에 그것을 몸소 행하여야 가히 이단의 폐단에 빠지는 것을 면할 수 있다고 하였다.[33]

(다)

주자 중년에, 배우는 이들이 서로 수양하는 공력이 미치지 못해 떨치지 못하는 데 이르고, 선을 가려내는 게 정밀하지 못하여 공허한 이단으로 흐를까 염려하여 도문학에 치중하셨으니, 지금 열 조목을 골라서 붙인다.[34]

(라)

치지致知와 함양의 선후를 물으니, 말하기를 모름지기 먼저 치지하고 난 후에 함양해야 한다고 했다.[35]

---

31 『心經附註』,「尊德性齋銘章」, "答劉公度書曰, 天下事物之理, 方冊聖賢之言, 皆須子細反復究竟. 至於持守, 却無許多事."
32 주희朱熹의 시호가 문공이다.
33 위의 책, 위의 장, "又曰, … 文公先生, 於是, 力主知行之說, 必使先明義理, 別白是非然後, 見之躬行, 可免陷入異端之弊."
34 위의 책, 위의 장, "朱子中歲, 恐學者交修之功不逮, 而至於不振, 且擇善之未精, 而或流於異學之空虛也. 故於道問學爲重, 今摭附凡十條."

위의 인용문을 종합해 볼 때, 도문학은 치지에 도달하기 위한 통로임을 알 수 있다. 묻고 배우지 않으면 수양하는 공부에 진척이 없고 옳음을 선택하는 방책이 정밀하지 못하게 된다. 그리하여 천하 사물의 이치와 서책과 성현의 말씀을 모두 자세하게 반복하고 끝까지 연구해야 할 필요성이 제기된다. 함양하기 전에 치지를 먼저 내세운 것은 방향을 알고 가야 목적지에 도달할 수 있기 때문이다. 자신이 선택한 바가 정도正道인지 이단인지는 물론이고, 의로움인지 이익인지, 공公인지 사私인지를 정확하게 판단할 수 있기 위해서 궁리와 치지가 함양이나 실천에 앞설 수밖에 없다. 과거의 일, 선현의 말씀과 현재 스승의 가르침의 인도를 받아야 하는데, 이것이 바로 도문학이 학술 연구나 실무를 익히는 차원에서뿐만 아니라 수양론에서도 중요해지는 이유이다.

게다가 심성론의 핵심인 성의 구체적 내용 또한 인의예지이다. 무엇이 의義이고 공公인지를 알기 위해서뿐만 아니라 궁구해야 할 이理의 내용 자체에 이미 수양론의 핵심 개념이 포함되어 있다. 다시 말해 『심경』에서 궁구해야 할 이理의 중심 내용이 도덕 수양이라는 점은 『심경』의 도문학이 수양론과 밀접한 관계에 있음을 보여주는 것이다.

다음으로 『심경』 수양론의 세 번째 핵심 개념이라 할 수 있는 존양에 대해 살펴보자. 덕성을 높이는 일, 즉 천리를 보존하는 일은 먼저 하늘이 태어날 때 이미 자신에게 천리를 부여했음을 자각하는 일에서 시작한다. 천리에 해당하는 덕성이 이미 주어져 있다면, 함양은 왜 필요한가? 그것은 인욕의 사사로움 또한 늘 함께하기 때문이다. 주희에 의하면 "[희노애락이]발하기 전 평소에 장중하고 경건한 태도로 함양하는 노력이 있어야 인욕의 사사로움으

---

35   위의 책, 위의 장, "問, 致知涵養先後. 曰, 須先致知後涵養."

로 인한 혼란이 없고, 발했을 때 절도에 맞게 된다."[36]라고 한다. 즉 '보이지 않는 곳에서 경계하고 삼가며 들리지 않는 곳에서 두려워하고 무서워하는'[37] 마음은 마음이 발하기 이전의 평소에 하늘이 부여한 천리를 따르고 이욕을 막으려는 마음을 기르는 함양 공부를 해야 함을 뜻한다.

『심경』은 선한 본성의 내재성을 당연시하지만, 선한 본성의 내재는 반드시 몸 안에 내재할 수밖에 없기 때문에 형기의 구속 또한 피할 수 없다. 그렇기 때문에 미발시에 덕성을 보존하고 마음이 발하려는 찰나에 자신의 마음이 사사로운 이욕利慾으로 흐르려고 하는 것은 아닌지 성찰하여 인욕을 막고 양심을 함양하려는 노력을 기울이는 자세가 필요하게 된 것이다.

비록 초반에는 마음을 들여다보는 힘이 약하기 때문에 스승이나 선각자의 조언과 같은 외부의 힘에 기댈 수 있고, 따라서 천하 사물의 이치와 서책과 성현의 말씀을 부지런히 찾아 읽는 게 도움이 되지만, 결국에는 자기에게 부여된 성性을 믿고 마음의 주재력에 의지하여 자기 스스로 닦을 수밖에 없다. 만년의 주희는 도문학이 해오解悟가 될 수 있을 뿐 그 자체로는 증오證悟가 될 수 없음을 알았다.[38] 게다가 도문학에 대한 강조가 자칫 제자들을 실천 수양에서 멀어지게 하는 폐단이 있음을 깨닫고 죽기 전에 이를 바로잡고자 하는 의도에서 재종제 정윤부가 '도문학'으로 재실의 이름을 지으려 하자 '존덕성'으로 이름을 바꾸기를 권유하면서 「존덕성재명」을 지은 것으로 보인다.[39]

---

36  위의 책, 「天命之謂性章」, "未發之前, 不可尋覓, 已覺之後, 不容安排. 但平日莊敬涵養之功至, 而無人欲之私以亂之, 則其未發也, 鏡明水止, 而其發也, 無不中節矣."
37  위의 책, 위의 장 "戒愼乎其所不睹, 恐懼乎其所不聞."
38  위의 책, 「尊德性齋銘章」, "答黃直卿書曰, 爲學直是先要立本, 文義却可且與說出正意, 令其寬心玩味, 未可便令考校同異, 研究纖密, 恐其意思促迫, 難得長進. … 此是向來定本之誤, 今幸見得, 却須勇革, 不可苟避譏笑, 却誤人也."
39  송희준은 주희 만년의 존덕성과 도문학에 대한 견해와 관련하여 기호학파의 『心經釋疑』는

## 2) 『대승기신론』의 수양론

　『기신론』도 심경과 마찬가지로 개아가 도달해야 할 최고의 도덕적 경지를 설정해 놓고 거기에 이르기 위한 구체적 수양 방법을 제시한 논서이다. 『기신론』이 제시한 구체적 수양 방법은 오문五門이다. 이는 기존 대승불교의 육바라밀과 같다. 육바라밀을 『기신론』에서는 오문[40]이라 일컬었는데, 육바라밀의 반야바라밀과 선정바라밀을 초기 불교 용어인 지관止觀으로 합침으로써 오문이 되었다. 지계, 인욕은 일반인의 수양 방법과는 다소 거리가 있고, 정진은 지관 수행이 깊어짐으로써 도달하는 단계이므로 여기서는 오문 중에 지관문止觀門과 시문施門을 『기신론』의 중요 수양 방법으로 거론하고자 한다. 그리고 『기신론』의 수양론에서 의미 있게 살펴봐야 할 부분으로 수행신심분의 오문 이외에 염정훈습 부분이 있다. 현실 세계의 인간이 어떻게 자신을 훈습시켜 나가느냐에 따라 궁극적으로 최고의 목표점인 깨달음에 도달할 수도 있고, 인간계보다 더 고통스러운 육취에 빠질 수도 있다. 그러므로 수양론과 관련하여 염정훈습 개념을 『기신론』의 중심 개념으로 설정할 수 있다.

　불교에서 지관 수행의 연원은 깊다. 초기 경전인 『장아함경』에도 등장한다.[41] 그러나 지관이 불교 수행의 중심에 등장한 것은 김창일에 의하면 『해심밀경』이 출현한 대승불교 시대 이후이다.[42]

---

　　존덕성보다 도문학을 좀더 중시하여 병진과 병중하는 것을 강조하였고, 퇴계학파의 『心經講錄刊補』에서는 도문학보다 존덕성을 중시한 듯하면서도 양자의 균형을 강조한 것으로 파악하여 조선조 유학자들이 『심경』에 드러나는 주희의 견해에 대해 대체로 도문학과 존덕성의 양날개를 모두 중시한 것으로 파악했다.(송희준, 「『심경』「존덕성재명」장의 존덕성과 도문학에 대한 시비」, 『퇴계학논집』 13, 영남퇴계학연구원, 2013, 75-82쪽 참조.)
40　五門은 시문施門, 계문戒門, 인문忍門, 진문進門, 지관문止觀門으로, 이는 육바라밀의 보시, 지계, 인욕, 정진, 선정, 반야바라밀에 해당한다.
41　『長阿含經』, "如來大智微妙, 獨尊止觀, 具足成就正覺."
42　김창일, 「대승기신론의 수행체계 연구-지관을 중심으로」, 동국대학교 석사학위논문, 2021, 8쪽.

지止를 닦고자 하는 자는 고요한 곳에 머물러 단정히 앉아서 뜻을 바르게 하되 … 잡념을 따라 일어나는 모든 생각을 다 없애며, 없앤다는 생각마저 보내버린다. … 마음이 만약 달아나 흩어지면 곧 거두어들여 정념에 머물러야 하는데, 정념이란 오직 마음 그것만 있고 마음 밖의 경계가 없는 상태임을 알아야 한다.[43]

관觀을 닦아 익히는 이는 마땅히 모든 세간의 유위有爲의 법法이 오래 머무름이 없이 잠깐 동안에 변하여 없어지며, 모든 마음 작용이 생각 생각마다 생멸하기 때문에 이것이 괴로움인 줄 알아야 하며 과거에 생각한 모든 법이 어슴푸레하여 꿈과 같은 줄 알아야 하며 현재 생각하는 모든 법이 번개와 같음을 알아야 하며 미래에 생각할 모든 법이 마치 구름과 같아서 갑자기 일어나는 것임을 알아야 하며 세간의 모든 몸뚱이가 모두 다 깨끗하지 못하고 갖가지로 더러워서 하나도 즐거워할 만한 것이 없음을 보아야 한다.[44]

『기신론』에 의하면 '지止[śamatha]'는 뇌에서 일어나는 온갖 잡다한 생각은 물론 생각에서 놓여나겠다는 생각마저 버리고 오직 깨어있는 마음 그 자체에 집중하는 상태를 의미하는 것으로 보인다. 생각해야 할 일에 정신을 집중하여 일을 잘 처리하기 위해 사유하는 것을 정념이라 한다면, 인간의 뇌는 실제 정념에 집중하는 시간보다 쓸데없는 걱정이나 공상, 온갖 잡념 따위로 의식이 흐르기 십상이다. 망념과 공상과 잡념이 끊임없이 일어나 정신적 에너지를 낭비하는 것은 물론이고 이러한 망념들은 한 걸음 더 나아가 실제로는 있지도 않은 온갖 번뇌를 만들어내는 온상이 될 가능성이 높다. 깨어있는

---

43 『起信論』, "若修止者, 住於靜處, 端坐正意, … 切諸想隨念皆除, 亦遣除想. … 心若馳散, 卽當攝來, 住於正念, 是正念者, 當知唯心, 無外境界."
44 위의 책, "修習觀者, 當觀一切世間有爲之法, 無得久停, 須臾變壞, 一切心行, 念念生滅, 以是故苦. 應觀過去所念諸法, 恍惚如夢, 應觀現在所念諸法, 猶如電光, 應觀未來所念諸法, 猶如於雲, 忽爾而起. 應觀世間一切有身, 悉皆不淨, 種種穢汚, 無一可樂."

정신 이외의 모든 망념에서 벗어나려는 지止 훈련은 정신을 맑게 하여 번뇌에서 벗어나게 도와줄 수 있다. 지止와 함께 일컬어지는 '관觀[vipassanā]'은 세간의 모든 유위법이 무상이고 무아이며 따라서 괴로움이고 부정함을 관찰하여 제법이 공空함을 아는 것이다.

지관 수행 다음으로 『기신론』의 수양론에서 중요하게 다루어져야 할 것이 염정훈습이다. 훈습은 번뇌장煩惱障에서 벗어나 진여에 도달할지 못할지를 결정짓는 오랜 수양의 과정을 가리킨다. 먼저 정법 훈습부터 살펴보자.

(가)

어떻게 훈습하여 정법을 일으켜 단절하지 않는가? 이른바 진여법이 있어서, 무명을 훈습할 수 있으며, 훈습하는 인연의 힘에 의하여 곧 망심으로 하여금 생사의 고통을 싫어하고 열반을 구하기를 좋아하게 한다.[45]

(나)

진여훈습의 뜻에 두 가지가 있으니, 어떤 것이 두 가지인가? 첫째는 자체상훈습이며, 둘째는 용훈습이다. 자체상훈습이란 무시의 때로부터 무루법을 갖추고 불사의업을 갖추며 경계상을 짓는 것이다. … 용훈습이란 곧 중생의 외연의 힘이다.[46]

(가)에서 '진여법이 있'다는 것은 모든 존재자에게는 선천적으로 자성청정의 진여, 또는 여래장이 구비되어 있음을 의미한다. 정법훈습은 진여훈습이

---

45　위의 책, "云何熏習, 起淨法不斷? 所謂以有眞如法故, 能熏習無明, 以熏習因緣力故, 則令妄心, 厭生死苦, 樂求涅槃."
46　위의 책, "眞如熏習義-有二種, 云何爲二. 一者, 自體相熏習, 二者, 用熏習. 自體相熏習者, 從無始世來, 具無漏法, 備有不思議業, 作境界之性, 依此二義-恒常熏習, 以有力故, 能令衆生厭生死苦, 樂求涅槃, 自信己身, 有眞如法, 發心修行. … 用熏習者, 卽是衆生外緣之力."

라고도 하는데, 진여의 무명 훈습에는 인因과 연緣 두 가지가 있다. 인因은 중생 안에 본래 구비된 여래장이 작용하는 것이다. 그래서 이를 자체상훈습이라고도 한다. 연緣은 여래나 보살, 또는 가족이나 친구가 중생을 구제해 주려는 공덕을 발휘하는 것으로 친지나 여래의 공덕에 의한 것이므로 이를 용훈습이라고 한다. 결국 〈나〉는 내 안에 내재된 진여심이 인因이 되고 나를 구제해 주고자 하는 바깥의 도움이 연緣이 되어 무명과 망심에서 벗어날 수 있게 됨을 말한다.

그렇다면 염법훈습의 과정은 어떠한가?

> 어떻게 훈습하여 염법染法을 일으켜 단절하지 않는가? 이른바 진여법에 의하기 때문에 무명이 있고, 무명염법의 인이 있기 때문에 곧 진여를 훈습하며, 훈습하기 때문에 곧 망심이 있게 된다. 망심이 있어서 곧 무명을 훈습하여 진여법을 요달하지 못하기 때문에 불각하여 망념이 일어나 망경계를 나타낸다. 망경계의 염법의 연이 있기 때문에 곧 망심을 훈습하여 그로 하여금 염착念着하게 하여 여러 가지 업을 지어서 일체의 심신身心 등의 고통을 받게 한다.[47]

위에서 '진여법에 의하기 때문에 무명이 있다'는 것은 논리적으로 접근해야 한다. 불각은 각을 전제해야 성립할 수 있는 개념이므로, 이 세상이 염오의 세상이라는 것은 염오 아닌 세상을 전제해야 성립한다는 의미에서 불각은 각을 전제하고 무명은 진여를 전제한다는 의미이다.

'무명염법'은 무명주지無明住地를 가리키고 '망심妄心'은 알라야식을 가리킨

---

[47] 위의 책, "云何熏習, 起染法不斷? 所謂以依眞如法故, 有於無明, 以有無明染法因故, 卽熏習眞如, 以熏習故, 則有妄心. 以有妄心, 卽熏習無明, 不了眞如法故, 不覺念起, 現妄境界. 以有妄境界染法緣故, 卽熏習妄心, 令其念著, 造種種業, 受於一切身心等苦."

다. 무명주지는 현재 세계 이전부터 무시 이래로 오랜 세월에 걸쳐 윤회하고 있는 무명업식無明業識을 가리킨다. 이 무명업식이 인因이 되어 현생에 윤회한 개아가 있게 된 것이다. 그러니 윤회했다는 것 자체가 불교의 입장에서 보면 깨닫지 못한 결과이다. 알라야식인 망심은 전변에 의해 제7말나식과 전6식을 생기生起하므로 제7말나식에 의해 '나'라는 의식이 생겨나고 따라서 내가 좋아하고 나에게 유리한 것이라는 의식도 아울러 생겨난다. 이것이 전6식과 합해지면 내가 좋아하고 나에게 유리한 대상에 대한 집착을 키워서 마침내 적극적으로 업을 짓는 행위로 나타나게 된다. 이것이 망경계妄境界를 연緣으로 하여 집착을 일으켜 업을 짓고 마침내 업식을 만드는 데로 나아가 일체의 신심의 괴로움을 받게 되는 과정이다.

마지막으로 시문施門에 대해 살펴보자. 자리행自利行 못지않게 이타행利他行을 강조하는 대승불교 정신을 이어 『기신론』도 이타행을 매우 중시한다. 시문의 수행 방법에 대해 기신론은 다음과 같이 말한다.

> 어떻게 시문을 수행해야 하는가. 만약 와서 구하거나 찾는 모든 사람을 보게 되면 가지고 있는 재물을 능력에 따라 베풀어 줌으로써 스스로 간탐慳貪을 버려 저로 하여금 환희케 하며 만약 액난과 공포와 핍박을 받는 사람을 보게 되면 자기가 감당할 수 있는 범위에 따라 무외無畏를 베풀어 준다. 만약 와서 법을 구하는 중생이 있으면 자기가 아는 대로 방편으로 설하되 명리나 공경을 탐내어서는 안 되니, 오직 자리 이타만을 생각하여 보리에 회향해야 하는 까닭이다.[48]

---

48  위의 책, "云何修行施門. 若見一切來求索者, 所有財物, 隨力施與, 以自捨慳貪, 令彼歡喜, 若見厄難恐怖危逼, 隨己堪任, 施與無畏. 若有衆生來求法者, 隨己能解, 方便爲說, 不應貪求名利恭敬, 唯念自利利他, 回向菩提故."

내용이 간단하고 의미가 분명하여 더 이상의 해석이 불필요할 정도인데, 몇 가지 주목할 점은 우선 보시의 대상이 재물에 그치지만은 않는다는 점이다. 요즘 식으로 말하자면 진리에 대한 통찰을 나누어주는 지적 재능 기부도 보시의 대상이 되고 위기와 공포와 핍박에 시달리는 이에게 힘과 용기를 북돋아 주는 심리적 상담도 보시의 대상이 된다. 두 번째 눈여겨볼 대목은 보시의 대가로 명리는 물론 공경마저 탐내어서는 안 된다는 점을 부각한 것이다. 오직 자리와 이타 정신에 입각해서 보시를 행할 때 진정한 깨달음의 길로 접어드는 것임을 강조했다. 세 번째는 방편과 관련한 것이다. 방편설은 대체로 중생의 근기에 맞춰 진리를 설하는 것을 가리킨다. 그런데 시문에서는 재물을 베풀 때도 자신의 능력껏 하고, 위난에 빠진 이를 구제할 때도 자신이 감당할 수 있는 선에서 하라고 했으며 법을 구하는 자에게도 자신이 이해하는 범위 내에서 설하라고 했다. '수력隨力, 수기감임隨己堪任, 수기능해隨己能解'의 '수隨'라는 말은 두 가지로 해석할 수 있다. 첫째는 자신의 힘이 닿는 대로 최선을 다하라는 것이고, 둘째는 남의 힘을 빌려서 자신이 한 것처럼 하지 말라는 것이다.

『기신론』에서 말한 보시의 바른 자세는 재물에 국한되지 않고 자신이 가진 것이면 무엇이든 보시의 대상이 될 수 있으며 보시를 하되 대가를 바라서는 안 되고 오직 자리와 이타의 정신으로 해야 한다. 그리고 자신의 힘을 다하되 남의 힘을 빌려 자신이 한 것처럼 꾸미지 말아야 함을 강조한다.

### 3) 『심경부주』와 『대승기신론』의 수양론 동이점同異點

『심경』과 『기신론』의 수양론은 유학과 불교의 세계관의 차이에도 불구하고 구체적 실천 방법이나 이론에서는 심의 구조와 마찬가지로 유사한 점이 많다.

먼저 둘은 수양의 과정에서 지知의 역할을 중시한다. 『심경』의 경우 독서하여 의리를 밝히고 고인에 대해 따져보아 시비를 가리는 도문학[궁리, 치지] 공부가 실천에 앞서 요청된다. 치지 공부가 앞서야 사물에 응접했을 때 마땅하고 마땅하지 않음을 가려서 의리에 부합하게 처리할 수 있다. 『기신론』의 경우에도 관법觀法이 수양의 핵심으로 먼저 요청된다. 관법은 자신과 타인의 현상적 존재의 모습을 관찰함으로써 자신을 포함한 존재의 실상이 어떠한지를 알아 아집에서 벗어나고, 아집에서 벗어나야 탐욕에서 벗어나며, 탐욕에서 벗어나야 윤회의 쳇바퀴에 갇히는 무명업식을 쌓지 않게 된다. 따라서 관법을 통해 자신을 포함한 존재의 실상을 아는 것은 『기신론』을 포함한 불교 수양의 핵심이라 할 수 있다.

또한 『심경』과 『기신론』은 모두 수양의 궁극적 목표에 도달하기 위해 먼저 의식과 사고의 변화가 필요하다는 점에서도 유사하다. 아울러 궁극적 목표점도 유사하다. 『심경』의 경우 자기 안의 천리를 인지하고 수양을 통해 천리를 확충할 수 있다는 믿음이 수양의 밑바탕이 된다. 수양은 개아가 완전한 인격체인 성인聖人에 도달하여 자연계에서 천지가 만물을 화육하듯 사회적으로 성인이 천지의 역할을 수행하여 만물의 화육을 돕는 것이 궁극적 목표이다. 『기신론』도 자기 안의 자성청정한 진여심을 믿는 것에서 출발한다. 이것이 『기신론』의 체·상·용 삼대三大 사상이다. 또한 자신의 깨달음에 그치지 않고 세상의 뭇 중생을 구제하려는 대서원大誓願을 발하고 실제 실천하고자 하는 것이 궁극적 목표라는 점에서도 같다.

한편 똑같이 진여심이나 덕성인 이理를 본원으로 가지고 있음에도 불구하고 굳이 훈습과 도문학이 필요해진 기저 논리도 『심경』과 『기신론』은 비슷하다. 『심경』의 경우 태어나면서 기질에 차이가 있고 『기신론』의 경우 근기

根機에 차이가 있기 때문으로 본다. 그리하여 『심경』과 『기신론』이 모두 존덕성과 자체상훈습의 가능성을 지니고 있지만, 『심경』의 경우 도문학을 통한 현인과 성인의 도움을 필요로 내세우고, 『기신론』의 경우에도 바깥의 보살이나 부처의 용훈습의 도움을 필요로 내세운다는 점에서 양측의 수양론은 유사하다.

마지막으로 『심경』과 『기신론』의 대표적 수양 방법에 속하는 경敬과 지止는 가리키는 함의가 매우 비슷하다. '[마음이]달아나지 않게 한 군데에 집중한다'[49], '늘 또렷이 깨어있게 하는 법'[50], '마음을 수렴하여 한 가지 사물이라도 [마음을 어지럽힘을] 용납하지 않는다'[51]와 같은 『심경』의 말이 의미하는 바가 '고요한 곳에 머물러 단정히 앉아 뜻을 바르게 하되, 만약 마음이 흩어지려고 하면 거두어들여 정념에 머무르게 해야 한다'[52]라는 『기신론』의 말과 비교해 봤을 때 의미하는 바가 크게 다르지 않다. 양쪽 모두 몸을 바르게 하여 외물로 달아나려는 의식을 안으로 거두어들이고 정신을 오롯이 깨어 있게 하려는 데에서 일치한다.

그렇다면 『심경』과 『기신론』의 수양론이 보여주는 차이점에는 어떤 것이 있을까. 『심경』과 『기신론』은 수양의 구체적 과정에서 수양 주체의 의지가 향하는 방향이 정반대라는 점에서 차이를 보인다. 『심경』의 경우 수양의 방법으로 제시한 항목인 '조존操存, 구방심求放心, 양심養心, 진심盡心' 등은 모두 안에 있는 마음을 지향하는 구조로 되어 있다. 잡아서 '보존한다'라는 것은 내 안에 있는 본성을 꽉 잡고 지녀서 보존한다는 것이며, '방심을 구한다'라는 것은 내 안에 있다가 달아난 올바른 양심良心을 되찾아 온다는 것이다.

---

49　『心經附註』, 「敬以直內章」, "主一無適."
50　위의 책, 위의 장, "常惺惺法."
51　위의 책, 위의 장, "其心收斂, 不容一物."
52　『起信論』, "住於靜處, 端坐正意, 心若馳散, 卽當攝來住於正念."

'마음을 기르는 것'이나 '마음을 다하는 것'도 모두 내 마음 안에 있는 본성을 기르거나 다하는 것이므로 주체의 의지 방향이 안에 있는 마음 그 자체를 향하고 있다. 주체의 의지 방향이 안의 마음을 향하고 있다는 것은 마음 그 자체가 이치의 담지자이기 때문에 구현해야 할 구체적 이치가 마음에 주어졌음을 의미한다.

이에 비해 『기신론』의 수양은 수양의 주체인 중생심의 의지 방향이 밖으로 향하는 구조로 되어 있다. 비록 일심이 수양의 주체이고 일심 안에 자성청정의 바탕이 있지만, 이 일심의 의지가 향하는 방향 자체는 밖이다. 이는 불교의 독특한 사유 구조와 관련된다. 불교는 '나'라고 여기는 자아가 사실은 오온이 일시적으로 결합한 존재에 지나지 않는다고 여기는데, 이로 인해 '나'를 이루고 있는 요소인 오온을 인식 대상으로 삼아 관찰함으로써 '나'라고 여기는 자아가 사실은 오온의 화합에 불과하다는 존재의 실체를 깨닫고 마침내 '나'에 대한 집착, 즉 아집我執에서 벗어날 수 있게 된다.

또한 '나' 이외의 모든 존재를 일컬어 법이라고 하는데, '나' 바깥의 존재인 법에 대한 집착을 법집法執이라고 한다. 그런데 이 법의 실상을 잘 관찰하면 이것들 또한 실체가 없이 연기에 따라 일시적으로 화합한 것들에 지나지 않는데, 법을 인식 대상으로 삼아 관찰하는 과정을 거쳐 존재의 실상을 깨닫게 되면 마침내 법집으로부터도 탈출할 수 있게 된다.

따라서 『기신론』의 수양 핵심은 '나'와 '나' 이외의 모든 존재를 인식 대상으로 삼아 관찰함으로써 이루어진다. 이는 일심이 수양의 주체이기는 하지만 자신의 마음을 본체로 정립하는 과정을 통해서 수양을 완성하는 심경과 달리 『기신론』은 거꾸로 마음을 관찰한 결과 집착할 '나'라는 게 없음을 깨닫는 과정을 거쳐 수양을 완성시켜 나가고 있음을 보여준다. 다시 말해 마음 안에는 이치라고 여길 게 없다. 따라서 개아로서 세상을 어떤 태도로 살아가야 하는지에 대한 지침은 제시해 주지만 공동체로서 사회의 체제를 어떤 모습으로 만들어 나갈지에 대한 내용은 없다. 이 점에서 마음 그 자체를 이理라고 본 양명학이나 마음 안의 성을 이理라고 본 성리학 모두와 입장이 다른 셈이다.

『심경』과 『기신론』 수양론의 두 번째 차이점은 『심경』에는 보이지 않고 『기신론』에만 보이는 보시報施와 관련된다. 『심경』과 『기신론』 모두 자기 존재의 본모습을 아는 것을 통해 자기 깨달음의 완성을 추구한다는 점에서는 같으나 『기신론』의 경우 지혜와 더불어 대승불교의 두 핵심축 중의 하나인 자비 또한 매우 강조하는데, 이는 다른 대승불교 사상에 비교해 보더라도 더 강조되어 있다. 즉 대승불교의 '대승大乘'의 가치를 구극까지 끌어올린 게 『기신론』이다. 이는 논서의 제목에서 이미 명확히 표명되어 있는데, '기신起信'에서 '신信'의 대상이 대승의 체·상·용이 심대하다는 사실을 믿어야 함을 가리키고 있는 데에서도 엿볼 수 있다. 심지어 자비의 실천을 위해서는 자신의 무위열반조차 포기한다. 물론 『심경』의 수양론 목표도 궁극적으로는 '확이충지擴而充之'를 거쳐 천지의 화육을 돕는 것에 있을 것이다. 그러나 수양론과 관련하여 『심경』에서는 이 점이 겉으로 부각되어 있지 않다는 점에서 『기신론』과 차이를 보인다.

## 4. 맺음말

이상으로 『심경』과 『기신론』의 심 이론과 수양론을 중심으로 공통점과 차이점을 살펴보았다. 『심경』과 『기신론』은 모두 심이 무엇인지, 심의 기능이 어떠한지, 어떻게 심을 수양하여 완전한 인격체에 도달할지를 중심으로 서술한 글이다. 이런 점에서 『심경』과 『기신론』은 유학과 불교 수양론의 결정체라고 할 수 있다.

『심경』은 『서경』의 인심도심설에서 출발하여 『맹자』의 '불인인지심不忍人之心, 양심養心'을 거쳐 정情의 개념을 분화시키면서 마침내 '심통성정'으로 총결했다. 『기신론』은 초기 불교의 자성청정심을 바탕으로 여래장 계열 경전의 여래장 사상, 유식학, 중관학, 화엄의 이론까지 끌어들여 일심一心과 이문二門, 삼대三大 사상으로 총결했다.

『심경』의 성정性情 이론에서 이理는 기氣와 결합한 이후 기질지성의 모습으로 존재하며, 『기신론』에서 진여는 알라야식과 결합한 이후 여래장의 모습으로 존재한다. 그리하여 이理와 진여는 현상 세계와 불일불이不一不異의 관계로 결합한다. 이들은 현실계 이전에 현상의 근원으로서 상정되어 있으나 실제로는 항상 현상과 함께하여 분리할 수 없다.

『심경』과 『기신론』은 똑같이 수양의 과정에서 앎의 역할을 중시하며 수양의 궁극적 목표에 도달하기 위해서 관점의 변화가 필요하다는 점에서 동일하다. 또한 진여심이나 덕성인 이理를 본원으로 가지고 있음에도 불구하고 도 문학을 통한 성현의 도움과 보살의 용훈습의 도움이 필요하다는 점에서도 동일하다.

그러나 『기신론』의 진여가 구체적 내용을 지니고 있지 않음에 비해 『심경』의 이理는 구체적 내용을 지닌다. 진여는 수행의 궁극의 단계, 또는 모든 존재자의 존재 실상을 가리키는 말일 뿐임에 비해 이理는 '인의예지'라는 구체적 내용을 지시한다는 점에서 다르다. 따라서 심경은 심을 보존하는 방법으로 심을 수양하려 하는 데 비해 기신론은 중생심의 적극적인 유위의 활동은 업을 쌓아나가는 인因이 될 수 있으므로 망심의 활동을 중지하는 것을 통해 수양을 완성해 나가려 한다는 점에서 차이가 있다.

『심경』과 『기신론』의 차이는 유학과 불교라는 문화의 태생적 배경이 다름에 기인할 것이다. 그럼에도 불구하고 유사한 점이 많은 것은 아마도 두 문화의 교류 결과일 것이다. 문화의 공간적 교류가 새로운 문화를 창조하는 바탕이 될 수 있듯이 과거와 현재 문화의 교류를 통해서도 오늘을 성찰하고 치유하는 데 도움을 얻을 수 있으리라고 본다. 인간의 본질이 변하지 않는 이상 『심경』과 『기신론』의 마음과 수양론에 대한 통찰을 들여다보는 일은 단지 과거 유산에 대한 지적 탐구에 그치는 일만은 아닐 것이다.

## 참고문헌

『大乘起信論』
『心經附註』
『長阿含經』
『朱子語類』
『知言』
『退溪先生文集』

김선희, 「심경부주의 수양론에 관한 연구」, 성균관대학교 유학대학원 석사학위논문, 2001.
김창일, 「대승기신론의 수행체계 연구-지관을 중심으로」, 동국대학교 석사학위논문, 2021.
송희준, 「『심경』「존덕성재명장」의 존덕성과 도문학에 대한 시비」, 『퇴계학논집』 13, 영남퇴계학연구원, 2013.
안유경, 「주자 성리학과 마명『대승기신론』의 심론 비교 고찰」, 『퇴계학논집』 26, 영남퇴계학연구원, 2020.
이윤희, 「유가 심성수양법 분류안」, 『동양예학』 18, 동양예학회, 2008.

# 고대 화랑의 영성과 감성적 문화 탐색*

이난수(한국전통문화대학교 연구교수)

## 1. 화랑, 문화 원형으로의 탐색

고려 이후 현대까지 화랑과 관련된 담론은 끊임없이 회자되며 이어졌다. 역사적으로 화랑은 예술, 정치, 사회 등의 담론으로 변용되어 전개되었다. 이 글은 화랑 담론이 변용되기 이전의 원형적 모습을 탐색해보고자 한다. 여기서 원형이란 화랑들의 사유와 삶이 반영된 문화를 의미한다. 우선 화랑의 탄생을 살펴보자.

화랑 설치에 관하여 김부식金富軾(1075-1151)의 『삼국사기三國史記』와 일연一然(1206-1289)의 『삼국유사三國遺事』를 보면, 진흥왕이 두 여인을 원화源花로 뽑았지만 이후에 남자를 선발하여 곱게 꾸며 원화를 대신하여 화랑花郞으로 삼았다고 한다.[1] 여기서 화랑과 그 무리를 일컬어 화랑도花郞徒라 부른다. 『삼

---

\* 이 글은 기발표된 필자의 논문(「고대 화랑의 원형적 모습에 대한 탐구 : 영성과 감성의 화랑 문화를 중심으로」, 『한국철학논집』 78, 한국철학사연구회, 2023, 35-63쪽)을 수정, 보완한 것이다.

1 『三國史記』 권4, 「眞興王 37年(576)條」, "王三十七年, 始奉源花. 初君臣病無以知人, 欲使類聚羣遊, 以觀其行義, 然後擧而用之. 遂簡美女二人, 一曰南毛, 一曰俊貞, 聚徒三百餘人. 二女爭娟

『국유사』를 보면, 진흥왕이 나라를 다스리는 요체를 만들고자 민가에서 무리를 모아 그중에서 화랑을 선발하였다고 한다. 최초의 화랑은 설원랑薛原郎으로, 그를 국선國仙이라 명명하였다. 설원랑을 따르는 무리들에게 시킨 교육으로 오상五常·육예六藝·삼사三師·육정六正이 있으며, 이 교육은 나라에 널리 행해졌다고 기술되어있다.² 이렇듯 초기 화랑의 설치는 정치적인 필요성에 의거한 것이었다.

> 화랑은 선도仙徒이다. 우리나라에서 신궁神宮을 받들고 하늘에 대제大祭를 행하는 것은 마치 연燕의 동산桐山 노魯의 태산泰山과 같다. … 옛날에 선도는 단지 신을 받드는 일을 위주로 했는데, 국공國公들이 무리에 들어간 후에 선도는 도의道義를 서로 힘썼다. 이에 어진 재상과 충성스러운 신하가 이로부터 빼어났고 훌륭한 장군과 용감한 병졸이 이로부터 나왔다.³

위의 내용은 필사본 『화랑세기花郎世記』 서문 가운데 일부분이다.⁴ 여기서

---

相妒, 俊貞引南毛於私第, 強勸酒至醉, 曳而投河水以殺之. 俊貞伏誅, 徒人失和罷散. 其後更取美兒男子粧飾之, 名花郎以奉之, 徒衆雲集.";『三國遺事』권3, 塔像, 「彌勒仙花 未尸郎 眞慈師條」, "又天性風味, 多尙神仙, 擇人家娘子美艶者, 捧爲原花, 要聚徒選士, 敎之以孝悌忠信, 亦理國之大要也. 乃取南毛娘·姣貞娘兩花, 聚徒三四百人. 姣貞有嫉妬毛娘, 多置酒飮毛娘, 至醉潛昇去北川中, 擧石埋殺之, 其徒罔去處, 悲泣而散. 有人知其謀者, 作歌誘街巷小童, 唱於街, 其徒聞之, 尋得其尸於北川中, 乃殺姣貞娘. 於是, 大王下令, 廢原花累年, 王又念欲興邦國, 須先風月道, 更下令選良家男子有德行者, 改爲花娘."

2 『三國遺事』권3, 塔像, 「彌勒仙花 未尸郎 眞慈師條」, "始奉薛原郎爲國仙, 此花郎·國仙之始. 故竪碑於溟州, 自此使人悛惡更善, 上敬下順, 五常六藝, 三師六正, 廣行於代."

3 『花郎世紀』, "花郎者仙徒也. 我国 奉神宮 行大祭于天 如燕之桐山 魯之泰山也. … 古者仙徒以奉神爲主, 国公列行之後, 仙徒以道義相勉. 於是賢佐忠臣, 從此而秀, 良將勇卒, 由是而生."(김대문, 이종욱 역주해, 『대역 화랑세기』, 소나무, 2005, 15쪽 참조).

4 화랑의 기록에 관한 대표적인 텍스트로 김부식의 『삼국사기三國史記』와 일연의 『삼국유사三國遺事』 그리고 필사본 『화랑세기花郎世記』가 있다. 앞의 두 책은 고려시대의 관료와 승려가 편찬한 텍스트로, 화랑에 대한 상이한 견해를 발견할 수 있다. 그리고 『화랑세기』는 1989년에 필사본이 발견되고 1995년에 그 모본母本이 등장한 텍스트로, 박창화朴昌和에 의한 위작설僞作說이 제기되면서 진위논쟁이 계속되고 있다. 『화랑세기』는 신라시대 화랑

화랑을 선도라 하면서, 고대 종교에서 화랑이 유래된 것이라 하였다. 진흥왕 이전부터 선도가 있었으며 선도를 계승하는 자들을 화랑이라 한다. 당대 전쟁이라는 불안한 정세로 인해 화랑은 선도보다는 무사적인 측면이 강화되었다고 한다. 텍스트는 화랑이 고대 종교에서부터 유래되었으며, 정치적인 목적에 의해 변용되었음을 논의하고 있다. 더불어 우리나라 고유의 사상이 선도이자, 화랑이 선도를 계승하였다는 점을 강조하고 있다. 선仙이라는 단어는 화랑과 깊은 관련이 있다. 『삼국유사』에서 화랑을 설치한 진흥왕에 대해 "천성에 풍미風味가 있어, 신선神仙을 크게 숭상하여[又天性風味, 多尙神仙]"[5]라고 묘사하였다. 이외에도 화랑에 대한 표기로 국선國仙과 선랑仙郞이라는 단어가 운용된다. 이를 통해 선仙은 화랑 이념의 뿌리가 되는 동시에 신라 이전 화랑의 역할을 추론할 수 있는 개념임을 알 수 있다. 고유의 선도로서 신과 인간을 중계했던 화랑은 신라에 이르러 도의道義를 중심으로 한 단체로 계승되게 된다.

이렇듯 화랑이 설치되고, 그들이 받았던 교육은 "혹은 서로 도의를 연마하고, 혹은 서로 노래와 음악을 즐기며, 산과 강을 돌아다니며 먼 곳이라도 이르지 않은 곳이 없었다. 이를 통해 그 사람됨의 옳고 그름을 알아, 그 가운데 훌륭한 이를 선택하여 조정에 추천하였다.[或相磨以道義, 或相悅以歌樂, 遊娛山水, 無遠不至. 因此知其人邪正, 擇其善者, 薦之於朝]"[6]이다. 교육 내용을 인간의 삶과 경험을 구성하는 세 가지 측면으로 해석하면, 첫 번째로 (화랑이) 서로 도의를 연마

---

의 형성과 발전의 역사가 기술되었을 뿐만 아니라 32명의 풍월주의 행동과 의식 등이 기술되어 있다. 본 연구의 목적은 텍스트의 진위여부가 아니라, 화랑에 대한 다양한 자료를 토대로 예술원형으로의 측면을 고찰하기 위함이다. 따라서 논의의 전개에 있어 『화랑세기』 일부를 참고하였다.

[5] 『三國遺事』 권3, 塔像, 「彌勒仙花 未尸郎 眞慈師條」, "又天性風味, 多尙神仙."
[6] 『三國史記』 권4, 「眞興王 37年(576)條」, "或相磨以道義, 或相悅以歌樂, 遊娛山水, 無遠不至. 因此知其人邪正, 擇其善者, 薦之於朝."

한 점은 이성理性의 힘을 기르는 것이다. 두 번째로 노래와 음악을 즐기는 것은 인간의 감성感性 또는 정감의 함양을 의미한다. 마지막으로 산수를 돌아다닌다는 점은 화랑의 영지靈地순례를 의미함으로 영성靈性을 위한 교육이라 볼 수 있다.[7]

이렇게 이성·감성·영성으로 대표될 수 있는 화랑의 실천덕목은 조직 구성에서도 나타난다.

> 공의 때에 낭도의 부곡部曲을 두었다. 좌우봉사랑左右奉事郎을 좌우대화랑左右大事郎으로 만들고, 전방봉사랑前方奉事郎을 전방대화랑前方大事郎으로 만들어서 각기 3부의 낭도를 거느리게 했다. 또 진골화랑, 귀방화랑, 별방화랑, 별문화랑을 두었고, 12-13살의 빼어난 진골 및 대족의 자제로서 속하기를 원하는 자로써 이를 삼았다. 좌화랑 2인, 우화랑 2인을 두었으며 각기 소화랑 3인, 묘화랑 7인을 거느렸다. 좌삼부左三部는 도의道義·문사文事·무사武事를 맡았고, 우삼부右三部는 현묘玄妙·악사樂事·예사藝事를 맡았고, 전삼부前三部는 유화遊花·제사祭事·공사供事를 맡았다. 이에 제도가 찬연히 갖추어졌다.[8]

인용문에서 화랑의 조직은 좌·우·전방 봉사랑에서 좌·우·전방 대화랑으로 개편되었다. 전·좌·우는 각각 3부의 낭도를 거느리면서, 좌삼부·우삼부·전삼부라는 체재를 갖추게 된다. 좌삼부左三部는 도의道義·문사文事·무사武事를 담당하며, 우삼부右三部는 현묘玄妙·악사樂事·예사藝事이고, 전삼부前三部는

---

7  최영성, 「한국사상의 원형과 특질 : 풍류사상, 민족종교와 관련하여」, 『한국철학논집』 55, 한국철학사연구회, 2017, 25-26쪽 참조.
8  『花郎世紀』, "公之時署郎徒部曲, 以左右奉事郎爲左右大事郎, 前方奉事郎爲前方大事郎, 各率三部郎徒, 又置眞骨花郎 貴方花郎 貴門花郎 別方花郎別門花郎, 以十二三歲俊傑之眞骨及大族巨門之子弟願故者爲之, 置左花郎二人, 右花郎二人, 各率小花郎三人, 妙花郎七人, 左三部掌道義·文事·武事, 右三部掌玄妙·樂事·藝事, 前三部掌遊花·祭事·供事, 於是制度燦然備矣."(김대문, 이종욱 역주해, 앞의 책, 125쪽 참조.)

유화遊花·제사祭事·공사供事를 맡았다. 이 가운데 도의·현묘·유화를 제외하고는 모두 일을 지칭하는 사事가 붙어 있다. 도의·현묘·유화는 6가지 일의 상위 개념이다. 도의를 위해 문사·무사가 행해지고, 현묘를 위한 악사·예사가 있으며, 유화를 위해 제사·공사가 이루어진다. 다시 말해 도의·현묘·유화는 화랑의 근본이념으로 조직의 업무분장에서도 함의되어 있다.[9]

『화랑세기』에서 좌삼부의 도의는 『삼국유사』에서 본 상마이도의相磨以道義와 견줄 수 있으며, 우삼부의 현묘는 상열이가악相悅以歌樂이다. 그리고 전삼부의 유화는 유오산수遊娛山水라 할 수 있다. 이 세 가지를 간단하게 부르면 도의는 이성, 현묘는 감성, 유화는 영성이라 논의할 수 있다.

이처럼 화랑의 정신을 이성·감성·영성으로 범주화한 것은 화랑 연구에 대한 하나의 관점이다.[10] 이 글은 감성과 영성의 영역에서 화랑 문화를 고찰하고자 한다. 화랑의 문화에는 인간으로서의 원초적인 욕망과 순수함이 담겨 있다. 그들의 삶과 경험으로부터 표현된 문화를 두 가지 측면에서 살펴보도록 하자.

---

9   신재홍, 「『화랑세기』에 나타난 화랑의 이념과 향가」, 『겨레어문학』 34, 겨레어문학회, 2005, 203-204쪽 참조.
10  이성·감성·영성의 개념은 최영성의 연구를 수용한 것이다. 최영성에 의하면 "필자는 이성·감성·영성을 각각 '길'[道]과 '힘'[力]과 '빛'[光]으로 정의할 수 있다고 본다. 길이란 나아가는 방향이요, 힘이란 어떤 일을 해내는 에너지요, 빛이란 어둠을 깨뜨리는 광명이다. 길이 있어도 힘이 없으면 나가지 못하고, 길과 힘이 있어도 빛이 없으면 제 길로 나아가기 어렵다. 이 세 가지는 기독교에서 말하는 '삼위일체'와 비슷한 측면이 있다. 또 진眞·선善·미美의 세 영역에 나누어 배치할 수도 있음직하다. 이성이 '선'으로서 윤리와 철학 쪽으로 연결된다면, 감성은 '미'로서 문학과 예술 쪽으로, 영성은 '진'으로서 신앙과 종교 쪽으로 발전할 수 있다고 본다. 이 세 영역을 포괄하여 현실에서 기능하는 것이 풍류라는 점에서 '현묘'하다고 말할 수밖에 없었을 것이다."(최영성, 앞의 논문, 27쪽.)

## 2. 화랑문화에 나타난 영성

화랑들의 "산과 강을 돌아다니며 먼 곳이라도 이르지 않은 곳이 없었다.[遊娛山水, 無遠不至]"라는 구절은 고유의 선仙사상과 관련된다. 화랑도들의 명산 순례는 산악숭배와 관련된다. 이를 테면 신라의 제천의식은 왕의 신궁참배와 일 년 동안 나라 곳곳에 지내는 순행제사가 있었는데, 순행제사는 주로 삼산오악三山五嶽 및 동해안 해안가에서 행해졌다.[11]

신라의 삼산三山과 오악五岳은 국가의 안녕을 기원하는 동시에 신라세력을 강건하게 하는 신라 최고의 호국성신護國聖神이다. 삼산으로는 내력산奈歷山·골화산骨火山·혈례산穴禮山이 있으며, 오악은 동쪽의 토함산·서쪽의 계룡산·남쪽의 지리산·북쪽의 태백산·중앙의 팔공산을 말한다.[12] 삼산 오악은 화랑들의 순례지였다. 그들의 유오는 국가의 호국신이 깃든 산을 순례하는 종교적인 성격을 지니고 있다.

> "우리들은 내림·혈례·골화 등 세 곳의 호국신입니다. 지금 적국의 사람이 낭을 유인하는데도, 낭은 그것을 알지 못하고 따라가므로 우리는 낭을 말리려고 여기 온 것입니다." 말을 마치자 낭자들은 자취를 감추었다. 공은 이 말을 듣고 놀라 쓰러졌다가 두 번 절하고 숲속에서 나왔다.[13]

위에서 내림·혈례·골화는 삼산을 말한다. 내림은 내력산으로 지금의 경주 지역으로 국가의 대소사를 신에게 고하는 산이며, 혈례산은 지금의 청도 지

---

11　신선희, 『한국고대 극장의 역사』, 열화당, 2006, 94쪽 참조.
12　『三國史記』 권32, 雜志, "三山, 一奈歷習比部, 二骨火切也火郡, 三穴禮大城郡. 五岳, 東吐含山城郡, 南地理山菁州, 西雞龍山熊川州, 北太伯山奈已郡, 中父岳一云公山, 押督郡."
13　『三國遺事』 권1, 紀異, "我等奈林·穴禮·骨火等三所護國之神, 今敵國之人誘郎引之, 郎不知而進途, 我欲留郎而至此矣. 言訖而隱, 公聞之驚忤, 再拜而出."

역으로 옛날 왕들의 무덤인 있는 산이다. 그리고 골화산은 왕족들의 무덤이 있는 산으로 영천 지방이다. 인용문은 삼산의 호국신들이 세 명의 낭자로 변하여 김유신에게 위험을 알리는 장면이다. 김유신은 호국신의 경고를 듣고 적국의 첩자를 죽인다. 그리고 온갖 음식을 갖추어 삼신에게 제사를 지내는 예를 행하였다.[14] 삼산오악의 신은 국토의 신으로 왕실을 수호하는 역할을 하였다. 그 신들이 화랑을 대표하는 김유신에게 등장함으로써, 김유신이라는 인물의 영험성이 강조된다. 경덕왕의 경우, 나라를 다스린지 24년 되던 해에 오악삼산의 신들이 때때로 대궐의 뜰에 나타나 왕을 모셨다고 한다.[15] 이처럼 『삼국유사』에 등장하는 신들은 인물의 영험성 및 재난이나 병고를 예언하거나, 혹은 위험에 빠진 인물을 구하는 스토리에 많이 등장한다.

화랑의 영성은 그들의 행적을 통해 알 수 있다. 신라에는 불교의 수도승이면서 화랑의 역할을 수행했던 낭승郎僧[16]들이 있는데, 그 가운데 『삼국유사』 「감통편」에 나오는 월명사月明師의 일화를 알아보자.

경덕왕 19년에 해가 둘이 나란히 나타나서 열흘 동안 사라지지 않는 괴이한 일이 발생하였다. 해는 왕의 존위를 상징하기에, 해가 두 개라는 것은 당시 국가나 왕위의 위험을 예고하는 징조였다. 기이한 현상에 대해 일관日官은 왕에게 인연 있는 스님을 청하여 꽃을 뿌리는 공덕을 지으면 재앙이 물러날 것이라 아뢰었다. 이에 제단을 설치하고 왕이 청양루靑陽樓에 행차하여 인연 있는 스님인 월명사를 초대한다. 그리고 월명사에게 기도문을 짓게 하였다. 월명사는 "빈도貧道는 그저 국선의 무리에 속해 있으므로 향가만 알 뿐이요, 범패에는 익숙하지 못합니다."라고 하니 왕은 "인연 있는 스님으로

---

14  『三國遺事』권1, 紀異, "公乃刑白石, 備百味祀三神, 皆現身受奠."
15  『三國遺事』권1, 紀異, "王御國二十四年, 五岳·三山神等, 時或現侍於殿庭."
16  낭승郎僧은 승려 가운데 최고의 위치에 있으며, 화랑을 고문顧問·지도하는 교사의 위치에 있었다고 한다.(이기동, 『신라골품제 사회와 화랑도』, 일조각, 1984; 1996, 326-327쪽 참조.)

뽑혔으니 향가라도 좋소."라고 하였다. 이에 월명사는 「도솔가兜率歌」를 지어 올린다.[17] 향가는 아래와 같다.

> 오늘 이에 산화[노래]를 불러
> 뿌린 꽃아 너는
> [인간의]곧은 마음의 명을 [받들어]부리옵기에
> 미륵좌주를 모셔라.

> 今日此矣散花唱良
> 巴寶白乎隱花良汝隱
> 直等隱心音矣命叱使以惡只
> 彌勒座主陪立羅良[18]

「도솔가」는 최초의 향가로, 창작 배경에 있어서 주술적인 성격을 가지고 있다. 낭승 월명사는 두 해가 나타난 재앙을 물리치기 위해 향가를 지었다. 월명사는 경주의 사천왕사에 거처하던 예악禮樂에 능한 스님으로, 그가 피리를 불 때 달이 멈췄다는 이야기가 있다.[19] 예악에 높은 경지에 있었던 월명사가 왕의 명으로 향가를 읊고 나니, 조금 후에 괴변이 사라졌다고 한다.[20]

제목인 '도솔'에 대해 불교에서는 미륵보살이 머무는 내원과 천인들이 즐

---

17 『三國遺事』권5, 感通, "景德王十九年庚子四月朔, 二日並現, 挾旬不滅. 日官奏請緣僧, 作散花功德則可禳. 於是, 潔壇於朝元殿, 駕幸靑陽樓, 望緣僧. 時有月明師, 行于阡陌時之南路, 王使召之, 命開壇作啓. 明奏云, 臣僧但屬於國仙之徒, 只解鄕歌, 不閑聲梵. 王曰 旣卜緣僧, 雖用鄕歌可也. 明乃作「兜率歌」賦之."
18 『三國遺事』권5, 感通, 「月明師兜率歌」(박노준, 『향가』, 悅話堂, 1991, 29쪽 참조).
19 『三國遺事』卷5, 感通, "明常居四天王寺, 善吹笛. 嘗月夜吹過門前大路, 月馭爲之停輪. 因名其路曰月明里."
20 『三國遺事』권5, 感通, "旣而日恠卽滅, 王嘉之."

거움을 누리는 외원으로 구성된 천상의 정토세계를 의미한다. 향가의 내용은 월명사가 미륵부처님께 기원드리는 내용이다. 이처럼 「도솔가」는 불교적 소재를 지니고 있지만, 향가를 짓게 된 원인과 결과를 보면 불교적이라 할 수 없다. 「도솔가」는 기상 이변에 따른 신라인들의 두려움을 씻고자 왕이 의식을 마련하여 제를 올리면서 만들어지게 되었다. 낭승이 지은 향가로 인해 기이한 현상이 사라졌다. 이처럼 월명사의 영험성은 불교적이 아닌, 천신신앙과 관련된다. 동시에 월명사가 자신을 국선의 무리라 하면서 향가에 능하다고 말한 점은 당시 화랑이 향가를 즐겨 지었다는 점을 시사한다. 따라서 「도솔가」를 통해 향가의 주된 창작자가 화랑들이며, 신라인들은 향가의 주술적인 힘을 신뢰하였음을 알 수 있다.

옛날 동해 물가
건달파가 놀던 성을 바라보며
왜군이 왔다
봉화 올린 변방이 있어
세 화랑의 [금강산]오름을 듣고
달도 부지런히 불 밝힐 때
[그]길을 쓸 별을 바라보고
혜성이다! 사뢴 사람이 있어라
아으 달은 저 아래 떠갔더라.
이에 무슨 혜성이 있을꼬.

舊理東尸汀叱, 乾達婆矣遊烏隱城叱肹良望良古, 倭理叱軍置來叱多烽燒邪隱邊也藪耶, 三花矣岳音見賜烏尸聞古, 月置八切爾數於將來尸波衣, 道尸掃尸星利望良古, 彗星也白反也人是有叱多, 後句, 達阿羅浮去伊叱等邪, 此也友物比所音叱彗叱只有叱故.[21]

위의 향가는 낭승 융천사融天師가 지은 「혜성가」이다. 당시 혜성이 출현하면 전쟁이 일어나거나 천재지변이 일어난다고 믿었다. 내용은 거열랑居烈郎과 실처랑實處郞 그리고 보동랑寶同郞 등의 화랑 무리가 유람을 떠나려는 즈음에 하늘에서 심대성을 범하는 불길한 일이 생겼다. 심대성이란 별 중에 중심이 되는 별로 왕을 의미한다. 세 화랑은 이 불길한 징조에 유람을 멈추고, 이 현상이 왜군이 침략한 것으로 판단하였다. 이에 화랑단의 지도자이자 의식을 집행했던 융천사가 「혜성가」를 짓고 불렀더니 혜성이 사라지고 일본군도 돌아갔다고 한다. 기뻐한 임금이 화랑들을 금강산으로 유람을 보내었다.[22] 「혜성가」의 내용을 보면, 기이한 현상에 대해 융천사는 사람들이 오인한 것이라고 말하고 있다. 그는 왜병이 온다고 봉화를 올린 일은 건달바 즉 신기루를 잘못 본 것이며, 심대성 또한 화랑들이 착각한 것이라 하면서 "무슨 혜성이 있을꼬?"라며 반문하였다. 융천사는 향가를 통해 잘못된 판단으로 인해 벌어지는 혼란을 해결하고자 하였다.

이와 같이 화랑은 예측 불가능한 자연현상에 대한 불안과 두려움을 잠식시키는 역할을 담당하였다. 승려이자 화랑인 낭승이 남긴 향가에서 우리는 화랑의 영성적인 측면을 알 수 있다. 일연은 신라인에게 향가는 시송詩頌과 같은 것으로, 향가를 통해 천지와 귀신을 감동시켰다고 한다.[23] 신라의 향가는 화랑이 향유했던 문화를 넘어서 신라인을 위로해주는 역할까지 담당하였던 것이다. 당대 향가는 단지 사람을 위로하고 즐겁게 해주는 것에 그치지 않고 귀신이나 신령까지 감복시키는 종교적 힘을 상징한다. 다시 말해 향가

---

21 『三國遺事』 권5, 感通, 「融天師彗星歌 眞平王代」(박노준, 앞의 책, 41-42쪽 참조).
22 『三國遺事』 권5, 感通, "第五居烈郎·第六實處郎一作突處郎·第七寶同郎等三花之徒, 欲遊楓岳, 有彗星犯心大星, 郎徒疑之, 欲罷其行. 時, 天師作歌歌之, 星恠即滅, 日本兵還國, 反成福慶. 大王歡喜, 遣郎遊岳焉."
23 『三國遺事』 권5, 感通, "羅人尙鄕歌者尙矣. 盖詩頌之類歟. 故徃徃能感動天地鬼神者非一."

는 신라인의 갈등과 고통, 불안과 슬픔을 해소하고 더불어 어우러질 수 있었던 문화의 자양분이자 원동력이었던 것이다.[24]

향가 이외에 화랑의 영성은 그들이 유오산수를 다녔던 곳이 후대에 순례지로 회자되는 것을 통해 알 수 있다. 고려 이후 문인들은 화랑들의 행적을 찾아다니며 기록을 남겼다. 이 기록들에서 문인들은 옛 화랑이 유오에서 느꼈을 감흥을 상상하며, 그 영성을 자신에게 북돋으려 하는 점을 발견할 수 있다. 이를테면 경문왕 때 국선 요원랑邀元郎·예흔랑譽昕郎·계원桂元·숙종랑叔宗郎 등이 유오한 금란굴金蘭窟[25]과 효소왕 때 국선 부례랑夫禮郎의 무리들이 금란에 갔다는 기록이 있다.[26] 금란 지역은 화랑들의 대표적인 순례지로 지금의 강원도 통천군 금강산 일대를 말한다.

고려 후기 이곡李穀(1298-1351)의 경우, 그의 「동유기東遊記」에서 금란굴에 관한 내용을 적었다. 그는 금란현의 북쪽에 있는 석굴을 금란굴이라 부르며, 사람들이 그곳을 관음보살이 머무는 곳이라 말한다고 하였다. 이곡은 배를 타고 금란굴에 직접 가보는데, 뱃사공이 많은 사람들이 유람을 와서 금란굴을 보고 간다고 전하였다.[27] 이처럼 금란굴은 고려시대 이후, 신앙의 대상이 되어 참배객들이 많았다고 한다. 금란굴과 멀지 않은 화랑의 유오지로는 삼일포三日浦가 있다. 삼일포는 강원도 고성군 삼일포리에 위치한 호수로 사선四仙이 머물렀던 곳으로 유명하다. 사선四仙은 술랑述郎·남랑南郎·영랑永郎·안상安常을 말한다. 그들이 주로 유오한 장소를 열거하면, 우선 고성의 삼일포三

---

24 한흥섭, 『우리음악의 멋 풍류도』, 책세상, 2003, 44-45쪽 참조.
25 『三國遺事』 권2, 紀異, "國仙邀元郎·譽昕郎·桂元·叔宗郎等遊覽金蘭."
26 『三國遺事』 권3, 塔像, "孝昭王奉大玄薩喰之子夫禮郎爲國仙, 珠履千徒, 親安常尤甚. 天授四年□長壽二年癸巳暮春之月, 領徒遊金蘭."
27 『稼亭集』 권5, "通古金蘭縣, 故城北隅有石窟. 人言金蘭窟, 觀音菩薩所住之處. 明日, 乘舟並岸而入, 望見之微若菩薩形像立於窟中, 以其窟深且狹, 故不可入. 操舟者日, 吾居於此久矣, 自元朝使華本國之卿士仗節剖符於方面者, 下至遊觀之人, 無問貴賤, 必欲來觀."

日浦가 있고, 통천에는 사선봉四仙峰과 총석정叢石亭, 간성杆城에는 선유담仙遊潭과 영랑호, 금강산에는 영랑봉永郎峰, 장연長淵에는 아랑포阿郎浦, 강릉에는 한송정寒松亭이 있다.[28]

사선에 관한 기록으로는 『삼국유사』에서 효소왕 때의 국선 부례랑이 안상과 친하였다는 내용과 영랑의 무리로 진재眞才와 번완繁完이 있다는 기록이 전해진다.[29] 「동유기」에서 이곡은 사선봉四仙峯에 올라 경관을 돌아보다 옛 비갈碑碣을 보며, 사람들이 "신라新羅 때에 영랑永郎·술랑述郎 등의 무리 삼천 명과 바닷가에서 놀았다."는 말을 떠올렸다. 그는 혹시 그들이 유오 후에 세운 비碑가 아닐지 추측하기도 하였다.[30] 나아가 이곡은 삼일포에 이르러 '술랑'이 새겨진 석벽을 보게 된다.

> 4일 날에 일찍 일어나 삼일포三日浦에 이르렀다. 포는 성북 5리 끝에 있는데, 배를 타고 서남쪽의 작은 섬에 이르니, 활 같은 한 개의 큰 돌이 있었다. 그 꼭대기에 석감石龕이 있고 그 속에 석불이 있으니 이른바 사람들이 말하는 미륵당彌勒堂이다. 그 석벽의 동북 방면에 6자字 붉은 글씨가 있어 가보니 두 줄에 3자씩 쓰여 있는데, "술랑도남석행述郎徒南石行"이라 되어있다. 여기서 "술랑述郎" "남석南石"의 4자는 분명하지만, 아래 2자는 분명하지 않아 알아볼 수 없었다.[31]

---

28  한국민족문화대백과사전 https://encykorea.aks.ac.kr/ 참조.
29  『三國遺事』 권3, 塔像, "孝昭王奉大玄薩喰之子夫禮郎爲國仙, 珠履千徒, 親安常尤甚. … 永郎之徒, 唯眞才·繁完等知名, 皆亦不測人也."
30  『稼亭集』 권5, "所謂四仙峯者, 其石束立, 其條方直, 大槩如國島, 但其色赭, 其崖石亦參差不正耳. 自其上臨視之, 四峯離立峭拔, 斷崖嶔崟, 臨東溟萬里, 對西嶺千重, 寶關東壯觀也. 舊有碑在崖上, 今不見遺跡在耳. 又俗東峯, 有古碣, 剝落磨滅, 無一字可識, 不知何代所立也. 人言新羅時有永郎, 述郎■■四仙童者, 與其徒三千人, 遊於海上, 此碑碣. 豈其徒所立者耶. 亦不可得考也."
31  『稼亭集』 권5, "初四日, 早起至三日浦. 浦在城北五里許, 登舟至西南小嶼, 穹窿一巨石也. 其頂有石龕, 龕中有石佛, 俗所謂彌勒堂也. 其崖東北面, 有六字丹書, 就視之則兩行三字, 其文曰, 述郎徒南石行. 其述郎徒南石四字, 則明甚, 其下二字, 稀微不可識."

이곡은 사람들이 전하는 말을 중심으로 화랑들의 자취를 찾다가, 삼일포에 이르러 사선 중 한 명인 '술랑'의 이름을 보게 된다. 「동유기」에 나타난 강원도 일대 화랑의 유오지에 대한 소개는 공간에 대한 개인의 감흥뿐만 아니라, 그 속에 깃든 여러 일화 및 문헌을 기록하고 있다. 금란굴의 경우 화랑에 대한 논의보다는 관음성지로서의 영험함을 자세히 적었으며, 위의 인용문에서 미륵당은 민간에서 전해지는 미륵신앙을 짐작할 수 있다. 금란굴이나 미륵당은 모두 바다에 있는 동굴로 화랑의 유오지일 뿐만 아니라 후대에 영험한 성지로 발전되었다.

서쪽으로 돌아가는 바위 절벽에 '술낭도남석행述郎徒南石行'이란 6자가 붉은색으로 새겨져 있는데, 세상 사람들은 사선四仙이 쓴 것이라 전하였다. 자획이 아직 파손되지 않았고 다만, '도徒'와 '행行' 글자가 자못 흐릿하지만, 자세히 보면 분별할 수 있으니 기이하다. 보고 난 후, 나는 붓을 들어 그 아래에 나의 이름을 새겼다. 과연 천 년 뒤에 내 이름을 보는 사람도 지금의 나처럼 사선들과 동시대를 살지 못한 것을 한탄할지 알 수 없다.

돌아와 사선정 아래에 정박하니, 섬 주변이 모두 괴석이고 그 위에 오래된 소나무들이 있는데, 대부분 야위고 작아 꿈틀대는 기세가 없지만 바람에 흔들려 나는 맑은 소리가 또한 좋았다. 술잔을 들고 그 아래 앉아 있으니 정신이 상쾌하여 떠나고 싶지 않았다. 일정이 촉박하여 끝내 3일을 머물지 못하였으니, 어찌 사선들의 웃음거리가 되지 않겠는가.[32]

인용문은 조선시대 김창협金昌協(1651-1708)의 「동유기東游記」 가운데 사선

---

32 『農巖集』 권23, "迤西石厓, 有丹書題郎徒南石行六字, 世傳四仙所書. 字畫尙不泐, 唯徒行二字, 稍漫漶, 而細視亦可辨, 奇矣. 覽已泚筆題姓名其下, 不知後千載見者, 亦有不同時之歎, 如今日否也. 回泊亭下, 環島皆怪石, 上有古松數株, 類皆瘦短, 不能作夭蟜勢, 風至瀏然有聲, 亦自可喜, 把酒坐其下, 神思蕭爽, 都不欲去, 行路卒卒, 竟不能作三日留, 得無爲四仙所笑乎."

정에 관한 부분이다. 김창협은 이곡과 마찬가지로 삼일포에서 배를 타고 사선정에 올라가 '술낭도남석행述郎徒南石行'을 보았다. 그리고 사선을 생각하며, 6글자 밑에 자신의 이름을 새겼다. 그는 6글자를 보며 과거의 화랑을 상상하였고, 자신의 이름을 새김으로써 글자를 보고 갈 후손들과 소통하고자 하였다. 이렇듯 사선정은 과거와 현재 그리고 미래가 지속되는 상징성을 가진 공간이었다.

강원도 통천군 일대의 삼일포, 금란굴, 사선봉으로 본 화랑의 순례지는 과거에서 현재까지 지속되는 공간임을 알 수 있었다. 특히 금란굴이나 사선봉이 지닌 공간의 영험성은 세상 사람들에게 끊임없이 회자되며 종교성을 지니게 된다. 이처럼 화랑의 공간은 과거에 머무는 것이 아니라, 사람들이 담론을 생성하며 끊임없이 현재화되었던 것이다.

## 3. 화랑문화에 나타난 감성

이 장에서는 화랑의 실천 덕목 가운데 감성적 측면을 중심으로 살펴보고자 한다. 이글에서는 화랑의 음악을 중심으로 『삼국사기』 가운데 「악지」에 기록된 내용을 토대로 전개할 것이다. 『삼국사기』의 「악지」는 삼국시대 음악과 관련된 사료로 악기의 수용과 개량 그리고 곡명 등으로 구성되었다. 상당수가 신라 음악에 대한 부분으로, 고구려와 백제에 대한 기록은 많지 않다. 다음은 현금玄琴에 관한 내용이다.

신라인으로 사찬沙湌 옥공영玉恭永의 아들 옥보고玉寶高는 지리산 운상원雲上院에 들어가 거문고를 연마한 지 50년 만에 스스로 새로운 가락 30곡을 창작해서 이를 속명득續命得에게 전수하였고, 속명득은 귀금貴金선생에게 전수했는데, 귀금 선생 역시 지리산에 들어가 나오지 않았다. 신라왕은 거문고의 예도禮道가 끊어질까 염려해 이찬 윤흥允興에게 일러서 그 음악을 전수해 오게 하고, 드디어 남원의 일체 관청 사무를 그에게 맡겼다. 윤흥이 임지에 도착하여 총명한 소년 두 명 즉 안장과 청장을 선발해 그들로 하여금 지리산에 들어가 거문고를 배워오도록 하였다. 귀금 선생은 그들에게 거문고를 가르쳐주면서도 그 은미한 경지는 전해주지 않았다. 윤흥이 자기 부인과 함께 나아가 말하기를 "유리왕께서 저를 남원에 보내신 것은 다름이 아니라 선생의 기예를 전수받고자 함인데, 지금 3년이 되었는데도 선생께서는 감추어두고 전수해주지 않는 것이 있으니, 제가 왕께 복명해 올릴 만한 것이 없습니다."라며, 윤흥은 두 손으로 술을 받들어 올리고 부인은 술잔을 잡고 무릎걸음을 하여 예의와 정성을 다하였다. 그런 다음에야 귀금 선생은 감추어두었던 '표풍飄風' 등 세 곡을 전해주었다. 안장은 자기 아들 극상克相과 극종克宗에게 전수하고, 극종은 일곱 곡을 지었으며, 극종의 뒤에는 거문고를 전공하는 이가 한둘이 아니었다.[33]

위의 내용은 현금 즉 거문고에 관한 내용이다. 역사적으로 거문고는 고구려에서 처음으로 유입되어, 왕산악王山岳에 의해 개량되어 전해졌다. 김부식은 고구려의 거문고 전승 기록이 전해지지 않아서 신라의 전승과정만을 기록하였다. 신라 거문고의 전승과정은 옥보고로부터 시작된다. 그는 통일신라 경덕왕 때의 인물로 거문고를 작곡하고 연주했던 명인名人으로 옥보고가 작

---

[33] 『三國史記』 권32, 雜志, "羅人沙湌, 恭永子玉寶高, 入地理山雲上院, 學琴五十年, 自製新調三十曲, 傳之續命得, 得傳之貴金先生, 先生亦入地理山不出. 羅王恐琴道斷絶, 謂伊湌允興, 方便傳得其音, 遂委南原公事. 允興到官, 簡聰明少年二人, 曰安長·淸長, 使詣山中傳學. 先生敎之, 而其隱微不以傳. 允興與婦偕進曰, "吾王遣我南原者, 無他, 欲傳先生之技, 于今三年矣, 先生有所秘 而不傳, 吾無以復命." 允興捧酒, 其婦執盞膝行, 致禮盡誠. 然後, 傳其所秘, 飄風等三曲. 安長傳其子克相·克宗, 克宗制七曲, 克宗之後, 以琴自業者, 非一二."

곡한 30곡의 제목이 전해지고 있다. 인용문을 보면 옥보고는 거문고를 배우기 위해 운상원에 들어가 50년을 연습하며 익혔다고 한다. 여기서 운상원은 화랑 단체와 관련된다.

『화랑세기』를 보면 "설원랑薛原郎의 낭도들은 향가를 잘하고 청유淸遊를 즐겼다. 그러므로 국인들이 문도文徒를 가리켜 호국선護國仙이라 했고, 설도薛徒를 가리켜 운상인雲上人이라 했다. 골품骨品이 있는 사람들은 설도를 많이 따랐고, 초택草澤의 사람들은 문도를 많이 따랐다."[34]라고 되어 있다. 설원랑은 7대 국선으로 그를 따르는 낭도들을 운상인이라 불렀다고 한다. 운상인들은 향가를 잘하고 청유를 즐긴 특징을 가지고 있다. 동시대에 운상인과 대별되는 단체로 호국선이 있다. 호국선은 8대 국선인 문노文弩를 따르는 단체이다. 문노의 낭도들은 무사武事를 좋아하고 협기俠氣가 많은[35] 무사적 성격을 가지고 있다. 이러한 이유로 문노의 낭도들을 호국선이라 부른 것이다.

따라서 운상원은 운상인파가 모여 수련하던 곳이다. 옥보고는 거문고를 익히기 위해 운상원에서 50년간을 보내게 된다. 옥보고는 거문고의 명인이 되었고, 속명득에게 전수하였다. 속명득은 귀금 선생에게 거문고를 전수하였는데, 이들은 모두 지리산에서 나오지 않았다고 한다. 이렇게 되자 경문왕은 윤홍에게 지리산에 가서 거문고를 전수해오라는 명령을 내린다. 윤홍은 안장과 청장을 뽑아 지리산에 들어가 귀금 선생에게 거문고를 배워 오라고 하였다. 이처럼 거문고의 전승이 끊어질까 두려워 왕이 사람을 파견할 정도라면, 당시 음악이 신라 사회에 끼치는 영향이 크다는 것을 짐작할 수 있다. 경문왕은 화랑 출신으로 화랑을 통해 왕권을 강화하고자 하였다. 거문고의 전승

---

[34] 『花郎世紀』, "薛原之徒, 善鄉歌好清遊. 故国人指文徒爲護国仙, 指薛徒爲雲上人. 骨品之人多從薛徒, 草沢之人多從文徒."(김대문, 이종욱 역주해, 앞의 책, 99쪽.)

[35] 『花郎世紀』, "文弩之徒, 好武事多俠氣."

문제는 왕권과도 깊은 연관이 있을 수 있다. 이처럼 거문고는 단순히 악기가 아니라 그 속에 음악정신과 정치권력까지 결합된 개념으로 볼 수 있다.[36] 윤흥의 노력으로 귀금 선생에게 거문고를 전승받고, 나중에 극상과 극종으로 전승되면서 거문고의 맥이 이어졌다.

인용문에서 옥보고와 운상원을 통해 알 수 있듯이 화랑에게 음악은 도를 체득하는 하나의 수련이었다. 따라서 '상열이가악相悅以歌樂'은 노래를 부르며 서로 즐거워하는 유희의 범주를 넘어선다.

이 밖에 화랑과 관련된 음악으로는 진흥왕 때 지은 「도령가徒領歌」와 원랑도原郎徒가 지었다는 「사내기물악思內奇物樂」이 있다.[37] 여기서 원랑도는 최초의 화랑인 설원랑薛原郎의 무리를 일컬으며, 그들의 무리가 지었다는 주장이 있다.[38] 그 밖에 『삼국유사』에서 화랑이 지었다는 노래는 아래와 같다.

> 국선 요원랑邀元郎·예흔랑譽昕郎·계원桂元·숙종랑叔宗郎등이 금란金蘭에 있는 동굴에서 유오를 하다, 임금을 위해 나라를 다스릴 뜻을 품었다. 이에 그들이 가사 3수를 지어 사지舍知 심필心弼에게 원고를 주며, 대구화상에게 보내어 작곡하도록 했다. 세 곡의 곡명은 「현금포곡玄琴抱曲」과 「대도곡大道曲」 그리고 「문군곡問羣曲」이다. 조정에 들어가 왕에게 아뢰니, 왕이 크게 기뻐하며 상을 주었다. 그 노래는 알 수 없다.[39]

내용 가운데 네 명의 화랑이 금란에 있는 굴에서 유오할 때, 문득 감흥이

---

36　한흥섭, 『한국 고대 음악사상』, 예문서원, 2007, 175-176쪽 참조.
37　『三國史記』 권32, 雜志, "徒領歌, 眞興王時作也. … 思內奇物樂, 原郎徒作也."
38　이기동, 앞의 책, 345쪽 참조.
39　『三國遺事』 권2, 紀異, "國仙邀元郎·譽昕郎·桂元·叔宗郎等遊覽金蘭, 暗有爲君主理邦國之意, 乃作歌三首, 使心弼舍知授針卷, 送大炬和尙處, 令作三歌. 初名『玄琴抱曲』, 第二『大道曲』, 第三『問羣曲』, 入奏於王, 王大喜稱賞. 歌未詳."

생겨 노래를 만들었고, 그들이 만든 가사는 대구화상大矩和尚에게 보내졌다고 하였다. 대구화상은 향가 모음집인『삼대목三代目』을 편찬한 승려로 그가 화랑도의 가사에 곡을 넣었다고 적혀있다. 비록 그들의 곡은 전해지지 않지만, 곡명인 대도大道, 문군問羣을 통해 경문왕에 대한 충의가 깃들여져 있음을 알 수 있다.

지금부터는 신라인이 부르던 노래, 즉 향가鄕歌를 통해 화랑의 삶에서 느끼는 감성을 알아보도록 하겠다.

    지나간 봄이 그리워
    모든 것이 울 이 슬픔
    아름다움 나타내신
    모습에 주름살을 지니려 하네
    눈 돌릴 사이에
    만나보기를 [어찌]이루리
    낭이여, [당신을]그리워하는 마음의 갈 길
    다북쑥 우거진 마을에 잘 밤 있으리.

    去隱春皆理米, 毛冬居叱沙哭屋尸以憂音, 阿冬音乃叱好支賜烏隱, 皃史年數就音墮支行齊, 目煙廻於尸七史伊衣, 逢烏支惡知乎下是, 郎也慕理尸心未行乎尸道尸, 蓬次叱巷中宿尸夜音有叱下是.[40]

위의 작품은 신라 효소왕 때 낭도 득오得烏가 지은「모죽지랑가」이다. 대장군 죽지랑의 무리에 득오가 있었는데, 어느 날 열흘이 넘도록 득오가 보이지 않았다. 죽지랑은 득오의 어머니를 불러 연유를 묻고, 그가 부산성의 창고지

---

40    『三國遺事』권2, 紀異,「孝昭王代 竹旨郎」(박노준, 앞의 책, 33쪽 참조).

기로 임명을 받았음을 알게 된다. 죽지랑은 낭도 137명을 거느리고 떡과 술을 가지고 득오를 만나러 간다. 죽지랑은 득오를 데려간 익선에게 휴가를 내줄 것을 요청하였지만 받아들여지지 않았다. 마침 지나가던 사리使吏 간진侃珍이 곡식 30석과 말 그리고 안장을 익선에게 주자 드디어 득오에게 휴가를 내주었다.[41] 득오는 죽지랑의 일을 추억하며, 그를 사모하는 마음을 담아 노래를 지었다. 작품에서 늙고 쇠한 죽지랑의 모습을 안타까워하고, 그의 죽음을 애통해하는 감정이 표현되어 있다. 죽지랑의 성품은 작가에게 큰 감화력을 발휘하였고, 그를 향한 득오의 간절한 그리움과 슬픔이 그려져 있다. 이 작품은 죽지랑의 과거와 현재를 묘사한 것으로 득오와 죽지랑의 이야기를 알아야 이해가 가능하다.

앞에서 살펴보았던 「도솔가」와 「혜성가」와 다르게 영성적인 측면이 없는 전형적인 서정시 혹은 서정 노래이다. 또 다른 화랑과 관련된 작품으로 「찬기파랑가」가 있다.

  울어 지침에
  나타난 달이
  흰 구름 좇아 떠가는 것 아닌가
  새파란 시내에
  기랑의 모습이 있어라.
  수모내 조약돌에

---

41 『三國遺事』 권2, 紀異, "第三十二孝昭王代, 竹曼郎之徒有得烏一云谷級干, 隷名於『風流黃卷』, 追日仕進, 隔旬日不見. 郎喚其母, 問「爾子何在」, 母曰：幢典牟梁益宣阿干, 以我子差富山城倉直, 馳去行急, 未暇告辭於郎. 郎曰：汝子若私事適彼, 則不須尋訪, 今以公事進去, 須歸享矣. 乃以舌餠一合·酒一缸, 卒左人鄕云：皆叱知, 言奴僕也而行, 郎徒百三十七人, 亦具儀侍從. 到富山城, 問閽人, 得烏失奚在, 人曰：今在益宣田, 隨例赴役. 郎歸田, 以所將酒餠饗之, 請暇於益宣, 將欲偕還, 益宣固禁不許. 時有使吏侃珍管收推火郡, 能節租三十石, 輸送城中, 美郎之重士風味, 鄙宣暗塞不通, 乃以所領三十石, 贈益宣助請, 猶不許. 又以珍節舍知騎馬鞍具貽之, 乃許."

낭이 지니신
마음의 끝이라도 좇고자
아으, 잣나무 가지처럼 높아
서리 모르실 화랑이시여.

咽嗚爾處米, 露曉邪隱月羅理, 白雲音逐于浮去隱安支下, 沙是八陵隱汀理
也中, 耆郎矣皃史是史藪邪, 逸烏川理叱磧惡希, 郎也持以支如賜烏隱, 心未
際叱肹逐內良齊, 阿耶, 栢史叱枝次高支好, 雪是毛冬乃乎尸花判也.[42]

「찬기파랑가」는 낭승 충담사忠談師의 작품으로, 「모죽지랑가」와 더불어 화랑을 찬미한 향가로 유명하다. 이 작품은 경덕왕 때 충담이 화랑 기파랑耆婆郞의 죽음을 애도한 만가輓歌이다. 향가의 배경으로 충담과 기파랑의 연관성은 찾아볼 수 없으며, 작품을 통해 기파랑의 모습을 연상할 수 있다. 충담사는 달이 흰 구름을 따라 흐르는 것을 흐느끼며 바라본다. 시선을 아래로 향하여 새파란 냇물에서 기파랑의 모습을 본다. 자갈 벌에서 기파랑의 뜻을 따르고자 흠모하는 마음을 담았다. 향가에서의 '잣나무 가지 높아'는 기파랑의 고매한 인격을 상징하는 것으로, 역경 즉 서리에도 기파랑의 인격은 가려질 수 없는 의미이다. 충담은 기파랑을 고결한 존재로 찬미하였다. 향가에서 달과 새파란 시내 그리고 잣나무는 기파랑을 묘사한 것이다. 작품은 대상의 인품을 직접 묘사하기보다 비유와 상징으로 흠모의 정을 표현하였다. 이러한 점에서 문학성이 높은 작품으로 평가받는다.

「모죽지랑가」와 「찬기파랑가」는 화랑의 죽음을 소재로 하였다. 「모죽지랑가」에서 득오는 죽지랑의 늙음을 한탄하고 죽어서 다시 만나려는 염원을

---

[42] 『三國遺事』 권2, 紀異, 「景德王 忠談師 表訓大德」(박노준, 앞의 책, 61쪽 참조).

담았다. 「찬기파랑가」는 충담사가 기파랑의 높은 인격을 자연을 소재로 비유하면서 그를 좇고 싶은 그리움을 나타내었다.[43] 두 작품이 화랑의 죽음을 슬퍼하고 그들을 찬미하는 향가라면, 아래의 「제망매가」는 죽은 누이에 대한 그리움과 깊은 애상을 담은 작품이다.

    생사生死의 길은
    여기 있으니 두려워하고
    나는 간다는 말도
    못다 이르고 갔느냐
    어느 가을 이른 바람에 여기저기 떨어진 나뭇잎처럼
    한 가지에 나고서도
    가는 것을 모르는 구나
    아, 미타찰彌陀刹에 만날 나는
    도道닦아 기다리리.

    生死路隱, 此矣有阿米次肹伊遣, 吾隱去內如辭叱都, 毛如云遣去內尼叱古, 於內秋察早隱風未, 此矣彼矣浮良落尸葉如一等隱枝良出古, 去奴隱處毛冬乎丁, 阿也, 彌陁刹良逢乎, 吾道修良待是古如.[44]

월명사는 죽은 누이동생의 제를 올리며 「제망매가」를 지었다. 향가의 시작은 삶과 죽음이 분리되고, 살아있지만 죽음의 순간이 언제 어디서 오는지 예측할 수 없음을 말하고 있다. 한 가지에서 태어났지만 죽음은 가을바람에 떨어지는 나뭇잎처럼 허무하고 무상한 것이다. 누이의 죽음에 대한 슬픔은

---

43  김희동, 「신라향가에 나타난 화랑정신 고찰」, 동국대학교 석사학위논문, 2017, 23쪽 참조.
44  『三國遺事』 권5, 感通, 「月明師兜率歌」(박노준, 앞의 책, 52쪽 참조.)

인생의 무상함으로 인식되어진다. 그는 삶의 허무함을 극복하고자, 미타찰에서 만날 것을 기약하며 종교적으로 죽음을 승화시킨다. 이 노래는 죽음이라는 인간의 원초적인 두려움과 공포 그리고 갈등을 서정적으로 표현하였다.

앞에서 살펴본 「모죽지랑가」와 「찬기파랑가」처럼 「제망매가」도 죽음을 소재로 다루고 있지만, 느껴지는 정서는 다르다. 우선 창작자와 죽음의 대상과의 관계가 다르며, 죽음에 대한 슬픔이 찬미 혹은 사모로 승화된다는 점에서 차이점을 지닌다. 다시 말해 「제망매가」에는 죽음이라는 심연에 더 깊게 침잠하고 삶과 죽음의 경계에서 느끼는 애상을 그대로 보여주었다.

이상으로 인간의 근원적인 문제인 죽음을 중심으로 화랑의 감성을 살펴보았다. 창작자는 대상자의 죽음으로 인해 삶과 죽음의 분리를 경험한다. 부재에 대한 슬픔과 절망은 인간 존재의 허무함으로 표현된다. 창작자의 슬픔이 삭이고 묵혀서 작품으로 탄생되었다. 그리고 작품에서 슬픔은 다음 세상에서 만날 것을 기약하며 종교적으로 승화된다. 이처럼 죽음에 대한 상징과 비유는 창작자 즉 화랑의 감성을 의미한다. 그리고 작품 속에서 종교적 승화는 영성적 측면에서 논의할 수 있다. 이처럼 화랑의 감성과 영성은 구분되기도 하고 하나로 융합되어 나타나기도 한다.

## 4. 화랑, 현대인과의 조우

이 글은 고대 화랑의 원형적 모습을 감성과 영성을 중심으로 논의하였다. 영성의 측면은 고유의 선仙사상과 관련되었다. 그들의 명산 순례는 산악숭배로부터 기원된다. 대표적으로 화랑들의 순행지로 삼산 오악이 포함되어 있으며, 그들의 유오는 국가의 호국신이 깃든 산을 순례하는 종교적인 성격을 지니고 있다. 화랑의 영성적인 측면은 그들의 향가를 통해 알 수 있었다. 향가는 신라인에게 시송과 같은 것으로 주술성을 지니고 있다. 신라인들은 향가가 단지 사람을 위로하고 즐겁게 해주는 것에 그치지 않고 귀신이나 신령까지 감복시키는 종교적 힘을 지니고 있다고 믿었다. 다시 말해 향가는 신라인의 갈등과 고통, 불안과 슬픔을 해소하고 더불어 어우러질 수 있었던 문화의 자양분이자 원동력이었던 것이다.

감성의 측면은 『삼국사기』 「악지」를 통해 신라인들에게 음악이 갖는 의미를 짚어보았다. 거문고를 통해 본 신라인의 음악관은 노래를 부르며 즐거워하는 유희의 범주를 넘어섰다. 그리고 화랑과 관련된 향가를 통해 화랑의 삶 속에 비춰진 감성들을 살펴보았다. 특히 인간의 근원적인 문제인 죽음을 중심으로 화랑의 감성을 논의하였다.

지금까지 살펴본 고대 화랑의 문화 원형은 화랑 담론에 대한 고대로의 회귀를 강조한 것은 아니다. 다만 필자는 화랑을 현재 관점에서 생각해보는 계기를 마련하고자 할 뿐이었다. 왜냐하면 '화랑'의 공간이 고려이후 현대까지 탐방객들이 이어져 오면서 화랑의 담론도 끊임없이 현실에서 재생산되었기 때문이다. 화랑의 감성과 영성은 그들의 삶 속에 비춰진 사유의 편린들이다. 다시 말해 화랑 문화에는 인간으로서 느끼는 한계와 무상함 그리고 기쁨과 슬픔 속 구성진 삶의 가락이 흐르기에, 현대인도 공감할 수 있을 것이다.

## 참고문헌

『三國史記』
『三國遺事』
『花郞世紀』
『稼亭集』
『農巖集』

김대문, 이종욱 역주해, 『대역 화랑세기』, 소나무, 2005.
김희동, 「신라향가에 나타난 화랑정신 고찰」, 동국대학교 석사학위논문, 2017.
박노준, 『향가』, 悅話堂, 1991.
신선희, 『한국고대 극장의 역사』, 열화당, 2006.
신재홍, 「『화랑세기』에 나타난 화랑의 이념과 향가」, 『겨레어문학』 34, 겨레어문학회, 2005.
이기동, 『신라골품제 사회와 화랑도』, 일조각, 1984; 1996.
최영성, 「한국사상의 원형과 특질 : 풍류사상, 민족종교와 관련하여」, 『한국철학논집』 55, 한국철학사연구회, 2017.
한흥섭, 『우리음악의 멋 풍류도』, 책세상, 2003.
\_\_\_\_, 『한국 고대 음악사상』, 예문서원, 2007.

# 제2부
# 문학의 마음

# 개암介巖 강익姜翼의 심학心學과 그의 시가문학

정우락(경북대학교 국어국문학과 교수)

## 1. 머리말

본 논의는 개암介庵 강익姜翼(1523-1567)[1]이 남긴 시가문학[2]에 심학이 어떻게 작동하며, 그것이 추구하는 궁극적인 의미는 무엇인가 하는 문제를 따지기 위한 것이다. 먼저 심학이 무엇인가 하는 부분을 간략하게나마 이해할 필요가 있다. 이것은 용어 그대로 마음의 문제를 핵심적으로 다루는 학문이라 할 수 있다. 그러나 이 말은 간단치가 않다. 넓게는 마음의 개념과 관련된 일반적인 의미에서 사용되고, 좁게는 마음을 본체로 인식하는 입장을 취하고

---

[1] 강익의 자는 仲輔, 호는 介庵 혹은 松庵, 본관은 晉州이다. 鄭希輔와 曺植의 문인으로, 1549년(명종 4)에 진사 급제하였으나 벼슬에 나아가지 않았으며, 盧禛, 李後白, 梁喜, 金宇顒 등과 道義之交를 맺었다. 조선에 서서히 서원 건립운동이 일어나던 1552년(명종 7)에 정여창을 봉향하기 위한 남계서원의 건립을 주도하였으며, 1566년(명종 21)에 남계서원의 사액을 위해 상소를 올릴 때 疏頭가 되었다. 이후 그는 남계서원에 제향되었다. 그의 문집『개암집』은 현재 3종의 판본이 전해지는데, 2종은 1686년에 간행된 초간본의 후쇄본(2권 1책)이고, 1종은 1938년에 간행된 중간본(3권 1책)이다.

[2] 시가문학은 국문시가를 포함한 용어로, 여기서는 한시와 시조를 포괄해 사용한다. 현재 강익의 시조 3수가 전해지는데, 본고에서는 한시와 함께 이 3수도 적극적으로 다룬다.

있기 때문이다.

심학은 불교[3]는 물론이고, 정주학程朱學, 육왕학陸王學, 심지어 동학[4]에 이르기까지 다양하게 사용되는 용어이다. 그러나 성즉리설性卽理說을 표방하는 정주학적 입장에서는 심즉리설心卽理說을 내세운 육왕학이 마음의 본체를 강조한다는 측면에서 불교의 선학과 일치한다고 보고, 자파의 학문을 이학理學 내지 도학道學이라고 하면서 불교와 육왕학을 심학이라 비판하기도 했다. 정주학자들이 마음을 기질로 보아 심즉기心卽氣의 입장을 취하고 있었기 때문이다. 일찍이 서산西山 진덕수眞德秀(1178-1235)는 『심경』에서 임은林隱 정복심程復心(1257-1340)의 「심학도心學圖」를 제시하고, 이와 함께 그의 글을 다음과 같이 덧붙인 바 있다.

> 적자심赤子心은 인욕人欲에 빠지지 않은 양심良心이고 인심人心은 바로 욕망에서 느낀 것이며, 대인심大人心은 의리가 충족한 본심本心이고 도심道心은 바로 의리에서 깨달은 것이니, 이는 두 가지 마음이 있는 것이 아니다. 실로 형기形氣에서 생겨났으니 인심人心이 없을 수 없고, 성명性命에서 근원을 두었기 때문에 도심道心이 되는 것이니, 정일택집精一擇執 이하는 모두 인욕을 막고 천리를 보존하는 공부가 아닌 것이 없다. 신독愼獨 이하는 인욕人欲을 막는 것에 대한 공부이니, 반드시 부동심不動心의 경지에 이르면 부귀가 마음을 방탕하게 하지 못하고 빈천이 지조를 바꾸지 못하고 위무威武가 뜻을 굽히지 못하여 도가 밝고 덕이 확립됨을 볼 수 있을 것이요, 계구戒懼 이하는 천리를

---

[3] 일연은 『삼국유사』에 의해 「원광서학」조에서 원광의 제자 圓安을 소개하면서, "늦게서야 心學에 귀의했는데 높은 자취로 세속에 섞여 살았다.[晚歸心學, 高軌光塵.]"라고 하였다. 이때의 '심학'은 불교를 의미한다. 최치원은 聖住寺址의 「朗慧和尙白月葆光塔碑」에서 '심학'의 상대어로 '口學'이라는 용어를 사용하기도 했다.
[4] 최제우의 「교훈가」에서, "열시자 지극하면 萬卷詩書 무엇하며 心學이라도 하여시니 불망기의 하여씨라."라고 하거나, 「축문」에서 "도에 心學이 있어서 거의 수련을 마치기에 이르렀습니다.[道有心學, 幾至修煉.]"라고 한 것이 그것이다.

보존하는 곳의 공부이니, 반드시 종심從心의 경지에 이르면 마음이 곧 본체가 되고 욕망이 곧 작용이 되며 본체가 곧 도道가 되고 작용이 곧 의義가 되어서 소리내는 것이 조화롭게 되고 행동이 법도가 있게 될 것이다. 그리하여 생각하지 않고도 터득하고 힘쓰지 않고도 알맞음을 볼 수 있을 것이니, 요컨대 공부하는 요점은 모두 경敬에서 떠나지 않는다. 마음은 한 몸의 주재요, 경敬은 또 한 마음의 주재이다. 배우는 자가 주일무적主一無適의 말씀, 정제엄숙整齊嚴肅의 말씀, 기심수렴其心收斂의 말씀, 상성성常惺惺의 말씀을 익숙히 연구한다면 공부를 함이 극진하여 성인의 경지에 넉넉히 들어가는 것도 어렵지 않을 것이다.[5]

진덕수는 『심경』을 저술하면서 「심학도」와 이에 대한 해설을 책의 머리에 실었다. 「심학도」는 일신一身을 주재하는 심心과 일심一心을 주재하는 경敬을 중심으로 유가의 경전에서 이와 관련된 주요 용어들을 배열해 그린 그림이다. 즉, 위쪽에는 심心을 중심으로 양심良心과 본심本心, 적자심赤子心과 대인심大人心, 인심人心과 도심道心을 배치하였고, 아래쪽에는 경敬을 중심으로 신독愼獨과 계구戒懼, 극복克復과 조존操存, 심재心在와 심사心思, 구방심求放心과 양심養心, 정심正心과 진심盡心, 부동심不動心과 종심從心을 배치시켰다.[6] 그리고

---

[5] 陳德秀, 『心經』, "程氏復心曰, 赤子心, 是人欲未汨之良心, 人心, 卽覺於欲者, 大人心, 是義理具足之本心, 道心, 卽覺於義理者, 此非有兩樣心. 實以生於形氣, 則不能無人心, 原於性命, 則所以爲道心, 自精一擇執, 以下 無非所以遏人欲而存天理之工夫也. 愼獨以下, 是遏人欲處工夫, 必至於不動心, 則富貴不能淫, 貧賤不能移, 威武不能屈, 可以見其道明德立矣. 戒懼以下, 存天理處工夫, 必至於從心, 則心卽體, 欲卽用 體卽道, 用卽義, 聲爲律而身爲度. 可以見不思而得, 不勉而中矣, 要之, 用工之要, 俱不離乎敬. 蓋心者, 一身之主宰, 而敬, 又一心之主宰也. 學者熟究於主一無適之說, 整齊嚴肅之說 與夫其心收斂常惺惺之說 則其爲工夫也盡 而優入於聖域, 亦不難矣."

[6] 이 때 '心'자 외곽에 ○이 있고, '敬'자에는 ○이 없다. 여기에 대하여 정구의 제자 임흘이, "心學圖 가운데 '心' 자에는 원이 있고 '敬' 자에는 없으니, 그 이유를 모르겠습니다."라고 질문하자, 정구는, "'심' 자에 원이 있고 '경' 자에 없는 이유가 혹시 '심'은 方寸의 형체가 있어 그 안에 虛靈知覺과 神明不測한 묘리를 담아 두어 한 몸의 주재가 되지만, '경'은 오직 하나를 위주로 하고 항상 정신이 깨어 있는 것일 뿐, 어떤 모양이 없어서가 아니겠는가."라

이 둘을 유정惟精과 유일惟一로 접속되게 하였다. 위 글은 이에 대한 설명인 바, 성학을 위한 중요한 용어를 제시하고 그것의 요체는 경敬 한 자에 떠나지 않는다는 것을 보였다.

여기에 대하여 황돈篁墩 정민정程敏政(1446-1499)은, "정씨程氏의 이 그림은 심학心學의 묘리妙理를 다하였고, 논한 내용도 심학心學의 요점을 잘 드러내었다. 그러므로 편編의 머리에 게시揭示하여 배우는 자들에게 향해 갈 바를 알아서 단서端緒를 구하여 공부하는 터전으로 삼게 하는 바다."[7]라고 하면서 진덕수가 「심학도」 및 이에 대한 설명을 책의 머리에 제시한 이유를 밝혔다. 이황은 「성학십도」 제8도에 이 「심학도」를 배치하였으며, 조식 역시 『학기유편學記類篇』에서 제19도로 「성현논심지요도聖賢論心之要道」를 제시하였던 바 바로 정복심의 「심학도」이다.

강익이 정복심의 「심학도」와 그 해설을 어떻게 생각하였는가에 대해서는 구체적으로 알 수가 없다. 그러나 그는 평생 경敬을 중심으로 성학聖學을 실천하기 위하여 노력하였고, 그의 삶 역시 정복심의 그것과 흡사하였다. 정복심은 어려서부터 심학에 잠심하였는데, 원나라 인종조仁宗朝에 천거되었으나 나아가지 않았고, 향군박사鄕郡博士에 제수하였으나 벼슬을 그만두고 향리로 돌아가 학문에 매진한 인물이었기 때문이다. 그는 보광輔廣과 황간黃榦의 설을 모아서 그림으로 그리고, 그 그림에 설명을 붙여 『사서장도四書章圖』를 저술한 것으로 유명한데, 이 그림은 조선 선비들에게 많은 영향을 끼쳤다. 이를 염두에 두면서 다음 작품을 읽어보자.

---

고 대답한 바 있다.(鄭述, 『寒岡集』 권7, 「答任卓爾」 참조.)

[7]  程敏政, 『心經附註』, "程氏此圖, 盡心學之妙, 而所論, 亦足以發心學之要. 故, 揭之編首, 使學者, 知所向往而爲求端用功之地云."

| 燈下披黃卷 | 등불 아래에서 황권을 펼치니 |
| 分明古聖顏 | 옛 성현의 얼굴 분명해지네 |
| 夜深開戶看 | 밤 깊어 문을 열어 밖을 보니 |
| 雪月滿空山 | 눈 위의 달빛 빈산에 가득하네[8] |

이 작품은 강익이 숙야재夙夜齋에서 『주역』을 읽으면서 지은 것이다. 무엇보다 중요한 것은 이 책을 읽으면서 성현을 찾고 있다는 것이며, 그 성현에 대한 심상을 결구에 구체적으로 제시하고 있다는 것이다. '눈 위의 달빛 빈산에 가득하네'라고 한 것이 그것이다. 깨끗하고 밝은 마음을 이렇게 표현한 것이다. 진덕수는 『심경』에서 『주역』의 '한사존성閑邪存誠'(乾卦 文言), '경이직내敬以直內'(坤卦 文言), '징분질욕懲忿窒慾'(損卦 大像), '천선개과遷善改過'(益卦 大像), '불원복不遠復'(繫辭) 등 심학과 관련된 긴요한 말들을 인용해두고, 이를 중심으로 궁리하고 성찰하고자 했다. 이에 따라 강익도 『주역』을 읽으며 성현의 심태를 묘사했다. '설월만공산'이 바로 그것이다.

그동안 강익의 문학은 그의 시조 3수를 필두로 하여,[9] 한시[10]와 산문[11]이 함께 논의되었다.[12] 대체로 그의 생애와 관련된 문학관이나 문학세계를 포괄적으로 살피고자 했다. 이를 통해 연구자들은 강익이 도학자의 삶[13]을 살았으며 위기지학爲己之學에 입각한 문학 활동을 하였다고 했다. 이러한 결론은 물론 타당한 것이라 하지 않을 수 없다. 그러나 그 타당한 결론에 대한 충실

---

8   姜翼, 『介庵集』 상, 「夙夜齋讀易」
9   김일근, 「개암 강익 선생의 생애와 문학」, 『文湖』 2, 건국대학교, 1962.
10  문범두, 「개암 강익의 학행과 문학」, 『한민족어문학』 56, 한민족어문학회, 2010; 강구율, 「개암 강익의 생애와 시세계 고찰」, 『남명학연구총서』 10, 남명학연구원, 2017.
11  구진성, 「개암 강익의 학문과 문학」, 『남명학연구』 56, 경상대학교 남명학연구소, 2017.
12  남명학연구원에서는 이러한 작업을 묶어 남명학연구총서 10 『개암 강익』(예문서원, 2017)을 출간한 바 있다.
13  강익의 도학자적 삶에 대해서는 『介庵集』 하 「年譜」와 「행장」(姜渭琇)에 잘 나타나 있다.

한 근거와 심학의 문학적 형상 문제는 여전히 공백으로 남아 있다. 본고는 바로 이러한 연구사적 문제점을 포착하여 심학을 강익 문학의 근저로 보고, 이것이 작동한 문학적 결과를 살피고자 한다.

## 2. 심학에 대한 강익의 입장

강익은 15세 되던 해인 1537년(중종 32)에 당곡唐谷 정희보鄭希輔(1488-1547) 문하에 나아가 배웠다. 당시 그 문하에는 노진盧禛, 이후백李後白, 양희梁喜 등이 있어 자연스럽게 이들과 도의지교를 맺었다. 강익의 「연보」에 의하면 당시 그는 책 한 권을 읽자마자 문리가 통하여 경전과 백가百家의 자집子集을 읽는 책마다 그 의미를 밝게 통달하였다. 이 때문에 강익은 스승을 따라 배우지 아니하여도 미묘한 뜻과 난해한 점을 찾아내 스승에게 질문을 하였다. 이에 정희보는 강익을 볼 때면 반드시 용모를 고치고 몸을 일으켜 다른 학생들과 다르게 대우하였다고 한다.

강익은 성리서를 탐독하면서 경서와 사서史書를 배운 것으로 보이는데, 특히 남명南冥 조식曺植(1501-1572)에게 『대학』과 『논어』, 그리고 『주역』 등을 배웠다고 한다. 심학과 관련된 책 가운데 대표적인 것은 『심경』이라 할 것인데, 사실 이 책을 그가 어떻게 공부하였는지는 구체적인 자료가 없어 알 수가 없다. 그러나 당대의 학문 풍토로 보아 이 책을 중심으로 그의 심학이 구성된 것으로 보인다. 『심경』은 송나라의 진덕수가 유가 경전 및 도학자의 저술 가운데 심성 수양과 관련된 격언을 모아 편집한 책이다. 명나라 사람 정민정이 이 책에 해설을 덧붙여 『심경부주心經附註』를 편집하였는데, 우리나라 선비들 사이에는 정민정의 학문이 상산象山 육구연陸九淵(1139-1192)의 선학禪學에

물들었다는 비판을 받으며 논란이 일기도 했다.

　강익은 20세(1542, 중종 37)부터 조식의 학문에 관심을 보였으며, 29세(1551, 명종 6)에는 화림동花林洞을 찾은 조식을 처음으로 대면하게 된다. 32세(1554, 명종 9)에 덕산동德山洞으로 찾아가 『대학』과 『논어』를 강론하였으며, 36세(1558, 명종 13)에는 덕산동에서 조식으로부터 수개월 동안 『주역』을 배우다가 돌아오기도 했다. 퇴계退溪 이황李滉(1501-1570)에 대해서는 35세(1557, 명종 12)에 배방하고자 하였으나 형의 병환 때문에 뜻을 이루지 못했다고 한다. 이에 대하여 개암 연보에서는, "퇴계 이선생의 학문과 도덕이 순수함을 듣고 항상 가까이서 교화의 감화를 받고자 하였으나 백형 진사공의 병환이 있어 배알치 못하였다."[14]라 기록하고 있다. 한편 덕계德溪 오건吳健(1521-1574)에게 편지하여 이황을 만나러 도산으로 떠나는 것이 부럽다[15]고 하기도 했다.

　영남학파의 양대 산맥이라 할 수 있는 조식과 이황은 『심경』을 특별히 중시했다. 조식은 동고東皐 이준경李浚慶(1499-1572)으로부터 받은 『심경』을 읽고 「서이군원길소증심경후書李君原吉所贈心經後」를 써서, 이 책은 아마도 마음을 죽지 않게 하는 약이라 한 바 있고, 이황은 「심경후론心經後論」에서 이 책 공경하기를 신명과 같이 하고 높이기를 부모와 같이 한다고 했다.[16] 이로써 우리는 사림파의 성장과 맥락을 같이 하며 이들을 중심으로 읽혔던 『심경』이 영남학파가 정립되면서 매우 중요한 책으로 다시 부각되었던 저간의 사정을 이해하게 된다.

　이 같은 학문풍토 속에서 강학활동을 하였던 강익 역시 심학에 지대한

---

14　姜翼, 『介庵集』 하, 「年譜」 35歲條, "聞退溪李先生道德之純粹, 常欲親灸承化, 而以伯兄進士公有疾, 未果焉."
15　姜翼, 『介庵集』 상, 「答吳德溪書」, "竊聞將往陶山, 當飮河滿腹而歸, 令人欽歎無已."
16　조식과 이황의 『심경』 수용에 대해서는, 정우락, 「『심경』의 문학적 수용과 '마음'의 형상」, 『영남 선비들의 공부론과 지역 문헌』, 경상북도청년유도회, 2023에서 다루었다.

관심을 가지지 않을 수 없었다. 이는 사물에 대한 명명의식을 보면 바로 알 수 있다. 대표적인 것이 서재의 이름인데, 학문이 성숙해가던 26세(1548, 명종 3)에 집의 남쪽에 새로이 집을 지어 수양의 장소로 삼았는데 숙야재夙夜齋로 명명하였으며, 31세(1553, 명종 8)에는 지리산 북쪽 산기슭에 등귀登龜라는 마을에 작은 집을 짓고 양진재養眞齋라 하였다. 이러한 서재의 명명의식과 함께 그의 남계서원 건립과 이에 따른 명명의식 역시 주목할 필요가 있다. 여기에 심학이 깊게 내장되어 있기 때문이다.

먼저 숙야재夙夜齋부터 살펴보자. 이는 아침 일찍부터 밤늦게까지 면려한다는 숙흥야매夙興夜寐의 줄인 표현으로, 송나라의 진백陳柏이 「숙흥야매잠夙興夜寐箴」을 지어 스스로를 경계하면서 특별히 주목받은 용어이다. 강익은 숙야재에서, "언제나 첫 닭이 울면 일어나 세수하고 빗질하고 의관을 정제하여 가묘에 먼저 참배한 후 모부인에게 문안을 드리고, 서재에 나아가 꼿꼿하게 앉아 글을 읽는데 마치 흙으로 만든 인형과 같았다."[17]라고 한다. 진백이 「숙흥야매잠」에서 제시한 것을 그대로 실천하였던 것으로 보인다. 다음 자료에서 이러한 사정을 바로 알 수 있다.

닭이 울 때 깨어나면 생각이 떠오르기 시작한다. 어찌 그 사이에 조용히 마음을 정돈하지 않을 수 있겠는가? 때로는 지난 잘못을 반성하고 때로는 새로 얻은 것의 실마리를 찾으면 차례와 조리가 세워져 묵묵한 가운데 또렷해질 것이다. … 일이 생겨 대응할 경우에는 그 실천으로 증명을 해야 하고, 밝은 천명은 환하게 빛나는 것이니 눈을 항상 거기에 두어야 한다. 이에 대한 대응이 끝나면 나는 예전과 같이, 마음을 고요히 하고 정신을 모아서 생각을 멈추게 해야 한다. … 날이 저물어 사람이 피곤해지면 흐린 기운이 틈타기

---

17  姜翼, 『介庵集』 하, 「年譜」 26歲條, "每雞鳴盥櫛衣冠, 先謁家廟, 次省母夫人, 出就書齋, 危坐讀書, 有若泥塑人然."

쉬우니, 몸과 마음을 가다듬어 정신을 맑게 이끌어야 한다. 밤이 깊어 잠잘 때는 손발을 가지런히 하여, 아무런 생각을 일으키지 말고 심신을 잠들게 해야 한다.[18]

「숙흥야매잠」은 모두 208자로 구성되어 있다. 이황은 「성학십도聖學十圖」 제10도에 손수 「숙흥야매잠도夙興夜寐箴圖」를 그려 그 중요성을 부각시켰다. 진백은 이 글에서 일상생활에서 경敬을 어떻게 실천할 것인가 하는 문제를 매우 자세하게 제시하였다. 위는 그 일부로 일어날 때, 일할 때, 잠자리에 들 때의 마음가짐을 어떻게 할 것인가를 적은 것이다. 강익은 이 글을 읽으면서 일상생활 속에서 그 스스로를 가다듬어 가고자 하였을 터인데, '마치 흙으로 만든 인형과 같았다'라는 「연보」의 기록을 통해 우리는 그의 면려를 알 수 있다. 「단가삼결短歌三関」에서, 창해에 다다르고 난 이후에야 그 흐름을 그만둘 것이라[19]는 다짐도 성학聖學으로 가는 길의 진지성을 말한 것이라 하겠다.

다음은 양진재養眞齋이다, 양진은 성정의 참됨[性情之眞], 즉 본성을 기른다는 의미이다. 강익은 「양진재기養眞齋記」를 지어 이에 대한 생각을 분명히 하였다. 여기서 그는 제생들과 강론하면서 진성眞性을 기르기 위해 노력하였다. 그가 38세 되던 해인 1560년(명종 15)에 양진재의 한 장면을 「행장」은 전한다. 즉, 중추에 달빛이 고와 흥이 나서 길게 탄식하면서, "맑은 가을밤이 이리도 밝으니 어찌 한 점의 티끌 같은 더러움이 있어서야 되겠느냐? 사람이

---

18 陳柏,「夙興夜寐箴」(『退溪集』 권9,「進聖學十圖」), "鷄鳴而寤, 思慮漸馳. 盍於其間, 澹以整之? 或省舊愆, 或紬新得. 次第條理, 瞭然黙識. … 事至斯應, 則驗于爲. 明命赫然, 常目在之. 事應旣已, 我則如故. 方寸湛然, 凝神息慮. … 日暮人倦, 昏氣易乘. 齋莊正齊, 振拔精明. 夜久斯寢, 齊手斂足. 不作思惟, 心神歸宿. 養以夜氣, 貞則復元."
19 강익은 「단가삼결」 기일(『介庵集』 상)에서, "물아 어듸 가는냐 갈스길 머러셔라 뉘누리 다 치와 지내노라 滄海예  밋츤젼의야 근칠쭐이 이시랴."라고 하였다.

란 마땅히 세심정려洗心精慮하여 마음이 바로 이 맑은 달밤처럼 되고서야 사람이 될 수 있으리라."[20]라고 하면서 소옹의 「청야음清夜吟」 일절을 읊었다고 한다. 이와 관련하여 「양진재기」 한 대목을 들어보자.

> 무릇 당세의 득실이나 명예와 이익의 향배가 일찍이 한 치 마음속 나의 천군天君을 흔들지 못한다면, 스스로 내 의지와 내 기운을 기를 수 있으며 바깥 인연에 끌려다니지 않고 내면의 지조에도 골몰하지 않을 수 있으니, 성정의 참됨을 여기서 함양할 수 있을 것이다. 그래서 이 집을 양진養眞이라 편액한다. 아! 이 집의 이름을 지음에 또한 그 의미가 많으나 유독 양진이라는 이름을 취한 것은, 스스로 양진한다고 자랑하는 것이 아니라 실로 스스로 경계하려 하기 때문이며, 스스로 경계할 뿐만 아니라 또한 스스로 분발하여 실천하고자 하기 때문이다.[21]

강익은 이 글에서 심학과 관련한 매우 중요한 발언을 하고 있다. 「심학도」에서 제시된 경敬에 입각한 부동심不動心을 통해 바깥으로 사물들에 끌려다니지도 않고, 안으로는 지나치게 지키는데 매몰되지 않는, 그야말로 마음을 쓰는 것도 아니고 쓰지 않는 것도 아닌 상태[非着意非不着意]에서 성정지진性情之眞을 함양할 수 있을 것이라고 했다. 성리학적 심학의 핵심을 제시한 것이다. 그리고 강익은 천군天君이 사는 신명사神明舍는 텅 비어 있으면서 고요하고 지극히 맑은 상태가 되어 조금의 티끌이나 사사로움도 없어야 할 것이라 했다. 양진재가 바로 이런 역할을 하는 곳임을 그는 간절히 희망하였다.

---

20　姜渭琇, 「行狀」(『介庵集』 하), "清夜如此, 豈復有一塵之汚耶? 人當洗心靜慮, 政如此夜而後, 可以爲人."

21　姜翼, 『介庵集』 상, 「養眞齋記」, "凡當世之得失, 聲利之欣悴, 曾不向方寸中撓我天君, 則自可以養吾志養吾氣, 而不牽於外緣, 不汨其內守, 性情之眞, 其庶幾涵養於斯矣, 故扁是齋曰養眞. 噫! 名是齋, 亦多其義, 而獨取於養眞者, 非自夸, 而實所以自警也. 非特自警, 而亦所以自發也."

마지막으로 남계서원灆溪書院에 대해서다. 강익은 30세(1552, 명종 7)에 박승임朴承任·노관盧祼·정복현鄭復顯·임희무林希茂 등과 함께 정여창을 제향할 서원을 세우기로 하고, 37세(1559, 명종 13)에 강당과 담장 등을 완성하였다. 이후 42세(1563, 명종 19)에 동서재를 건립하고 연못을 파서 마침내 서원을 완성하였다. 이때 당대의 명필 매암梅庵 조식曺湜(1526-1572)에게 큰 글자를 쓰게 하고, 강당을 명성明誠, 좌우 협실을 거경居敬·집의集義, 동서재를 양정養正·보인輔仁 헌의 이름을 애련愛蓮·영매詠梅, 대문의 이름을 준도遵道라 하였다. 44세(1566, 명종 21)에는 마침내 조정으로부터 사액을 받았다. 이것은 소수서원에 이어 두 번째로 사액된 것이었다. 그렇다면 남계서원 건립에는 강익의 어떤 의식이 포함되어 있을까? 다음 자료를 보자.

> 우리 문헌공은 정자 주자를 이어 우리나라에서 탄생하시어 전하지 않던 학문을 전하고 오랫동안 침체되었던 도를 밝혔다. 미덥게 이행하고 충실히 실천함으로써 힘써 행한 것은 독실하였고, 정밀하고 깊은 조예로써 체인한 것은 지극하였다. 화순함이 마음에 쌓여 암연히 날마다 빛났으니 영화는 밖으로 드러나 수연히 몸이 편히 펴졌다. 그 진실을 쌓아 오래도록 힘쓴 공적과 마음으로 터득하여 몸소 행한 실질은 진실로 천년의 진유요 백세의 사표다.[22]

「남계서원기」의 일부이다. 여기서 보듯이 강익은 정여창이 정자와 주자의 도를 이은 도통연원에 있다고 했다. 이황이 「남계서원」을 읊으면서 정여창이 문왕文王의 도를 이었다고 한 바 있는데,[23] 이는 요순에 의한 심법이 우탕

---

22 姜翼, 『介庵集』 상, 「灆溪書院記」, "惟我文獻公, 後程朱而挺生於東國, 傳不傳之學, 明久晦之道, 允蹈實踐而所以力行者篤, 精詣深造而所以體認者至, 和順積中而闇然日章, 英華發外而粹然體胖, 其眞積力久之功, 心得躬行之實, 寔千載之眞儒也, 百世之師表也."
23 李滉, 『退溪集』 권4, 「書院十詠·灆溪書院」, "堂堂天嶺鄭公鄕, 百世風傳永慕芳. 廟院尊崇眞不忝, 豈無豪傑應文王."

과 문무주공, 공맹과 정주를 거쳐 정몽주 → 길재 → 김종직 → 김굉필과 정여창으로 이어진다는 생각에 기반한 것이다. 강익 역시 이러한 생각에 의거하여 자신이 나고 자란 지역에 도통을 이은 정여창이 존재했다는 사실을 자랑스러워하면서 남계서원을 건립해 그를 기렸다. 함양 땅의 정여창으로 도통이 전해진다는 것은 함양의 선비 사회가 조선 성리학의 중요한 구심점이 된다는 것을 의미하기 때문이다.

이상에서 보듯이 강익의 심학에 대한 입장은 그의 명명의식을 통해 살펴보는 것이 효과적이다. 숙야재에서 아침부터 저녁까지 부지런히 면려하였다면, 양진재에서는 심학을 본격화하면서 본성을 기르기 위해 최선의 노력을 경주하였다. 그리고 남계서원을 건립하여 정여창으로 이어지는 도통을 자각하면서 사회적 차원에서 심학을 구현하고자 했다. 그 핵심에 경공부가 존재한다. 즉 경공부를 바탕으로 아침부터 저녁까지 면려하면서 진성을 기르고자 했고, 서원을 세워 사회적 차원에서 도통을 잇고자 했던 것이다. 이는 강익의 심학에 대한 관심이 개인의 차원에서 머물러 있지 않았다는 것을 여실히 보여준 것이라 하겠다.

## 3. 강익 시가문학에 작동한 심학

심학에서는 마음을 활물活物로 인식한다. 정민정이 『심경부주』에서, "사람의 마음은 살아 있는 물건이니, 움직여야 할 때에는 움직이고 고요해야 할 때에는 고요하여 때를 잃지 않으면 도道가 광명光明해질 것이니, 이것이 바로 본심의 전체全體와 대용大用이다."[24]라고 말할 수 있었다. 사람 자체가 마른나

---

24 程敏政, 『心經附註』 권3, 「牛山之木章」, "夫人心, 活物, 當動而動, 當靜而靜, 不失其時, 則其道

무나 죽은 재와 같지 않은 활물이기 때문에 동작과 사려思慮가 있다는 생각이,[25] 마음에도 그대로 적용되었기 때문이다. 이러한 생각은 성리학자들에게 광범하게 퍼져 있었는데, 고봉高峯 기대승奇大升(1527-1572)이, "마음은 활물이어서 광명光明하고 통철洞徹하여 온갖 진리가 다 구비되어 있으니, 마음을 전환하고 옮기는 기틀이 나에게 달려 있다."[26]라고 한 것 등에서도 확인할 수 있다.

　강익 역시 마음을 활물活物로 보았다. 「양진재기」에서 "마음은 활물이기 때문에 일정한 때가 없이 달아나 버린다. 만약 내가 비록 이 집에 조용히 거처한다고 해도 사루私累의 침범을 면하지 못하고 본성을 보존하지 못한다면, 산속의 집에 사는 멍청한 한 늙은이에 지나지 않을 것이니 어찌 이 집에 부끄럽지 않겠는가!"[27]라고 하면서, 심학을 통해 본성을 회복하고 또한 보존하고자 했던 것이다. 알인욕遏人欲 존천리存天理의 성리학적 수양론에 입각한 노력 바로 그것이었다. 강익은 이러한 심학적 태도를 지니고 작품 활동을 하였다. 그가 남긴 작품의 규모를 초간본과 중간본을 참조하여 제시하면 다음과 같다.

---

　　　光明, 是乃本心全體大用."
25　程敏政, 『心經附註』 권3, 「牛山之木章」, "蓋人, 活物也, 又安得槁木死灰? 旣活則須有動作, 須　　　有思慮."
26　奇大升, 『高峯集』 권2, 「移心法說」, "心是箇活物, 光明洞徹, 萬理咸備, 轉移之機, 在我而已, 有　　　何不可."
27　姜翼, 『介庵集』 상, 「養眞齋記」, "心是活物, 走作無時, 倘使余雖處是齋之幽靜, 而未免私累之侵,　　　未保本然之天, 兀然爲山齋之一老夫, 寧不愧於是齋乎!"

| 형식 | 수량 | 시제 | 비고 |
| --- | --- | --- | --- |
| 오언절구 | 5제 6수 | ①「夙夜齋讀易」, ②「詠竹, 題逸老堂」, ③「月夜, 玩溪有感」, ④「山天齋, 侍南冥先生賞月」, ⑤「日欲斜, 朋欲散, 觴酒相屬, 發散煙霞之興, 醉裡吟二絶」(2수) | ⑤는 「서계창수」에 수록 |
| 칠언절구 | 12제 14수 | ①「秋夜, 坐夙夜齋」, ②「贈盧玉溪」(2수), ③「贈林士秀」, ④「次林士秀」, ⑤「梅下玩月, 得一絶, 寄吳德溪」, ⑥「龜谷, 初結養眞齋, 手植梅菊有感」, ⑦「初建灆溪書院, 得一絶示諸生」, ⑧「謝林葛川吳德溪諸兄雪中見訪」, ⑨「靜夜吟」, ⑩「暮投溪上小庵。是夜雲陰不見月」(2수), ⑪「訪鄭梅村不遇」, ⑫「知郡徐烏有子, 自安陰還, 期與同登大孤臺, 日暮不至, 還家奉寄」 | ①은 趙絅의 『龍洲遺稿』 권1에 「秋夜」라는 제목으로 수록됨<br>⑩은 「서계창수」에 수록<br>⑪이 초간본에는 '추록'에 수록되어 있음<br>⑫는 중간본에만 수록된 작품 |
| 오언율시 | 3제 3수 | ①「逸老堂詠竹」, ②「遊花林洞」, ③「次鄭梅村遂初韻」 | ③은 「서계창수」 |
| 칠언율시 | 2제 2수 | 「龜谷偶吟」, 「同吳德溪·盧玉溪·梁思庵, 讀書山寺」 | |
| 오언배율 | 1제 1수 | 「翌朝, 至石上, 次金開巖敬夫韻」 | 「서계창수」에 수록 |
| 시조 | 1제 3수 | 「短歌三関」 | |
| 계 | 24제 29수 | | |

이상에서 보듯이 강익의 작품은 24제 29수에 지나지 않는다. 비고에서 보듯이 초간본(1686)에서 중간본(1938)으로 이어지면서 「서계창수西溪唱酬」에 수록된 작품은 형식별로 재분류 되는 등 체제가 바뀐 것도 있고, 두 수가 새로이 추가되기도 했다. 그리고 「추야秋夜, 좌숙야재坐夙夜齋」처럼 용주龍洲 조경趙絅(1586-1669)의 문집에도 동시에 수록되어 작가 진위를 알 수 없는 것도 있다.[28] 그의 작품이 이렇게 적은 것은 수습이 제대로 되지 않는 것도

---

28 조경의 「秋夜」가 그것이다. "碧落秋晴響遠江, 柴扉撑掩息村厖. 竹風不動小院靜, 明月在天人倚窓." 강익의 『개암집』에는 이 시가 「秋夜, 坐夙夜齋」로 되어 있고, 전구의 '院'도 '園'으로 되어 있다. 평측으로 보면 '園'이 맞지만, 원작자에 대해서는 더 깊은 탐구가 필요하다.

있겠지만, 그가 성리학자들이 일반적으로 갖고 있었던 문장해도론文章害道論[29] 혹은 스승 조식이 지녔던 '정주이후程朱以後 불필저서不必著書'와 동일한 태도를 견지한 것으로 보인다.

강익의 문학작품은 규모의 측면에서 소략하지만, 심학의 정수를 담고 있다는 측면에서 주목받아 마땅하다. 이 때문에 정기윤鄭岐胤은 「개암선생문집서」에서, "선생의 시를 가만히 보면 성정에서 흘러나와 엄정하면서도 고상하고 화락하면서도 음탕하지 않아서 한 점의 티끌도 없으며, 기상이 높아 사람의 착한 마음을 감발시키며 사람들의 안일한 뜻을 꾸짖어 일깨우니, 곧 『시경』의 유풍일 것이다."[30]라고 하면서, 입언저서立言著書가 많은 것이 중요한 것이 아니라고 했다.

우리는 여기서 강익의 양진재 시절을 다시 주목할 필요가 있다. 41세의 그는 양진재의 남쪽 수십 보 떨어진 곳에 정자 하나를 지어 풍영정風詠亭이라 명명하고 시를 읊는 장소로 삼았다. 여기서 우리는 매우 중요한 지점을 발견하게 된다. '양진'은 본성을 기른다는 의미이니 도학이 강조된 것이고, '풍영'은 증점曾點의 풍치를 본받고자 한 것이니 흥취가 강조되기 때문이다. 풍영정의 '풍영' 또한 '풍우무우風于舞雩, 영이귀詠而歸'에서 첫 두 글자를 따온 것이니 흥취에 따른 음영이 자연스럽게 읽힌다. 도학의 긴장[緊酬酢]과 흥취의 이완[閑酬酢]이 서로 균형관계를 이루면서 그의 문학적 풍격을 '전이아典而雅'와 '화이불음和而不淫'으로 설정할 수 있게 하였다. 이제 구체적인 작품을 통해 살펴보기로 하자.

먼저, 도학이 직접적으로 작동한 작품이다. 강익 시의 주조는 도학이다.

---

29  여기에 대해서는, 박석, 『송대의 신유학자들은 문학을 어떻게 보았는가』, 역락, 2005, 127-143쪽 참조.
30  鄭岐胤, 「介庵先生文集序」(『介庵集』), "竊觀先生之詩, 流出於性情, 典而雅, 和而不淫, 無一點塵埃底氣, 諷諷乎感發人之善心, 懲創人之逸志, 則其三百篇之遺也歟!"

양진재에서 이러한 현상은 더욱 도드라진다. 가령 매화와 국화를 심으면서, "새봄에 귀곡에서 집을 지었나니 산을 탐해서가 아니라 본성을 기르기 위함일세. 매화와 국화 사랑스러워 그윽이 마음에 합치되기에, 짐짓 시냇가에 비 내리는데도 은근히 심었다네."[31]라고 한 것이 그것이다. 탐산貪山과 양진養眞을 병치시켜, 집을 지은 것은 바로 '양진'을 위한 것이라 했다. 우리는 여기서 양진재가 도학적 설계 속에 건축되었다는 것을 알게 된다. 다음 작품은 이러한 생각을 더욱 확대한 것이다.

(가)
仰天愧白月   하늘을 바라보니 흰 달에 부끄럽고
臨水愧淸流   물을 대하니 맑은 흐름에 부끄럽네
多少身心累   하 많은 몸과 마음의 더러움을
何能刮盡休   어찌 능히 다 닦아 없앨 수 있으리[32]

(나)
芝蘭을 갓고랴ᄒᆞ야 호믜를 두러메고
田園을 도라보니 반이나마 荊棘이다
아희야 이 기음 몯다믹여 히져믈까 ᄒᆞ노라[33]

(다)
養性偏從靜裡多   본성의 함양은 고요함을 좋을 때 더해지고
夜中全覺樂如何   밤중에 온전히 깨달으니 즐거움이 어떠한고

---

31  姜翼, 『介庵集』 상, 「龜谷, 初結養眞齋, 手植梅菊有感」, "誅茅龜谷及新春, 不是貪山爲養眞. 梅菊已憐冥契宿, 故穿溪雨種慇懃."
32  姜翼, 『介庵集』 상, 「月夜, 玩溪有感」
33  姜翼, 『介庵集』 상, 「短歌三闋」 其二

| 天心月素山門掩 | 하늘 가운데 달은 희고 산문은 닫혔으니 |
| 誰把塵緣入我家 | 누가 인간세상 인연을 따라 내 집에 들겠는가[34] |

　이 세 작품은 모두 인욕을 막고 천리를 보존하자는 도학 사유에 바탕한 것이다. (가)에서 신심의 더러움을 닦고자 한 것이나, (나)에서 지란[천리]을 보존하기 위해 형극[인욕]을 제거해야 한다는 것이나, (다)에서 인간 세상의 인연을 받아들이지 않는다는 생각이 모두 그것이다. 이는 주돈이周敦頤의 「양심설養心說」을 진덕수가 『심경』에서 적극 인용하면서, "마음을 기름은 욕심을 적게 하여 남아 있는 데에 그칠 뿐만이 아니라 욕심을 적게 하여 욕심이 없는데 이르러야 하니, 욕심이 없으면 진실[誠]이 확립되고 밝음이 통한다."[35]라고 한 것과 일치한다. 이를 (가)에서는 '백월白月'로, (나)에서는 '지란芝蘭'으로, (다)에서는 '소월素月'로 이미지화하였는데, 도의 본체에 대한 의상을 나타낸 것이라 하겠다.

　다음은 도학적 흥취가 작동한 시이다. 강익은 풍영정을 짓고 자연이 제공하는 흥취의 세계를 마음껏 구가하고자 했다. 「연보」 41세조에는 이러한 사정이 잘 묘사되어 있다. "정자 좌우에는 깎아 세운 듯한 절벽이 있고 단풍나무 숲과 철쭉나무들이 위아래로 햇빛을 가리고, 석계 일대에는 물이 돌아 흘러 물소리가 쇳소리처럼 쟁쟁하게 들리니 사랑스럽기 그지없으며 맑은 물이 하늘과 구름을 비추어 그림자가 아름다웠다."[36]라고 한 것이 그것이다. 자연이 제공하는 흥취는 도학적 긴장을 이완시키는 역할을 한다고 할 것인데, 이러한 측면에서 읽히는 작품을 들어보자.

---

34　姜翼, 『介庵集』 상, 「靜夜吟」
35　程敏政, 『心經附註』 권4, 「養心說」, "養心, 不止於寡而存耳. 蓋寡焉, 以至於無, 無則誠立明通."
36　姜翼, 『介庵集』 하, 「年譜」, "左右斷崖如削, 而楓林躑躅, 高低掩映, 石溪一帶, 環流其下, 戞玉鳴金, 琤琤可愛而澄泓一鑑, 天雲倒影."

(가)
柴扉예 개즛눈다 이 山村의 긔뉘오리
댓닙 푸른듸 봄ㅅ새 울소리로다
아히야 날 推尋오나든 採薇가다 호여라[37]

(나)
南冥携玉溪        남명이 옥계를 데리고 와서
喚起及吾儕        부르며 올라와 우리들에게로 오셨구나
芳草山容好        풀은 향기롭고 산 모습 아름다운데
吟鞭馬首齊        가며 읊조리니 말머리 가지런하네
月淵足初濯        월연담에서 처음 발을 씻고
龍澗詩更題        용간에서 다시 시를 짓는다네
賞心隨處樂        완상하는 마음 가는 곳마다 즐겁고
輪與野禽啼        구르는 수레 소리에 들짐승이 우네[38]

(가)의 중장에서 보듯이 '댓잎은 푸른데 봄이 와서 새가 울음 운다'라고 하면서 무한한 흥취를 나타냈고, (나)에서는 이러한 흥취를 화림동의 아름다운 산수에서 뜻을 같이하는 사람들과 공유하고자 했다. (가)에서는 속인들을 멀리하고자 했다면, (나)에서는 뜻을 같이하는 사람들과 함께하고자 했으니, 산수의 흥취를 선비들과 나누고자 한 강익의 마음을 알 수 있다. 자연을 통한 이 같은 흥취는 강익의 작품에 두루 보이는데, 구곡龜谷의 산수에 대하여 "물외에서 한가로이 다니며 참으로 아취를 얻으니, 아름답고 좋은 산수에

---

37  姜翼,『介庵集』상,「短歌三闋」其三
38  姜翼,『介庵集』상,「遊花林洞」조식이 노진과 함께 화림동을 유람하면서 강익의 어짊과 재주를 듣고 방문하였다고 한다. 당시 오건도 함께 왔었는데, 강익이 29세(1551, 명종 6) 되던 해였다.

맡겨 길이 쉰다네."³⁹라고 한 것이 그것이다. 강익은 보다 적극적으로 흥취를 찾아 나서고자 하기도 했다. 다음 자료가 그것이다.

> 가만히 생각해보니, 그대의 집에는 눈 속의 매화가 지금 막 피어나려고 할 터이니, 집안을 거닐며 시구를 찾는 그윽한 흥취가 적지 않을 것입니다. 바라건대 좋은 시를 보내 나의 흔들리는 마음을 풀어주시는 것 또한 친구 사이의 일일 것입니다. 가까운 시일 내에 마땅히 작은 수레를 몰고 갈 것이니, 동풍에게 명하여 꽃 소식 재촉하지 말게 하시고, 달빛이 가지 끝에 머물러 기다리게 하시기 바랍니다.⁴⁰

강익이 매촌梅村 정복현鄭復顯(1521-1591)에게 보낸 편지의 일부분이다. 정복현은 강익과 함께 정희보 및 조식의 문인으로 거창에 살았던 인물이다. 위에서 보듯이 그는 매우 적극적으로 자연을 통해 흥취의 세계에 들고자 했고, 이 과정에서 시를 창작하며 마음을 풀고자 했다. 눈 속에서 매화가 막 피려고 할 즈음에 시구를 찾는 벗 정복현을 떠올리고, 그가 지은 시를 자신에게 보내주어 회포를 풀게 하라고 하였다. 여기서 더욱 나아가 조만간 방문할 것이니 꽃과 달이 머물러 있게 하라고 했다. 여기서 우리는 작자 스스로가 매우 적극적으로 자연 속에서 흥취를 찾았던 인물이었다는 사실을 확인하게 된다.

강익의 작품은 시작을 즐기지 않았으므로 수적인 측면에서도 얼마 되지 않는다. 현재 남아 있는 29수의 시는 크게 두 부류로 나눌 수 있다. 하나는 도학이 직접적으로 작동한 시이고, 다른 하나는 도학적 흥취가 작동한 시이다. 앞의 것이 알인욕 존천리를 나타내는 산문에 가까운 작품이라 한다면,

---

39 姜翼,『介庵集』상,「龜谷偶吟」, "物外閑行眞得趣, 佳山好水任長休."
40 姜翼,『介庵集』상,「答鄭梅村遂初書」, "竊想召庄梅雪政吐, 巡簷索句, 幽興不淺, 幸投惠佳什, 以解我撓攘之胸次, 亦故人之賜也, 近當策小車, 幸分付東風, 莫催花信, 留待氷輪在枝頭也."

뒤의 것은 그것이 문학적 형상을 거친 흥취의 세계를 드러낸 것이라 하겠다. 시인의 흥취는 자연을 만나면서 더욱 구체화되었다. 강익의 시세계는 바로 여기에서 고조를 이룬다. 자연은 그에게 시심을 무한히 자극했고, 그의 흥취는 자연을 통해 도학적 심학을 통해 구체화되었던 것이다.

## 4. 강익 시가문학의 의의

강익은 심학에 입각해 독서하고, 사유하고, 실천했던 선비이다. 이 심학은 요순우탕이 전수했던 심법이며, 공맹을 지나 정주를 거치면서 경敬공부로 요약되었고, 조선은 동방이학지조東方理學之祖로 불리는 포은圃隱 정몽주鄭夢周(1338-1392)를 필두로 하여 달성의 김굉필과 함양의 정여창으로 이어진다. 이러한 사실을 함양 출신 강익은 매우 중요하게 생각하면서 도통연원에 입각해 정여창을 기리며 그를 심학의 표적으로 삼고자 했다. 이 때문에 강익은 정여창을 모신 남계서원을 설립해서 사액으로 국가적 공인을 받고자 했던 것이다.

강익은 심학을 탐구하고 실천하는 과정에서 다소의 시가문학 작품을 남겼다. 현재 남아 있는 29수의 작품이 그것이다. 양적인 측면과는 별도로 그의 문학세계는 성리학적으로 매우 높은 수준을 유지하고 있을 뿐만 아니라, 그의 심학적 고민의 일단이 매우 적실하게 나타나고 있어 중요하다. 그의 문학에는 성리학적 심학인 도학이 직접적으로 작동하기도 하고, 자연 속에서 도학적 흥취로 드러나기도 하는데, 이는 이미 다룬 바다. 이제 이와 관련하여 그의 시가문학이 갖는 의의를 몇 가지로 나누어 살펴보기로 하자.

첫째, 문학적 측면에서 도학시의 창작 기법을 알게 한다는 점이다. 정경교

융情景交融은 시가 미학을 이해하는 데 있어 가장 기본적인 요소이다. 명明나라의 사명四溟 사진謝榛(1495-1575)은 『사명시화四溟詩話』에서, "시작作詩할 때는 감정과 경물에 근본을 두고, 감정과 경물 가운데 어느 한쪽만으로 이루어지는 것이 아니라 감정과 경물이 서로 위배되어서도 안 된다."[41]라고 하거나, 왕부지王夫之(1619-1692)가, "경景은 정情으로써 합하고 정情은 경景으로써 생기는 것으로, 처음부터 서로 분리되지 않으며 단지 뜻이 가는 곳을 따를 뿐이다."[42]라고 한 것에서 볼 수 있듯이 시는 정과 경의 상호 관계 속에서 창작된다. 심학이 작동한 도학시 역시 마찬가지이다. 이에 대하여 다음 자료를 주목하자.

(가)
봄 산은 아침이 아름답고, 가을 시내는 저녁이 서늘하네. 불러 함께 웃고 이야기하니 그 즐거움은 다함이 없었지. 그대는 무리에서 빼어나 아득히 맑게 통창하였네. 뜻에 맞는 곳을 만나게 되면 감정과 경관이 함께 융합되어[情景俱融], 정신을 모아 할 말을 잊었다가[會神忘言], 노래하거나 읊조림으로 발현하였네[發以謳唫]. 도리어 나는 어둡고 막혀서 감탄하면서 마음으로 흠모했네."[43]

(나)
| 階下寒梅几上書 | 뜨락 아래 찬 매화와 책상 위의 책 있으니 |
| 野翁生計未全疏 | 시골 늙은이 생계가 온전히 성글지는 않네 |
| 賞心更有晴天月 | 즐거운 마음에 다시 갠 하늘 달이 떠 있으니 |
| 淸福人間我何如 | 인간에서 누리는 내 맑은 복은 어떠한가[44] |

---

41  謝榛, 『四溟詩話』 권3, "作詩, 本乎情景, 孤不自成, 兩不相背."
42  王夫之, 『薑齋詩話』(上海古籍出版社, 1999), "夫景以情合, 情以景生, 初不相離, 唯意所適."
43  盧禛, 「祭文」(『介庵集』 하), "春山朝榮, 秋溪夕涼. 招携笑語, 其樂無央. 君本出類, 迥然淸通. 遇適意處, 情景俱融. 會神忘言, 發以謳唫. 顧我昏滯, 歎賞心欽."

노진은 스스로 강익과 자신의 관계를 관포지교管鮑之交라 생각했다. 이 때문에 그는 "진실로 나는 포숙아처럼 시종 막역하였지. 집에 있을 때는 반드시 그대와 즐겼으며, 열흘 동안 수차례나 만나 마주하면 돌아갈 것도 잊었었지."[45]라고 말할 수 있었다. 그는 강익의 시법을 (가)에서 보듯이 '정경구융情景俱融 → 회신망언會神忘言 → 발이구음發以謳唫'으로 요약했다. 정서가 경치를 만나 서로 융회되면, 정신을 모아 말을 잊은 단계로 나아갔다가, 그 망언의 경계를 시로 나타냈다는 것이다. 이렇게 해서 창작된 작품이 다름 아닌 (나)이다. 작자의 정회가 뜰 아래의 한매寒梅, 책상 위의 경서와 융합되면서 정신을 모아 말을 잊은 단계로 나아간다. 그리고 맑게 갠 하늘의 달을 제시함으로써 도학적 심상으로 형상화된다. 이를 강익은 인간 세상의 '청복淸福'이라고 생각하였다.

둘째, 심학적 측면에서 흥취를 풍영風詠으로 제시하며 합자연合自然의 경계를 보여주고 있다는 점이다. 앞에서 이미 언급한 바 있듯이 풍영은 『논어』 「욕기」장에 나오는 증점과 공자의 대화 속에 나타난다. 이와 관련된 '사슬捨瑟', '욕기浴沂', '무우舞雩', '영귀詠歸' 등의 용어는 자연을 완상하는 성리학자들이 그들의 풍치를 표현하는 대표적인 의상이 되었다. 다소 비유가적인 요소로 보이기도 하지만, 여기에 대한 주자의 성리학적 해석이 가미 되면서 풍영은 인간이 자연과 만나 이룩한 최고의 경계가 되었다. 관련 자료를 들어 살펴보자.

(가)
증점의 학문은 인욕이 다한 곳에 천리가 유행하여 장소에 따라 충만하여

---

44  姜翼, 『介庵集』 상, 「梅下玩月, 得一絶, 寄吳德溪」.
45  盧禛, 「祭文」(『介庵集』 하), "實我鮑叔, 始終莫送. 其在家食, 必與君娛. 一旬累遇, 對輒忘趣."

조금도 결함이 없음을 볼 수 있다. 그러므로 그 움직이거나 조용할 때 편안하고 자연스러움이 이와 같았으며, 그 뜻을 말함에 있어서는 현재 자기가 처한 위치에 나아가 그 일상생활의 떳떳함을 즐기는 데 지나지 않았고, 애당초 자신을 버리고 남을 위하는 뜻이 없었다. 그리하여 그 가슴 속이 한가롭고 자연스러워 곧바로 천지 만물과 더불어 상하가 함께 흘러 각각 그 자리를 얻은 묘함이 은연중 말 밖에 나타났으니, 저 세 사람이 지엽적인 정사에 급급한 것에 견주어 보면 그 기상이 같지 않다.[46]

(나)

| 素月明秋練 | 흰 달빛은 맑은 가을 비단 같고 |
| 澄流靜不波 | 맑은 시내는 고요히 물결도 일지 않는다 |
| 春風坐一夜 | 봄바람에 밤새껏 앉았으니 |
| 眞味正如何 | 진정한 맛을 정말 어찌하겠나[47] |

(가)에서 보듯이 증점의 욕기고사浴沂故事를 들어 주자는 인욕이 다한 자리 천리가 유행한다고 하면서, 도의 일상성과 함께 자연과 함께 하는 위기지학 爲己之學의 극처가 있음을 보였다. 풍영이 바로 그것이다. 인간과 자연의 합일 경계는 이를 통해 나타나는데, "가슴 속이 한가롭고 자연스러워 곧바로 천지 만물과 더불어 상하가 함께 흘러 각각 그 자리를 얻은 묘함"은 여기에 대한 구체적인 표현이다. 강익이 이러한 합자연의 경계를 문학적으로 형상화한 것이 (나)이다. 즉 맑은 자연과 쇄락灑落한 의취意趣가 융회되면서 천리가 유

---

46 『論語』, 「先進」朱註, "曾點之學, 蓋有以見夫人欲盡處, 天理流行, 隨處充滿, 無少欠闕. 故, 其動靜之際, 從容如此, 而其言志, 則又不過卽其所居之位, 樂其日用之常, 初無舍己爲人之意, 而其胸次悠然, 直與天地萬物, 上下同流, 各得其所之妙, 隱然自見於言外, 視三子規規於事爲之末者, 其氣象, 不侔矣."
47 姜翼, 『介庵集』 상, 「山天齋, 侍南冥先生賞月」.

행하는 성인의 기상을 나타내고자 했기 때문이다. 흰 달과 맑은 가을, 물결 없는 명징한 시내, 봄바람 등을 제시하며 강익은 '진미眞味'라 했다. 이것은 '도의 맛'에 다름 아니다. 이 도의 맛은 도학적 흥취가 자연을 통해 구체화된 것으로, 강익이 추구한 구경적究竟的 문학 표상이었다.

셋째, 문화적 측면에서 심학이 남계서원에 의해 사회화 과정을 거친다는 점이다. 강익은 31세에 양진재를 짓고 본성을 기르며 강학을 하였으며, 41세에는 양진재의 남쪽에 풍영정을 짓고 자연이 가져다주는 도학적 흥취를 고조시켜 나갔다. 양진재의 도학과 풍영정의 흥취가 개인적인 차원에서 이룩한 것이었다면, 남계서원 건립은 이러한 생각을 선비 사회로 확장시키는 역할을 했다. 남계서원을 운영했던 함양의 선비들은 여기서 더욱 나아가 강익의 뜻을 받들어 사회적으로 확장했다. 강익의 '명성당-준도문'[48]이 후인들에 의해 '명성당-풍영루'로 개칭됨으로써[49] 양진의 긴수작緊酬酢과 풍영의 한수작閑酬酢을 동시에 성취하고자 했던 노력이 읽히기 때문이다.[50] 이것은 강익의 '양진재'와 '풍영정'이 남계서원에 적용된 것이다. 이러한 관점에서 다음 시를 읽어보자.

---

48 강익은 서원의 문을 원래 遵道門이라 했다. '준도'는 『중용』에서 인용한 것인바, 공자는 "군자가 도를 좇아 행하다가 중도에서 그만두기도 하지만 나는 그만둘 수가 없다.[君子遵道而行, 半塗而廢, 吾弗能已矣.]"라고 한 데서 취하였다. 이어 "군자는 중용에 의거하여 세상을 숨어 살아 알아주는 사람이 없더라도 후회하지 않으니, 오직 성자라야 그렇게 할 수 있다.[君子依乎中庸, 遯世不見知而不悔, 唯聖者能之.]"라고 한 데서 준도가 어떤 의미인지를 바로 알 수 있게 한다. 이에 대해서는 정우락, 「일두 정여창의 학문과 문화공간으로서의 악양정과 남계서원」, 『남명학연구』 36, 경상대 남명학연구소, 2012, 참조.

49 풍영루의 중건은 1840년(헌종 6) 가을에 유생들이 의논하여 후손인 鄭煥祖에게 이 일을 주관하게 하여 건립하였으나 1847년(헌종 13)에 불에 의해 소진되었다. 3년 후인 1849(철종 1)에 다시 중건하였는데, 중건기는 鄭煥弼이 奇正鎭에게 의뢰하였다. 「風詠樓重建記」(奇正鎭, 『蘆沙集』 권21)가 그것이다.

50 긴수작과 한수작에 대해서는, 정우락, 「조선시대 선비들의 풍류방식과 문화공간 만들기」, 『퇴계학논집』 15, 영남퇴계학연구원, 2014, 179-182쪽 참조.

(가)

| 爲憐吾道已寒灰 | 슬프다, 우리 도 이미 사그라짐이 |
| 月冷鍾城歲幾回 | 종성에서 돌아가신 지 몇 해나 되었는고 |
| 凜凜遺風能起敬 | 늠름한 유풍 공경을 일으키게 하여 |
| 庶今狂簡幸知裁 | 이제야 광간들이 재단할 줄 아는구나[51] |

(나)

| 追逐良朋後 | 좋은 벗의 뒤를 따르니 |
| 吾知此味眞 | 내 이것이 참 맛임을 알겠네 |
| 水從愁共遠 | 물은 근심과 함께 멀리 흘러가고 |
| 山與意俱新 | 산은 마음과 함께 모두 새롭네 |
| 碧凸甌中酒 | 술잔에는 푸른 술이 가득하고 |
| 紅圍面上春 | 얼굴에는 붉은 봄빛 가득하네 |
| 任他嘯咏外 | 이렇게 세속 밖에서 시를 읊조리니 |
| 憂喜世間人 | 걱정과 기쁨은 세간의 사람들이 하는 것이네[52] |

(가)는 강익이 남계서원을 건립할 때 도통 연원을 생각하면서 정여창을 기린 것이다. 우리의 도가 사라져 가는데, 후학들이 종성에 유배갔던 정여창을 중심으로 그 도맥을 다시 잇자고 했다. 이러한 도맥의 확보와 그 실천은 양진養眞과 명성明誠을 통해 성인의 길로 나아가고자 하는 것이었다. 긴수작이 작동한 결과이다. 그러나 (나)에서는 (가)와 같은 긴장이 흐르지는 않는다. 좋은 벗들과 우희憂喜라는 세간의 일을 버리고, 진미, 즉 도의 맛을 느끼면서 산수를 음영하고자 했기 때문이다. 풍영의 한수작을 확보하자는 것이다. (나)

---

51  姜翼, 『介庵集』 상, 「初建蘫溪書院, 得一絶示諸生」
52  姜翼, 『介庵集』 상, 「次鄭梅村韻」

가 서계西溪에서 정복현의 시에 창수唱酬한 것임을 감안할 때, 지역 선비 사회가 강익의 생각과 함께 하고자 했던 저간의 사정을 이해하게 된다.

넷째, 성리학적 심학 공간에 대한 역사적 맥락을 확인할 수 있다는 점이다. 일찍이 주자는 「명당실기名堂室記」를 지어 회당晦堂의 좌우로 경재敬齋와 의재義齋를 두고 '학문을 함에 있어서 그 요체要諦로서 이만한 경구가 없다'라고 하면서, "『중용』을 읽고서 '수도지교修道之敎'에 대하여 논하며 반드시 계신공구戒愼恐懼로 시작한 것을 보고서야 경敬을 유지하는 근본을 알았고, 또 『대학大學』을 읽고서 명덕明德의 차례를 논하면서 반드시 격물치지格物致知로 시작을 삼은 것을 본 뒤에 의義를 밝히는 단서端緒를 알았다."[53]라고 했다. 명당은 바로 천군이 사는 신명사를 의미하는데, 경과 의를 통해서 천군의 국토를 지켜나가고자 했던 것이다. 다음 자료를 보자.

(가)

태일진군太一眞君이 명당明堂에서 정사를 펼치는데 안에서는 총재家宰가 관장하고 밖에서는 백규百揆가 살핀다.[54]

(나)

드디어 그 강당을 명성明誠이라 이름붙이니, 『중용』의 밝게 되면 정성스럽게 된다는 뜻을 취한 것이다. 강당의 협실은 왼쪽을 거경居敬이라 하고 오른쪽을 집의集義라 하였으니 정자의 말씀인 '거경궁리居敬窮理'와 맹자의 "(호연지기는) 의義가 축적되어 생겨난다."라는 뜻을 취한 것이다.[55]

---

53  朱熹, 『朱子大全』 권78, 「名堂室記」, "讀中庸, 見其所論修道之敎, 而必以戒愼恐懼爲始, 然後得夫所以持敬之本. 又讀大學, 見其所論明德之序, 而必以格物知致爲先, 然後得夫所以明義之端."
54  曺植, 『南冥集』 권1, 「神明舍銘」, "大一眞君, 明堂布政. 內家宰主, 外百揆省."
55  姜翼, 『介庵集』 상, 「灆溪書院記」, "遂名其講堂曰明誠, 取中庸明則誠之意也. 堂之夾室, 左曰居敬, 右曰集義, 取程訓之居敬窮理, 鄒經之集義以生之旨也."

(다)

집 세 칸을 세웠는데 서쪽 두 칸은 서재로 하여 그 이름을 지경재持敬齋와 명의재明義齋라 하고, 동쪽 한 칸은 대청으로 하여 이름을 경회당景晦堂이라 하였으며, 남쪽 행랑채는 누각으로 하여 이름을 망로헌忘老軒이라 하였다. 이것을 모두 합쳐 사양정사泗陽精舍라 이름하였다.[56]

(가)에서 조식은 명당을 중심으로 총재[敬]와 백규[義]로, (나)에서 강익은 명성당을 중심으로 거경居敬과 집의集義로, (다)에서 정구는 경회당景晦堂을 중심으로 지경持敬과 명의明義로 공간을 이념화하였다. 여기서의 명당, 명성, 회당은 모두 천군, 즉 마음이 사는 자리이다. 이 때문에 조식은 아예 이를 신명사神明舍라 하였다. 이렇게 심학이 건축 공간으로 구조화되면서 역사적 맥락 속에서 지속되었다. 목재木齋 홍여하洪汝河(1620-1674) 역시 「천군」이라는 작품에서, 장수는 의리를 속이지 않고 몸과 마음을 다해 충신이 된다고 하면서, "신첩이 서로 연마하지 않으면 무엇으로 천군을 섬기겠는가. 예를 다함은 오직 경敬에 있으니 사특함을 막아 공을 세우리라."[57]고 할 수 있었다. 이처럼 성리학적 심학 공간은 조선의 선비들에게 성가학聖可學을 실천하는 매우 중요한 장치였다.

강익의 시가문학에는 성리학적 심학이 강하게 작동하고, 그것은 크게 보아 네 가지의 의의를 지닌다고 할 수 있다. 도학시의 창작 기법을 알게 하고, 흥취를 통해 합자연合自然의 경계를 보여주며, 심학의 사회화 과정을 제시하고, 심학 공간에 대한 역사적 맥락을 확인하게 한다는 것 등이 그것이다. 강익의 시가문학은 규모면에서 매우 소략하지만 심학적 측면에서 깊이와

---

56  『寒岡年譜』75歲條, "立屋三間, 以西而間爲齋, 曰持敬, 曰明義, 東一間爲堂, 曰景晦, 南序爲軒, 曰忘老, 合而名之, 曰泗陽精舍."
57  洪汝河, 『木齋集』 권1, 「天君」, "臣妾不相治, 何以事天君. 盡禮唯在敬, 閑邪要策動."

넓이를 충분히 확보하고 있어, 성리학자들의 시문학 창작 방법과 문화화 과정, 혹은 역사성 등을 보여주는 매우 중요한 의의를 지닌다. 강익의 작품이 지닌 중요성은 바로 여기에 있다고 해도 과언이 아니다.

## 5. 맺음말

본고는 개암介庵 강익姜翼의 시가문학에 심학이 어떻게 작동하며, 심학이 추구하는 궁극적인 의미는 무엇인가 하는 문제를 고찰한 것이다. 기실 동양학의 근간을 이루고 있는 것이 바로 심학이다. 이 때문에 불교와 유교는 말할 것도 없고, 한말의 동학도 스스로를 심학이라 생각했다. 이 가운데 정주학은 육왕학을 심즉리心卽理의 심학으로 규정하며 자연스럽게 성즉리性卽理의 도학 내지 이학으로 일컬어졌다. 본고에서 말하는 심학은 도학 내지 이학을 의미한다. 강익이 성인을 꿈꾸며 성실하게 도학을 추구했던 학자 문인이었기 때문이다.

강익은 숙야재에서의 면려, 양진재에서의 수양을 거치면서 학문에 매진했다. 그리고 도통을 계승한 정여창을 제향하기 위해서 남계서원을 건립하는데 주도적인 역할을 담당했다. 이 과정에서 그의 시가문학은 창작되었는데, 현전하는 그의 한시와 시조는 도합 29수에 불과하다. 이 가운데 조경趙絅의 작품과 중복되는 것도 있다. 그의 작품은 대체로 두 가지 계열로 나누어지는데, 도학이 직접적으로 작동한 시와 도학적 흥취가 나타난 시가 그것이다. 이 둘은 도학의 긴수작과 흥취의 한수작이 서로 맞물리면서 이룩된 것이며, 이것은 남계서원의 명성당과 풍영루로 구조화되면서 사회화 과정을 거쳤다.

그렇다면 강익의 시가문학 연구에서 남은 문제는 무엇인가. 첫째, 심학을 새로운 각도에서 접근할 수 있을 것이다. 본고에서 다룬 것과 연관이 되어 있는 것이지만, 각도를 달리하면서 비교하면 그의 심학이 더욱 명확하게 드러날 수 있기 때문이다. 예컨대 성가학론聖可學論에 입각해 그의 시가문학을 새롭게 살펴볼 수 있다. 『심경부주』에는 「성가학장聖可學章」을 제시하여 주돈이의 「통서」를 인용한다. "욕심이 없으면 고요할 때는 마음이 비워지고 움직일 때는 마음이 곧아진다[靜虛動直]. 고요할 때 마음이 비워지면 밝고, 밝으면 통한다. 움직일 때 마음이 곧아지면 공정하고 공정하면 넓어지니, 밝고 통하며 공정하고 넓어지면[明通公溥] 거의 도에 가까울 것이다."[58]라고 한 것이 그것이다.

주돈이는 무욕하게 되면 '정허동직'하게 되고 '정허동직'하게 되면 '명통공부'하게 된다고 했다. 이렇게 되면 도에 가깝다고 했는데 이는 바로 성인에 가깝다는 의미이다. 강익은 이러한 생각에 바탕하여 양진재를 건립하고 「양진재기」를 썼으며, 남계서원 건립을 주도하며 주요 건물을 양진당과 거경재居敬齋 및 집의재集義齋로 명명하였다. '양진'은 도에 나아가는 방법에 다름아니며, 거경과 정허, 집의와 동직의 연관성을 고려할 때, 이에 입각하여 강익의 시가작품을 세밀하게 따지는 것은 그의 문학세계를 심학적 측면에서 살필 수 있는 또 다른 길이 열 수 있다.

둘째, 공간감성의 측면에서 강익의 시가문학을 살펴보는 일이다. 서정적 자아가 외부 사물과 접촉하면서 일어나는 일련의 정서를 감성이라고 한다면, 이 감성은 작가의 지적·정서적 상황과 사물의 현실적 상황이 맞물려 교호작용을 하면서 형성된다. 가능성 여부에 따라 '이상'과 '현실', 실천성 여부에 따라 '이념'과 '실제'라는 두 축을 설정할 수 있다. 이러한 개념을 중심으로

---

58　程敏政,『心經附註』권4,「聖可學章」

공간감성은 '도학감성', '낭만감성', '사회감성', '생활감성'으로 나누어진다.[59] 즉 사물을 보면서 시인이 어떤 감성을 일으키는가 하는 것이 공간감성의 요지이다.

본고에서 상론한 바 강익의 시가문학은 양진養眞을 바탕으로 한 도학시와 풍영風詠을 바탕으로 한 흥취시가 주조를 이룬다. 흥취시 역시 도학이 저변에 있으니 강익의 시는 크게 보아 도학시가 대체를 이룬다고 할 수 있다. 그런데 생활소사를 형상화한 생활감성에 의한 작품이나, 사회의 부조리를 제시하고 비판하는 사회감성은 거의 나타나지 않는다. 시대와 작가에 따라 조금 다르기는 하지만, 조선조 선비들의 문학작품에 일반적인 현상이기도 하다. 여기에 대한 정치한 논의를 강익의 작품을 대상으로 시도할 필요가 있다. 강익 시세계의 특성과 함께 당대 선비들의 문학세계의 중요한 일부면을 정밀하게 이해할 수 있기 때문이다.

셋째, 강익의 심학적 세계인식에 대한 문화론적 탐구가 조선시대 선비들의 문화 속에 어떠한 동이성을 갖는가 하는 점도 주목의 대상이다. 앞에서 논의한 바와 같이 강익은 양진재를 짓고 「양진재기」를 썼으며, 양진재 주변에 다시 풍영정을 건립하였다. 이것은 도학의 긴수작과 흥취의 한수작이 상호 보완되도록 하기 위한 조처였다, 남계서원의 명성당과 풍영루에도 이것은 그대로 적용되면서 심학적 문화체계를 구축하게 된다. 이와 아울러 남계서원의 명성당은 거경과 집의를 통해 내외의 수양론을 표방했다.『주역』곤괘「문언전文言傳」의 '경이직내敬以直內, 의이방외義以方外'를 염두에 둔 결과이다.

도학과 흥취, 거경과 집의는 매우 중요한 심학적 체계를 형성하며, 조선조 선비 사회에서 이를 중심으로 다양한 문화를 만들어갔다. 이와 관련된 당호

---

59  정우락,「임란 이후 영남 지식인의 사상적 동향과 감성의 유형」,『영남학』75, 경북대학교 영남문화연구원, 2020.

를 조사해보면 이러한 사실은 바로 확인된다. 예컨대, 하덕망河德望의 양정당 養正堂은 도학, 채득기蔡得沂의 무우정舞雩亭은 흥취의 의미가 강조된 것이며, 역동서원의 정당인 명교당明敎堂의 익실이 표방한 정일재精一齋와 직방재直方齋 역시 정일집중精一執中과 내경외의內敬外義의 상수적相須的 수양론을 표방한 것이다. 때로는 바위에 글자를 새기는 등의 각자문화를 통해 거대한 심학동천을 만들어 가기도 했다.

 강익의 「연보」에 의하면, 그는 심성을 잘 길러 외물이 마음을 흔들지 못했다고 한다. 서재는 좌우에 경전을 쌓아두고 조용하고 깨끗하였으며, 그 속에서 그는 의관을 엄정하게 갖추고 서책을 보면서 입으로 소리도 내지 않아 흡사 그림 속의 사람과 같았다고 했다. 후인들이 기록한 것이니 다소의 과장이 없지는 않다고 하더라고 강익 등 조선 선비들이 지향했던 군자의 모습은 대체로 이러하였다. 군자의 이 같은 모습이 심학에 바탕하여 이룩된 것이라 할 때, 이들의 시문학적 상상력 역시 비슷한 결과로 나타날 것임에 틀림이 없다. 따라서 이 논문은 강익을 통한 조선시대 심학 시가세계의 일 부면을 밝히는데 일정한 역할을 했을 것으로 본다.

## 참고문헌

『論語』
姜翼, 『介庵集』
奇大升, 『高峯集』
奇正鎭, 『蘆沙集』
李滉, 『退溪集』
謝榛, 『四溟詩話』
王夫之, 『薑齋詩話』
一然, 『三國遺事』
鄭逑, 『寒岡集』
程敏政, 『心經附註』
曺植, 『南冥集』
朱熹, 『朱子大全』
陳德秀, 『心經』
崔濟愚, 『龍潭遺詞』
洪汝河, 『木齋集』

강구율, 「개암 강익의 생애와 시세계 고찰」, 『남명학연구총서』 10, 남명학연구원, 2017.
구진성, 「개암 강익의 학문과 문학」, 『남명학연구』 56, 경상대학교 남명학연구소, 2017.
김일근, 「개암 강익 선생의 생애와 문학」, 『文湖』 2, 건국대학교, 1962.
남명학연구원 편, 『개암 강익』, 예문서원, 2017.
문범두, 「개암 강익의 학행과 문학」, 『한민족어문학』 56, 한민족어문학회, 2010.
박석, 『송대의 신유학자들은 문학을 어떻게 보았는가』, 역락, 2005.
정우락, 「일두 정여창의 학문과 문화공간으로서의 악양정과 남계서원」, 『남명학연구』 36, 경상대 남명학연구소, 2012.
_____, 「조선시대 선비들의 풍류방식과 문화공간 만들기」, 『퇴계학논집』 15, 영남퇴계학연구원, 2014.
_____, 「임란 이후 영남 지식인의 사상적 동향과 감성의 유형」, 『영남학』 75, 경북대학교 영남문화연구원, 2020.
_____, 「『심경』의 문학적 수용과 '마음'의 형상」, 『영남 선비들의 공부론과 지역 문헌』, 경상북도청년유도회, 2023.

# 간송 조임도의 문학에 나타난 심학과 그 특징*

김소연(경북대학교 국제교류처 강사)

## 1. 서론

본고는 간송 조임도(1585-1664)의 문학에 형상화된 '마음[心]'과 심학의 문제를 분석하고, 그것이 가지는 의미를 도출하고자 한다. 조임도는 평생 관직에 나아가지 않고, 자신의 고향인 경상남도 함안에서 은거하며 독서와 성리학 공부에 힘썼으며, 성리학의 가르침을 생활 속에서 실천하고자 했다. 특히 그는 자신의 마음을 성찰하고 기르며, 이를 통해 성리학에서 가르치는 덕목과 수양론을 실천하는 공부를 중시했다. 그가 중시한 공부는 모두 성리학의 심학과 심신 수양에 관련한 내용이다.

최근까지 여러 선행 연구를 통해 조임도의 학문 및 사상적 경향,[1] 문학

---

\* 이 글은 기발표된 필자의 논문(「간송 조임도의 문학에 나타난 심학과 그 특징」, 『백록어문교육』 32, 백록어문교육학회, 2023, 137-167쪽)을 수정, 보완한 것이다.
1 조임도에 대한 선행 연구는 2000년대부터 그의 학문과 사상, 그리고 문학을 중심으로 이루어져 어느 정도 연구 성과가 축적되었다. 조임도의 학문을 남명학·퇴계학의 융합으로 본 허권수의 연구를 시작으로, 조임도의 학문과 사상을 장현광 및 함안 지역의 학문적 전통과 연관 지어 분석한 연구, 17세기 정구와 그의 문인들의 낙동강 선유를 중심으로 조임도의 학문적 인맥을 다룬 연구 등을 들 수 있다.

작품에 나타난 특징[2]이 어느 정도 밝혀졌다. 선행 연구에서는 조임도가 자신의 거처인 경상남도 함안 지역을 중심으로, 경상도의 여러 지역에 걸쳐 남명학파·퇴계학파 및 한강 정구(1543-1620)·여헌 장현광(1554-1637)의 문인들과 폭넓게 교류했다고 한다. 이러한 인적 교류 및 그 과정에서 방문했던 여러 장소, 그리고 그가 은거했던 함안 지역은 조임도의 문학 작품 창작에 영향을 끼쳤다. 그리고 조임도는 학문적으로 퇴계학·남명학과 정구의 영향을 모두 받으면서,[3] 평생 스승으로 따랐던 장현광의 영향을 많이 받아 예학과 심성 수양을

---

김우형, 「간송 조임도의 학문과 사상 – 여헌 장현광과의 사상적 영향 관계를 중심으로」, 『동양고전연구』 29, 동양고전학회, 2007.
김학수, 「선유를 통해 본 낙강 연안 선비들의 집단의식 – 17세기 한려학인을 중심으로」, 『영남학』 18, 경북대학교 영남문화연구원, 2010.
남재주, 「조선후기 예학의 지역적 전개 양상 연구 – 영남지역 예학을 중심으로」, 경성대학교대학원 박사학위논문, 2012.
허권수, 「南冥·退溪 兩學派의 融和을 위해 노력한 澗松 趙任道」, 『南冥學硏究』 11, 慶尙大學校 南冥學硏究所, 2001.
허권수, 「만성 박치복의 학문과 사상 : 함안의 학문적 전통과 만성 박치복의 역할」, 『남명학연구』 23, 경상대학교 경남문화연구원, 2007.

[2] 조임도의 문학에 관한 연구로는 시문을 통해 그의 현실 인식을 분석한 연구, 교유시 및 선유 관련 작품 등 조임도의 교유 문학에 나타난 의식을 분석한 연구, 조임도의 개별 작품을 분석한 연구 등이 있다. 특히 조임도가 낙동강의 합류 지역인 경상남도 함안에 거주했고, 낙동강을 중심으로 선유를 자주 했다는 점에 주목하여, 조임도의 문학을 낙동강과 관련지어 분석한 연구들이 여러 편 있다.
김소연, 「간송 조임도의 문학에 나타난 낙동강 연안과 그 의미」, 『한국문학논총』 84, 한국문학회, 2020.
박순남, 「간송 조임도의 <三綱九絶句>에 대하여」, 『국제지역통상연구』 2, 국제지역통상학회, 2005.
오용원, 「간송 조임도의 현실인식과 그 시적 형상화」, 『선주논총』 10, 금오공과대학교 산업기술개발연구원, 2007.
장성진, 「낙남 합류지역의 임란 직후 시」, 『낙동강과 경남』, 선인, 2014.
최윤정, 「간송 조임도의 교유 문학 연구 – 교유시와 선유 관련 작품을 중심으로」, 『한국고전연구』 56, 한국고전연구학회, 2022.

[3] 조임도는 10대에 경상북도에서 피난 생활을 하며 퇴계학파 문인들에게 가르침을 받았다. 그리고 남명학파가 강한 경상우도 지역에 속한 함안 지역에 거주하면서 자연스럽게 남명학의 영향을 받을 수 있었다. 또 그의 아버지인 입암 조식은 정구의 문인이었으며, 그의 스승인 장현광은 정구의 조카사위이다.

중시했다고 한다.

실제로 조임도는 성리학에서 주목하는 인간 심성과 마음의 문제를 다룬 책인 『심경』을 읽기도 했고, 『심경』의 「심잠心箴」에 대해 장현광에게 질문하기도 했으며,[4] 「관규쇄설」 등 마음 수양과 관련한 글을 저술하기도 했다. 그리고 『심경』 등 성리학 경전에서 가르치는 이상적인 마음의 상태를 시로 형상화하기도 했고, 선한 마음의 보존 및 윤리 실천 등을 삶의 지향점으로 제시하기도 했으며, 마음과 수양론에 대한 용어들을 실생활에 적용하기도 했다.

조임도가 읽은 『심경』은 성리학에서 말하는 마음과 심학·심성론·수양론의 문제를 본격적으로 다룬 책이라 할 수 있다. 『심경』은 중국 송나라의 진덕수(1178-1235)에 의해 편찬되었다. 진덕수는 유교 경전 및 도학자들이 마음에 대하여 논의한 격언들을 모으고, 이에 대한 여러 학자의 논설을 주석으로 달아 『심경』이라는 책으로 편찬했다. 이후 중국 명나라의 정민정(1445-1499)은 『심경』에 다양한 해설과 자료를 덧붙여 『심경부주』를 편찬했다. 『심경』과 『심경부주』는 성리학의 중요한 명제인 인심과 도심 등 심학에 관한 내용을 포괄하고 있다.

『심경』과 『심경부주』는 조선 전기에 한국으로 들어온 것으로 보이며, 사림파를 중심으로 읽혔다. 조선 시대의 성리학은 심성에 관한 학문을 중시했고, 심성론이 국정 운영의 사상적 바탕이 되었다.[5] 이와 동시에 심성론은 조선 시대 선비들의 일상생활 및 삶에서도 중요한 주제였다. 이러한 점에서

---

4 　『澗松集』, 「澗松先生年譜」
　　趙任道, 『澗松集』 別集 권1, 「就正錄」
　　본고에 나오는 『간송집』의 원문 및 국역은 한국고전종합db[itkc.or.kr]에서 인용했다. 한국고전종합db에 탑재된 『간송집』 국역은 경상대학교 경남문화연구원 남명학연구소에서 번역한 것(『한국고전번역원 한국문집번역총서 간송집』 1·2, 술이, 2015)이다. 아래도 같다.
5 　최영성, 『한국유학통사』 중, 심산, 2006, 282-283쪽.

심성론과 심학에 관한 내용을 포괄한 『심경』은 조선 시대에 중요한 텍스트가 될 수 있었다. 특히 영남학파를 대표하는 퇴계 이황(1501-1570)·남명 조식(1501-1572)은 『심경』을 중요한 책으로 부각했다. 아울러 이황의 제자들은 이황과 『심경부주』에 대해 강론하고, 『심경』에 관한 주석서를 편찬하는 등 『심경』에 특별한 관심을 가지기도 했다.[6]

성리학에서는 공부를 통해 인간의 마음에 있는 본성[本然之性]을 되찾아, 참된 자아를 회복하고 성인의 경지에 이르는 것을 학문의 궁극적인 목표로 삼는다. 그 경지는 바로 사욕을 걷어내어 마음의 고요한 본체, 도덕적 본체를 회복하는 것이다.[7]

성리학에서는 성인의 경지에 이르는 방법으로 수양론을 제시한다. '수양론'은 품성·지혜·도덕을 함양함으로써 자아를 완성하고 성인에 이르는 방법으로, 성리학의 수양론은 맹자의 성선설에 입각해 있다. 그리고 일상 속 평범한 사람도 성인과 같은 본성을 갖고 있어, 수양을 통해 성인이 될 수 있다고 한다. 이 때문에 조선의 선비들은 독서나 강론을 통해 성현의 가르침을 공부하거나, 일상생활 속에서 덕성을 함양하거나 수양과 관련한 용어를 응용함으로써 성인의 경지에 이르고자 했다. 여기서 성인의 경지에 이르기 위해 제시되는 수양의 방법과 개념은 『심경』에 집적되어, 『심경』의 중추적 의미가 된다.[8]

이러한 점으로 미루어 볼 때, 성리학에서 말하는 마음의 문제는 조임도의

---

6  이황과 조식의 『심경』 수용 및 『심경』에 대한 견해는 「『심경』의 문학적 수용과 '마음'의 형상」(정우락, 『영남 선비들의 공부론과 지역 문헌』, 경상북도청년유도회·디자인 라온, 2023, 55-59쪽)에서 자세히 논의하였다.
7  정순우, 「'공부'란 무엇인가?」, 『영남 선비들의 공부론과 지역 문헌』, 경상북도청년유도회·디자인 라온, 2023, 32-33·39-40쪽.
8  정우락, 「『심경』의 문학적 수용과 '마음'의 형상」, 『영남 선비들의 공부론과 지역 문헌』, 경상북도청년유도회·디자인 라온, 2023, 59-67쪽.

문학 작품 창작과 그의 실제 삶에 상당한 영향을 끼쳤다고 할 수 있다. 그중에서 그가 일상생활 속에서 읊은 시들은 학문으로 배운 마음과 심성론·수양론의 문제가 그의 실제 삶에서 어떻게 구현되고, 그의 삶과 어떻게 연결되는지를 보여 준다.

조임도를 포함하여, 『심경』 및 심학에 대한 내용은 조선 시대 선비들의 문학에 매우 큰 영향을 끼쳤다. 『심경』의 내용 및 심학 관련 이론·용어를 활용하여 잠명箴銘 및 절구·율시 등을 지은 것이 그 예다. 나아가 심학과 관련한 용어들을 토대로 자신들의 호를 짓거나, 일상적으로 생활하는 공간의 이름을 지어 삶의 방향을 보여 주었다. 그럼에도 불구하고 『심경』 및 심학을 소재로 조선 시대 선비들의 문학을 분석한 연구 성과[9]는 매우 소략하다. 이에 주목하여, 본고에서는 『심경』에 나오는 심성론과 수양론에 대한 개념과 이론을 중심으로, 조임도의 문학에서 마음과 심학·심성 수양 문제가 형상화되는 양상을 분석하고자 한다.

## 2. 간송 조임도의 학문과 심학心學

선행 연구에서도 이미 언급되었듯, 조임도는 사승 및 학문적 교유를 퇴계학과 남명학의 영향을 받았다. 그는 10대에 경상북도 영천·안동·봉화 등지로 전란을 피해 피난 생활을 하던 중, 반천 김중청·두곡 고응척(1531-1605)·여헌

---

[9] 이와 관련한 연구 성과는 정우락의 논의(「『심경』의 문학적 수용과 '마음'의 형상」, 『영남 선비들의 공부론과 지역 문헌』, 경상북도청년유도회·디자인 라온, 2023, 55-85쪽; 「개암 강익의 심학과 그의 시가문학」, 『퇴계학논집』 32, 영남퇴계학연구원, 2023, 65-96쪽)와 김종구의 논의(「『연행일기』와 『해유록』의 心狀 표현과 同異性」, 『일본학연구』 67, 단국대학교 일본연구소, 2022, 45-80쪽)가 있다.

장현광에게 가르침을 받는다. 전쟁이 끝나고 나서 조임도는 경상남도 함안으로 귀향했다. 그리고 아버지인 입암 조식과 함께, 1607년에 한강 정구와 그의 문인들이 참여했던 용화산 선유에 참여하여 정구를 배알했다. 당시에 장현광 역시 용화산 선유에 참여했다.

이 중에서 조임도의 학문에 가장 큰 영향을 끼친 인물은 장현광이었다. 1601년 조임도는 입암 조식을 따라 인동에서 장현광을 만난 이후, 장현광을 자주 찾아가서 공부한다. 장현광은 「앉은 벽에 써 붙인 글[座壁題省]」에서는 마음 수양에 대한 12가지 조목을 제시하면서, 마음이 몸을 행동하고 주재하는 존재이며 경敬을 통해 마음을 수양해야 한다고 했다.[10] 이를 통해 심학과 수양론에 대한 장현광의 생각을 엿볼 수 있다. 동시에 장현광이 『심경』 및 심학, 그리고 심성 수양의 문제에 관심이 있었음을 보여 준다. 이러한 장현광의 사상과 학문적 경향은 제자인 조임도에게도 영향을 미쳤다.

이는 장현광이 조임도의 이름을 개명한 대목에서도 엿볼 수 있다. 조임도가 장현광을 처음 만났을 당시 조임도의 이름은 '임도'가 아닌 '기도幾道'였는데, 장현광의 권유에 이름을 '임도'로 바꾼다. 조임도의 개명에는 학문의 방향과 연관이 있다. 기도는 '도에 가깝다'라는 뜻인데, 도학을 공부하는 데에 좀 더 적극적으로 착력한다는 취지로 '도에 임한다'는 의미의 '임도'로 개명한 것이다.[11]

그의 이름에 담긴 '도'는 결국 심학과 연결되는데, 이는 그의 이름을 개명해 준 장현광의 글에서 알 수 있다. 장현광은 「학부명목회통지결」에서 배움[學]·도학·심학 등에 대한 용어를 조목조목 설명하면서, 배움의 자세와 심학

---

10   장현광의 심학과 수양론은 「여헌 장현광의 심과 도덕·성경수양론」(이희평, 『유교사상문화연구』 22, 한국유교학회, 2005, 193-222쪽)·「여헌 장현광의 교육관 탐구 – 성리학적 본질의 심화」(신창호, 『동양고전연구』 33, 동양고전학회, 2008, 31-56쪽)에서 논의된 바 있다.
11   『澗松集』, 「澗松先生年譜」

의 목표에 대해 이야기했다. 배우는 것은 도를 배우는 것[道學]이고, 도학은 마음에서 벗어나지 않으므로 심학이라 이른다고 했다. 그리고 진정한 학문이란 이치를 밝히고 도를 실천하여 마음을 다스림으로써 성인의 경지에 이르는 것이다.[12]

이 글을 통해, 장현광은 도를 공부하는 것을 심학과 동일시함을 알 수 있다. 이를 근거로, 결국 장현광이 조임도에게 부여한 이름은 심학 공부에 착력하라는 당부로도 해석할 수 있을 것이다. 아울러 이름이 그 사람의 삶의 방향과 특징을 드러낸다는 점에서, 조임도의 이름은 그의 삶에서 심학이 삶의 지향점이자 중요한 요소임을 알 수 있다.

『간송집』에는 이기론이나 심학 등 성리학 이론에 대한 저술이 없다. 그렇지만 『간송집』에 실린 문학 작품이나 「연보」를 보면, 조임도는 청년기에 성리학에 관한 소양을 갖추고 있었고, 스스로 성리학에 관한 경전을 많이 읽었다. 그리고 성리학 이론에 대한 논설보다는 심신 수양과 덕성의 실천을 중요하게 생각했다.[13]

(가)

어린아이가 책을 끼고 와서 갑자기 질문하기를 "어떻게 해야 학문한다고 말할 수 있습니까?"라고 하여, 나는 대답하기를 "무릇 학문의 도는 반드시 분발하고 굳세게 하여 의지를 세우고 마음을 비우고 심지를 공손히 하여 가르침을 받고, 괴로움과 고통을 참아가며 공부를 하고, 용감히 나아가고

---

12  張顯光, 『旅軒集』 권6, 雜著, 「學部名目會通旨訣」
    『여헌집』의 원문 및 국역은 한국고전종합db[itkc.or.kr]에서 인용했다. 한국고전종합db에 탑재된 『여헌집』 국역은 한국고전번역원에서 번역한 것(『고전국역총서 307 여헌집』 1-4, 한국고전번역원, 1999)이다.
13  김우형, 「간송 조임도의 학문과 사상 – 여헌 장현광과의 사상적 영향 관계를 중심으로」, 『동양고전연구』 29, 동양고전학회, 2007, 38-39쪽.

힘써 실천하여 도를 극진히 하고, 넉넉히 존심양성存心養性을 하여 덕을 기르고, 경계하고 삼가고 두려워하고 조심하는 것으로 마음을 잡고, 정밀하고 상세하고 치밀하게 하여 일을 처리하는 것이다. 주정主靜·존성存誠·거경궁리居敬窮理 등의 절목과 같은 것이 바로 그것의 본령이자 골자이다. 마치 수레의 두 바퀴와 같고 새의 두 날개와 같아서 한쪽을 폐하면 굴러가거나 날 수가 없다. 여기에 종사하여 부지런히 하고 착실하게 해서 힘 쏟는 것이 깊어지고 세월이 오래되어, 아는 것과 실천하는 것이 모두 진전이 있고 경험과 식견이 모두 지극해져 하루아침에 확 트여 홀로 밝고 넓은 들판을 보게 된다면, 문득 자신도 모르게 성현·군자·길인吉人의 영역에 들어갈 것이다.[14]

(나)

| 障川之柱指南車 | 장천지주와 지남거는, |
| 只在心經一部書 | 단지 『심경』 책 속에 있다네. |
| 會得西山喫緊意 | 서산의 긴요한 뜻 얻을 수 있다면, |
| 操存省察此權輿 | 조존성찰이 여기서 비롯되리. |
| 右觀心經 | 위는 『심경』을 보고[15] |

(가)는 조임도가 1605년에 지은 「관규쇄설」의 맨 첫 번째 조로, 올바른 학문의 자세를 이야기하고 있다. 그는 주정主靜·존성存誠·거경궁리居敬窮 같은 절목이 학문의 본령이라고 하며, 이 세 가지를 공부하여 알고 실천하면 성현과 군자의 경지에 이르게 될 것이라고 이야기한다. 성현과 군자는 심학에서

---

14　趙任道, 『澗松集』 권3, 雜著, 「管窺瑣說七條」, "有一童子挾書而來, 卒然問曰, 何如斯可謂之學也, 余應之曰, 夫學之道, 必也奮發刻厲以立志, 虛心遜志以受敎, 喫辛耐苦以做功, 勇往力行以致道, 優游涵泳以養德, 戒愼恐懼以操心, 精詳縝密以處事, 至若主靜, 存誠, 居敬窮理等節目, 乃其本領也, 骨子也, 如車兩輪, 如鳥兩翼, 不可廢一而可行可飛也, 從事於斯, 勉勉循循, 用力旣深, 歲月積久, 知行兩進, 足目俱到, 一朝豁然, 獨觀昭曠之原, 則忽不自知其入於聖賢, 君子, 吉人之閫域矣."

15　趙任道, 『澗松集』 권2, 詩○七言絶句, 「感興十五首」

추구하는 이상적인 인간상으로, 심학의 목표 역시 성현과 군자의 경지에 이르는 것이라 할 수 있다.

주정·존성·거경궁리는 심학에서 말하는 심신 수양법이다. 주정은 마음을 고요하게 만들거나 안정시켜서 정돈함으로써, 마음을 밝게 만드는 수양법이다. 존성은 '성誠'을 보존하는 것으로, 여기서 성은 진실되면서[至實] 망령됨·거짓이 없는[無妄] 경지다. 심학에서는 자연의 천리와 성현의 마음을 성이라고 보며, 인간이 성을 획득하면 그 마음이 천리와 일치하게 되어 성현의 경지에 이를 수 있다고 본다. 거경궁리는 몸가짐과 언행·마음을 단정하고 조심스럽게 하여 덕성을 기르고[居敬], 사물의 이치를 깊이 연구하여 지식을 얻는다[窮理]는 의미로, 도덕적 실천과 지식 함양을 모두 담고 있다.

(나)의 시는 「감흥」 15수 중 1수로, 『심경』과 수양론에 대한 조임도의 생각을 잘 보여 준다. 1수는 『심경』을 보고 읊은 내용이다. 1구의 장천지주障川之柱는 황하의 급류 가운데 솟은 지주이다. 지남거指南車는 남쪽을 가리키는 수레로, 주공이 길을 잃은 월상의 사자에게 준 것이다. 장천지주가 급류라는 혼란 속에서 흔들리지 않고 우뚝 솟아 있고, 지남거가 길을 잃은 자에게 방향을 알려주는 존재인 것처럼, 『심경』이 학문의 방향을 가르쳐주는 서적임을 비유한 것이다. 『심경』이 인간의 심성론과 수양론, 마음의 문제를 다룬 책이라는 점을 감안할 때, 조임도가 공부의 지향점을 심학과 심신 수양에 두고 있음을 짐작할 수 있다.

3구의 서산은 『심경』을 편찬한 진덕수의 호이다. 조임도는 진덕수가 『심경』을 편찬한 의도를 생각하며 『심경』을 깊이 읽으면, '조존성찰操存省察'을 이룰 있다고 본다. 조존성찰은 마음을 잡아서 보존하여, 인욕이 들어오지 않게 살핀다[16]는 의미이다. 여기서 마음은 외부의 사물이나 인욕에 흔들리지 않는 인간의 본연지성으로, 사물이나 인욕으로 더럽혀지지 않은 인간의 선한 본성을 의미한다. 즉 조존성찰은 인간의 선한 본성을 보존하는 마음 수양 방법으로 볼 수 있다.

두 인용문을 통해, 조임도는 심학 공부와 관련하여 지식 함양과 도덕적 실천을 함께 중시했음을 알 수 있다. 아울러 위에서 말한 주정·존성·거경궁리 및 조존성찰은 심학에서 말하는 심신 수양법이라는 점에서, 조임도가 심학 공부를 통해 지향했던 바를 짐작할 수 있게 한다. 그것은 바로 독서 및 사색·탐구를 통해 널리 지식을 기르고, 배운 바를 마음으로 터득하고 곰곰이 생각하며, 도덕적 가르침을 비롯하여 자신이 배우고 공부한 바를 힘써 실천하는 것이다. 이를 통해 마음이 환하게 밝아지고, 마음의 선한 본성을 지키며, 마침내 마음이 천리와 일치하게 되는 성현의 경지에 이르게 된다는 것[17]이다.

---

16  『心經附註』권1, 「中庸」, "慎獨者, 所以省察於喜怒哀樂已發之後, 元注云, 當此之時, 一毫放過則流於欲矣, 判別義利, 全在此時, 省察者, 所以遏人欲也."
『心經附註』권3, 「孟子」, "靜而敬, 常念天地鬼神臨之, 不敢少忽, 動而敬, 自視聽色貌言事疑忿得, 一一省察, 不要逐物去了, 雖在千萬人中, 常知有己, 此持敬之大略也."
『心經附註』권3, 「孟子」, "朱子答石子重書曰, 孔子言操存, 舍亡, 出入無時, 莫知其鄕四句, 而以惟心之謂一句, 結之."
『心經附註』권3, 「孟子」, "按, 人心之不能操存, 多出于思慮紛擾, 故先儒屢屢言之, 然求其所以操而存者, 豈有他術哉, 亦曰靜以養之, 敬以持之而已."
본고에 나오는 『심경부주』 등 경전의 원문 및 국역은 동양고전종합db[db.cyberseodang.or.kr]에서 인용했다. 아래도 같다.

17  趙任道, 『澗松集』권3, 雜著, 「管窺瑣說七條」, "今之人, 但當勉勉孜孜, 用力積久, 躬行於外, 心得於內, 默會潛思, 豁然獨觀於昭曠之原, 則自不覺手之舞之足之蹈之矣, 惟資質寡欲者, 最先得力."
趙任道, 『澗松集』續集 勸1, 詩○七言絶句, 「感興九首」 제3수, "체험의 공과 효과[右體驗功效]", "눈앞에 서 있는 듯 수레 앞 횡목에 기대고 있는 듯, 이루어진 본성을 잘 보존하면 도의가 생기네. 하늘의 명령이 분명하게 항상 눈앞에 있으니, 본원을 만나면 어디든 함께 가지 않음이 없네[參於前也倚於衡, 成性存存道義生, 明命赫然常目在, 逢源無處不俱行]."
趙任道, 『澗松集』續集 권1, 詩○七言絶句, 「感興九首」 제5수, "순수하고 참된 즐거움[右素履眞樂]", "탓하지 않고 원망하지 않으며 본분에 편안해하고, 두 마음을 품지 않고 근심하지 않으며 상제를 대하네. 비 갠 뒤 밝은 달과 맑은 바람은 원래 상쾌하니, 지극한 사람의 마음 또한 욕심이 없고 깨끗하네[不尤不怨安乎分, 無貳無虞對越天, 霽月光風元灑落, 至人胸次亦沖然]."

그리고 이와 같은 심학 공부와 관련하여, 조임도에게 『심경』은 나침반이 되었다.

## 3. 간송 조임도의 문학에 나타난 심학의 양상

　조선 시대 선비들은 마음[心]을 문학적으로 다양하게 형상화하고 있었다. 그리고 『심경』에 나오는 마음 수양의 문제를 일상생활에 적용하여, 몸과 마음을 다스리고 올바르고 선한 방향으로 함양하고자 했다. 이 때문에 『심경』에서 가르치는 이상적인 마음의 경지, 즉 성현의 마음[道心]과 심신 수양, 심학의 문제를 표현한 문학 작품이 많았다. 『심경』에서 이야기하는 마음 수양의 문제는 결국 심학과 다름없었다.

　앞 장에서 살펴보았듯, 『심경』을 읽고 심학 공부에 힘쓴 조임도 역시 이와 무관하지 않았다. 이 장에서는 조임도의 문학에서 심학이 형상화된 양상을 분석해 보고자 한다.

### 1) 자연합일을 통한 심학적 흥취 체험

　조임도는 처사로서 벼슬에 나아가지 않고, 고향인 함안에 합강정사를 짓고 자연을 통해 심신을 수양하며 살았다. 이는 그가 합강정사의 옆에 있는 누대의 이름을 연어대라고 한 데서 드러난다.

　연어대의 '연어'는 『시경』의 연비어약에서 나온 말이다. 이 말은 자연과 만물의 지극히 자연스럽고 당연한 이치를 의미한다. 솔개는 하늘에서, 물고기는 물속에서 각자 활발하게 활동하는데, 여기에서 자연의 도와 체용體用이

천하에 밝게 드러난다고 본다. 즉 솔개와 물고기라는 구체적인 사물을 통해, 만물이 자라나고 생동하는 이치와 도道가 있다고 이해한 것이다. 이때 솔개와 물고기는 구체적인 사물이면서, 이와 같은 이치와 도가 작용하는 일상적인 세계로 볼 수 있다. 그래서 심학에서는 일상 세계를 중시하면서, 일상 속에서 도를 배우고 체험할 수 있다고 한다. 그리고 여기서 더 나아가 자신의 마음을 다스려서 성인의 경지에 이르러야 한다고 가르친다.[18]

연어대 역시 물고기가 살 수 있는 강[낙동강]을 끼고 있으면서, 솔개와 같은 새가 날아다니는 하늘을 바라볼 수 있던 장소였다. 조임도는 연어대에서 이와 같은 풍경을 바라보면서, 아침저녁과 날씨에 따라 순환하는 자연 풍경을 바라보았다. 이를 통해 만물을 각자의 위치에서 활동하게 만들면서, 시간과 날씨를 순환하게 만드는 자연의 도를 생각할 수 있었다. 그 자연의 도는 바로 연비어약의 가르침과 다름없었다. 연비어약의 가르침을 체득한 조임도는 은자隱者처럼 속세의 마음을 잊고 스스로를 수양할 수 있었다.[19] 즉 조임도는 수양론의 이념을 담아서 자신의 거처를 구축했다고 할 수 있다. 그는 자신의 거처 속에서 마음을 맑고 깨끗한 자연의 모습으로 형상화하는데, 시에서 자연을 통해 형상화된 마음은 바로 심학에서 추구하는 경지이다.

---

18 『心經附註』 권4, 「周子」, "答何叔京書曰, … 如鳶飛魚躍, 明道以爲與必有事焉勿正之意同者, 今乃曉然無疑, 日用之間, 觀此流行之體, 初無間斷處, 有下功夫處, … 此與守書冊, 泥言語, 全無交涉, 幸於日用間察之, 知此則知仁矣."; 성광동, 「성리학의 공부론과 이상적 삶의 모습에 대한 고찰」, 『동양고전연구』 83, 동양고전학회, 2021, 109-113쪽.

19 沈惚·趙鏛, 『金羅傳信錄』, 「鳶魚臺序」; 이명성·장성진 번역, 『국역 금라전신록』, 함안문화원, 2010, 145-148쪽.

(가)

| 山色捲簾後 | 산빛은 발을 걷은 뒤요 |
| 溪聲欹枕時 | 시냇물 소리는 베개에 기댈 때라네 |
| 幽棲眞趣足 | 그윽함에 깃들어 참된 흥취에 만족하는데 |
| 還怕世人知 | 도리어 세상 사람이 알까 겁나네 |

| 窓開山遠近 | 창문을 여니 산이 원근에 보이고 |
| 簾捲水西東 | 주렴을 걷으니 물은 이리저리 흐르네 |
| 極目天無際 | 멀리 바라보니 하늘은 끝이 없는데 |
| 雲消月滿空 | 구름 걷히자 달이 온 하늘 가득하네[20] |

(나)

| 一夜江天雪 | 밤새도록 강마을에 눈이 내리더니 |
| 能令萬念空 | 온갖 생각이 사라지게 만드는구나 |
| 月明銀色界 | 달은 은빛 세계를 밝게 비추고 |
| 人臥水晶宮 | 사람은 수정궁에 누워 있도다 |
| 爽氣驚凡骨 | 시원한 기운이 범상한 사람을 일깨우고 |
| 淸光盪俗胸 | 맑은 빛은 속된 심사를 씻어내네 |
| 此時誰自得 | 이때 그 누가 자득하랴 |
| 蕭散澗松翁 | 한가롭고 적적한 간송옹이로다[21] |

(가)는 조임도가 은거하는 자신의 생활을 그리고 있다. 집 앞에 보이는 산과 끝없이 넓은 하늘을 감상하고, 시냇물 소리를 듣는 것이 조임도의 일상 생활이다. 이와 같은 일상생활 속에서 조임도는 참된 이치를 즐긴다. 그것은

---

20 　趙任道, 『澗松集』 권1, 詩○五言絶句, 「閑居雜詠二首」.
21 　趙任道, 『澗松集』 권1, 詩○五言律詩, 「柰內雪夜」.

바로 자연 풍경의 아름다움과, 자연 풍경을 통해 마음을 보는 것이다.

조임도는 자신의 거처를 둘러싼 자연 풍경과 자신의 은거하는 일상을 시로 자주 읊었다. 그가 은거하는 곳은 맑고 푸른 곳으로 그려졌는데, 이러한 풍경은 마음과 동일시되었다. 즉 맑고 푸른 자연 풍경을 통해 마음을 형상화한 것이다. 그가 자연 풍경으로 형상화한 마음의 상태는 바로 성현의 경지로, 맑고 푸른 자연처럼 외물에 가려지지 않은 선한 본연지성이다.

밤이 되면 낮과는 또 다른 풍경이 펼쳐졌다. 집 앞에 보이는 하늘에 달이 뜨면, 달빛이 자신과 자연 만물을 밝게 비추는 것이다. 어두운 밤에 달빛이 환한 것처럼, 조임도는 달빛을 보며 자신의 마음 역시 밝아지는 경지를 체험한다. 이는 앞서 '환성'에서 말했던 것처럼 밝고 신령한 마음의 상태와 동일하다.

동시에 달빛이 온 하늘을 비추는 것은 예로부터 전해진 심학이 조임도 자신에게도 전해지는 것을 의미한다. 여기서 달은 심학을 상징하며, 덕으로 천하를 다스려 태평성대로 일컬어지는 요순시대부터 시작된 심학이 주나라의 문왕·무왕·주공 및 공자·주자를 거쳐 조임도의 당대까지 전해진다는 것이다. 순임금이 인심과 도심을 이야기하면서 중도를 잡아야 한다고 했고,[22] 주공이 예악을 정비하고 『주례』를 마련하는 등, 이들은 심학의 가르침인 심법心法을 이야기하거나 심학의 가르침을 실천한 임금이었다. 공자는 이들을 스승으로 삼아 공부하며, 이들의 가르침을 세상에 전하였다. 그리고 주자는 이들의 심법을 성리학으로 집대성했으며, 이들의 가르침이 차가운 물에 비친 가을달[秋月寒水]과 같다[23]고 했다.

---

22  『心經附註』 권1, 「序」, "帝曰, 人心惟危, 道心惟微, 惟精惟一, 允執厥中, … 朱子曰, 堯舜以來, 未有議論時, 先有此言, 聖人心法, 無以易此."

23  朱子, 『朱子全書』 권4, 「齋居感興」, "放勛始欽明, 南面亦恭已, 大哉精一傳, 萬世立人紀, 猗歟歎日躋, 穆穆歌敬止, 戒奬光武烈, 待旦起周禮, 恭惟千載心, 秋月照寒水, 魯叟何常師, 刪述存聖

달은 매달 이지러지거나 차오르며 형태를 바꾸지만, 밤에 항상 빛나며 만물을 밝게 비추는 성질과 달의 본모습은 시간이 지나도 변함없다. 그 본모습은 주자 당대뿐만 아니라, 요순시대와 주나라 대에도 그대로였을 것이다. 달이 변함없이 천년 넘게 세상을 비추어 왔듯, 천년 전 성현의 법도와 심학역시 달을 통해 시공간을 초월하여 주자 자신에게까지 이어졌다고 본 것이다. 주자 후대에 심학을 공부한 조임도도 마찬가지였다. 조임도 역시 주자가 그랬던 것처럼, 달빛을 통해 시공간을 초월한 성현의 마음의 경지를 체험하면서, 요순시대와 공자·주자로 이어지는 심법의 가르침을 이어받았다고 생각할 수 있었다.

(나)는 달밤에 눈이 내린 내내리의 풍경을 읊은 시이다. 내내리는 조임도가 은거했던 곳이다. 밝은 달이 하얀 눈을 반사 시켜, 마치 신선 세계에 온 듯한 느낌을 자아낸다. 눈과 달빛을 통해 빚어진 내내리의 하얗고 밝은 풍경 역시 밝고 신령한 마음으로 형상화되며, 화자인 조임도의 마음을 깨끗하게 씻어낸다. 그리고 눈 내린 겨울의 공기는 차가울 법도 하지만, 조임도는 오히려 시원하다고 표현한다. 그 시원한 공기는 조임도의 정신을 성성하게 깨워준다. 이처럼 시원한 공기와 밝고 하얀 풍경을 통해, 조임도는 스스로 심신 수양의 가르침을 터득한다.

이처럼 조임도는 안빈낙도를 표방하며 은거하면서, 마음을 자연 풍경에 비유한다. 자연 풍경은 그가 은거하며 일상적으로 생활하는 공간이었다. 동시에 자연 풍경은 그에게 심학의 가르침이 만물에 가득함을 느끼게 해 주면서, 심학에서 추구하는 이상적인 경지인 성현의 마음을 보여 준다. 조임도

---

軌."; 『竹溪志』 권5, 「齋居感興二十首」
「재거감흥」의 원문 및 국역은 한국고전종합db[itkc.or.kr]에서 인용했다. 한국고전종합db에 탑재된 「재거감흥」의 국역은 『죽계지』에 수록된 것(안정 역, 『죽계지』, 소수박물관, 2009)이다.

자신이 일상적으로 생활하는 맑고 깨끗한 공간처럼, 성현의 마음과 인간의 본연지성 역시 맑고 깨끗하다는 것이다. 그 결과 그는 가슴속이 맑아지고, 가슴에 천지의 기운이 가득 차는 경지에 이를 수 있었다. 그 경지는 천년 전 요순시대부터 공자·주자를 거쳐 달을 통해 전해 내려오던 심학의 가르침[心法]이기도 했다.[24] 즉 자연 풍경을 통해 조임도는 성현의 경지를 간접적으로 체험함으로써, 스스로 마음을 수양하는 경지를 터득한다.

## 2) 수양론을 통한 인간 본연지성의 보존과 함양

조임도는 심학에서 말하는 인간의 본연지성 및 이상적인 마음의 경지(성현의 마음) 그 자체를 형상화하면서도, 심학에서 말하는 구체적인 심신 수양 방법을 문학 작품에 비유하기도 했다. 전자가 심학에서 말하는 마음을 이미지로 그림으로써 성현의 경지를 체험하고 있다면, 후자와 관련한 문학 작품들은 심학의 가르침을 실천하는 방법론의 문제라 할 수 있다. 즉 인간의 본연지성을 보존하거나 성현의 경지에 이르는 방법을 문학적 비유를 통해 좀 더 구체적으로 제시한다.

---

[24] 趙任道, 『澗松集』 권1, 詩○五言絶句, 「詠水中月」, "중천에 뜬 달이 너무 좋으니, 빛이 들 만한 곳은 모두 비춰주네. 둥그런 저 달빛으로, 온 세상 시내를 두루 비췄으면[酷愛天心月, 容光必照焉, 能將一輪影, 遍徹萬方川]."
趙任道, 『澗松集』 續集 권1, 詩○七言絶句, 「感興九首」 제8수, "주염계와 정자의 심학[右周程心學]", "사람의 마음은 위험하고 천리는 정미한데, 정밀하고 순수한 공부는 누가 가까웠나. 일천사백 년 만에 끊어진 학문을 이었으니, 주염계와 정자가 한 일은 고금에 드무네[人心危險道心微, 精一工夫孰庶幾, 千四百年承絶學, 周程事業古今稀]."
趙任道, 『澗松集』 續集 권1, 詩○七言律詩, 「無題」, "누가 알겠는가? 보잘것없는 음식 배불리 먹은 뒤에, 가슴에 가득 찬 호연지기가 천지에 가득한 것을[誰識藜羹一飽後, 盈衿浩氣塞堪輿]."

| 掃了人間外物繁 | 인간사 번다한 외물을 모두 쓸어버리고, |
| 唯將一理究原根 | 오직 하나의 이치로 근본을 탐구하리라. |
| 主人翁在神明舍 | 주인옹은 신명사에 있으니, |
| 勉使惺惺勿使昏 | 항상 깨어 있게 힘쓰고 어둡게 하지 말라. |
| 右論喚醒 | 위는 환성을 논함 |

| 潛心對越卷中賢 | 잠심하여 책 속의 현인을 대하니, |
| 虛室無人意更專 | 빈방에 사람 없어도 의식은 더욱 오롯해지네. |
| 著力一生何所勉 | 힘 들여서 평생 어디에 쓸까, |
| 隱微幽獨不欺天 | 은미하고 그윽하게 홀로 있어도 하늘을 속이지 않는다네. |
| 右論愼獨 | 위는 신독을 논함[25] |

위의 시는 「감흥」 15수 중 6·7수로, 『심경』에서 이야기하는 인간의 선한 마음을 보존하는 방법과 '경敬'의 가르침에 주목하고 있다. 이 시에서는 인간의 선한 마음을 보존하는 방법으로 '환성喚醒'과 '신독愼獨'을 제시한다. 6수의 환성은 항상 신령하고 맑게 깨어 있다는 뜻이고, 7수의 신독은 홀로 있어도 언행을 삼간다[愼其獨]는 의미다.

6수에서 조임도는 환성의 가르침에 근거하여, 자신의 마음이 잠들거나 혼미해지지 않도록 깨어 있게 만들고자 했다. 3구의 '주인옹主人翁'과 '신명사神明舍'는 마음[心]을 의미한다.[26] 『심경』에서 마음은 신령하고 밝으며, 신체의 감각기관을 관리하는 주인 같은 존재로 나온다. 이 마음은 마음 바깥에 있는

---

25 趙任道, 『澗松集』 권2, 詩○七言絶句, 「感興十五首」.
26 『心經附註』 권3, 「孟子」, "又曰, 虛壹而靜, 謂之淸明, 心者, 形之君也, 而神明之主也, 出令而無所受令."
 『心經附註』, 권1, 「易」, "上蔡謝氏曰, 敬是常惺惺法, 朱子曰, 惺惺, 乃心不昏昧之謂, 只此便是敬."

사물에 의해 흔들리거나, 감각기관을 통해 들어오는 사욕에 의해 본래의 모습을 잃을 수 있다. 이는 결국 인간이 본래의 선한 마음을 잃는 것을 의미한다.

이 때문에 『심경』에서는 마음이 외물과 사욕으로 인해 그 신령함을 잃지 않도록, 어두워지지 않도록 마음을 잘 다스려 그 선함을 보존해야 한다고 가르친다. 그러기 위해서는 마음이 항상 깨어 있게[惺惺] 만들어야 했다. 조임도 역시 『심경』의 이러한 가르침에 따라, 시끄러운 세상사에 귀 기울이지 않고 공부에 오롯이 집중하여 마음을 일깨웠다.[27]

앞의 6수에서는 자신의 마음 밖에 있는 외물을 단속했다면, 7수에서는 신독의 가르침에 근거하여 스스로의 내면과 자세를 정제함으로써 마음을 올바르게 가다듬는다. 1구에 나오는 '잠심대월潛心對越'은 주자의 「경재잠」에 나오는 말로, 마음을 고요히 가다듬고 상제를 마주하듯이 경건한 자세를 가지라는 의미다.[28] 혼자 있으면 자신을 보는 사람이 없으므로, 자세가 흐트러지거나 게을러지기 쉽다. 조임도는 「경재잠」과 신독愼獨의 가르침을 생각하며, 빈방에 혼자 있어도 차분하고 단정한 마음으로 성리학 경전을 읽는다.

즉 환성과 신독은 모두 마음이 외물이나 사욕에 흔들리지 않도록, 항상 정신을 깨우고 몸가짐을 단정하게 하여 방심하지 않는 것으로 볼 수 있다.

---

27 趙任道, 『澗松集』 권4, 箴銘, 「困知齋箴幷序」, "이에 고향으로 돌아온 날 부친에게 청하여 먼저 서실을 세우자고 하며 말씀드렸다. '학문을 하는 요체는 반드시 그 거처를 정해야 하고, 거처하는 곳은 반드시 편안하고 고요한 곳을 선택해야 합니다. 거처가 편안하고 고요하면 학업이 전일하여 마음이 밖으로 내달리지 않을 것입니다. … 단지 귀와 눈의 기관은 스스로 생각하지 못하여 외물에 가려지기 때문에 구름 덮인 산속에서 외물을 보고 듣는 것을 거두고, 먼지 날리고 시끄러운 저잣거리에서 잡념을 끊어 이 몸과 외물이 서로 교섭하지 않게 한 뒤에야 심신이 편안하고 고요해져서 학업을 정밀히 할 수 있고 도를 구할 수 있었기 때문입니다.'[茲於還土之日, 請于家君, 先立書室只, 爲學之要, 必定其居處, 居處之所, 必擇其安靜, 居處安靜, 則學業專而心不外馳矣, … 顧其耳目之官, 不思而蔽於物, 故收視聽於雲山溪壑之間, 絶思想於塵喧城市之中, 而身與外物不相交涉, 然後心神寧靜, 而業可精, 道可求矣.]."

28 『心經附註』 卷4, 「周子」, "朱子敬齋箴曰, 正其衣冠, 尊其瞻視, 潛心以居, 對越上帝."

이는 경敬의 가르침으로 이어진다. '경'은 『심경』에서 이야기하는 중요한 심신 수양법이다. 일상생활 속에서 몸가짐을 바르고 엄숙하게 하면서[整齊嚴肅], 마음이 다른 방향으로 흐트러지거나 잡념이 들어오지 않게 마음을 하나로 집중하고[主一無適] 수렴시킴으로써[其心收斂], 마음을 또렷하게 각성시킨다[常惺惺法·持敬]는 것[29]이다.

경의 가르침은 몸과 언행을 단속하여, 마음을 올바르게 기르고 선한 방향으로 나아가는 것이라 할 수 있다. 그리고 이와 같은 가르침을 실천하는 것이 진실되고 망령됨이 없는 성誠의 경지, 즉 성현의 마음가짐에 이르는 방법이었다. 이처럼 조임도는 자신의 마음을 단속하여 경을 실천하고, 인간으로서의 본연지성을 보존함으로써 성현의 경지에 이르고자 했다.

(다)
亭南一曲寒溪水  정자 남쪽 한 굽이 찬 시냇물에서
滌盡全身萬斛塵  온몸에 많은 때를 다 씻어 버렸네
雨過春山生氣像  비 지나간 봄 산에는 기상이 생기고
雲消秋月換精神  구름 걷힌 가을 달에 정신이 바뀌네
登高更覺胸襟豁  높은 곳에 오르니 가슴이 트이는 걸 더욱 느끼고
望遠還知眼界新  먼 곳을 바라보니 시야가 새로움을 도리어 알겠네
颯爽淸風生兩腋  상쾌한 맑은 바람이 양쪽 겨드랑이에 생기니
冷然卻似羽衣人  서늘한 기운 드는 게 문득 신선 같구나[30]

---

29  정순우, 「'공부'란 무엇인가?」, 『영남 선비들의 공부론과 지역 문헌』, 경상북도청년유도회·디자인 라온, 2023, 42-43쪽.
    정우락, 「『심경』의 문학적 수용과 '마음'의 형상」, 『영남 선비들의 공부론과 지역 문헌』, 경상북도청년유도회·디자인 라온, 2023, 63-64쪽.
30  趙任道, 『澗松集』 권2, 詩○七言律詩, 「浴後有感癸丑夏」

(라)

| 意必固我 | 의·필·고·아는, |
| 雪消氷釋 | 눈 녹고 얼음 풀리듯 없애고, |
| 易直子諒 | 이·직·자·량은, |
| 春噓物茁 | 봄바람 불어 만물 싹트듯 키워야지[31] |

　(다)는 목욕한 후에 느낌을 먼저 말하고, 이어서 목욕한 후에 바라본 자연 풍경을 이야기한 시이다. 목욕한 후 상쾌하고 서늘한 기분을 표현하고 있지만, 그 속에는 알인욕遏人慾의 문제가 내포되어 있다. 알인욕은 인욕을 막는다는 의미로, 인욕이나 사욕이 마음속에 들어오거나 생겨나지 못하도록 차단하는 수양법이다. 1-2구에서 시냇물로 목욕하여 때를 씻어내는 것이 알인욕을 비유하여 형상화한 것이다. 여기서 때는 인욕으로, 목욕물로 씻어내어 없애야 할 대상이다.

　이어서 목욕 후에 느끼는 상쾌함과 서늘함을 맑게 갠 봄의 산과 구름 걷힌 가을 달, 높은 곳에 올라 아래를 바라본 풍경, 상쾌한 바람 등 자연 풍경에 비유하고 있다. 이를 단순히 목욕 후의 개운함으로도 볼 수 있지만, 심학의 측면에서 보았을 때 이는 결국 알인욕을 통해 지켜낸 본연지성의 마음을 의미한다.

　(라)는 봄을 통해 마음의 문제를 형상화한 것이다. 봄은 겨울이 끝난 다음에 오는 계절로, 겨울의 추운 날씨가 끝나고 따뜻한 날씨가 시작되는 때이다. 이 때문에 봄이 오면 겨울의 눈과 얼음은 녹고, 땅속에 잠들어 있던 만물이 생동하고 식물이 싹을 틔우기 시작한다. 조임도는 이와 같은 봄의 특징으로 마음 수양의 문제를 형상화하였다.

---

31　趙任道, 『澗松集』 권4, 箴銘, 「春祝」.

1·3구와 2·4구는 '의·필·고·아'와 '이·직·자·량', 차가움[雪·氷]과 따뜻함[春噓], 없애는 것[消·釋]과 키우는 것[物茁]으로 각각 대구를 이룬다. 즉 없애야 하는 차가운 것은 '의·필·고·아'이고, 키워야 하는 따뜻한 것은 '이·직·자·량'이다. 차가운 것 네 가지[의·필·고·아]는 사의·기필·고집과 아집·사기로, 의·필은 억지로 무리하면서까지 해내려고 작정하는 것이고, 고·아는 부당함을 알고도 고집과 아집에 사로잡히는 것이다. 이 네 가지는 공자가 마음의 병으로 여겨 완전히 끊었다. 따뜻한 것 네 가지[이·직·자·량]는 평이하고 정직함[易直]과 자애롭고 신실함[子諒]이다. 이·직·자·량이 마음속에 생기면 마음이 즐겁고 편안해지며, 이를 오랫동안 행동으로 실천하면 신묘함에 이르게 된다고 한다.[32]

이 때문에 조임도는 봄기운을 빌려, 1구의 네 가지를 눈과 얼음처럼 녹여서 없애고자 한다. 이것은 마음의 병폐를 없애는 알인욕의 문제로 볼 수 있다. 다음으로 3구의 네 가지는 따뜻한 봄기운이 만물의 싹을 틔우듯 잘 기르고자 한다. 이것은 마음의 선한 본성을 보존한다는 존천리存天理의 문제로 볼 수 있다. 존천리는 천리를 보존한다는 뜻으로, 여기서 말하는 천리는 인간의 선한 본성에 해당한다. 즉 마음을 보존하여 선한 본성을 기른다는 것이다.

## 4. 현실 사회와 삶으로 이어지는 심학

조임도는 『심경』의 가르침을 나침반으로 삼아, 심학의 가르침을 공부하고

---

32  『心經附註』 권2, 「孟子」, "子絶四, 意必固我, 皆心之病也."
『心經附註』 권2, 「禮記」, "樂記, 君子曰, 禮樂, 不可斯須去身, 致樂以治心, 則易直子諒之心, 油然生矣, 易直子諒之心, 生則樂, 樂則安, 安則久, 久則天, 天則神, 天不言而信, 神則不怒而威, 致樂以治心者也."

실천하여 선한 본성을 보존하고 자연을 통해 성현의 마음을 형상화했으며, 이를 통해 심학에서 가르치는 성현의 경지를 추구했다.

조임도의 삶을 미루어 볼 때, 그의 문학작품에서 심학이 형상화된 것은 그의 출처관·처세관과도 연결된다. 나아가 그의 삶에서 심학은 개인적 차원에서의 공부·실천에서 나아가, 현실 사회로의 적용으로 이어진다. 이러한 점에서, 조임도의 삶에서 심학은 일정한 의미를 얻게 된다.

먼저 그의 출처관과 처세관이다. 앞 장에서 보았듯 조임도는 자연 속에서 은거하며, 자연 풍경을 통해 인간의 본연지성을 포착하였다. 이러한 사실은 그가 출사와 처사의 삶 중 처사의 삶을 선택했음을 보여 준다.

그가 처사의 삶을 선택한 것은 당시의 시대상과 관련이 있었다. 조임도가 살았던 당시는 내암 정인홍(1535-1623)과 북인 세력이 득세했고, 정인홍은 1611년에 이황의 문묘종사를 배척하는 차자를 올렸다. 그 당시 함안 지역에는 정인홍에게 동조하여, 이황을 배척하는 상소의 작성을 추진하고 상소를 작성하기 위한 소회疏會에 참석하길 부추기는 사람이 있었다. 조임도는 이에 참여하지 않겠다는 뜻을 편지로 밝혔다. 그로부터 6년 뒤인 1618년에 인목대비를 폐위하자는 논의가 일어나자, 조임도는 인목대비의 폐위에 반대했다. 이황의 문묘종사 배척을 반대하고 인목대비의 폐위에 반대한 일로 인해, 조임도는 대북 세력을 피하고자 함안 내내리로 피신하였다. 그리고 내내리에 상봉정을 짓고 처사로서의 삶을 산다.[33]

(가)

世道若波瀾　　　세상살이 마치 파도 같아

---

33　『澗松集』, 「澗松先生年譜」
　　趙任道, 『澗松集』 續集 권3, 書, 「答鄉人 辛亥」

| 安流或險艱 | 순조롭다가 간혹 험난하네 |
| 不如茅屋裏 | 초가집 속에서 |
| 閒對古書看 | 한가로이 옛 책을 보는 것만 못하네 |

| 讀律知何用 | 율법을 읽었지만 어디에 쓰겠는가 |
| 窮經只自頤 | 경서를 연구하여 단지 자신을 수양하네 |
| 茅簷隱几處 | 띳집 아래 안석 기댄 곳에서 |
| 長嘯一含悲 | 길게 휘파람 불어 한 번 슬픔을 머금네[34] |

(나)

| 大隱從來隱城市 | 큰 은자는 원래 저잣거리에 숨는 법 |
| 新居莫歎在湫卑 | 새 거처가 낮고 습하다 하여 한탄하지 말게 |
| 但令方寸能虛靜 | 다만 마음이 텅 비고 고요하게 하면 |
| 霽月光風動自隨 | 갠 달 맑은 바람이 절로 따르리니[35] |

(가)·(나)는 모두 심성 수양을 형상화하면서, 이를 조임도 자신의 출처와 처세로 연결시키고 있다. (가)는 조임도 자신의 출처에 관한 것이다. 1수에서 조임도는 세상사의 어려움을 이야기하며, 초가집 속에서 한가로이 독서하는 것이 낫다고 한다. 그가 읽는 책은 옛 책[古書]으로, 옛 성현들의 가르침이 담긴 경전이다.

이어지는 2수에서는 경전을 읽고 궁구하며 스스로를 수양한다[自頤]고 한다. '자이自頤'의 '이'는 이괘頤卦의 가르침으로, 언어를 삼가고 음식을 절제함으로써 덕성을 보존하고 몸을 보존한다는 의미를 담고 있다.[36] 경전을 읽는

---

34　趙任道, 『澗松集』 續集 권1, 詩○五言絶句, 「謾述二首」.
35　趙任道, 『澗松集』 권2, 詩○七言絶句, 「戲李克欽行周 恨居城底」.
36　『近思錄』 권4, 「存養」, "愼言語以養其德, 節飮食以養其體, 事之至近而所繫至大者, 莫過於言語

행위는 바로 앞 구에 나오는 율법을 읽는 것[讀律]과 대구를 이룬다. 경전이 도학과 심학을 배우고 스스로를 수양하는 데에 필요한 것이라면, 율법은 사회의 질서를 규율하고 관리로서 백성을 다스리는 데에 필요한 것이다. 그러나 조임도는 파도와 같은 세상사의 위태로움을 피하여, 띳집에서 경전을 읽으며 심학에 침잠하였다.

(나)는 이행주가 성 밑에 사는 것을 한탄하는 것에 대해 지어 준 시이다. 이행주가 성 밑에 살게 된 자세한 내력은 나오지 않지만, (나)를 통해 이행주가 이전에 살던 집보다 더 안 좋은 집으로 이사했음을 짐작할 수 있다. 그러자 조임도는 이행주에게 큰 은자[大隱]는 저잣거리에 숨어 사는 법이라며, 거처가 좋지 않은 것을 한탄하지 말라고 위로한다.

1구의 '대은大隱'은 크게 깨달은 은자로, 세상사로부터 초월하여 마음의 흔들림이 없는 은자를 이른다. 3-4구는 이와 같은 대은의 경지인 동시에, 텅 비고 고요하면서, 갠 달과 맑은 바람[霽月光風]과 같이 깨끗한 마음이다. 4구의 '제월광풍'은 성리학자 정호鄭顥가 주무숙周茂叔의 인품을 평한 말로, 가슴 속에 사욕 없이 도가 갖추어진 경지를 의미한다. 이것은 곧 심학에서 추구하는 이상적인 마음의 상태이다. 즉 조임도는 습하고 낮은 집에 살게 된 이행주에게, 어려운 상황에 대해 한탄하기보다 마음을 수양하며 성현의 경지에 도달하면 된다고 한 것이다. 이는 세속의 시비를 피해 은거하며 도학을 공부하는 조임도 자신의 삶과도 비슷하다.

이는 곧 상황에 대처하는 조임도의 자세, 즉 처세관으로 연결할 수 있다. (나)에서 보이듯 조임도는 어려움 속에서 심성 수양을 추구하며, 이를 통해 현실의 어려움을 초월하고 성현의 경지에 도달하려는 자세를 보인다. 그리고

---

飮食也, 頤卦象傳, 言語不謹則敗德, 飮食無度則敗身."
『心經附註』 권2, 「禮記」, "陳才卿, 一日侍食, 先生日, 只易中節飮食三字, 人不曾行得."

(가)에서 보이듯, 조임도는 세상의 시비와 현실의 위태로움을 의식하였다. 세속에 영합하길 거부하였던 그는 처사로서 은거하는 삶을 선택하였고, 곤궁함 속에서도 단표누항과 안빈낙도를 표방하며 심신을 수양했다.[37]

즉 그는 심학과 수양론을 형상화함으로써, 세상사의 어지러움과 현실적 어려움을 초월하는 모습을 보인다고 볼 수 있다. 이러한 점에서 심학과 수양론의 문학적 형상화는 조임도의 처세관을 보여 준다는 점에서 의미가 있다.

다음으로 현실 사회로의 실천과 적용의 차원이다. 조임도가 이행주에게 준 시에서 알 수 있듯, 그는 심성론의 가르침을 자신의 지인에게 권하였다.

---

37  趙任道, 『澗松集』 권3, 雜著, 「寓言」, " … 군자는 인애로 하지 폭력으로 하지 않고, 정의로 하지 힘으로 하지 않고, 정직으로 하지 속이지 않나니, 진실로 한때의 승부와 성패로 그 우열을 논할 수 없다. 아! 부엉이가 울면 봉황은 멀리 가고, 승냥이나 이리가 울부짖으면 기린은 달아나 숨고, 음흉하고 사악한 자가 뜻을 실현하면 현명한 사람은 은둔하여 자취를 숨긴다. 대개 오직 힘으로 다툴 수 없을 뿐만 아니라 또한 함께 다툴 필요가 없는 것은 형세가 그러할 뿐이다[ … 然君子以仁不以暴, 以義不以力, 以直不以詐, 固不可以一時勝負成敗 而論其優劣也, 嗟夫, 鴟鴞嗥則鳳凰遠逝矣, 豺狼咆則麒麟遁藏矣, 陰邪得志, 則明者隱而晦跡矣, 蓋非唯力不能爭, 亦不必與之爭也, 理勢則然耳]."
趙任道, 『澗松集』 권3, 雜著, 「自傳」, "젊어서부터 남다른 지취가 있었는데, 번다하거나 시끄러운 것을 좋아하지 않고 그윽한 시내, 기이한 암석, 무성한 숲, 쭉 뻗은 대가 있는 은밀하고 깊숙하고 고요하고 적막한 곳을 만날 때마다 곧장 흔쾌히 돌아가는 것을 잊고 띳집을 지어 그곳에서 생을 마치고자 하는 소원이 있었다. … 세력이 하늘까지 넘치는 권력이라도 아첨하거나 굽히려 하지 않았고, 위태로운 처지에 하소연할 데 없는 홀아비·과부·고아·독거노인이라도 침범하거나 능멸하려 하지 않았다. 세태에 따라 부침하는 것은 이 늙은이가 할 수 없는 것이고, 빌붙고 아첨하는 것은 이 늙은이가 달가워하지 않는 것이다. 우두커니 자신을 지키며 세속에 구차하게 영합하려는 생각을 끊었다. … 집안이 가난하여 곤궁하게 지내 거의 스스로 살아갈 수 없을 듯하였지만 의지는 실로 태연하여 걱정스러워하는 안색을 보이지 않았다[自少有異趣, 不喜煩囂, 每遇幽泉奇石茂林脩竹祕邃岑寂之處, 便欣然忘返, 有結第茅終焉之願, … 雖貴家巨室勢焰熏天, 不欲諂屈, 鰥寡孤獨顚連無告, 不欲侵凌, 俯仰浮沈, 翁不能也, 依阿籠絡, 翁不屑也, 塊然自守, 絶意苟合, … 家貧淸苦, 幾不能自存, 意實曠如, 未見其有戚戚顔]."
趙任道, 『澗松』 續集 권1, 詩○七言絶句, 「感興九首」 제2수, "곤궁함을 견딤[右耐窮]", "곤궁하고 답답함을 나 어찌 한스러워하랴, 이곳에서 모름지기 힘써 공부해야지. 뜻을 굳게 하고 인을 익히는 건 이것으로 말미암고, 마음을 움직이고 성질을 참게 하는 건 그 가운데에 있네[困窮拂鬱吾何恨, 是處須當懇用功, 堅志熟仁由這裏, 動心忍性在其中]."

그리고 수양론의 가르침을 지인들과 함께 어울리며 실천하거나 체험하기도 하였다. 1626년에 지인들과 함께 배를 타고 낙동강을 거슬러 오르며 심학과 다름없는 도학의 근원을 찾는 것[38] 등이 그 예이다.

한편 조임도는 심성론과 수양론의 가르침을 주변 지인뿐만 아니라 임금에게도 상소하였다. 조임도는 벼슬에 세 번 제수되었지만 모두 사양했고, 벼슬을 사양한다는 의사를 밝힌 소를 임금에게 올렸다. 벼슬을 사양하는 의사를 밝힌 소 이외에도, 조임도는 곡식을 하사한 것에 사례하는 내용의 소[謝賜粟疏]를 올렸다. 소에는 임금에게 심학에 입각한 수양론과 덕목의 실천을 임금에게 권하고 있다. 농사를 급선무로 삼고, 군사 장비를 정비하고, 관직을 가려서 임명하라는 등 현실에 필요한 것들을 조언하면서, 학문하는 자세를 함께 이야기했다. 그 내용은 마음으로 터득한 것을 근본으로 삼고, 경敬·신독愼獨 및 스스로 터득하는 것[自得]을 중시해야 하며, 배운 것을 실천해야 한다는 것 등이다.[39]

실제로 조선 시대에는 임금에게 『심경』을 통해 심학을 가르쳐, 임금의 마음을 바르게 만듦으로써 임금을 이상적인 군자로 만들고, 이를 통해 도학 정치를 실현하고자 했다.[40] 조임도의 상소문 역시 그러했다. 그는 비록 관직에 나가지도 않고 경연에 참여한 적이 없으나, 심성 수양론을 임금에게 진언한 것은 결국 자신이 공부한 내용을 나라를 다스리는 데에 적용시키고자 한 것으로 볼 수 있다.

---

38  趙任道, 『澗松集』 別集 권1, 「尋賢錄」.
39  趙任道, 『澗松集』 권3, 疏, 「謝賜粟疏壬寅」.
    趙任道, 『澗松集』 續集 권2, 疏, 「辭恭陵參奉疏甲戌」·「勉聖學疏己亥」.
40  조선 시대에 경연에서는 『심경』을 군주 교육에 활용하며, 심성 수양 혹은 성인의 학문[聖學]을 심학으로 표방했다. 임금의 마음[心]이 정치의 근본인 만큼 군주의 올바른 마음[正心]이 중요했기 때문이다. 즉 『심경』은 도학이 실현된 이상적인 정치를 구현하는 데에 필요한 텍스트였고 할 수 있다.(최영성, 위의 책, 282-284쪽)

이것은 그가 성리학에서 이야기하는 심성론과 수양론의 문제를 개인적 차원에서 더 나아가, 현실 사회로 확산시킬 수 있는 가능성을 보여 준다. 특히 이는 자기 스스로의 심신을 바르게 닦고, 심신을 수양하며 기른 덕성을 자신의 바깥에 있는 외물로 확장하고 가정과 나라를 다스린다는 가르침[41]과 연결된다는 점에서 의미가 있다.

## 5. 결론

지금까지 간송 조임도의 학문과 심학의 관계를 고찰하고, 그의 문학에서 심학의 문제가 형상화된 양상을 분석하였다. 조임도의 이름에 담긴 의미에서 보이듯, 그의 삶과 학문은 도학과 심학을 지향했다. 그리고 그 자신은 『심경』을 읽으며, 심학의 가르침을 공부하고 이를 실천함으로써 마음을 밝히고 성현의 경지로 나아가고자 했다. 이를 바탕으로, 조임도는 자연 풍경을 통해 심학에서 가르치는 성현의 경지를 간접적으로 경험함으로써 심학적 흥취를 느꼈다. 그리고 '경'의 가르침을 통해 언행과 마음을 검속하고 선한 본성을 보존함으로써 성현의 경지에 이르고자 했다. 그의 문학에 나타난 심학은 그의 처세관·출처관에도 영향을 끼쳤으면서, 심학의 가르침을 현실 사회로의 실천으로 확대될 가능성을 보여 주었다.

『심경』과 심학의 관점에서 문학작품을 분석한 사례가 아직 많지 않은 상황이므로, 본고의 방법론에는 한계가 있을 수 있다. 다만 『심경』이 조선 시대

---

41 『心經附註』 권1, 「易」, "勉齋黃氏曰, 損益之義大矣, 聖人, 獨有取於懲忿窒慾遷善改過, 何哉, 正心修身者, 學問之大端, 而齊家治國平天下之本也."
『心經附註』 권2, 「大學」, "雙峯饒氏曰, 天德, 卽正心修身之謂, 王道, 卽齊家治國平天下之謂, 謹獨, 卽誠意之謂, 此章, 乃大學一篇緊要之處."

에 사상적으로 중요한 텍스트로서 문학에도 영향을 끼쳤다는 점을 감안하면, 본고에서 다루었던 조임도뿐만 아니라, 조선 시대 선비들의 문학작품과 『심경』·심학을 접목시킨 연구가 더욱 활발해질 필요가 있다.

특히 조임도의 경우 작품 수가 많다. 그렇기 때문에 조임도의 문학 및 심학과 관련하여, 본고에서 미처 다루지 못한 부분이 있을 수 있다. 게다가 본고에서 다룬 '경'이나 '본연지성의 보존'·수양론 이외에, 조임도의 심학 및 그의 문학을 다른 관점에서도 다루어 볼 수 있다. 그러므로 앞으로도 조임도와 그의 심학에 대한 연구 역시 추가적으로 다양하게 이루어질 필요가 있다. 이에 대한 논의는 추후의 과제로 남겨 두기로 한다.

## 참고문헌

『근사록』
『심경부주』
『주자전서』
장현광, 『여헌집』
조임도, 『간송집』
주세붕 찬, 『죽계지』

경상대학교 경남문화연구원 남명학연구소, 『한국고전번역원 한국문집번역총서 간송집』 1·2, 술이, 2015.
김소연, 「간송 조임도의 문학에 나타난 낙동강 연안과 그 의미」, 『한국문학논총』 84, 한국문학회, 2020.
김우형, 「간송 조임도의 학문과 사상 – 여헌 장현광과의 사상적 영향 관계를 중심으로」, 『동양고전연구』 29, 동양고전학회, 2007.
김종구, 「『연행일기』와 『해유록』의 心狀 표현과 同異性」, 『일본학연구』 67, 단국대학교 일본연구소, 2022.
김학수, 「선유를 통해 본 낙강 연안 선비들의 집단의식 – 17세기 한려학인을 중심으로」, 『영남학』 18, 경북대학교 영남문화연구원, 2010.
남재주, 「조선후기 예학의 지역적 전개 양상 연구 – 영남지역 예학을 중심으로」, 경성대학교 대학원 박사학위논문, 2012.
박순남, 「간송 조임도의 <三綱九絶句>에 대하여」, 『국제지역통상연구』 2, 국제지역통상학회, 2005.
성광동, 「성리학의 공부론과 이상적 삶의 모습에 대한 고찰」, 『동양고전연구』 83, 동양고전학회, 2021.
신창호, 「여헌 장현광의 교육관 탐구 – 성리학적 본질의 심화」, 『동양고전연구』 33, 동양고전학회, 2008.
오용원, 「간송 조임도의 현실인식과 그 시적 형상화」, 『선주논총』 10, 금오공과대학교 산업기술개발연구원, 2007.
이희평, 「여헌 장현광의 심과 도덕·성경수양론」, 『유교사상문화연구』 22, 한국유교학회, 2005.

장성진, 「낙남 합류지역의 임란 직후 시」, 『낙동강과 경남』, 선인, 2014.
정순우, 「'공부'란 무엇인가?」, 『영남 선비들의 공부론과 지역 문헌』, 경상북도청년유도회·디자인 라온, 2023.
정우락, 「개암 강익의 심학과 그의 시가문학」, 『퇴계학논집』 32, 영남퇴계학연구원, 2023.
_____, 「『심경』의 문학적 수용과 '마음'의 형상」, 『영남 선비들의 공부론과 지역 문헌』, 경상북도청년유도회·디자인 라온, 2023.
최영성, 『한국유학통사』 중, 심산, 2006.
최윤정, 「간송 조임도의 교유 문학 연구 - 교유시와 선유 관련 작품을 중심으로」, 『한국고전연구』 56, 한국고전연구학회, 2022.
한국고전번역원, 『고전국역총서 307 여헌집』 4, 한국고전번역원, 1999.
허권수, 「南冥·退溪 兩學派의 融和를 위해 노력한 澗松 趙任道」, 『南冥學硏究』 11, 慶尙大學校 南冥學硏究所, 2001.
_____, 「만성 박치복의 학문과 사상 : 함안의 학문적 전통과 만성 박치복의 역할」, 『남명학연구』 23, 경상대학교 경남문화연구원, 2007.
홍원식 외 5인, 『심경부주와 조선유학』, 예문서원, 2008.

동양고전종합DB(https://db.cyberseodang.or.kr)
한국고전종합DB(https://db.itkc.or.kr)

# 도산서원 천연대의 문학적 형상과 경관 의미*

김선영(한국국학진흥원)

## 1. 머리말

 이황은 도산서당 앞 유정문이 있는 울타리까지는 서당의 1차 영역, 천연대나 천광운영대까지를 서당의 2차 영역으로 삼아 소요하며 즐기는 세계로 삼았다.[1] 도산서원은 공간별로 함축된 의미가 있으나 특히, 천연대는 자연경관에 만든 이학적이고 문학적인 공간임에 주목할 필요가 있다. 이황(1501-1570)이 깨달은 심법의 실체가 구현되어 형이상적 본체와 형이하적 작용을 보여준 것으로 여겨진다.

 천연대에 주목한 이유는 첫째, 도산서당보다 먼저 축조되고 '창랑대'에서 '천연대'로 명칭이 변경되었기 때문이다. 천연대의 명칭에서 드러나는 이학적 함의는 분명하다. 연비어약鳶飛魚躍의 생동적인 모습에서 천리의 유행을 깨닫는 것이다. 도산서당 앞 왼쪽 기슭에 탁영담 강물에 임한 천연대 석벽은

---

\* 이 글은 기발표된 필자의 논문(「도산서원 천연대의 문학적 형상과 경관 의미」, 『한국학논집』 94, 계명대학교 한국학연구원, 2024, 349-382쪽)을 수정, 보완한 것이다.
1 김동욱, 『도산서당』, 돌베개, 2012, 143쪽.

자연과 합일된 퇴계의 모습과 겹쳐지는 곳이며 그의 성리학적 사유체계를 상징하는 공간이다. 퇴계는 '천연'의 세계를 자연과 인간의 합일로 이해하고 있다.[2]

둘째, 천연대와 관련한 시 작품이 많아 문학경관의 의미를 검토할 수 있기 때문이다. 도산을 찾은 조선 시대 학자들은 천연대에서의 경험 서사를 바탕하여 직간접적으로 공유해온 개인의 기억과 감성을 드러낸 수많은 시 작품을 남겼다. 심방객들은 특히 천연대에 올라 천지를 부앙俯仰하면서 활발발한 자연 생명력을 느끼고, 천광운영의 천리유행처를 생각하였다. 그리고 퇴계의 높고 큰 덕을 여기 결부시키며 흠모해 마지않았다.[3]

본고는 천연대가 지어진 1557년부터 1900년대 초반까지 지어진 시 작품을 연구대상으로 삼았다. 위의 목적을 위해 천연대의 축조와 명명 과정을 알아보고, 3장에서는 시 작품을 세 가지 측면에서 살피고자 한다. 첫째, 천연의 본래 함의에 주목하여 활발발지의 경지를 체득한 경험을 형상화한 작품군이다. 천연대를 천리의 이치를 체찰하는 공간으로 인식한 결과, 이황이 보이고자 한 도학적 본체를 이해하고 그것을 시로 읊은 것이다. 둘째, 연비어약의 본질을 체득하는 단계를 거쳐 마음의 작용을 형상화한 작품군이다. 조선시대 학자들은 마음을 각각 봄바람과 가을 달의 이미지로 제시하고, 마음의 작용을 풍류로 풀어내니 천연대에서의 감흥은 도학적 흥취와 다름이 아니다. 셋째, 이황 심법의 근원을 찾는 작품군이다. 천연대에서 도의 근원을 반복하여 묻고 있다. 위의 검토과정에서 천연대는 도산서당과는 다른 특징이 도출될 것으로 짐작된다. 이에 4장에서는 천연대의 문학경관적 의미를 도출하여,

---

2 임노직, 「도산서원 '탁영담'의 시적 형상화 양상과 의미」, 『대동한문학』 67, 대동한문학회, 2021, 57-58쪽.
3 정우락, 「도산서원에 대한 문화론적 독해」, 『영남학』 27, 경북대학교 영남문화연구원, 2015, 272쪽.

도산서원 공간 연구에 보탬이 되고자 한다.

## 2. 천연대의 축조와 명명 의미

이황이 도산서당을 완공하는 과정은 쉽지 않았다. 이황은 50세가 되도록 마땅한 집이 없었다. 처음에는 하봉에 지었다가 중간에 죽동으로 옮기고, 마침내 퇴계 가에 자리를 정했다. 퇴계 서쪽에 집을 지어 '한서'라 하고, 샘물을 끌어서 '광영'이라는 연못을 만들었는데[4] 이곳은 계당溪堂이라 불린다. 그러나 계당은 튼튼하지 않아 비바람에 허물어졌고 집터의 형세가 좁았다. 이 때문에 그는 새로운 집터를 구하는 데 힘을 쏟았다.

이황은 마음에 드는 땅을 찾아 두루 다녔으나 택지를 선정하는 과정은 꽤 수고로웠다.[5] 1557년에 마침내 도산 남쪽에 땅을 구하고는 "산수가 맑고 기이하여 내 구하는 바에 꼭 맞는다. 자나 깨나 마음이 늘 그곳에 가 있었다."[6]라고 고백하였고, 제자들과 아들, 손자를 데리고 가서 기쁨을 나눴다. 그곳은 값이 헐해서 땅을 매매하는 일이 어렵지 않았다. 이황은 그 터에 서둘러 서재를 짓겠다고[7] 결심한다. 이러한 과정에서 천연대를 가장 먼저 축조했다는 사실은 시사하는 바가 크다.

---

4 金誠一, 『鶴峯先生文集續集』 권5, 「退溪先生言行錄」, "先生五十歲, 尙未有家. 初卜于霞峯, 中移于竹谷, 竟定于退溪之上, 宅西臨溪作精舍, 名曰寒棲, 引泉爲塘, 名曰光影."
5 李滉, 『退溪先生文集』 권2, 「再行視陶山南洞, 有作, 示南景祥琴壎之閔生應祺兒子寓孫兒安道」, "卜居退溪上, 年光幾流邁. 寒棲屢遷地, 草草旋傾壞. 雖憐泉石幽, 形勢終嫌隘. 喟焉將改求, 行盡高深界. 溪南有陶山, 近秘良亦怪. 昨日偶獨搜, 今朝要共屆."
6 金富倫, 『雪月堂先生文集』 권4, 「退溪先生言行箚錄」, "得陶山未成精舍時, 常言山水淸奇, 甚合所求, 夢寐間常在此中."
7 李滉, 『退溪先生文集』 권2, 「再行視陶山南洞, 有作, 示南景祥琴壎之閔生應祺兒子寓孫兒安道」, "藏修詎無所, 地薄輕買賣. 荒榛有頹址, 古迹爲今戒 … 亟謨營環堵, 窓戶看蕭灑."

천연대의 축조 과정을 살펴보기로 하자. 천연대는 1557년 3월 승려 신여 등을 시켜 강을 굽어보는 곳에 쌓은 대이다. 처음에는 창랑滄浪이라 하였다.[8] 대를 축조한 시기는 1557년에 이숙량李叔樑(1519-1592)에게 보낸 편지에도 확인되는데, 직접 일을 지시하고 있다.

이곳 계당은 무너진 후 아직 개축하지 못했습니다. 지금 개축하려고 지정한 곳이 비록 전보다는 좀 낫기는 하나 또한 마음에 썩 들지 않았습니다. 이에 전에 이른바, 강물을 굽어보는 도산 남쪽 경치가 뛰어난 곳을 택하고 근일 부내의 제군과 그곳에 모여 승려 신여의 무리에게 축조하여 대를 만들게 하여 그 이름을 창랑이라 붙였는데, 그 경치가 매우 아름답습니다. 요즘 노쇠가 심함을 느껴 문을 닫고 들어앉아 글만 읽을 수 없고 절승한 곳의 소요가 더욱 없을 수 없습니다. 여기에 조그마한 서옥을 짓고 애일당을 바라보면서 공과 함께 짚신과 지팡이로 왕래하고자 합니다. 일찍이 소강절의 시를 보니, 그 시에 "이 암벽 가에 조그마한 서옥을 짓고, 나의 참된 낙을 즐기니 그 낙이 무궁하네."라 하였으니, 그 말이 실로 흥미가 있었습니다.[9]

택지를 마련한 즉시 창랑대를 축조한 사실에서 귀거래와 이상 공간에 대한 의지가 엿보인다. 소강절의 시에 빗대 참된 즐거움을 누리려는 마음을 표명한 것이다. 이는 '마음의 공간'을 현실 세계로 옮긴 것과 다르지 않다

---

8 琴蘭秀, 『惺齋先生文集』 권3, 「陶山書堂營建記事」, "天淵臺, 戊午三月, 令僧慎如輩臨水築臺, 始名滄浪者此也. 臨江斗截, 境界敞豁." 위의 기사에서 '무오년'은 1558년이나, 퇴계가 이숙량에게 보낸 편지에 1557년으로 표기되었음을 밝혀둔다.

9 李滉, 『退溪先生文集』 권27, 「答李大用 叔樑○丁巳(1557)」, "此中溪堂旣破, 未及改構, 而改卜之地, 雖差勝前, 亦未愜意. 乃於向所云陶山之南, 臨水得勝處, 近與汾川諸君, 會于其上, 令僧信如輩, 鑿築爲臺, 號曰滄浪. 形勝絶佳, 邇來自覺衰老特甚, 不能閉戶讀書, 勝地消遣, 尤不可無, 欲於此小葺書屋, 對望愛日堂, 可與公杖屨往來. 甞見邵康節詩云, 築此巖邊小書室, 樂吾眞樂樂無窮, 其言信有味也."

생각된다. 창랑대를 축조하는 일이 중단되자 크게 상심한 것은[10] 이 때문일 것이다. 그렇다면 창랑이라 명명한 이유는 무엇일까? 『퇴계문집』에는 '창랑'이라는 시어의 활용도가 많지 않을뿐더러, 특정 시기에만 쓰인 것으로 확인된다. 창랑의 출전은 굴원의 「어부사」[11]와 『맹자』[12]이다. 이황이 창랑에서 읊은 시를 읽으며 살펴보자.

(가)

| 漁父滄浪喩濁淸 | 창랑의 저 어부는 맑고 탁함 비유했고, |
| 陶公歸去願藏聲 | 도연명은 돌아가서 이름 숨김 원했도다. |
| 非才食力何須問 | 재주없이 먹는 것이야 따질 것도 없거니, |
| 只自端居愧聖明 | 평범하게 살려니 밝은 임금 부끄럽소.[13] |

(나)

| 出世能無友善才 | 세상에 나가서 어진 이로 벗 삼아야지, |
| 索居恆恐壯心頹 | 외지게 사니 항상 뜻을 잃을까 두렵노라. |
| 靑山巍巍終難狎 | 청산은 우뚝하나 끝내 친하기 어렵고, |
| 白髮森森漸不猜 | 백발이 빽빽하나 점점 원망하지 않도다. |
| 樂事只應尋處得 | 즐거운 일은 응당 이 곳에서 찾으리니, |
| 愁腸那復念時回 | 시름겨운 마음 어찌 돌아갈 것 생각하랴. |

---

10  李滉, 『退溪先生文集』 권36, 「答琴聞遠 戊午(1558)」, "滄浪卜築, 幹僧化去云. 吾雖歸, 無可託此事者, 不能不爲之屢欷也.; 『退溪先生續集』 권3, 「答李大成」, "僕叨冒特恩, 力辭不得, 今日抗顔出謝, 向來退步守分之意掃地, 他日何以歸見滄浪鷗鷺耶. 精舍事, 專恃蓮僧, 今聞其化, 天何不助我至此耶."

11  屈原, 「漁父辭」, "世人皆濁, 何不淈其泥, 而揚其波, 衆人皆醉, 何不餔其糟, 而歠其醨, 何故深思高擧 自令放爲."

12  『孟子』, 「離婁上」, "有孺子歌曰, 滄浪之水淸兮, 可以濯我纓, 滄浪之水濁兮, 可以濯我足. 孔子曰 小子聽之, 淸斯濯纓, 濁斯濯足矣, 自取之也."

13  李滉, 『退溪先生文集』 권2, 「和趙上舍士敬 五首」

| 天開絶勝滄浪境 | 하늘이 경치가 뛰어난 창랑 열었으니, |
| 風月襟懷付釣臺 | 광풍제월 회포는 낚시터에 부치련다.¹⁴ |

위의 시는 『퇴계문집』에 연속으로 배치되었다. (가)는 조목趙穆(1524-1606)에게 화답한 다섯 수의 시 가운데 하나이다. 창랑에서 만난 어부는 「창랑가」를 부르며 떠났고, 도연명은 「귀거래사」를 읊으며 전원으로 돌아갔다. 재주도 없이 관직에 있으니 부끄러워, 산수로 물러나자 하나 모시는 임금에게 불충이 될까 염려된다. 창랑의 어부나 도연명처럼 물러나지 못해 고민이 깊음을 알 수 있다. (나)의 시는 가을날 창랑대에 올라 읊은 시다. 매사 조심하고 홀로 지내면서 백발이 무성해졌다. 그러나 즐거운 일도 있으니, 창랑대에서 회포를 펴는 것이다. 창랑대에서의 즐거움은 아래의 인용문에도 드러난다.

(가)
날이 개면 혹 창랑 같은 곳에서 만나 이야기하기로 하고 지금은 이만 줄입니다.¹⁵

(나)
창랑의 가을 물은 바야흐로 맑기만 하고, 동리의 아름다운 국화는 향내를 풍기고 있으니 이 좋은 시기를 어찌 저버릴 수 있겠소.¹⁶

인용문 (가)는 조목에게 답했고, (나)는 황준량黃俊良(1517-1563)에게 답한 것이다. 두 편지는 1559년 창랑대를 축조한 이후에 쓰였다. 이황은 날이 개거나

---

14  李滉, 『退溪先生文集』 권2, 「秋日登臺」.
15  李滉, 『退溪先生文集』 권23, 「答趙士敬」, "晴霽, 或於滄浪等處面論, 姑此謝復."
16  李滉, 『退溪先生文集』 권19, 「答黃仲擧(己未, 1559)」, "滄浪秋水正淸, 東籬佳菊吐穎, 政不可負此一期也."

물빛이 한창 맑을 때 창랑에 오기를 청했다. 은거지로 물러나 소요하는 기쁨을 나누기 위함이다. 굳이 창랑을 지목한 것은 이황의 은거 의지를 보이는 유의미한 곳이기 때문으로 짐작된다. 위의 편지 이후로『퇴계문집』에는 '창랑'이라는 지명이 쓰이지 않음도 주목된다.

그렇다면 이황은 왜 창랑대를 천연대로 바꿨을까? 이는 출처의 의미를 넘어, 연비어약[17]의 이치를 보이고자 한 것으로 이해된다. 제자 정유일鄭惟一(1533-1576)에게 답한 편지에 '천연'의 뜻이 상세하니 살펴보기로 한다.

'솔개가 날고 물고기가 뛰는 것'의 뜻은 비유의 의미인데, 다만 그 자연무위의 기상만을 취하는 것이 좋다. 그러나 옛사람들이 이것으로 인해 저것을 들어, 도체가 자연히 발현하는 유행의 실상을 보인 뜻이다. 그러므로 '솔개가 날고 물고기가 뛴다.'라는 말은 그 도체가 사물에 있어서 자연히 발현되고 유행하는 실상을 볼 수 있고, '기수에서 목욕하고 읊으며 돌아오리라.'라는 뜻 또한 그 속에 일상생활의 도가 있어서 자연히 발현되고 유행하는 실상을 볼 수 있다.[18] 이러한 설명은 조목이 이산해李山海(1539-1609)의 글씨를 받아 새긴 천연대 석각과도 연결된다. 조목은 1601년 10월 10일에 각을 새기고, 「각천연대고문」을 지어 스승의 사당에 고하였다.[19]

재상 이산해李山海가 쓴 '천연대'라는 세 개의 큰 글자를 벼랑의 바위에

---

17 연비어약의 출전은『시경』이다. 이 개념은『중용』12장「費隱」편에 인용되어 '군자의 도는 광대하면서 은미하다. 上下의 이치가 잘 드러난다.'라는 의미로 해석된다.
18 李滉,『退溪先生文集』권25,「答鄭子中別紙」, "所論勿忘勿助與鳶飛魚躍之義, 以爲取譬之意但取其自然無爲之氣象者, 善矣. 然觀古人論此諸說, 蓋非取譬以言其氣象, 乃因此而擧彼, 以見道體自然發見流行之實. 如勿忘勿助, 則道之在我, 而自然發見流行之實, 可見. 鳶飛魚躍, 則道之在物, 而自然發見流行之實, 可見. 又如引浴沂詠歸而竝言, 則浴沂詠歸, 道之在日用, 而自然發見流行之實, 可見, 如是而."
19 정우락,「도산서원에 대한 문화론적 독해」,『영남학』27, 경북대학교 영남문화연구원, 2015, 271쪽.

새겨서 천 년 뒤에 이 땅에 와서 유람하는 사람들에게 자사子思와 정자程子께서 말씀하신 '상하에 드러난다[上下察也].'와 '생동감이 넘친다[活潑潑地].'라는 구절과 아울러 선생께서 평소에 완락玩樂하셨던 뜻을 눈을 들어 볼 수 있게 한다면 어찌 가리키며 돌아보는 사이에 마음과 눈을 열어서 이미 어두워진 나머지에서 하늘의 이치를 밝힐 수 있지 않겠습니까? 그렇게 된다면 이 벼랑과 이 바위는 비록 '눈으로 보기만 해도 도를 체득함이 있다[目擊道存].'라고 말하여도 옳을 것입니다.[20]

인용문에 의하면, 천연대는 눈으로 보며 천리를 체득하는 곳이다. 하늘과 못의 이치를 살피고, 관찰로부터 비롯된 활발발한 생명력을 느끼는 것이다. 이는 이론적인 지식보다는 온몸으로 감각하는 공부 방식이라 하겠다. 일상생활에서 도를 발견하고 저절로 체화되는 단계를 거쳐야 함을 천연대를 통해 보인 것이다. 그러므로 천연대는 창랑의 즐거움을 넘어서고, 적극적으로 도학적 실천을 의미하는 것일 수 있다.

천연대와 관련한 흥미로운 기록도 덧붙인다. 김부륜金富倫(1531-1598)은 도산에 알묘한 뒤에 천연대에 올라 이황이 직접 심은 소나무를 마주했다. 그는 소나무에 학이 깃들면 타고 날아갈 것이라는 이황의 말씀을 떠올리며[21] 감회에 젖었다. 이외에도 천연대 주변에 나무 난간이 있었다는 기록도 있다. 이야순李野淳(1755-1831)의 시가[22] 그것이다.

---

20  趙穆, 『月川集』 권6, 「刻天淵臺告文」, "玆以李相山海所書天淵臺三大字, 刻于崖石. 庶令千載之下來遊斯地者, 其於思程所贊上下察也活潑潑地, 竝與先生平日玩樂之意, 擧眼斯得, 則豈不有以開心目於指顧之間, 明天理於旣晦之餘乎. 然則斯崖也斯石也, 雖謂之目擊道存, 可也."

21  金富倫, 『雪月堂先生文集』 권2, 「陶山謁廟後 出天淵臺 徘徊感慨而歸 居數日 東臯丈寄詩次呈」, "空臺寥落獨登臨, 上有高高下有深. 豈但鳶魚能起感, 鶴歸松老更傷心.(先生種松臺上 嘗與碧梧李丈文樑 登臺而戱云 待此松老 有鶴來棲 當乘鶴飛去 富倫在側親聞之 故末句云云.)"

22  李野淳, 『廣瀨文集』 권1, 「過天淵臺 己未(1799)」, "可惜蘭干廢不傳, 蒼巖依舊屹凝然. 登臺妙處知安在, 上是靑天下是淵."(臺古有木欄干)

이상으로 창랑대는 이황의 출처 의지가 담긴 영역이었으나 천연대로 명명되며 공공의 지위를 획득하고 있음을 살폈다. 실재하는 자연경관을 경영하여 도학의 이치를 공유하고자 하는 의도가 짐작되는 것이다. 그러므로 천연대의 명명은 도학적 실천으로 확장되는 데에 의미가 있다 하겠다. 이는 천연대와 관련한 문학 작품에서도 살필 수 있다.

## 3. 천연대의 문학적 형상 양상

앞서 이황이 천연대를 축조하는 과정을 살폈다. 그는 5-6년 뒤에 서쪽 기슭에 천광운영대를 축조하여 좌우로 균형을 갖추고자 했다. 천연대는 도산서당을 이해하기 위한 출발점일 수 있다. 이황의 문인 금보琴輔(1521-1584)는 「도산기」를 손수 써서 책상 위에 두고 말하였다. "때로 한 번씩 소리 내어 읽으면 마치 선생님을 천연대와 농운정사 사이에서 직접 모시는 듯하구나."[23] 이는 「도산기」에 관한 비평이지만 천연대를 인식하는 본보기라 할 수 있다.

여기서는 천연대와 관련한 시 작품을 통해 조선 시대 학자들이 천연대를 어떻게 인식했는지, 문학적 형상 양상을 살피고자 한다. 천연대를 시제로 한 작품은 아래의 표에 제시하였다. 시 작품의 본문이나 「도산잡영」에 차운한 시를 포함하면 작품 수는 훨씬 많을 것인데, 미처 다루지 못했음을 밝혀둔다.

---

23  琴輔, 『梅軒集』 권4, 「家狀[琴是養]」, "手書陶山記一帙, 閣在几上日, 時一諷讀, 悅若親陪杖屨於天淵隴雲之間矣."

| 순번 | 성명 | 제목 |
| --- | --- | --- |
| 1 | 李滉(1501-1570) | 「滄浪詠懷」 |
| 2 | 〃 | 「秋日登臺」 |
| 3 | 〃 | 「秋日遊陶山夕歸」 |
| 4 | 〃 | 「天淵臺」(1559), 「陶山雜詠-天淵臺, 天光雲影臺」(1561) |
| 5 | 〃 | 「湖南卞成溫秀才 字汝潤 來訪, 留數日而去, 贈別. 五絶」 |
| 6 | 〃 | 「次韻金舜擧學諭, 題天淵佳句, 二絶」 |
| 7 | 〃 | 「金而精出遊陶山 留宿 明早見寄三絶, 次韻卻寄」 |
| 8 | 〃 | 「次韻金士純踏雪乘月登天淵臺, 五絶」 |
| 9 | 〃 | 「奉次金子昂 睟 和余天淵臺韻」 |
| 10 | 〃 | 「月夜 登天淵臺, 贈金士純. 壬戌」 |
| 11 | 李楨(1512-1571) | 「天淵臺 壬戌」 |
| 12 | 金富弼(1516-1577) | 「敬次退溪先生天淵臺待月乘舟韻 辛酉」 |
| 13 | 〃 | 「天淵臺」 |
| 14 | 黃俊良(1517-1563) | 「次退溪天淵臺夜玩月韻」 |
| 15 | 吳守盈(1521-1606) | 「自淸凉遊孤山, 因往天淵臺. 李大用, 趙士敬 穆, 琴壎之 應壎 先來待之」 |
| 16 | 〃 | 「天淵臺次趙士敬韻」 |
| 17 | 趙穆(1524-1586) | 「陶山祭後 登天淵臺」 |
| 18 | 〃 | 「登天淵臺」 |
| 19 | 〃 | 「刻天淵臺告文」 |
| 20 | 金富儀(1525-1582) | 「敬次先生天淵臺韻」 |
| 21 | 具鳳齡(1526-1586) | 「次退溪先生天淵臺韻」 |
| 22 | 尹義貞(1525-1612) | 「登天淵臺」 |
| 23 | 奇大升(1527-1572) | 「天淵臺」 |
| 24 | 琴蘭秀(1530-1604) | 「陶山祭後登天淵臺有感」 |
| 25 | 〃 | 「天淵臺送別諸友」 |
| 26 | 金富倫(1531-1598) | 「敬次先生天淵臺韻」 |
| 27 | 〃 | 「陶山謁廟後, 出天淵臺, 徘徊感慨而歸, 居數日, 東皐丈寄詩次呈」 |

| 순번 | 성명 | 제목 |
|---|---|---|
| 28 | 權好文(1532-1587) | 「天淵臺上退溪先生」 |
| 29 | 〃 | 「天淵臺次金舜擧絶句上先生」 |
| 30 | 吳 澐(1540-1617) | 「退溪先生文集刊訖, 庚子五月之望, 祭告于陶山祠. 雨後携五六人登天淵臺, 次金止叔三絶却寄, 兼呈月川丈求教」 |
| 31 | 裵應褧(1544-1602) | 「天淵臺有感」 |
| 32 | 〃 | 「陶山」 |
| 33 | 金 圻(1547-1603) | 「次月川丈登天淵臺韻 二首」 |
| 34 | 金 隆(1549-1593) | 「天淵臺有感」 |
| 35 | 金 垓(1555-1593) | 「天淵臺 謹次月川丈韻」 |
| 36 | 〃 | 「謹次月川丈天淵臺韻」 |
| 37 | 鄭惟一(1555-1576) | 「上退溪先生」 |
| 38 | 金得硏(1555-1637) | 「天淵臺」 |
| 39 | 〃 | 「天淵基次古韻」 |
| 40 | 南慶薰(1572-1612) | 「與諸益登天淵臺有感」 |
| 41 | 金應祖(1587-1667) | 「登天淵臺」 |
| 42 | 金是榲(1598-1669) | 「壬寅九月十二日夜, 自愛日堂泛舟, 向天淵臺, 奉次金鶴沙先生韻」 |
| 43 | 李徽逸(1619-1672) | 「天淵臺有感」 |
| 44 | 〃 | 「天淵臺有感」 |
| 45 | 張 璶(1629-1711) | 「登天淵臺」 |
| 46 | 李瑞雨(1633-1709) | 「天淵臺」 |
| 47 | 權斗寅(1643-1719) | 「天淵臺賦」 |
| 48 | 〃 | 「天淵臺月夜感吟」 |
| 49 | 金萬休(1625~1694) | 「旣望夜, 與洪[游聖·游敬·游益]從兄弟, 泛舟同遊天淵臺下作」 |
| 50 | 〃 | 「與南[天祐]同登天淵臺 二首」 |
| 51 | 權斗經(1654-1725) | 「李慈仁以達別近十年, 聞余到陶山, 自鳥川馳至, 共登天淵臺吟贈」 |
| 52 | 權相一(1679-1759) | 「天淵臺」 |
| 53 | 安命夏(1682-1752) | 「詠陶山天淵臺」 |
| 54 | 權 萬(1688-1749) | 「天淵臺」 |

| 순번 | 성명 | 제목 |
|---|---|---|
| 55 | 姜再恒(1689-1756) | 「丁卯春, 余見希顔於寓舍, 從天淵臺下, 過溪上而歸. 今春, 希顔病歿, 余往哭之, 復過淵臺歸, 依然前度物色, 感而賦之」 |
| 56 | 權 濂(1701-1781) | 「天淵臺」 |
| 57 | 趙普陽(1709-1788) | 「上天淵臺。寄李定叟守貞 二絶」 |
| 58 | 李翼龍(1732-1784) | 「登天淵臺憶晩對亭」 |
| 59 | 李恒茂(1732-1799) | 「天淵臺賦 垍在陶山之東濯纓潭上 累石爲之先生有詩 李鵝溪山海題名曰天淵垍 洛江上下亘抱十里泉石 明澄雲烟縹渺」 |
| 60 | 〃 | 「與李君重君瑞諸益及居齋冠童五六人同登天淵臺」 |
| 61 | 〃 | 「天淵臺次贈李君信咏梅之作」 |
| 62 | 〃 | 「不知巖在東洛天淵垍下」 |
| 63 | 李野淳(1755-1831) | 「過天淵臺 己未」 |
| 64 | 南極人(1770-1840) | 「遊白嵒臺謹次退陶先生天淵臺韻」 |
| 65 | 權奎度(1782-1852) | 「謹次金葛峰陶山天淵臺韻」 |
| 66 | 崔正基(1846-1905) | 「與諸賢乘月登天淵臺 李中業李璋鎬從行」 |
| 67 | 郭鍾錫(1846-1919) | 「月夜用退陶天淵臺韻」 |
| 68 | 〃 | 「九月十五夜, 呼李子翼, 步月天淵臺. 仍用老先生九月十七日夜, 呼鄭士誠登天淵臺韻」 |
| 69 | 〃 | 「仍念今日是朱夫子誕辰, 今日來到陶山, 俯仰天淵臺上, 誠若不偶然者, 聊成短絶」 |
| 70 | 〃 | 「昔與李君子翼遊陶山數日, 臨行送余于碧潤臺, 效老先生別李龜巖故事, 書贈我唐人詩君去靑山誰共遊一絶, 此意甚厚, 常耿然不能忘, 今訪子翼于新沐寓舍不遇, 仍其韻聊以遣恨」 |
| 71 | 金基鎔(1869-1947) | 「歸路値天淵臺盛集 郷隣士友新占寒川洞泉石名以天淵臺約以每年一次來遊于此」 |
| 72 | 宋浚弼(1870-1940) | 「詩與諸友登天淵臺」 |
| 73 | 河謙鎭(1870-1946) | 「自谷口登天淵臺金叔涵泳植適至」 |

위에 제시한 <표>에 의거하여 작품별 양상을 살펴보기로 한다. 주로 칠언시이고, 천연대를 인식하는 관점이 시대별로 큰 차이를 보이지 않는다. 이는

이황에 대한 존현 의식이 작동했기 때문으로 본다. 분석 대상은 천연대가 축조된 1557년에서부터 1900년대 초반까지 지어진 작품군이다. 시 작품의 형상 양상에 따라 다음과 같이 분류하였다.

첫째, 천연의 본래 함의에 주목하여 활발발지의 경지를 체득한 경험을 형상화하였다. 솔개는 하늘을 날고, 물고기는 연못에 뛰어노는 것을 관찰하면서 자연의 활발발한 생명력을 체득하는 모습을 그렸다. 각자의 본성대로 살아가는 것이 지극한 즐거움임을 보여 주는 공간으로 천연대를 형상하고 있다. 이황이 오랫동안 귀거래를 지향했다는 사실을 염두에 두면 쉽게 수긍된다.

둘째, 연비어약의 본질을 체득한 단계를 거쳐 마음이 즐겁게 작용하는 단계를 형상화하였다. 마음을 '봄바람'과 '가을 달'의 이미지로 비유하여 감흥을 표출한 것이다. 봄바람은 『논어』의 '욕기浴沂' 장이고, 가을 달은 주자의 「재거감흥齋居感興」 시 가운데 제10수 '추월한수秋月寒水'가 그 출전이다. 이때 천연대는 풍류의 공간으로 기능하고, 천연대에서의 풍류는 도학적 흥취와 다름이 아니다.

셋째, 천연대에서 이황의 심법을 확인하고 계승하려는 마음을 형상화하였다. 천연대에서 스승을 추억하고, 그의 부재에 따른 감정이 뒤따름은 당연하다. 그러나 중요한 것은 근원의 이치에 대한 물음이다. 천연대에서 퇴계 심법을 묻고 도통의 계승을 고민한 것에 주목되는 것이다. 그렇다면 퇴계의 심법이란 무엇인가? 도학의 심법은 천리를 담은 도덕 주체이자 모든 실천의 뿌리인 마음, 이 '마음'의 이상에 관한 담론이다. 이황은 선지후행先知後行의 틀 속에 일상의 실천에서 지혜를 얻는 공부를 병진시켰다. 그의 심법은 정제엄숙에서 시작하여 쇄탈하고 활발발한 본질의 세계를 추구한 것이라 할 수 있다.[24]

## 1) 활발발지의 체득

천연대 시의 첫 번째 양상은 천연의 의미를 이해하고, 그 이치를 체득한 경험을 형상화한 것이다. 이치[理]는 지식이나 지혜로 이해하기보다는 몸으로 감각하는 대상일 수 있다. 천연의 이학적 함의는 만물이 우주의 질서에 따라 조화로운데, 이러한 이치를 관찰하면 생동감이 넘치는[活潑潑地] 경지를 체득하는 것이다. 그렇다면 이황은 천연대를 어떻게 인식했는지,「천연대」시를 살펴보자.

| | |
|---|---|
| 高臺臨眺敞無儔 | 높은 대에 올라 보니 탁 트여 짝이 없고, |
| 萬事如今付釣洲 | 세상만사 이제는 모래톱 낚시에 맡기네. |
| 納幕悠揚雲翼逸 | 푸른 하늘 드높으니 구름 위에 솔개 뛰고, |
| 金波潑剌錦鱗游 | 금빛 물결에 활발발 비단 고기 뛰노네, |
| 風雩得處難名狀 | 무우에서 바람 쐬는 경지 설명하기 어렵고, |
| 壽樂徵時詎外求 | 편안하고 태평함을 어찌 밖에서 구하리. |
| 老我極知蹉歲月 | 세월이 흘러감은 늙은 이 몸 잘 아노니, |
| 遺編何幸發潛幽 | 어이하면 중용의 깊은 뜻을 헤쳐 볼까.[25] |

나의 귀거래는 천연대에서 완성되었다. 산수 사이에서 이치를 궁구하고 천지와 교감하는 일상을 보내는 것이다. 그는 누가 시키지 않아도 절로 뛰고 나는 사물을 체찰함으로써 천리의 활발한 유행을 깨닫고자 하였다. 그 깨달음은 말로 전하기 쉽지 않으나, 마음으로 구할 수 있다. 천연대를 통해 보이고자 한 것은 이 마음이라 할 수 있다.

---

24 정도원,「16세기 도학의 심법론 : 퇴계를 중심으로」,『퇴계학보』148, 퇴계학연구원, 2020.
25 李滉,『退溪先生文集』권3,「天淵臺」.

이는 이황이 권호문權好文(1532-1587)에게 준 '관물당'의 당호에서도 짐작된다. 권호문은 '사물이 제각기 그 천진天眞을 얻을 수 있는데, 사물마다 이치가 있다. 근본은 하나이나 이치는 수 갈래이고, 만물이 유행하는 오묘함은 지극한 것이다. 만약 이치로 사물을 관찰하면 만물을 통찰할 수 있다.'[26]는 깨달음을 얻었다. 이보다 앞서 1559년에 3월에 천연대에 올라 퇴계의 뜻에 호응했으니, 다음의 시에 드러난다.

得所上下各隨性　위아래 제자리 얻어 본성대로 살아가니,
至樂誰知所以然　지극한 즐거움의 이치를 누가 알랴.

…

物我意思一般處　물아일체의 한결같은 상생의 뜻을,
說與傍人語難圓　옆 사람에게 말하려니 말이 쉽지 않네.[27]

권호문은 솔개와 물고기의 지극한 즐거움을 관찰함으로써 천연대에 담긴 묘리를 깨달았다. 그는 스승과 마찬가지로 천인합일의 이치를 말로 전하기 쉽지 않아, 다만 시를 쓰거나 사물로 보였다. 천연의 이치를 보이는 이유는 도학을 지향하는 이들에게 천연대의 효용을 알리려는 의도로 짐작된다.

금난수琴蘭秀(1530-1604)는 갑자년(1564) 여름에 천연대를 거닐고 있는 퇴계를 뵈었다. 그는 천리 운행의 오묘함을 알았다. 그러나 다시 선생에게 연비어약의 이치를 물어 온전히 이해하고자 하였다. 금난수의 질문에 선생은 사물

---

26　權好文, 『松巖集』 권5, 「觀物堂記」, "各得其天, 觀一物則有一物之理, 觀萬物則有萬物之理, 自一本而散萬殊, 推萬殊而至一本, 其流行之妙, 何其至矣, 是以觀物者觀之以目, 不若觀之以心, 觀之以心, 不若觀之以理, 若能觀之以理, 則洞然萬物, 皆備於我矣."
27　權好文, 『松巖先生續集』 권2, 「天淵臺上退溪先生」, "得所上下各隨性, 至樂誰知所以然. … 物我意思一般處, 說與傍人語難圓."

의 이치는 자연스러움에 있다고 답한다. 저절로 그렇게 되는 것이 우주적 질서라는 것이다.[28] 인위적으로 하면 힘을 다른 곳에 쏟느라 본체를 지킬 수 없다. 모든 일은 자연스럽게 흘러야 하기 때문이다.

다음은 이정李楨(1512-1571)의 「천연대」 시이다. 이정의 문집 『구암집』에는 퇴계에게 올린 시가 있지만, 도산서당과 관련한 시는 아래에 제시한 시가 유일하다. 1562년 봄에 이정이 경주 부윤으로서 도산을 찾았다. 이황은 석간대에서 이정을 송별하면서 당시唐詩를 써 주고, 편지를 보내 "3일 동안 책상을 마주하여 즐거워한 것이 어찌 천 리 먼 길에 말을 타고 오신 뜻을 다할 수 있겠습니까."[29]라며 아쉬운 마음을 표출했다. 두 사람의 인연은 지금까지 석간대에 새겨질 만큼 특별하다.

| | |
|---|---|
| 江上巖巖百尺臺 | 강가 우뚝한 바위에 높은 누대 있으니, |
| 暖風晴日久徘徊 | 봄바람 부는 맑은 날에 오래 서성이네. |
| 淵淵浩浩無窮地 | 깊은 못과 크나큰 하늘 무궁한 곳, |
| 問柳尋花幾往來 | 봄 경치 찾으며 몇 번이나 오갔나.[30] |

인용한 시에 봄이라는 계절적 생동감이 강조되었다. 봄바람이 부는 누대 위를 오래 배회한 이유는 천연의 의미를 체득하기 위함이었을 것이다. 천연대는 강가 바위에 세워졌다. 누대 아래로 못이 있고, 위로는 하늘이 펼쳐져

---

28  琴蘭秀, 『惺齋先生文集』 권3, 「陶山書堂營建記事」, "甲子夏, 蘭秀自孤山往拜先生, 先生杖屨逍遙於臺上, 時風日暄姸, 景物和暢, 天理流行, 無所滯礙之妙, 可得於仰觀俯察矣, 先生曰 今日遇會心境, 君此際來到, 又得會心人矣, 因進而問曰鳶飛魚躍, 子思子引之以明上下昭著之理, 而特言這之飛魚之躍何也, 先生曰 凡事物之自然者, 是理也, 鳶之戾天, 魚之躍淵, 豈勉强而爲之歟, 纔涉於有所作爲, 非理之自然也."

29  李滉, 『退溪先生文集』 권21, 「與李剛而 壬戌(1562)」, "三日聯床之款, 豈盡千里命駕之意, 別後惘惘, 不能爲懷."

30  李楨, 『龜巖先生文集』 권1, 「天淵臺 壬戌(1562)」

천지의 유행을 느낄 수 있다. 무한대로 열린 공간에서 천지자연의 조화를 느끼며 이치를 깨치는 것이 도학의 이해 방식이다.

| | |
|---|---|
| 鳶飛魚躍問何年 | 연비어약의 도리를 묻건대 어느 해였나, |
| 上有其天下有淵 | 위로는 하늘이 있고 아래로는 못이 있네. |
| 當日先生留玩樂 | 당대에 선생께서 완락하는 뜻을 두었으니, |
| 向時高弟爲鑱鐫 | 옛날의 제자는 천연대 글자 바위에 새겼네. |
| 山門榜揭南金重 | 산문에 걸린 서원 현판은 남금보다 무겁고, |
| 江塾光增北斗懸 | 강가 서당엔 빛이 더해 북두성에 걸렸도다. |
| 欲識流行同活潑 | 유행이 활발발과 같은 이치임을 알고 싶거든, |
| 須從賢傳驗眞詮 | 자사가 전한 말씀 따라 진리를 징험해야 하리.[31] |

위의 시는 안명하安命夏[32]가 읊은 천연대이다. 도산서원의 전체 경관을 축약하면서 천연대의 내력을 상세히 형상하고 있어 주목된다. 연비어약의 이치는 천지가 유행하는 활발발이고, 이것을 징험할 수 있는 곳을 천연대로 인식하였다. 천연대의 경관적 의미가 강조되는 형상 방식이라 하겠다.

이상으로 천연대는 만물을 통찰하기 위한 일상생활의 구도처임을 알 수 있다. 하늘은 천지자연이 운행하는 이치를 만물로 형상화하여 보여준다. 하늘의 기미는 너무 광대하고 은미하여 쉽게 알 수 없지만, 관찰을 통해 깨칠 수 있다. 그러므로 천연대 아래에 여린 잎이 막 피어나면, 학문에 뜻을 둔 신진 선비들이 진실로 활달한 마음을 펴고 가던 길을 멈춘다.[33] 천연대에는

---

31　安命夏,『松窩先生文集』 권2,「詠陶山天淵臺」, 趙月川爲先師刻此三大字于巖壁
32　안명하安命夏의 본관은 광주이다. 자는 國華, 호는 松窩이다. 李玄逸에게 배웠으며, 李象靖·鄭萬陽·鄭葵陽 등과 교유하였다. 경남 밀양의 광천서원에 배향되었다.
33　李晩燾,『響山集』 권4,「答徐汝衡[相鉌○壬辰]」, "天淵臺下, 嫩綠方新, 新進有志之士, 固足以發曠懷而逗行衫, 第兒少已先入淸涼, 苦無指路者, 客心安得不落莫也."

이치가 체득되고, '활발발에 참된 즐거움을 붙이는[寓眞樂於活潑]'[34] 공간의 의미가 확보된 것이다. 천인합일의 경지를 몸소 실감한 것에서 비롯한 것으로 이해된다. 다음 장에서는 천연대에서 '맑은 바람'과 '깨끗한 달'을 즐김으로써 도학적 흥취가 넘치는 모습을 형상한 작품군을 검토하고자 한다.

### 2) 춘풍추월의 감흥

천연대 시의 두 번째 양상은 연비어약의 '본체'를 체득하는 단계를 거쳐 마음의 '작용'을 형상한 것이다. '천연'의 의미에 관한 깨달음이 마음의 본체를 인식한 것이라면, 그곳에서 발현되는 시적 감흥은 그 작용이라 생각된다. 특기할 점은 천연대에서 감흥을 표출한 시 작품의 편수가 많다는 것이다. 이것은 어떤 의미인가. 천연대에서 펼쳐진 다양한 형태의 서사에 주목한다.

이황은 심미주체와 심미객체의 만남을 '경敬'과 '의義', '천天'과 '인人'의 합일이라고 했다. 경은 객관적인 경물이고, 의는 주관적인 정서이다. 천은 하늘의 이치[天理] 혹은 자연이고, 인은 사람의 일[人事]이다. 그는 심미주체의 마음이 무욕자득하여 늘 청명고원한 심미 욕구를 지향하고 있다면 그에 걸맞는 객관적인 경물이나 자연의 조건이 조성될 때 자연스럽게 만나 합일된다고 보았다.[35] 아래에 제시한 이덕홍李德弘(1541-1596)에게 답한 편지에 그 내용이 상세하다.

> 보여 준 「청야음」은 그 뜻이 대개 옳습니다. 다만 내 생각으로는 아마 단지 무욕자득한 사람으로서 청명하고 고원한 심회가 간혹 광풍제월의 때를 만나면 자연히 경치가 의사와 부합하여 천인합일을 이루어 흥취가 초묘한

---

34 權斗寅, 『荷塘先生文集』 권1, 「天淵臺賦」
35 이종호, 『온유돈후』, 아세아문화사, 2008, 458쪽.

것인 듯합니다. 고결하고 정미하고, 조용 쇄락한 기상은 말로는 형상하기 어려운 것이고, 즐거움 또한 끝이 없는 것이라 소강절이 운운한 것도 다만 이런 뜻일 뿐일 겁니다.³⁶

　욕망이 없는 마음이 경물과 합치되면서 느낀 황홀함은 말로 설명하기가 어렵고, 즐거움이 끝이 없다. 이황은 소옹邵雍의 「청야음」³⁷ 시처럼 '바람'과 '달'을 시어로 활용하는데, 이는 티끌 한점 없는 천진한 마음의 은유일 것이다. 「도산십이곡」 언지 6장에 '춘풍春風에 화만산花滿山ᄒ고 추야秋夜에 월만대月滿臺라, 사시가흥四時佳興이 사ᄅᆞᆷ과 한가지라. ᄒᄋᆞ믈며 어약연비魚躍鳶飛 운영천광雲影天光이야 어ᄂᆡ그지 이시리.'라고 노래한 마음이 그것이다. 봄바람이 꽃을 피우고, 가을밤에 달빛이 천연대 위를 가득 채운다. 억지로 함이 없이 자연스러운 우주의 질서는 사계절의 아름다운 흥취로 발현된다.

　인간이 우주적 질서에 어긋남이 없이 자연과 합일되는 것이 도의 궁극적인 지향점일 때, 풍월은 천지와 교감하고 천인합일의 감흥을 일으키기 더할 나위 없는 소재라고 할 수 있다. 그러므로 천연대에서 서성이거나 한가로이 노닐며 감흥이 일 때, 바람과 달은 함께였다. 다음의 인용문을 보자. 임술년 (1562) 9월 17일에 이황은 도산에 있을 때, 달밤에 정사성鄭士誠(1545-1607)을 불러 천연대에 올라 「무이구곡시」를 외게 하고는 시를 지어 주었다.³⁸

---

36　李滉, 『退溪先生文集』 권36, 「答李宏仲」, "示喩淸夜吟, 意思大槩得之. 但愚恐只是無欲自得之人, 淸明高遠之懷, 閒遇著光風霽月之時, 自然景與意會, 天人合一, 興趣超妙, 潔淨精微, 從容灑落底氣象, 言所難狀, 樂亦無涯. 康節云云, 只此意耳."
37　邵雍, 『擊壤集』 권12, 「淸夜吟」, "月到天心處, 風來水面時. 一般淸意味, 料得少人知."
38　鄭士誠, 『芝軒先生文集』 권3, 「師訓箚錄」, "壬戌秋九月, 先生在陶山. 月夜, 招士誠登天淵臺, 命誦武夷九曲詩. 仍口號一絶以贈日 : 半夜遊仙夢自回, 起呼幽伴上江臺. 淸風有意迎懷袖, 明月多情送酒盃. 因傳數盃, 時九月十七日也."

| 半夜游仙夢自回 | 밤중에 신선이 되어 놀다 깨니 꿈이라, |
| 起呼幽伴上江臺 | 옛 벗을 불러 일으켜 강대에 올랐노라. |
| 淸風有意迎懷袖 | 맑은 바람 고맙게도 옷깃으로 스며들고, |
| 明月多情送酒杯 | 밝은 달이 다정스레 술잔을 권하네.[39] |

　화자는 꿈속에서 신선이 되어 탈속의 경지를 노래하다가 아쉬움이 남았다. 그는 제자를 불러 천연대에서 여운을 즐기고자 하였다. 맑은 바람이 천천히 불어 옷깃을 스치고 가을 달이 술잔에 내려앉으니, 맑은 흥취가 더욱 고조되었다. 내 마음을 바람과 달에 투영함으로써 마음의 청정淸淨함을 보인 것이다. 맑은 바람과 밝은 달이 시를 짓게 한 핵심적인 심상임을 알 수 있다. 눈여겨볼 것은 동행한 이에게 주자의 「무이구곡시」를 외게 하여 도학자로서의 품격을 잃지 않음이다. 이때 넓고 높은 천연대는 개방적인 공간감으로 그의 마음을 더욱 분발시켰을 것으로 생각한다.

　이황처럼 천연대를 다녀간 이들은 봄바람의 '청량감'과 가을 달의 '청정함'에 감동하여 흥취를 느낀 것으로 보인다. 높은 누대에 올라 바람을 쐬는 데서 오는 청량감과 가을 달이 차가운 물에 비친 것 같은 청정함이 그것이다. 봄과 가을의 계절적 미감을 염두에 두고 시를 읽어보기로 한다.

　먼저, 천연대에서 봄날의 감흥을 읊은 시 작품이다. 봄바람의 흥취는 공자의 제자 증점이 말한 비유[40]가 대표적이다. 김기金圻(1547-1603)의 시에 잘 드러난다. "천연대를 오늘 다시 찾아 감상하니, 옥빛 자갈 금빛 모래 얕았다가 깊어지네. 새 지나고 구름 날아 전혀 관여치 않으니, 춘풍에 공연히 기수에서

---

[39] 『퇴계집속집』 권2에는 학봉 김성일(1538~1593)에게 준다는 제목[月夜, 登天淵臺, 贈金士純. 壬戌(1562)]으로 수록되었고, 『학봉집』 연보 「四十一年壬戌, 先生二十五歲」에도 가을에 퇴계를 모시고 천연대에 올랐다는 기록이 있다. 여기서는 「무이구곡시」를 외게 했다는 서사에 주목하고자 『지헌집』에 수록된 기사를 인용하였다.

[40] 『論語』, 「先進」, "暮春者, 春服旣成, 冠者五六人 童子六七人, 浴乎沂, 風乎舞雩, 詠而歸."

목욕하고 싶네."⁴¹ 천연대를 다시 찾은 시인은 여전히 아름다운 풍광에 마음이 누그러진다. 강가에는 자갈과 모래가 반짝이고, 하늘에는 새들이 구름 사이로 날아오르느라 객에게 눈길도 주지 않는다. 만물이 각자 본성을 따르고, 천기가 쉬지 않으니 조화롭기 그지없다. 그러므로 내 마음도 함께 한가롭다. 더욱이 천연대에 오르니 기수에서 목욕하고 무우에서 봄바람 쐬는 것과 진배없다. 세속의 욕망이 씻겨나간 감흥을 획득한 것이라 하겠다.

다음은 김해(1555-1593)가 지은 「천연대에서 삼가 조목 어른의 시에 차운하다」라는 제목의 시다. 천연대에서 노닐다가 흥겹게 돌아오는 모습이 담겼다. 새싹이 돋아 나무마다 봄의 생명력이 가득하다. 날이 화창하여 천연대를 찾으니 때마침 맑은 바람이 분다. 심미적 주체인 인간이 객체인 자연과 합일됨으로써 마음이 맑아진다. 그 마음에 취기가 더하니 태평성대의 운치인 듯하다.

| 嫩綠淸陰樹樹同 | 새순 돋아 맑은 그늘 나무마다 같은데, |
| 千層臺上一江風 | 높고 높은 대 위에 한줄기 강바람 부네. |
| 太平莫道無形象 | 태평성대에 형상이 없다고 말하지 마오, |
| 村路扶歸半醉翁 | 시골길에 취한 늙은이 부축해 돌아가네.⁴² |

다음으로 달을 마음의 은유로 형상한 시를 읽기로 한다. 가을 달이 물에 비친 형상은 주자의 「감흥시」 가운데 제10편의 시구에서 빌린 것이다. "공손히 생각해보니 천년의 마음이, 가을 달이 차가운 물에 비친 것 같네.[恭惟千載心, 秋月照寒水]"라는 시구이다. 채모蔡模(1188-1246)는 위의 구절을 '여러 성인들이 서로 계승한 것이 위아래로 몇 천 년이지만 마음은 한 가지이다. 지극히 밝은

---

41  金圻, 『北厓先生文集』 권2, 「次月川丈登天淵臺韻 二首」, "天淵今日感重臨, 玉礫金沙淺復深. 鳥過雲飛渾不管, 春風空想浴沂心."
42  金垓, 『近始齋先生文集』 권1, 「天淵臺 謹次月川丈韻」

가을 달이 지극히 맑은 차가운 물에 비치는 것과 같아, 밝음은 털끝 하나 가릴 수 없고, 담담함은 한 점 티끌이 없다.'라고 풀이하였다.[43] 도학의 이치를 궁구하고자 한 학자들은 물에 비친 달의 밝고 담담함을 자신의 청정한 마음이라 여겼다. 천연대에 올라 달을 감상하거나 함께 즐기려는 마음은 대체로 이로부터 비롯된 것이다.

다음에 인용한 작품에도 달을 활용한 시상이 다르지 않다. 각각 김부필金富弼과 곽종석郭鍾錫(1846-1919)이 지은 시이다. 두 사람은 시대가 서로 멀지만, 천연대에서 달을 완상하며 느낀 시적 흥취는 유사한 질감을 보인다. 그것은 왕래소요의 풍류라 할 수 있다. 함께 어울려 천연대에서 달을 구경하고, 뱃놀이를 즐기며 수작하였다.

(가)

| 天淵臺上挹高風 | 천연대 위에 올라서 고상한 풍류 흠모하며, |
| 半日陪歡世念空 | 반나절 기쁘게 모시니 세상 근심 사라졌네. |
| 最是箇中奇絶處 | 가장 잊을 수 없는 건 빼어난 풍광 속에서, |
| 櫂歌相答月明中 | 밝은 달빛 받으며 뱃노래 화답한 일이지.[44] |

(나)

| 曾把鳶魚玩百回 | 일찍이 연어 구절을 가지고 자주 완상하다가, |
| 夜闌無事却登臺 | 밤이 깊어 일 없으니 천연대 위에 오르네. |
| 憑君滿酌陶山酒 | 그대와 도산에서 빚은 술을 잔 가득 따르니, |
| 天水溶溶月一盃 | 천연대의 물이 넘실넘실 술잔에 달빛이 가득.[45] |

---

43 이종수 지음, 강성위 역, 『재거감흥시제가집해』, 한국국학진흥원, 2012. "恭惟千載心, 秋月照寒水. [訓義] 蔡氏曰, 言輩聖人相繼, 上下幾千載, 而同此一心, 有如秋月之至明, 照寒水之至淸, 皎然無一毫之翳, 淡然無一點之滓也."

44 金富弼, 『後彫堂先生文集』 권1, 「敬次退溪先生天淵臺待月乘舟韻 辛酉(1561)」

(가)는 퇴계를 모시고 천연대에서 노닐었던 때의 감흥을 형상한 시 작품이다. 낮에는 스승의 말씀에 속세의 근심을 잊었고, 밤에는 달빛 아래에 배를 띄워 어부가를 불렀다. 뜻을 함께하는 이들이 모였기에, 시간은 유한하나 그 흥취가 무한하여 더욱 즐거운 것이다. 천연대에서 달을 기다린 것은 이러한 즐거움을 알았기 때문일 것이다. (나)는 물과 달의 시각적 이미지를 극대화한 작품이라 할 수 있다. 일찍부터 『중용』을 완상하였기에 천연대를 오른 마음이 심상하지 않다. 이황이 제자를 불러 노닐던 9월의 달밤이었기 때문이다. 한편 천연대는 이황의 심법에 관한 물음과도 연결되는 것으로 보인다. 다음 장에서 살펴보고자 한다.

### 3) 퇴계 심법의 희구

천연대 시의 세 번째 양상은 이황을 향한 존모 또는 이황 심법의 자취를 찾는 것이다. 조선 시대 학자들이 천연대에서 이황을 떠올린 이유는 무엇일까? 천연대에서 경험한 옛일이 떠올랐거나 경모敬慕하는 마음이 있기 때문일 것이다. 그러나 천연대에서 이황 심법의 본체를 확인하고 계승되기를 바란 것은 아닌지 면밀한 검토가 필요하다.

이황 사후에 천연대는 어떠하였을까? 우선, 스승의 부재에 대한 비감이 촉발되는 곳임을 알 수 있다. 조목의 시를 보겠다. 그는 도산서원에서 제사를 지낸 뒤에 천연대를 찾았다. "임 떠난 빈산에 산새가 슬피 울고, 솔과 계수에 덩굴풀이 의지해 있네. 가을 구름이 무척이나 무정하여, 한가로이 천연대에서 저녁노을 희롱하네."⁴⁶ 천연대의 주인이 떠난 뒤라 도산의 산이 텅 비었다.

---

45  郭鍾錫, 『俛宇先生文集』 권3, 「九月十五夜, 呼李子翼, 步月天淵臺, 仍用老先生九月十七日夜, 呼鄭士誠登天淵臺韻」.

46  趙穆, 『月川集』 권1, 「陶山祭後登天淵臺」, "人去山空谷鳥悲, 薜蘿松桂自相依. 秋雲太是無情思,

빈 산에 산새는 슬피 울고, 주인의 눈길이 닿지 않은 나무에는 덩굴풀만 무성하다. 가을의 구름은 슬픔을 달래기보다는 저녁노을을 희롱하며 무심하게 흘러간다. 스승이 천연대에서 자주 보았을 풍경을 홀로 마주하니, 마음이 더욱 애절하다. 그러나 천연대의 시적 미감은 비통함이 주된 정서가 아님에 주목할 필요가 있겠다. 오히려 천연대에서 향기로운 유훈을 밝히려는 인식이 보인다. 그 유훈은 심법이라 여겨지는데, 그것은 '앞으로 도학의 뜻은 누구에게 물어야 하는가'에 대한 물음에 근거한다.

다음의 시를 읽어보자. 홍직필洪直弼(1776-1852)이 퇴계의 후손인 이태순李泰淳(1759-1840)에게 써준 세 수 가운데 첫 번째 시이다. 홍직필은 양산 태수로 부임한 이태순이 자신을 만나러 온 것에 감사하는 마음을 담았다. 홍직필은 이황의 후손을 만나 선생의 학문과 도를 물었다. 선생이 남긴 학문의 실마리를 찾기 위함이었다. 그는 도산의 천연대에 주목하고 있는데, 이것은 도학의 원두처를 인식하는 태도라 하겠다. 천연대를 퇴계의 심법이 발현된 특별한 공간으로 인정한 셈이다.

| | |
|---|---|
| 梁山太守退溪孫 | 양산 태수는 퇴계 선생의 후손이니, |
| 逆旅相逢問緖言 | 여관에서 만나 선생이 남긴 말씀 물었네. |
| 九曲天淵臺下水 | 도산구곡의 천연대 아래의 물은, |
| 祗應留與覓眞源 | 응당 남아 있어 참 근원 찾으리.[47] |

다음의 시를 보자. "연비어약을 몇 번이나 보았던가, 오늘에 와서 보니 감개가 새롭네. 물빛과 산 풍경은 예전과 같은데, 옛날에 심법 전함을 다시

---

閒向天淵弄晚暉."
47　洪直弼, 『梅山集』 권1, 「梁山邑店, 謝李明府[泰淳] 見訪 三首」

못 봄이 한스럽네."⁴⁸ 이 시를 지은 조목은 천연대에서 퇴계를 모시고 연비어약의 이치를 체득하였기에, 천연대를 찾은 마음이 자못 새롭다. 낙강의 물빛과 도산의 풍광은 선생이 계시던 때처럼 맑고 푸르다. 그러나 더는 선생의 심법을 듣지 못하는 좌절감에 여운이 길다. 스승의 부재로 인한 상실감을 토로하였으나, 좌절만 표출된 것은 아니라 여겨진다. 심법의 단절을 근심함은 도통의 계승을 인지한 것이고, 이는 심법을 계승하는 의지와 연결되기 때문이다. 조목이 퇴계 학맥의 적통임에 유의하면 의미가 분명해진다.

(가)

天淵臺下水悠悠    천연대 아래의 물은 유유히 흐르는데,
鳶自高飛魚自游    솔개 절로 높이 날고 물고기 절로 뛰노네.
此理更誰凝在我    이런 이치 다시 누가 응집해 자신에게 두랴,
空敎潑潑等閒流    부질없이 활발발하게 흐르는 물소리 듣노라.⁴⁹

(나)

淸凉秋日等閒歸    청량산 가을 아래 한가하게 돌아오다가,
千仞崗前更振衣    천 길 암벽 앞에서 다시 옷을 가다듬네.
上下天淵依舊地    위아래 하늘과 연못 옛날 그대로인데,
明誠安倣質精微    명성의 정미한 뜻 누구에게 물어볼까.⁵⁰

(가)의 시를 지은 이휘일李徽逸(1619-1672)은 진성현 경내에 대를 쌓고 이황의 학맥을 계승하였다.⁵¹ (나)의 시를 지은 권렴權濂(1701-1781)은 주자와 퇴계의

---

48  趙穆, 『月川集』 권1, 「登天淵臺」, "鳶飛魚躍幾窺臨, 此日看來感慨深. 水色山光依舊樣, 恨難重覩舊傳心."
49  李徽逸, 『存齋先生文集』 권1, 「天淵臺有感」
50  權濂, 『厚庵集』 권2, 「天淵臺」

언행을 사모하여 퇴계유서退溪遺書를 4책으로 요약해서 가지고 다녔으니,[52] 천연대에서의 물음이 절실하였다. 이처럼 강가 언덕에 천연대가 지어진 이후 조선 시대 학자들은 수없이 오르내렸다. 이황 사후에도 천연대에서 '활발발한 솔개와 물고기의 묘리를 아는 자는 누구인가'에 관한 물음[53]이 반복된 것은 퇴계의 심법을 계승하려는 의지로 해석될 수 있다. 종합하면 천연대는 이황 심법의 본체를 체득하는 출발점이자, 마음의 작용이 흥취로 발현되는 한편 퇴계 심법의 계승 의지를 다지는 곳이라 할 수 있겠다. 위의 결과를 바탕삼아 천연대의 경관 의미를 정리하기로 한다.

## 4. 천연대의 문학경관적 의미

문학경관은 경관에 대한 동경심을 일으킨다. 천연대 관련 시는 시대가 서로 다른 작가가 축적한 작품군이다. 천연대는 명망 있는 도학자 이황이 현실 생활에서 남긴 경관이자 객관적으로 실재하는 공간이므로 '인문 문학경관'이자 '실체성 문학경관'이다. 더욱이 최상급 경관에 속한다. 최상급 경관의 기준인 자연 산수가 있고, 인문과 문학, 더욱이 우수한 문학 내용이 있기 때문이다.[54]

---

51  金樂行, 『九思堂集』 권8, 「柏湖書堂記」, "縣治西北芍藥山下, 有翠壁澄潭之勝, 存齋李先生嘗游歷至此, 愛玩逍遙, 築臺以識之. … 然存齋先生東海人也. 海上瑰特壯大之觀, 不可一二數, 乃越涉他境, 眷眷躊躇於此一小丘者, 安知不有意乎. 先生道學之源, 實出於退陶. 見羹見牆, 猶當思之, 況於其先故肇基啓休之鄉邑乎."

52  鄭宗魯, 『立齋集』 권35, 「成均生員厚庵權公墓碣銘」, "盖所誦讀者, 聖人之謨訓, 所慕用者朱退之言行, 故嘗爲顏曾左右圖, 旣又分門類附, 爲明誠內篇. … 就退溪遺書, 彙分類抄爲四冊, 出入常與偕."

53  宋浚弼, 『恭山先生文集』 권2, 「與諸友登天淵臺」, "斷阜瀨江自作臺, 藍輿當日幾回來. 鳶魚飛躍渾依舊, 此世誰人知道哉."

54  증대홍 저, 정우락·서주영·전설련·부량 역, 『문학지리학개론』, 경북대학교출판부, 2022. 「제

한편, 천연대는 이황의 산수관과 연결되는 측면이 있다. 이황은 산수 자연을 공공재로 보았다. 1560년에 제자에게 편지를 보내, "강산과 풍월은 천지 사이에 있는 공적인 것이다. 보고도 감상할 줄 모르는 자가 많다. 때로는 경치 좋은 곳을 차지하여 자기의 사유물로 아는 자가 있는데 매우 어리석은 것이다."[55]라는 뜻을 드러냈다. 그렇다면 천연대가 확보한 문학경관적 의미는 무엇인가.

첫째, 도학의 본체를 궁구한 공간이라는 점이다. 천연대는 처음에 창랑대였으나, 천연대로 변경되면서 도체의 지위가 획득되었다. 천연대가 도학의 본체임은 수많은 시 작품에서 확인된다. 천연대를 축조한 이황부터 도산서원의 심방객에 이르기까지 천연대를 활발발지로 인식한 사실로도 짐작되는 바가 있다. 권두인은 「천연대부」[56]에 도학의 이치를 궁구하는 자세를 상세히 설명하였는데, 문맥상 심오한 이치가 천연대를 통해 발현된 것으로 연결하여, 시사하는 바가 적지 않다. 이황은 도체의 이치를 밝혀 도산 땅에 기틀을 마련하였고, 조선 시대 학자들은 그의 뜻에 부응하며 도학 공동체를 함께 직조해 나갔다.

둘째, 마음의 작용을 형상한 수많은 한시 작품이 생성된 공간이라는 점이다. 우주 자연의 질서인 천리를 깨닫고 나면 마음이 작동한다. 그것은 희열에 가까운 도학적 흥취라 할 수 있다. 천연대에서의 도학적 흥취가 경관적 의미를 입증한다. 도의 궁극적인 지향점을 궁구한 조선 시대 학자들이 천연대에서 감흥을 표출한 것은 우연이 아니라는 것이다. 더욱이 천연대는 소통의

---

6장 문학경관」편을 참조하였다.
55  李滉, 『退溪先生文集』 권23, 「與趙士敬 庚申(1560)」, "大抵江山風月, 天地間公物, 遇之而不知賞者滔滔, 其或占勝, 而認爲一己之私者, 亦癡矣."
56  權斗寅, 『荷塘先生文集』 권1, 「天淵臺賦」, "物無微而不賾, 理無隱而不探. 上何高之不求, 下何深之不覃. 沈潛玩索樂以忘憂兮, 羌不知老之將至. 嗟道體之無窮兮, 何物非兮太極. 時臨流兮觀水, 或憑高兮凝目. 剔榛莽兮薙糞壤, 于以臺兮山之麓. 于以逍遙兮于朝于夕, 仰以觀兮俯以察."

창구였다. 권두경權斗經(1654-1725)의 「이자인 이달[適意]과 헤어진 지 거의 십 년이 되었다. 내가 도산에 도착했다는 소식을 듣고는, 그가 오천에서 급히 달려와 함께 천연대를 오르니, 시를 읊어 주었다」라는 제목의 시[57]이다.

| 昔賢遺躅半蒼苔 | 옛 현인이 남긴 자취에 푸른 이끼 반인데, |
| 邂逅逢迎眼忽開 | 오랜만에 맞이하니 눈이 번쩍 뜨이네. |
| 兩地故人頻入夢 | 두 고을에 우리끼리 자주 꿈에서 만났는데, |
| 十年今日共登臺 | 십 년 지난 오늘에야 천연대에 함께 올랐네. |
| 長江氣勢縈吟筆 | 긴 강의 기세는 시 읊는 붓에 엉겨 있고, |
| 曠野風烟拂酒杯 | 넓은 들판의 바람 안개 술잔을 스쳐 가네. |
| 俯仰天淵餘物色 | 천연대에 남은 풍광 올려보고 굽어보자니, |
| 夕陽懷古更徘徊 | 석양에 지난 일이 떠올라 다시 서성이네.[58] |

권두경과 이달은 십 년 만에 만나 천연대에 앉아 시를 써서 감흥을 나누고, 술잔을 기울이며 회포를 풀었다. 수련과 미련에 천연대의 현재와 과거를 읊었으니, 천연대 위의 푸른 이끼가 지나간 시간을 보여준다. 그들은 왜 천연대에서 만났을까. 천연대는 학문을 바탕으로 한 공동체적 결속을 보여 주는 공간이었기 때문으로 짐작된다.

셋째, 도학의 학문적 실천을 확인하는 현장이라는 점이다. 서원의 존립은 존현양사尊賢養士에 달렸다.[59] 도산서원은 이황 사후에 존현[추모]의 기능이

---

57  『창설재문집』 해제에 '권6은 耆後稿로써 환갑 이후인 1714년-1722년 동안의 작품 150여 제가 실려 있다.'라고 하였다. 이 기사를 참고하면 위의 시는 갑오년(1714)에 지어졌으니, 저자는 관직을 역임하느라 고향을 떠나있다가 오랜만에 도산을 방문한 것으로 보인다.
58  權斗經, 『蒼雪齋先生文集』 권6, 「李慈仁以達別近十年 聞余到陶山 自烏川馳至 共登天淵臺吟贈」.
59  李滉, 擬與榮川守論紹修書院事 丙辰(1556), "國家之許立書院, 何爲也哉. 將非尊賢養士樂育人材之地也乎."

우선하는 측면이 있으나, 양사養士의 기능이 유지되었다. 천연대에서 이황의 심법을 계승하려는 의지는 이러한 맥락으로 이해할 수 있다. 「천연대부」를 지은 권두인은 "돌아보면 남은 향기가 아직 넉넉하고, 떳떳한 본성과 아름다운 덕이 또한 사라지지 않았으니, 또한 사숙했다고 이를 만하다. 어찌 반드시 직접 뵌 뒤에야 흥기할 수 있겠는가."[60]라며, 존현 의식과 학문 계승의 의지를 드러냈다. 정중기鄭重器(1685-1757)는 1708년 9월에 도산에 들러 상덕사에서 참배한 뒤에 천연대에 올랐다.

| 嘉誨闃難承 | 가르침 적막해져 계승하기 어려우니 |
| 舊蹟吾當尋 | 옛날 자취를 내가 찾아야 되겠네 |
| 書堂寂無人 | 도산서당은 적막하여 사람이 없고 |
| 節社烟空沈 | 절우사는 마냥 연기에 잠겨 있네 |

정중기는 도산서원에서 퇴계의 자취를 더듬으며 학문의 이치를 되새겼다. 비록 도산서당은 적막하나 자신은 도학을 실천하겠다는 의지로 연결되었다. 천연대에 올라 '비약의 묘리를 캐묻고 싶으면, 반드시 이곳으로 와야 한다.'라고 하며 풍광에 심취되어 오래 배회한 것은 이 때문이다.[61]

---

60 權斗寅, 『荷塘先生文集』 권1, 「天淵臺賦」, "顧遺芬剩馥, 尚有存者, 秉彝懿德, 亦有所不泯者. 抑不可不謂之私淑也, 奚必待親炙而後 興起去爾."

61 鄭重器, 『梅山先生文集』 권1, 「花山紀行 戊子(1708)」, "俄登隴雲舍, 遂向天淵臺. 崢嶸碧宇闊, 澹湛明鏡開. 欲究飛躍妙, 須向此中來. 風光浩無極, 俯仰長徘徊."

## 5. 맺음말

　본고는 도산서원의 천연대 관련 시 작품을 분석하여 천연대의 문학 경관적 의미에 접근하고자 하였다. 먼저 천연대의 축조 과정을 통해 이황의 출처 의지가 담긴 창랑대로 축조되었으나, 도학적 의지를 표명한 영역으로 확장되었음을 확인하였다. 천연대는 자연경관에 이황이 심법을 구체화하는 이학적이고 문학적인 공간으로 조선 시대 학자들이 이치의 본체를 인지하고 마음의 작용을 실현하는 도산서원의 핵심적인 권역임을 살폈다.
　이에 천연대와 관련한 작품을 다음과 같은 방향으로 정리하였다. 첫째, 천연의 본래 함의에 주목하여 활발발지의 경지를 체득한 경험을 형상화했다. 둘째, 연비어약의 본질을 체득한 단계를 거쳐 마음의 작용을 형상하였다. 천연대에서의 감흥을 바람과 달로 비유하였고, 천연대를 풍류 공간으로 활용했다. 이러한 풍류는 도학적 흥취와 다르지 않아, 천연대의 경관적 의미를 돋보이게 하였다. 셋째, 쇄탈하고 활발발한 본질의 세계를 추구한 이황의 심법을 형상하였다. 천연대에서 퇴계 심법의 실체를 찾고, 도통의 계승을 고민했음이 확인된다. 그러므로 천연대의 문학경관적 의미를 다음과 같이 정리하였다. 천연대는 도학의 본체를 체득하는 활발발한 자연경관이면서 도학적 흥취를 형상한 한시 생성의 문학 경관이자 도학의 학문적 실천까지 확장되는 경관이라는 것이다.
　종합하면 조선 시대 학자들은 천연대에서 ① 천지 만물의 본체를 인식하였고, ② 본체를 체득함으로써 발현되는 마음의 작용을 도학적 흥취로 표출했으며, ③ 퇴계 심법의 계승을 바탕으로 도학의 학문적 실천을 고민한 것으로 이해할 수 있겠다. 이로써 천연대는 이황 심법의 본체를 체득해 들어가는 출발점이자, 마음이 작용하는 현장으로 기능하여, 결국 퇴계의 심법을 계승하려는 의지를 되새기는 종착점이라 할 수 있다.

　본고는 천연대가 자연 산수와 인문, 우수한 문학을 갖춘 문학 경관임을 확인한 것에 의의가 있어, 도산서원의 경관을 해석하는 데에 보탬이 있을 것으로 여겨진다. 다만 도산서원 권역의 다른 공간과의 비교 검토가 후속 과제로 남았음을 밝혀둔다.

## 참고문헌

郭鍾錫, 『俛宇先生文集』
權斗寅, 『荷塘先生文集』
權斗經, 『蒼雪齋先生文集』
權　濂, 『厚庵集』
權好文, 『松巖集』
琴蘭秀, 『惺齋先生文集』
金　圻, 『北厓先生文集』
金得硏, 『葛峯先生文集』
金富倫, 『雪月堂先生文集』
金誠一, 『鶴峯先生文集續集』
金樂行, 『九思堂集』
金　垓, 『近始齋先生文集』
李晩燾, 『響山集』
李野淳, 『廣瀨文集』
李　楨, 『龜巖先生文集』
李　滉, 『退溪先生文集』
李徽逸, 『存齋先生文集』
宋浚弼, 『恭山先生文集』
安命夏, 『松窩先生文集』
鄭士誠, 『芝軒先生文集』
鄭宗魯, 『立齋集』
鄭重器, 『梅山先生文集』
趙　穆, 『月川集』
崔正基, 『可川先生文集』
洪直弼, 『梅山集』

권오영, 「퇴계의 <도산잡영>의 이학적 함의와 그 전승」, 『한국한문학연구』 46, 한국한문학회, 2010.
김동욱, 『도산서당』, 돌베개, 2012.

김병권, 「<천연완월>에 표현한 퇴계의 和悅 연구」, 『퇴계학논총』 26, 퇴계학부산연구원, 2015.
김병권, 「천연대에 표현한 퇴계의 즐거움 연구」, 『퇴계학논총』 19, 퇴계학부산연구원, 2012.
김소연, 「퇴계 이황의 도산서당 시에 나타난 공간감성과 그 의미」, 『동양한문학연구』 63, 동양한문학회, 2022.
이종수 지음, 강성위 역, 『재거감흥시제가집해』, 한국국학진흥원, 2012.
이종호, 『온유돈후』, 아세아문화사, 2008.
임노직, 「도산서원 '탁영담'의 시적 형상화 양상과 의미」, 『대동한문학』 67, 대동한문학회, 2021.
정도원, 「16세기 도학의 심법론 : 퇴계를 중심으로」, 『퇴계학보』 148, 퇴계학연구원, 2020.
정우락, 「도산서원에 대한 문화론적 독해」, 『영남학』 27, 경북대학교 영남문화연구원, 2015.
증대홍 저, 정우락·서주영·전설련·부량 역, 『문학지리학개론』, 경북대학교출판부, 2022.

# 세심정洗心亭 관련 한시에 나타난 공간감성과 그 의미*

최은주(한국국학진흥원 책임연구위원)

## 1. 들어가며

　마음은 우리의 일상생활뿐만 아니라 정서에 있어 중요한 개념이다. 동양의 전통문화 이해에 핵심 개념이기도 한데, 예로부터 선인들은 마음이란 무엇이며, 그 마음을 어떻게 사용해야 하는가를 탐구하였기 때문이다. 중국 송대부터 시작되어 조선시대 유학자들에 의해 발전된 심학心學의 전통 역시 마음을 잘 다스려 한 차원 더 높은 인격적 존재로의 성취를 그 목적으로 삼았다. 이러한 이유로 '심心'은 다양한 명명 행위에 주요하게 사용되었다. 오늘날에도 그러하듯이, 명명 행위는 대체로 인간의 삶과 밀접한 관련을 지닌다. 건물이나 자연물 등에 이름을 붙일 때 마음을 넣어 자신이 지향하는 바를 드러내고자 한 것들이 그러한 예이다.

　본고에서 살펴볼 세심정洗心亭은 경상남도 산청의 덕천서원德川書院 근처에

---

\*　이 글은 기발표된 필자의 논문(「洗心亭 관련 한시에 나타난 공간감성과 그 의미」, 『영남학』 89, 경북대학교 영남문화연구원, 2024, 231-259쪽)을 수정, 보완한 것이다.

위치했던 정자이다. 정자의 명칭에서 알 수 있듯이 이 공간이 지향하는 바는 바로 마음이었다. 특히 이 정자는 덕천서원을 건립하면서 유식遊息의 공간을 염두에 두고 지어졌다는 점에서 주목할 만하다. 덕천서원은 남명南冥 조식曺 植(1501-1572)의 사후에 그를 기리며 학문과 기상을 계승하기 위해 설립된 추모 와 교육의 공간이다. 이러한 점에서 우리는 이 정자의 건립이 지향했던 바를 그 명칭에서부터 일정 부분 짐작해 볼 수 있다.

특정한 건물이 생겨날 때 건물의 건립 취지와 방향은 그 명칭에 반영되고, 이는 공간을 방문하는 이들에게 영향을 주게 된다. 이러한 영향은 이 공간이 문학작품의 생성공간으로 기능할 때 매우 크게 작동한다. 공간은 인간 행위 의 바탕이 되는 동시에, 인간의 행위에 영향을 받게 되는 것이다. 따라서 동일한 공간에서 창작된 작품일지라도 공간에 대한 인식은 때로는 유사하게, 혹은 상이하게 나타난다. 이는 특정 공간에서 발생하는 공간감성이 다양한 요소에 영향을 받기 때문이다. 작가의 개별 상황마다 달리 생성된 공간감성 은 작품의 창작에 일정하게 개입하게 된다. 이때 공간감성은 공간의 성격과 시간의 흐름, 인식하는 주체인 작가에 따라 다양하게 드러난다.

세심정과 관련하여 창작된 문학작품에서도 다양한 감성들이 드러나는데, 이를 통해 당대인들이 이 공간을 어떻게 인식하고 있었던가를 살펴볼 수 있다. 지금까지 세심정이라는 공간만을 대상으로 접근한 본격적인 문학 연구 는 이루어지지 못하였다. 다만 덕천서원을 다루면서 관련 공간으로서 이 공 간이 지닌 의미를 살펴본 연구들이 몇 편 있을 뿐이다. 최석기는 남명 유적지 를 남명순례길로 명명하고 각각의 공간들과 관련된 작품들을 모아[1] 펴내는 한편, 덕천서원에 주목하면서 이와 관련된 공간인 세심정을 다룬[2] 바 있다.

---

1    최석기, 『남명순례길의 노래2 도학의 성지, 덕산에서』, 경인문화사, 2017.
2    최석기, 『덕천서원』, 경인문화사, 2015; 최석기, 「덕천서원의 공간과 명칭에 담긴 의미」,

이는 남명과 관련된 작품들을 공간에 따라 소개하고, 간략한 설명 등을 통해 그 공간의 성격을 짐작할 수 있게 했다는 측면에서 의미가 있다. 김학수는 남명학의 상징적 공간으로서 덕천서원의 문화사적 의미를 검토하며 세심정을 비롯한 공간들을 간략하게 소개[3]한 바 있다. 이들 선행 연구는 전체적인 작품 규모를 파악하고, 덕천서원과 관련된 공간들의 대체적인 성격과 의미를 살피는 데 도움을 준다.

따라서 본고는 이러한 선행 연구의 성과를 바탕으로 구체적인 작품을 통해서 세심정 관련 한시에 나타난 공간감성과 그 의미를 살펴보고자 한다. 이를 위해 먼저 세심정 관련 한시의 현황을 개관해 보고자 한다. 이어서 구체적인 작품을 통해 세심정의 공간감성을 살펴보고, 이를 바탕으로 그 의미를 도출해 내고자 한다. 이를 통해 문학생성공간으로서의 세심정에 대한 이해의 편폭을 넓히는 데 기여할 수 있을 것이다.

## 2. 세심정洗心亭과 관련 한시 현황

세심정은 덕천서원 남쪽 시냇가에 위치했던 정자로, 당시 서원의 건립을 주도하였던 수우당守愚堂 최영경崔永慶(1529-1590)에 의해서 세워졌다. 덕천서원은 남명 사후 1572년 4월에 건립에 대한 의견을 모았고, 남명이 만년에 기거했던 산천재에서 3리 쯤 떨어진 덕천 근처를 원기院基로 결정하였으며, 1576년에 낙성하여 위패를 봉안하였다.[4] 남명과 관련된 지역 가운데 이곳이

---

[3] 『남명학연구』 55, 경상국립대학교 경남문화연구원, 2017; 최석기, 「지리산 덕산동의 文化元型과 名所의 의미」, 『남명학연구』 63, 경상국립대학교 경남문화연구원, 2019.
김학수, 「德川書院 : 敬義學을 지향한 조선의 학술문화공간」, 『남명학』 20, 남명학연구원, 2015.

서원 건립지로 선택된 것은 남명이 만년에 강학했던 곳이었기 때문이다. 서원을 창건할 때 서원의 규모와 배치, 건물들에 대한 명명은 모두 최영경이 주도하였으며, 서원에 짝할 만한 부속공간의 건립 역시 그의 주관하에 이루어졌다.[5] 아래의 자료를 보자.

> 서원의 남쪽에 시내가 있는데, 허공을 머금어 푸른빛이 엉기어 있고 물이 돌아 흐르면서 맑은 못을 이루었으니 여기에 임하면 기수沂水에서 목욕하는 흥취가 있다. 시내 위에는 도림桃林이 있는데 간간이 소나무와 능수버들이 있으니 이를 바라보면 무릉도원 같아서 진실로 유상하기에 좋은 경치이다. 지금 우리 최 선생이 번번이 지팡이를 짚고 그 위를 소요하다가 정자를 지어 유식할 장소를 갖추고자 하였으나 서원의 공역이 끝나지 않아 이루지 못하였다. 지난 임오년(1582년) 봄에 비로소 경영하여 정자가 이루어지자 경치가 더욱 아름다워 시냇물은 더욱 맑아 보이는 듯하고, 물고기들은 더욱 즐거운 것 같았다. 이에 각재覺齋 숙부[필자 주 : 河沆]께서 『주역』에 나오는 성인의 세심洗心하는 뜻을 취하여 정자의 이름으로 삼았으니 대개 관수觀水의 방법이 있다는 뜻을 살린 것이다.[6]

제시한 인용문에서 알 수 있듯이 정자가 건립된 것은 서원에 위패를 모시고 6년 후인 1582년이다. 기수沂水에서 목욕하는 흥취가 있고 무릉도원 같은 곳에 터 잡아 정자를 만들었음을 알 수 있다. 남명 당대에 덕천서원 앞을

---

4 덕천서원의 건립 경위는 김학수(「德川書院 : 敬義學을 지향한 조선의 학술문화공간」, 『남명학』 20, 남명학연구원, 2015)의 논문에 자세하다.
5 김학수, 위의 논문, 15-16쪽 참조.
6 河受一, 『松亭集』 권4, 「德山書院洗心亭記」, "院之南有溪焉, 含虛凝碧, 匯爲澄潭, 臨之有浴沂之興. 溪之上有桃林焉, 間以松檟, 望之如武陵之原, 誠遊賞之佳勝者已. 今我崔先生每杖屨逍遙其上 欲構亭以備遊息之具, 以院役未就未成. 越壬午春, 始克經營, 亭成而勝益奇, 溪若增其淸, 魚若增其樂. 於是覺齋叔父取易聖人洗心之義以名亭, 盖寓觀水有術之義也."

흐르는 시내를 도천桃川이라 하였는데, 이 역시 무릉도원을 염두에 둔 명칭[7] 이었다고 할 수 있다. 이처럼 서원의 남쪽 시냇가에 유식의 공간으로 정자를 짓고 그 이름을 '세심'이라고 하였다. 이 정자의 이름을 지은 것은 위의 인용문에서 알 수 있듯이 각재覺齋 하항河沆(1538-1590)이다.[8] 최영경과 하항은 남명학파 내에서 특별한 위상을 차지하던 인물들이다. 이들은 남명학의 정수를 체득한 제자였기 때문에 스승의 학문을 스승의 자취가 어린 공간에 오롯이 담아내고자 하였다.

정자의 명칭인 '세심'은 『주역』 「계사전 상」에 "성인은 이것으로 마음을 깨끗이 씻어 은밀한 곳에 물러나 감춘다.[聖人 以此洗心 退藏於密]"라고 한 데서 가져온 것으로, 마음 수양이 무엇보다 중요함을 강조한 것이다. 동일한 명칭을 사용하는 건축물이 이곳 덕천서원 외에도 산재하는데, 이들 역시 이러한 의미에서 명명한 경우가 대부분이다.[9] 또 인용문의 끝부분에서 볼 수 있듯이, 단순히 마음을 씻는 행위만을 이야기한 데서 그치지 않고, 이를 관수觀水의 의미와 결부시키고 있는 점을 주목할 만하다. '관수'는 물이 거울처럼 맑으면 그것을 마음에 비유하거나, 그치지 않는 점을 두고 학문의 지속성을 강조하

---

7   정우락, 『남명학의 생성공간-용처럼 나타나고 우레처럼 소리쳐라』, 역락, 2014, 279-280쪽 참조.
8   다만 河憕이 쓴 「德川書院重建記」에 따르면, 처음 정자를 짓고는 세심정이라는 편액을 걸었지만, 나중에 고쳐서 醉醒亭으로 바꾸었음을 알 수 있다. 하지만 그 시기와 연유에 대해서는 자세하지 않으며, 현재 남아 있는 시 작품들을 볼 때, 후인들 역시 세심정이라는 명칭으로 인식하고 있음을 알 수 있다.(河憕, 『滄洲集』 권1, 「德川書院重建記」, "別構三楹于溪上 爲諷詠之所 扁之曰洗心 後改以醉醒自後.") 또한 현재 남아 있는 세심정과 관련해서는 상세한 기록이 전해지지 않는다. 다만 목재의 상태로 보아 현재의 서원 건물 가운데 가장 오래된 것으로 보이며, 서원 훼철 당시 부근에 옮겨졌다가 도로가 나면서 현재의 위치로 이건되었을 가능성이 있다는 연구가 있다.(최석기, 『덕천서원』, 경인문화사, 2015, 95쪽 참조.)
9   본고의 논의대상 외에도 다양한 지역에 동일한 명칭을 지닌 정자가 분포해 있다. 하지만 덕천서원, 남명 등과 연동된 특수성 때문에 본고에서 다루고 있는 경상남도 산청의 세심정만큼 문학작품이 다양하게 창작된 공간은 찾아보기 드물다.

거나, 물결을 보면서 도의 근원을 떠올리는 것 등으로 이해되어 왔다. 즉 정자의 건립과 명명 행위에는 세심정이라는 공간에서 이러한 요령을 취할 수 있다는 생각이 내포되어 있음을 알 수 있다. 세상의 이욕에서 벗어나 도를 즐기며 자연과 합일될 수 있다는 인식이 명명 행위에 의해 공간에 부여된 것이다. 이처럼 건물이 건립된 위치나 이름에서 그 지향하는 바가 잘 드러났기 때문에 이 공간은 일정한 경향성을 가지면서 다양한 이들이 방문하고 작품을 창작하는 공간으로 기능하게 된다. 아래의 표를 보자.

| No | 이름 | 생몰년 | 작품명 |
|---|---|---|---|
| 1 | 河受一 | 1553-1612 | 「洗心亭有感次覺齋叔父韻」, 「過德山書院盡灰獨洗心亭在仍有感」 |
| 2 | 鄭樟 | 1569-1614 | 「洗心亭」 |
| 3 | 朴絪 | 1583-1640 | 「洗心亭和韻二首」, 「題洗心亭戊辰」 |
| 4 | 河溍 | 1597-1658 | 「德川書院洗心亭韻」 |
| 5 | 金碩 | 1627-1680 | 「次洗心亭韻」 |
| 6 | 河世熙 | 1647-1686 | 「洗心亭詠鳧」, 「洗心亭偶吟庚戌正月」 |
| 7 | 李萬敷 | 1664-1732 | 「洗心亭」 |
| 8 | 河世應 | 1671-1727 | 「次李息山洗心亭韻」, 「次鄭敬甫洗心亭韻」 |
| 9 | 鄭栻 | 1683-1746 | 「洗心亭」 |
| 10 | 河應命 | 1699-1769 | 「洗心亭」 |
| 11 | 金墩 | 1702-1770 | 「八月以師友錄事留連德院次洗心亭韻」 |
| 12 | 李鴻瑞 | 1711-1780 | 「敬題德川洗心亭」 |
| 13 | 崔鳴大 | 1713-1774 | 「次河台溪集中洗心亭韻」 |
| 14 | 盧國賓 | 1747-1821 | 「宿德川書院次洗心亭韻」 |
| 15 | 尹東野 | 1757-1827 | 「登洗心亭次板上韻」, 「洗心亭次李息山板上韻」 |
| 16 | 文正儒 | 1761-1839 | 「次洗心亭韻」 |
| 17 | 河益範 | 1767-1813 | 「洗心亭次板上韻」 |

| No | 이름 | 생몰년 | 작품명 |
|---|---|---|---|
| 18 | 河友賢 | 1768-1799 | 「登洗心亭酬同遊諸公三首」, 「洗心亭和梁而兼亨達韻三首」 |
| 19 | 金冕運 | 1775-1839 | 「洗心亭次板上韻贈別臺下主人曺孟振」 |
| 20 | 河晉賢 | 1776-1846 | 「洗心亭」, 「洗心亭」 |
| 21 | 朴慶家 | 1779-1841 | 「洗心亭」 |
| 22 | 李佑贇 | 1792-1855 | 「次李叔眞遊德山諸作五首-洗心亭-」 |
| 23 | 河範運 | 1792-1858 | 「洗心亭次李息山韻」, 「洗心亭次竹陰趙公韻」 |
| 24 | 朴屋大 | ?-?(18세기) | 「洗心亭」 |
| 25 | 崔鼎鎭 | 1800-1868 | 「登德川洗心亭」 |
| 26 | 河達弘 | 1809-1877 | 「洗心亭次李息山板上韻」 |
| 27 | 金履杓 | 1812-1881 | 「洗心亭次李息山韻」 |
| 28 | 成采奎 | 1812-1891 | 「敬次洗心亭板上韻」 |
| 29 | 崔匡鎭 | 1816-1885 | 「洗心亭次板上韻」 |
| 30 | 安鑽 | 1829-1888 | 「登洗心亭次板上韻」 |
| 31 | 鄭煥周 | 1833-1899 | 「登洗心亭」 |
| 32 | 權鳳熙 | 1837-1902 | 「登洗心亭次板上韻」 |
| 33 | 崔琡民 | 1837-1905 | 「洗心亭次板上韻」 |
| 34 | 宋秉珣 | 1839-1912 | 「登洗心亭次板上韻」 |
| 35 | 尹炳謨 | 1839-1934 | 「洗心亭次李息山板上韻」 |
| 36 | 李相敦 | 1841-1911 | 「洗心亭次崔竹陰韻」 |
| 37 | 金永祚 | 1842-1917 | 「洗心亭」 |
| 38 | 金顯玉 | 1844-1910 | 「登洗心亭」 |
| 39 | 李祥奎 | 1846-1922 | 「謹次洗心亭韻」 |
| 40 | 李正模 | 1846-1875 | 「洗心亭次板上韻」 |
| 41 | 趙昺奎 | 1846-1931 | 「洗心亭次板上韻」 |
| 42 | 李義錫 | ?-?(19세기) | 「洗心亭」 |
| 43 | 安益濟 | 1850-1909 | 「洗心亭」, 「洗心亭」 |
| 44 | 李準九 | 1851-1924 | 「洗心亭次板上韻」 |

| No | 이름 | 생몰년 | 작품명 |
|---|---|---|---|
| 45 | 全基柱 | 1855-1917 | 「登洗心亭」 |
| 46 | 權基德 | 1856-1898 | 「洗心亭次板上韻」 |
| 47 | 金會錫 | 1856-1934 | 「登晉陽洗心亭」 |
| 48 | 安有商 | 1857-1929 | 「與河復卿載華 河采五 成仁述煥寶 共坐洗心亭」 |
| 49 | 河憲鎭 | 1859-1921 | 「登洗心亭謹次板上韻」 |
| 50 | 崔鶴吉 | 1862-1936 | 「登德山洗心亭有感」 |
| 51 | 鄭濟鎔 | 1865-1907 | 「洗心亭次板上韻」, 「重修洗心亭韻」 |
| 52 | 南廷瑀 | 1869-1947 | 「洗心亭」 |
| 53 | 金基鎔 | 1869-1947 | 「洗心亭」, 「登洗心亭」 |
| 54 | 成煥孚 | 1870-1947 | 「洗心亭」, 「洗心亭月夜」 |
| 55 | 河謙鎭 | 1870-1946 | 「洗心亭次板上韻」 |
| 56 | 鄭珪錫 | 1876-1954 | 「洗心亭」 |
| 57 | 李敎宇 | 1881-1944 | 「洗心亭」 |
| 58 | 周時範 | 1883-1932 | 「登洗心亭」 |
| 59 | 朴遠鐘 | 1887-1944 | 「洗心亭獨坐」 |
| 60 | 李泰夏 | 1888-1973 | 「翌日登洗心亭次板上韻」 |
| 61 | 崔禛模 | 1892-1941 | 「洗心亭次板上韻」 |
| 62 | 姜聖中 | 1898-1938 | 「洗心亭」 |

　　제시한 표는 세심정 관련 한시를 검색한 결과를 제시한 것으로, 시제에 세심정이 드러나는 것을 그 대상으로 하였다.[10] 위의 표에서 알 수 있듯이 현재 세심정과 관련하여 60명이 넘는 작가들이 지은 74제의 작품이 남아

---

10　시제에 세심정이 드러나는 경우만을 그 대상으로 하였기 때문에 시구에 세심정이 등장하는 경우까지 포함한다면 관련 한시의 규모는 더 늘어날 것이다. 다만 본고에서는 시구에 세심정이 등장하는 작품은 필요한 경우 논의를 전개할 때 포함하여 진행할 것이다. 이때 최석기(『남명순례길의 노래 2 도학의 성지, 덕산에서』, 경인문화사, 2017)의 책을 기본 자료로 삼되, 한국고전종합DB와 남명학고문헌시스템에서 '洗心亭'으로 검색한 자료를 논의의 대상으로 삼았다.

있다. 서원의 창건 이후 함께 지어진 정자였지만, 남아 있는 작품을 창작한 작가들의 생몰년을 살펴보면, 대체로 18세기 이후의 작품들이 다수를 이루는 것을 알 수 있다. 이는 덕천서원이 임진왜란과 정유재란을 거치며 잿더미가 되었는데, 세심정 역시 전쟁의 환란을 피하지 못한 것과 관련이 있을 것이다. 「덕천서원중건기德川書院重建記」에 "불행하게도 1592년 병화가 일어나 강당과 재실, 정자가 모두 불타 없어지고, 오직 사우와 주사廚舍만 병화를 면하였다. 그러나 결국 정유년의 병란에 불탔다."[11]라는 내용이 나타나는 것으로 보아 그러하다. 또한 "이에 앞서서 취성문醉醒門 밖의 송림 가에 한 칸의 초가 정자를 창건하여 세심정이라는 옛 이름으로 편액을 달았다. 이는 서원의 유사 류종일柳宗日이 선생의 상정橡亭의 옛 모습을 본받아 지은 것이다."[12]라는 구절을 통해 전란 이후에 정자가 새로 지어졌음을 짐작해 볼 수 있다. 이러한 과정은 세심정 관련 한시가 특정 시기에 집중 창작되는 결과를 가져왔을 것이다. 또한 흥미로운 것은 1871년 서원의 훼철 후에도 정자를 방문하여 작품을 창작하였다는 점이다. 서원은 훼철되었지만 정자는 그 자리에 남아 서원에 대한 감성을 지속적으로 불러일으키는 공간으로 자리잡았음을 19세기에 지어진 작품의 수를 통해 가늠해 볼 수 있다.

시제를 살펴보면, 절반 가량에 해당하는 작품이 차운시의 형태로 창작되었음을 알 수 있다. 이는 제영시에서 흔히 나타나는 현상으로, 하나의 원운시에 의해 특정 공간에 특수한 감성이 부여되는 것과 관련이 있다. 또한 누정에

---

11　河燈, 『滄洲集』 권1, 「德川書院重建記」, "不幸壬辰兵燹遽起, 講堂齋亭盡爲灰燼, 惟祠宇廚舍得免, 而竟火於丁酉之變" 다만 하수일의 「過德山書院院盡灰獨洗心亭在仍有感」라는 작품에 "난리 후 처음 서원을 찾으니, 시냇가에 오직 정자만 남아 있네.[亂後初尋院 溪頭獨有亭]"라는 구절이 등장하는데, 이 작품으로 보아 그 불탄 시기가 상이할 수도 있음을 짐작해 볼 수 있다.

12　河燈, 『滄洲集』 권1, 「德川書院重建記」, "先此創一間草亭於醉醒門外松林之畔, 仍扁以洗心舊號, 乃院有司柳宗日象先生橡亭遺制爲也"

는 대체로 공간과 관련하여 오래도록 기억할 만한 중요한 인물의 시판이 게시되어 있는 경우가 많으므로, 이러한 환경 역시 차운시가 다량 생산될 수 있는 바탕이 되었으리라 짐작할 수 있다. 차운시를 제외하고는 시제에 공간의 방문 목적을 드러낸 경우는 많지 않는데, 이는 이 공간이 서원의 부속 공간으로서 기능한다는 사실을 인지하고 있던 것과 관련이 있을 것이다.

그리고 다양한 사람들이 작품을 남겼지만, 그 가운데 하수일河受一, 하세응河世應, 하익범河益範, 하겸진河謙鎭 등 진양하씨晉陽河氏의 비중이 높게 나타나는 것 또한 하나의 특징이다. 이는 하항이 덕천서원의 건립에 주도적인 역할을 담당하였던 것과 이들 진양하씨 가문이 이 지역에 거주하고 있어서 지리적 접근성이 높았던 것에서 그 이유를 찾을 수 있을 것이다. 또한 이러한 사실은 덕천서원의 원생이나 원임 가운데 진양하씨 가문의 비중이 높게 드러난 것과도 밀접한 관련을 지닌다고 할 수 있다.[13]

이처럼 대략적인 특징은 제시한 표를 통해 알 수 있으나, 개별 작품들은 다양한 사람들에 의해 창작되었기 때문에 공간을 체험하는 주체나 상황에 따라 그 인식이 달리 나타날 수 있다. 이러한 공간에 대한 인식의 다양성은 그 공간에 대한 이해를 더욱더 풍부하게 해 준다. 이를 위해 다음 장에서는 구체적인 작품을 통해 살펴보자.

## 3. 한시를 통해 본 세심정의 공간감성

공간은 단순히 그것만으로 존재하지 않으며, 인간의 체험과 밀접한 관련

---

[13] 진양하씨는 덕천서원에 출입한 성씨 가운데 원임의 배출과 원생의 입록이 가장 많은 가문이다.(박소희, 「17세기 덕천서원 원생의 구성과 변화양상 : 덕천원생록을 중심으로」, 『민족문화논총』 76, 영남대학교 민족문화연구소, 2020, 339-342쪽 참조.)

을 지닌다. 이때 공간과 인간 간의 상호작용이 발생하는데, 이것이 바로 공간감성이다. 공간감성은 공간의 성격과 시간의 흐름, 인식하는 주체인 작가에 따라 다양하게 드러나는데, 낭만감성, 사회감성, 도학감성 등으로 나누어 볼 수 있다.[14] 대략적으로 보자면, 낭만감성은 공간이 지닌 아름다움을 찬미하는 것, 사회감성은 공간을 통해 사회에 내재되어 있는 문제점을 포착하는 것, 도학감성은 공간에 내재한 도학적 이치를 발견하는 것이다.[15] 이들 모두 공간이 기본 바탕이 되지만, 인간에 의해 다른 의미를 부여받으며 감성이 생성된다. 이러한 감성은 공간을 체험하는 주체가 인식하는 바와 문학창작활동의 다양한 상황에 따라 달리 드러나게 된다. 이는 특정 공간이 하나의 감성만으로 설명될 수는 없는 이유이기도 하다. 하지만 그 공간이 지닌 기본적인 환경이나 상황 등에 따라 특정한 감성이 두드러지게 나타나 공간의 성격을 결정 짓기도 한다. 본 장에서는 세심정이라는 공간에서 두드러지게 나타나는 감성을 중심으로 살펴보도록 하자.

세심정은 처음 건립할 때부터 덕천서원에 짝할 만한 공간으로 지어진 정자이다 보니, 서원을 방문하거나 기억하는 이들이 무조건 거쳐 가는 공간이었고, 이에 따른 감성이 생성되는 공간이었다. 보통 누정은 경치가 아름다운 곳에 자리하게 된다. 유상하기 좋은 공간에 정자를 지은 것은 정자에 올라 경치를 감상하며 소요하기 위해서이다. 그렇기 때문에 이와 관련한 낭만감성은 누정에서 창작된 작품의 경우 필연적으로 생성된다.

   光景無邊好   경관이 끝없이 좋으니

---

14 이들 유형에 대한 것은 최은주(「조선시대 영남대로의 공간감성과 문학적 의미 연구」, 경북대학교 박사학위논문, 2020)와 정우락(「임란 이후 영남 지식인의 사상적 동향과 감성의 유형」, 『嶺南學』 75, 경북대학교 영남문화연구원, 2020)의 논문에 자세하다.

15 최은주, 「낙동강에 대한 공간감성과 그 의미」, 『낙동강과 문화어문학』, 역락, 2022.

| 脩然興有神 | 시원스레 흥취가 신명나네 |
| 如何良覩夜 | 어찌하면 밤에도 잘 볼 수 있을까 |
| 又是九秋辰 | 또한 가을 구월의 좋은 계절이네[16] |

예암豫菴 하우현河友賢(1768-1799)이 세심정에 올라서 쓴 작품이다. 시제를 보면 당시 혼자 세심정에 오른 것이 아니라 함께 유람하는 여러 사람과 창수하며 쓴 것임을 알 수 있다. 제시한 작품은 전체 3수 가운데 첫 번째 수로, 정자에 올라 감상하는 경치가 신명날 만큼 좋음을 직접적으로 드러내고 있다. 이처럼 혼자여도 유식하기에 좋은 공간인데, 함께 유람하는 이들이 있어서 더욱 시흥詩興이 배가 된 것으로 보인다. 이는 마지막 수에서 "풍월을 기약하지 않았는데, 이번 유람 얻기 어려운 풍경 구경하네. 시를 지어 서로 전해주며, 베껴 써서 먼 훗날 다시 보려 하네."[17]라고 읊은 것을 보면 당시의 유람을 즐거워하며 오래도록 기억하고자 했음을 알 수 있다.

이 작품은 세심정이 지닌 명칭과 위치에 거의 제약을 받지 않고 창작된 작품이다. 물론 두 번째 수에서 남명을 잠깐 떠올리기는 하나, 이는 다른 작품들에 비해 최소화되어 나타나고 있는 것이 특징이다. 이 작품을 쓴 하우현은 하세희河世熙(1647-1686)의 현손이기도 한데, 하세희 역시 세심정이라는 공간의 건립 의도나 명칭 등에서 생겨난 전형성에 좌우되지 않는 모습을 보인다. 물 위의 오리나,[18] 소나무에 걸린 달[19]을 노래하며 공간이 지닌 전형성보다는 정자를 둘러싼 자연환경을 중심으로 작품을 창작한 것에서 그러한

---

16 河友賢, 『豫菴集』 권1, 「登洗心亭酬同遊諸公」. 본고에서 인용한 작품의 번역은 최석기(『남명 순례길의 노래 2 도학의 성지, 덕산에서』, 경인문화사, 2017.)를 참고하였다.
17 河友賢, 『豫菴集』 권1, 「登洗心亭酬同遊諸公」, "風月不期有, 玆遊正得難, 詩成相把贈, 擬作後來看."
18 河世熙, 『石溪遺稿』 권1, 「洗心亭詠鳧」.
19 河世熙, 『石溪遺稿』 권1, 「洗心亭偶吟庚戌正月」.

점을 잘 볼 수 있다. 이처럼 낭만감성은 공간 자체가 지닌 자연적 면모와 자연스러운 정서에 기반하기 때문에, 세심정에서 경치를 완상하면서 흥취를 드러내는 것은 보편적인 현상이라 할 수 있다.

하지만 오늘날에도 그러하지만, 명명 행위는 그것의 특징을 포괄적으로 아우르는 상징성을 지닌다. 그렇기 때문에 세심정 역시 '세심'이라는 행위가 이곳을 방문하는 이들에게 중요한 요소로 작용하게 된다. 이러한 명칭에 의한 감성의 제약이 일차적으로 일어나는 것 역시 보편적인 현상이라 할 수 있다. 특히 세심정이 덕천서원의 건립과 연장선상에서 기획된 건물이라는 사실을 떠올려 본다면 이들이 지닌 상징성과 관련하여 특정한 감성, 즉 도학감성이 생성되리라는 것을 짐작할 수 있다. 도학감성은 공간을 자연 그대로 받아들이기 보다는, 의도적으로 구성된 사회적 공간을 이념적으로 인식하는 것이다. 세심정은 그 명칭에서부터 마음 수양을 내포하였기 때문에 자연을 관념적으로 인식하는 것은 당연한 결과라 하겠다. 다음의 작품을 보자.

(가)

| | |
|---|---|
| 不耐塵心惱 | 속세의 번뇌 견딜 수 없어 |
| 洗心亭上臨 | 세심정에 올라 임하네 |
| 烟霞無俗氣 | 연하에는 속된 기운 없고 |
| 山水有淸音 | 산수에는 맑은 소리 들리네 |
| 靜對湯盤浴 | 고요히 탕임금 목욕하던 대야 대하고 |
| 退藏義易深 | 물러나 복희씨의 심오한 『주역』 간직하네 |
| 如吾長在此 | 만약 내가 장구히 이곳에 머문다면 |
| 可復本然心 | 본연의 마음 회복할 수 있으리[20] |

---

20  朴慶家, 『鶴陽集』 권2, 「洗心亭」

(나)

| 山川寧有變 | 산천이 어찌 변함이 있으리오 |
| 天地可窮存 | 천지는 곤궁해도 보존될 수 있네 |
| 寄語遊亭客 | 정자를 찾아온 나그네에게 말하노니 |
| 日新乃滌煩 | 날로 새롭게 하여 번뇌를 씻어버리게[21] |

(가)는 학양鶴陽 박경가朴慶家(1779-1841)가 쓴 작품이다. 먼저 이 공간을 속세와 분리시켜 이해하고 있는 것을 볼 수 있다. 세심정을 방문한 이유부터 속세의 번뇌를 견딜 수 없어서라고 밝힌 것에서 이러한 점이 잘 드러난다. 앞서 무릉도원으로 이미지화되는 곳에 정자가 세워졌다는 사실을 떠올려 본다면, 정자에서 바라보는 공간은 작자에게는 일종의 별세계, 즉 이상향으로 인식되었음을 알 수 있다. 그렇기 때문에 세심정에서 바라본 산수에는 속된 기운[俗氣]이 없고 맑은 소리[淸音]"만 가득한 것으로 표현된다. 이는 단순히 자연의 아름다움을 읊은 것이 아니다. 5-6구의 "탕반湯盤"과 『주역』에서 이러한 부분이 잘 드러난다. 5구의 탕반은 탕임금이 스스로를 경계하기 위해 "진실로 어느 날인가 새로워졌거든 날로 새롭게 하고, 또 날로 새롭게 하라.[苟日新 日日新 又日新]"라는 명銘을 새겼다고 전해오는 목욕하던 대야이다. 결국 박경가가 꿈꾸던 것은 단순히 티끌 낀 세상에서 벗어나는 것이 아니라 본연의 마음을 회복할 수 있는 이상적 공간이었음을 알 수 있다. 즉 그 공간은 '세심'이라는 행위를 가능하게 해 주기 때문에 자신의 본심을 잃지 않고 회복할 수 있다고 보았던 것이다.

미산微山 정환주鄭煥周(1833-1899)가 세심정에 올라 쓴 (나)의 작품 역시 이러한 인식에 기초하고 있음을 볼 수 있다. 박경가가 작품의 시작에서부터 공간

---

21  鄭煥周, 『薇山遺稿』 권1, 「登洗心亭」

의 방문 사유를 밝혀 그 인식을 드러낸다면, 정환주는 마지막 구에서 공간을 어떻게 인식하고 있는지 드러내는 차이점이 있을 뿐이다. 이 작품에서 작자는 정자에 올라 주변 경관을 묘사하거나, 이와 관련된 자신의 상황 등을 읊지 않고 이 공간의 명칭과 공간 자체에만 주목하는 모습을 보인다. 3구의 '유정객遊亭客'은 이 공간을 방문하여 작품을 짓고 있는 자신인 동시에 이 작품을 읽는 다른 이들을 지칭하는 것으로, 각각의 상황은 다르겠지만 이 공간에서 해야 할 행위는 명확하게 한 가지임을 드러낸다. 즉 세심정을 찾아오는 이유는 바로 이곳이 번뇌를 씻어버리고 마음을 본원의 상태로 회복할 수 있는 공간이기 때문이다. 따라서 심성수양이 아닌 다른 행위는 이 공간에서 필요치 않음을 이야기하는 것이다.

이러한 인식은 박경가나 정환주의 작품에서뿐만 아니라 다양한 이들의 작품에서도 수없이 드러난다. 박후대朴垕大의 "푸른 그림자 너울거리고 달은 소나무에 걸렸는데, 맑은 풍광은 하나의 티끌도 용납하지 않는 듯하네. 어찌해야 정자 앞의 물 떠다가, 인간세상 속인의 흉금을 다 씻어낼 수 있을까."[22]나 월포月浦 이우윤李佑贇(1792-1855)의 "큰 잠에서 깨어난 허령불매한 경지, 우주가 이 정자에 보존되어 있네. 진경은 맑기가 이와 같으니, 이곳 아니면 세상 번뇌 어찌하리."[23]와 같은 작품에서도 비슷한 감성이 생성됨을 볼 수 있다. 이 공간을 단순히 기이한 절경이어서 속세와 다른 공간이 아니라, 우주의 이치를 머금고 있어 마음을 씻어낼 수 있는 공간으로 보고 있는 것이다. 그렇기 때문에 무민당無悶堂 박인朴絪(1583-1640)은 "제군들 물결처럼 산수 찾아 떠나지 말고, 곧바로 세심정 앞에 이르러 마음을 씻게나."[24]라고 하여 단순

---

22   朴垕大, 『安敬窩遺稿』 권1, 「洗心亭」, "綠影婆娑月入松, 淸光不許一塵容, 何當挹取亭前水, 洗盡人寰俗子胸."
23   李佑贇, 『月浦集』 권1, 「次李叔眞遊德山諸作」, "虛靈大寐覺, 宇宙此亭存, 眞境淸如許, 微斯奈世煩."

히 자연의 승경을 즐기며 외물에 휘둘리지 말고 마음을 씻어서 바르게 보존할 수 있는 이 공간에 바로 방문해야 함을 드러낼 수 있었다.

이처럼 도학감성이 주도적으로 생성될 수 있었던 데에는 세심정의 명칭과 건립 경위 등이 주도적으로 작용하였다. 그렇다면 덕천서원과 뗄 수 없는 공간임을 인지하였을 때, 남명에 대한 기억 역시 빼놓을 수 없다. 다음의 작품을 보자.

| 方丈煙霞界 | 방장산은 연하 덮힌 세계 |
| 天開道德門 | 하늘이 도덕문을 열어놓았네 |
| 滄洲千古趣 | 창주는 천고의 지취이고 |
| 濂洛一般源 | 염락은 한 가지 근원이네 |
| 氣節高山仰 | 기절은 높은 산처럼 우러르고 |
| 精神皓月存 | 정신은 밝은 달처럼 보존되었네 |
| 溶溶亭畔水 | 도도히 흐르는 세심정 가 물이 |
| 宜滌世塵煩 | 마땅히 세속 번뇌 씻어주리라[25] |

세심정을 읊은 이홍서李鴻瑞(1711-1780)의 작품이다. 이 작품은 앞선 작품들과 다르게 정자가 위치한 개울가에만 시선을 두지 않고, 지리산 전체로 시선을 확대하여 시작하고 있는 것이 특징이다. 이는 이 공간에서 생성된 감성이 단순히 정자와 그 이름에만 국한되지 않음을 보여주는 것이기도 하다. 이어지는 3-4구와 5-6구에서 작자가 이 공간에서 가장 중요하게 생각하는 것이 등장한다. 먼저 3-4구에서 "창주滄洲", "염락濂洛"이 등장하는데, 창주는 주희朱熹가 거주하면서 강학하던 곳의 지명이고, 염락은 염계에 살던 주돈이周敦頤

---

24  朴絪, 『無悶堂集』 권1, 「題洗心亭」, "諸君莫浪尋山水, 直到亭前要洗心."
25  李鴻瑞, 『霞痼公遺稿』, 「敬題德川洗心亭」

와 낙양에 살던 정호程顥·정이程頤를 가리키는 말이다. 송대 성리학자를 이 공간에서 떠올린다는 것은 도맥이 이곳으로 이어짐을 의미하는 것이다. 5-6구에서 남명이나 선생이라는 단어를 직접적으로 사용하지는 않았으나, 기절과 정신을 보여준 인물은 바로 남명임을 알 수 있다. 즉 송나라 이학을 집대성한 인물들의 도맥이, 높고 밝은 기절과 정신을 가진 남명에게로 계승되었음을 나타낸 것이다. 따라서 남명의 기운이 서려 있는 이 세심정이라는 공간 역시 단순한 자연공간이 아닌 도학감성이 생성되는 공간으로 인식된다.

| | |
|---|---|
| 住馬步亭畔 | 말을 멈추고 정자 가를 거니니 |
| 頭流第一門 | 두류산 으뜸가는 문이네 |
| 琴書雲谷社 | 거문고와 책은 운곡의 정사 같고 |
| 花樹武陵源 | 꽃과 나무는 무릉도원 같네 |
| 德院威儀肅 | 덕천서원의 위용 엄숙하고 |
| 天齋道義存 | 산천재엔 도의가 보존되어 있네 |
| 淸風時拂袂 | 맑은 바람 때로 소매를 펄럭거리니 |
| 長嘯謝塵煩 | 깊이 읊조리며 속세 번뇌 사절하네[26] |

물재勿齋 이상돈李相敦(1841-1911)이 지은 작품 역시 앞선 작품처럼 이 공간을 방문해 남명을 떠올린다. 이 작품 역시 지리산 전체를 인식하는 모습을 보이며, 세심정을 지리산의 으뜸가는 문이라고 표현하였다. 이러한 인식에는 세심정이 단순히 개별의 정자로만 존재하는 것이 아니라 남명과 남명이 유람했던 지리산, 그리고 그를 기리며 세운 덕천서원이 연동되어 있음이 내포되어 있다. 이는 3구에서 남명의 자취가 남은 곳을 주희가 은거하던 운곡에 빗대

---

26　李相敦,『勿齋文集』권1,「洗心亭次崔竹陰韻」

어 표현하고 있는 것을 통해서도 잘 드러난다. 앞서 제시한 이홍서의 작품에서와 같이 남명의 도학이 주자에 연원을 두고 있음을 나타낸 것이다. 전반부에서는 주변 경관에 집중하였다면, 5-6구에서는 보다 직접적으로 남명에 대한 기억이 재생되는 공간으로 인식된다. 덕천서원은 물론, 남명이 후학을 양성하며 노년을 보냈던 산천재까지도 함께 시구로 끌어와 그의 기절과 정신이 여전히 이 공간에 살아 숨쉬고 있음을 드러내었다.

이처럼 남명에 대한 존모가 단순히 추앙하고 그리워하는 데서 그치지 않는 것은 다른 작품에서도 다양하게 드러난다. "선생은 곧장 이락의 정맥을 탐구했고",[27] "곧장 관중과 낙양의 문으로 들어가, 멀리 사수의 근원까지 접하였구나"[28]라고 읊은 것들이 그러한 예이다. 또한 남명을 통해 이어지는 조선의 도맥은 세심정 아래로 끊임없이 물이 흐르듯이 이곳으로 흐르며, 그렇기 때문에 이 공간이 방문하는 이들에게 번뇌를 씻어 마음을 보존할 수 있는 공간으로 인식될 수 있었던 것이다.

한편, 남명을 떠올리면서 그와 관련된 자신의 선조나 선현을 떠올리는 모습을 보이기도 하는데, 용와容窩 하진현河晉賢(1776-1846)이 세심정 기문을 썼던 자신의 선조 하수일을 떠올리며 "우리 선조 이 정자 기문을 쓰셨는데, 그 문장 해와 별처럼 빛나네."[29]라고 읊거나 덕천서원의 건립을 주도하였던 최영경을 떠올리는[30] 등의 모습이 드러나기도 한다. 물론 이러한 것은 단순히 자신의 선조나 선현을 기억하거나 추숭하는 것에서 그치지 않고 지역을 중심으로 한 학문적 정통성이 그 바탕에 있음을 알 수 있다.

이처럼 세심정 관련 한시를 살펴볼 때, 이 공간에서 두드러지게 나타나는

---

27　金㙉, 『黙齋集』 권1, 「八月以師友錄事留連德院次洗心亭韻」, "直探伊洛脈."
28　文正儒, 『東泉集』 권1, 「次洗心亭韻」, "直抽關洛鍵, 遙接泗洙源."
29　河晉賢, 『容窩遺集』 권1, 「洗心亭」, "吾祖記斯亭, 文章炳日星."
30　河晉賢, 『容窩遺集』 권1, 「洗心亭」, "追想愚翁多曠感."

감성은 낭만감성과 도학감성임을 알 수 있었다. 한시의 기본적인 작시 경향과 무릉도원을 연상하게 하는 공간에 건립된 정자라는 점에서 낭만감성이 생성되었고, 정자의 명칭이 '세심'이라는 점과 그 위치와 건립의 목적이 남명의 덕천서원과 긴밀한 관련을 지닌다는 점에서 도학감성이 생성되었다고 볼 수 있다.

## 4. 세심정에 나타난 공간감성의 의미

앞선 장에서 구체적인 작품을 통해 세심정이라는 공간에서 생성된 감성을 살펴보았다. 이 공간에서 주도적으로 생성된 것은 낭만감성과 도학감성이었다. 그중에서도 도학감성이 우세하며, 낭만감성은 부분적으로 드러나는 경우가 많았다. 이는 세심정의 명칭과 위치, 건립경위가 이 공간을 인식하는 데 무엇보다 중요하게 작동하였음을 말해주는 것이기도 하다.

| | |
|---|---|
| 納納乾坤兩脚媒 | 광대한 천지 두 다리로 걸어 |
| 北臨長白又南廻 | 북으로 장백산 올랐다가 또 남으로 왔네 |
| 冥翁道德百年後 | 남명 선생의 도덕은 백 년 뒤까지도 이어지니 |
| 方丈風烟萬壑來 | 방장산 바람과 운무 온갖 골짜기서 불어오네 |
| 天近秀峯頭上尺 | 하늘은 빼어난 봉우리에 가까워 머리 위 한 자 |
| 地窮滄海眼中杯 | 땅은 창해에 닿아서 술잔처럼 보이네 |
| 洗心亭上悄無語 | 세심정 위에서 처량한 마음에 말이 없으니 |
| 靜得幽悰可自裁 | 고요한 데서 그윽한 마음 얻어 재단할 수 있네[31] |

---

31 李萬敷, 『知命堂遺集』 上, 「洗心亭」. 이 작품은 이만부의 문집에는 보이지 않고, 하세응의 『知命堂遺集』에 원운으로 부기되어 있다. 이만부를 덕천서원 원장으로 초빙하는 데 실질적

많은 이들에게 차운되었던 식산息山 이만부李萬敷(1664-1732)의 작품이다. 개인적 상황과 이 공간의 자연환경을 읊긴 하였으나, 중요한 것은 이 공간에서 떠올리는 인물이 남명이라는 사실이다. 18세기에 이만부는 덕천서원 원장으로 초빙되는데, 이 시기 1721년과 1724년 4월에 덕천에 와서 알묘하고[32] 주변 경승을 유람하였다. 따라서 이 작품은 당시 이만부가 남유南遊하였을 때 쓴 것으로 볼 수 있다. 이 작품을 차운한 시들의 제목에 따르면, 이 시가 세심정에 현판으로 걸려있었음을 알 수 있다. 누정제영시의 경우 작품이 뛰어나 당대에 널리 알려져 회자되는 작품도 있겠지만, 현판에 걸려 있는 작품이 중요하게 작용하는 경우가 많다. 정자에 방문하여 작품을 짓게 되는 경우가 많기 때문에, 작품이 새겨진 현판은 실제 공간을 방문한 이들에게 일정한 영향을 주게 된다. 앞선 이에 의해 생성된 감성이 그 공간에 의미를 부여하는 과정을 거치게 되는 것이다. 따라서 이 작품을 차운한 시들은 대체로 남명을 그리워하는 모습을 보이는데, 죽오竹塢 하범운河範運(1792-1858)이 "흐르는 강은 선생을 따라 떠나가지 않았고"[33]라고 읊은 것 등이 그러한 예이다. 물론 이 공간이 지닌 특성 자체가 남명에 대한 기억과 관련이 있지만, 그러한 동일 감성의 축적과 재생에는 원운시가 중요한 역할을 하였음은 분명하다 할 수 있다.

이만부가 마지막 구에서 이 공간에서 마음을 재단할 수 있다고 한 것은 시간의 흐름에 따라 다른 경향을 보이기도 한다. 이만부는 서원의 원장으로 재임했던 시기에 이곳을 방문하였으므로, 서원의 훼철이라는 사건을 겪지 않았다. 하지만 극재克齋 하헌진河憲鎭(1859-1921)과 같은 경우는 서원의 훼철

---

역할을 한 사람이 하세응이었다.
32  최석기, 『덕천서원』, 경인문화사, 2015, 108쪽.
33  河範運, 『竹塢集』 권1, 「洗心亭次李息山韻」, "滄江不逐先生去."

이후 이곳을 방문하였기 때문에 "차가운 운무 서원과 담장을 다 덮어 버리니, 마음의 실마리 아득해 끝내 재단하지 못하겠네."[34]라고 한 바 있다. 앞선 시기 덕천서원을 비롯한 남명의 추모학술공간이 활발하게 기능하였을 때에는 마음을 재단할 수 있는 공간이었지만, 서원의 훼철 이후 방문한 세심정은 덕천서원의 훼철을 떠올리게 하여 마음을 재단할 수 없는 공간으로 변이되어 인식되기도 하였음을 알 수 있다.

이처럼 세심정이 서원의 경내 공간은 아니지만, 이들 공간은 서로 간의 인식에 중요구성요소로 기능하였다. 예컨대 퇴암退庵 권중도權重道(1680-1722)가 덕천서원을 읊은 시에서 "입덕문 열려 있어 정로를 찾을 수 있고, 세심정 예스러워 높은 명성 우러를 수 있네."[35]라고 읊은 것 등을 보면 서원과 세심정은 동일한 범주 내의 공간으로 함께 인식됨을 알 수 있다. 또 이우윤李佑贇의 「차이숙진유덕산제작次李叔眞遊德山諸作 오수五首」와 같이 이 지역을 유람하며 쓴 작품을 살펴보면, 입덕문入德門-산천재山天齋-세심정洗心亭 등이 각각 하나의 소제목으로 선택되어 창작되기도 하는데, 이는 이들 공간이 지역 내 개별 공간이면서도 남명을 중심으로 한 하나의 공간임을 드러내는 것이라 하겠다. 그렇기 때문에 서원이 훼철된 이후에 지어진 시에서 "서원의 건물 다 무너져 모두 밭두둑이 되었으니, … 세심정 아래에는 시냇물 쉬지 않고 부단히 흐르네."[36]라고 읊은 것을 보면 서원은 이미 사라지고 없지만, 세심정은 여전히 남아 아래로 흐르는 강물과 함께 시간은 쉼 없이 흘러감을 대비하여 나타내는 경향을 보여줄 수 있는 것이다. 물론 이곳을 방문하는 모든 이들에게 덕천서원의 훼철이 공간을 인식하는 데 있어 중요하게 작용했던 것은 아니다.

---

34 河憲鎭, 『克齋遺集』 권1, 「登洗心亭謹次板上韻」, "寒煙鎖盡宮墻沒, 心緒悠悠竟莫裁."
35 權重道, 『退庵集』 권1, 「德川書院次申上舍命耆韻」, "入德門開尋正路, 洗心亭古仰高名."
36 全基柱, 『菊圃遺稿』 권1, 「過德川院有感」, "宮墻頹盡鞠爲阡, 洗心亭下水漣漣."

다음의 작품을 보자.

| 亭後青山出 | 정자 뒤 푸른 산이 솟아 있고 |
| 亭前碧水深 | 정자 앞 푸른 물이 깊네 |
| 聞名亭已好 | 이름 듣고 정자를 이미 좋아했으니 |
| 聊與細論心 | 함께 마음을 세세하게 논해보세[37] |

　제시한 작품은 산석山石 김현옥金顯玉(1844-1910)이 세심정에 올라 쓴 것이다. 그는 산청과 하동을 중심으로 활동한 학자로 기정진奇正鎭의 문인이다. 19세기 경상우도 노사학파는 남명의 영향력이 남아 있는 지역적 특수성과 기정진의 영향으로 남명 존숭 의식이 강하게 나타난다. 위 작품을 쓴 김현옥의 경우 남명의 유풍을 오래도록 경앙하여 뇌룡정을 방문하기도 하는 등의 모습을 보여주기도 한다.[38] 그런 점에서 본다면 세심정을 방문하여 시간의 흐름에 따른 남명에 대한 기억을 떠올릴 듯하나, 단순히 경관을 읊고 그 명칭에 대해서만 인식하는 모습을 보인다. 세심정을 둘러싼 산천 역시 '청산靑山'과 '벽수碧水'라는 푸른 시각적 이미지로만 표현할 뿐, 앞선 작품에서처럼 지리산이라는 구체적인 지명을 떠올리지 않는다. 3구에서 공간을 방문하기 이전부터 그 정자의 명칭만으로도 좋아했음을 밝혀, 유학의 실천적 사상을 계승하는 측면에서 마음 수양을 중요시하며 이것이 선제적으로 작동하였음을 알 수 있다.

　서강西崗 안익제安益濟(1850-1909)는 여기서 나아가 세심정을 둘러싼 공간을 보다 적극적으로 인식하는 모습을 보인다. 서원은 사라졌지만, 남명의 도덕

---

37　金顯玉, 『山石集』 권1, 「登洗心亭」.
38　김성희, 「山石 金顯玉의 생애와 시세계」, 『남명학연구』 68, 경상국립대학교 경남문화연구원, 2020, 278-279쪽 참조.

이 산천에 보존되어 있다고 여긴 것이다. 이에 세심정에 허령한 기운이 감돌고, 강은 활발한 근원을 머금은 공간으로 보았다. 그렇기 때문에 "이곳에 항상 거처하는 사람들은, 가슴속 번뇌를 알지 못하리."[39]라고 읊은 바 있다. 안익제는 1903년 8월 27일부터 10월 7일까지 한 달 정도 지리산 권역을 유람하고 유람록과 연작기행시를 남긴 바[40] 있는데, 세심정을 읊은 작품은 당시 유람에서 지은 것으로 보인다. 창작시기로 보아 서원의 훼철 이후 지은 작품이지만, 그것에 대한 아쉬움보다는 이 공간이 현묘한 이치를 머금은 공간이므로 마음을 집중하고 흐트러짐이 없을 수 있다는 것에 주목하였다. 이는 안익제가 학파적 연계성을 지니고 있지 못한 데서 기인한 것이라 할 수도 있다.[41] 이러한 부분이 보다 강력하게 드러나는 다음의 작품을 보자.

>    得失君休說        득실에 대해 그대는 말하지 말라
>    登亭一洗心        정자에 올라 한번 마음을 씻었네
>    遂碑可三復        신도비는 반복해 읽을 만하니
>    巴老蓋知深        파로는 아마도 깊이 안 듯하네[42]

과재果齋 이교우李教宇(1881-1944)의 작품이다. 이 공간에서 마음을 씻는 행위는 다른 작품들과 다를 바가 없다. 다만 3구에서 남명의 신도비를 거론한 점이 다른 작품들과 차이를 보이는 점이라 하겠다. 남명의 신도비를 떠올린 것은 이 공간에 축적된 남명에 대한 기억과 관련짓는다면, 특별할 것이 없다

---

39  安益濟, 『西岡遺稿』 권1, 「洗心亭」, "此地常居子, 不知胸裡煩."
40  강정화, 「西岡 安益濟의 지리산 인식과 표현 특징」, 『동방한문학』 77, 동방한문학회, 2018, 197-198쪽 참조.
41  안익제는 家學의 전통을 독실하게 계승하고, 한주 이진상의 문도들과 절친하게 교유하였다고 한다.(강정화, 위의 논문, 198쪽 참조.)
42  李教宇, 『果齋集』 권3, 「洗心亭」.

고도 할 수 있다. 하지만 이교우가 이 공간에서 떠올린 것은 우암尤庵 송시열 宋時烈(1607-1689)이 지은 남명의 신도비라는 점이다. 이는 이교우가 노백헌老 柏軒 정재규鄭載圭(1843-1911)의 문인인 것과 밀접한 관련을 지닌다. 당시 허목 과 송시열이 각각 쓴 남명의 신도비를 두고 혼란스러운 상황이 벌어졌을 때, 정재규는 허목이 지은 비문의 문제점을 구체적으로 지적하면서 송시열이 쓴 비문에 대해서 찬탄을 아끼지 않은 바 있다. 이에 1903년에 남명의 후손들 은 묘소 아래 있던 허목이 쓴 신도비 대신 송시열이 지은 신도비를 세우고자 추진[43]하였는데, 이교우의 시는 이 시기에 지어진 것으로 보인다. 이교우는 이 공간에서 특별히 남명에 대한 존모를 드러내거나 기억하지 않고, 송시열 이 쓴 비문을 반복해서 읽을 만하다고 표현하면서 자신의 스승인 정재규의 의견에 동조한다. 즉 그에게 이 공간은 스승에 대한 존모심을 드러내는 한편, 그 스스로 지니고 있던 송시열에 대한 존숭[44] 역시 함께 드러내 보인 것이라 할 수 있다. 이를 통해 동일한 공간이지만, 작가의 개별 창작상황에 따라 기억과 존숭의 대상이 변이될 수 있음을 알 수 있다.

이처럼 세심정에 대한 공간감성은 작가와 작품에 따라 다양한 모습을 보 인다. 그러나 다양하게 변형되면서도, 그 기저에는 남명과 마음을 바탕으로 한 도학이 자리 잡고 있다는 점이 매우 중요하다. 먼저 정자의 명칭에서 지향 하는 바가 명확히 드러났기 때문이며, 그 건립 취지가 남명과 덕천서원에 확실하게 연결되어 있기 때문이다. 또한 끊임없이 물이 흐르는 곳에 자리 잡았기 때문에 이치의 오묘함을 깨달을 수 있는 공간이자, 도맥이 흐르는 공간으로 인식될 수 있었다. 따라서 단순히 정적인 순간에서의 고요한 경지

---

[43] 이와 관련된 자세한 사정은 허권수의 논문에 자세하다.(허권수, 「南冥神道碑와 後世 儒林들 의 論難」, 『남명학연구』 13, 경상국립대학교 경남문화연구원, 2013.)
[44] 이교우는 송시열을 존경의 대상으로 삼았다고 전해진다.(김낙진, 「果齋 李教宇의 主理學 지 향과 衛正의 삶」, 『남명학연구』 68, 경상국립대학교 경남문화연구원, 2020.)

를 체험하고자 하는 것이 아닌, 마음의 수양이 가능한 공간으로 개념화된 것으로 이해할 수 있다. 남명학의 핵심이라고 할 수 있는 경의敬義는 극기복례를 통해 마음을 본원의 상태로 회복하는 심성수양을 말한 것[45]인데, 이러한 인식을 바탕에 두고 시간적 흐름과 개별 상황에 따라 공간감성이 재생산되면서 다양한 작품이 창작될 수 있었던 것이다.

## 5. 나가며

지금까지 세심정 관련 한시를 통해 세심정의 공간감성과 그 의미를 살펴보았다. 세심정은 산청의 덕천서원 근처에 위치했던 정자로, 그 명칭에서부터 이 공간이 추구하고자 했던 바를 알 수 있는 곳이다. 또한 덕천서원이 남명의 사후에 그를 기리기 위해 세워진 공간이라는 점에서도 이 정자에서 생성되는 감성이 남명과 관련한 것이 다수를 이룰 것이라고 짐작할 수 있다.

세심정과 관련된 작품은 서원과 정자가 세워진 16세기부터 20세기까지 60명이 넘는 이들에 의해 창작되었다. 하지만 서원의 창건과 함께 지어진 정자였으나, 전쟁의 환란 등으로 인해 현재 남아 있는 작품은 대체로 18세기 이후의 작품들이 다수를 이루는 것이 특징이기도 하다. 특히 덕천서원의 훼철이 이루어진 19세기 이후에도 다수의 작품이 창작되었다는 사실은 이 공간이 그와 관련된 감성을 지속적으로 불러일으키는 공간으로 자리 잡았음을 의미하기도 한다.

작품을 통해 살펴본 세심정은 도학감성이 우세하게 나타나고, 낭만감성이 부분적으로 드러나는 경우가 많았다. 낭만감성은 한시의 기본적인 작시 경향

---

45  최석기, 앞의 책, 257쪽.

과 무릉도원을 연상하게 하는 공간에 건립된 누정이라는 점에서 생성되었다면, 도학감성은 누정의 명칭의 '세심'이라는 점과 그 위치와 건립의 목적이 덕천서원과 긴밀한 관련을 지닌다는 점에서 주도적으로 생성될 수 있었다. 건립 목적이 분명하고 명칭에 의한 인식이 주도적으로 작동하였기 때문에 사회감성 등은 거의 생성되지 못한 특징이 있었다. 즉 세심정은 그 누정의 위치와 명칭에서 생성되는 감성이 매우 중요하게 작동한 곳임을 알 수 있다.

  이를 통해 볼 때 남명 사후 그가 추구했던 사유와 가치를 계승하기 위해 하나의 구심체 역할을 하던 덕천서원 중심의 문화공간에서 세심정이 중요한 역할을 담당하였음을 알 수 있다. 마음을 본원의 상태로 회복하는 심성수양을 통해 남명학의 핵심이라고 할 수 있는 경의敬義를 지속적으로 계승해 나가고자 하였고, 이러한 인식이 공간에 내재되어 끊임없이 작동했던 것으로 이해할 수 있다. 이러한 논의를 바탕으로 하여 문학작품이 생성된 개별 공간들을 세밀하게 살펴보고 비교하는 작업을 지속한다면, 우리는 실제 공간을 중심으로 이루어졌던 당대의 모습을 보다 생생하게 읽어낼 수 있을 것이다.

# 참고문헌

權重道, 『退庵集』
金 墩, 『黙齋集』
金顯玉, 『山石集』
文正儒, 『東泉集』
朴慶家, 『鶴陽集』
朴 絪, 『無悶堂集』
朴垕大, 『安敬窩遺稿』
安益濟, 『西岡遺稿』
李敎宇, 『果齋集』
李相敦, 『勿齋文集』
李佑贇, 『月浦集』
李鴻瑞, 『霞痼公遺稿』
全基柱, 『菊圃遺稿』
鄭煥周, 『薇山遺稿』
河範運, 『竹塢集』
河世應, 『知命堂遺集』
河世熙, 『石溪遺稿』
河友賢, 『豫菴集』
河晉賢, 『容窩遺集』
河 憕, 『滄洲集』
河憲鎭, 『克齋遺集』

강정화, 「西崗 安益濟의 지리산 인식과 표현 특징」, 『동방한문학』 77, 동방한문학회, 2018.
김낙진, 「果齋 李敎宇의 主理學 지향과 衛正의 삶」, 『남명학연구』 68, 경상국립대학교 경남문화연구원, 2020.
김성희, 「山石 金顯玉의 생애와 시세계」, 『남명학연구』 68, 경상국립대학교 경남문화연구원, 2020.
김학수, 「德川書院 : 敬義學을 지향한 조선의 학술문화공간」, 『남명학』 20, 남명학연구원, 2015.

박소희, 「17세기 덕천서원 원생의 구성과 변화양상 : 덕천원생록을 중심으로」, 『민족문화논총』 76, 영남대학교 민족문화연구소, 2020.
정우락, 「낙동강과 그 연안지역의 공간 감성과 문학적 소통」, 『한국한문학연구』 53, 한국한문학회, 2014.
_____, 『남명학의 생성공간-용처럼 나타나고 우레처럼 소리쳐라』, 역락, 2014.
_____, 「임란 이후 영남 지식인의 사상적 동향과 감성의 유형」, 『嶺南學』 75, 경북대학교 영남문화연구원, 2020.
최석기, 『덕천서원』, 경인문화사, 2015.
_____, 『남명순례길의 노래 2 도학의 성지, 덕산에서』, 경인문화사, 2017.
_____, 「덕천서원의 공간과 명칭에 담긴 의미」, 『남명학연구』 55, 경상국립대학교 경남문화연구원, 2017.
_____, 「지리산 덕산동의 文化元型과 名所의 의미」, 『남명학연구』 63, 경상국립대학교 경남문화연구원, 2019.
최은주, 「조선시대 영남대로의 공간감성과 문학적 의미 연구」, 경북대학교 대학원 박사학위논문, 2020.
_____, 「낙동강에 대한 공간감성과 그 의미」, 『낙동강과 문화어문학』, 역락, 2022.
허권수, 「南冥神道碑와 後世 儒林들의 論難」, 『남명학연구』 13, 경상국립대학교 경남문화연구원, 2013.

한국고전종합DB(https://db.itkc.or.kr/)
남명학고문헌시스템(http://nmh.gnu.ac.kr/)

# 근대 전환기 전통지식인의
# 마음[心] 인식과 문학적 상상력의 향방*
― 명암가사 「태평책가」를 중심으로 ―

조유영(제주대학교 국어교육과 교수)

## 1. 서론

　우리의 근대 전환기는 개화와 근대에 대한 다양한 담론들이 사회 전반에 분출되던 시대이면서도, 한편으로는 전통 유학을 고수하며 전근대적 가치관을 통해 현실을 바라보고자 했던 이들 또한 여전히 존재하던 시대이기도 하다. 이들 전통지식인들은 외세의 침탈과 서구 문물의 유입에 의한 시대적 변화를 조선 사회와 전통 유학에 대한 심각한 위협으로 인식하면서 그들이 가진 현실인식을 문학 작품으로 남긴 바 있다. 명암明庵 이태일李泰一(1860-1944) 또한 그러한 인물들 중 하나다.
　그는 조선의 명운命運이 급격히 흔들리던 19세기 중반, 경북 영천시 자양면

---

\* 이 글은 기발표된 필자의 논문(「<태평책가>의 서술 방식과 명암 이태일의 현실 인식」, 『국어교육연구』 78, 국어교육학회, 2022, 265-290쪽과 「근대전환기 명암가사 <태평책가>의 환상성과 그 의미」, 『문화와 융합』 45-8, 한국문화융합학회, 2023, 603-615쪽)을 수정, 보완한 것이다.

원각리에서 태어나 가학家學을 기반으로 학문을 연마하였다. 혼란한 시대 상황 속에서 그는 일찍 과거를 포기하고, 평생 고향인 영천에 은거하며 수양과 강학에 매진하면서 전통지식인으로서의 삶과 가치를 지키고자 하였으며, 당대 영남지역의 명유名儒였던 서산西山 김흥락金興洛(1827-1899)과 향산響山 이만도李晚燾(1842-1910), 척암拓庵 김도화金道和(1825-1912), 석호石湖 류도성柳道性(1823-1906) 등과 종유從遊할 정도로 지역에서는 어느 정도 명망이 높은 선비였다. 또한 그는 경술국치 이후인 1913년에 지역의 유력 선비들을 회유하기 위해 내려진 일제의 훈패勳牌를 목숨을 걸고 거부하였을 만큼 선비로서의 신념과 가치관을 지키며 망국의 현실에 대응하는 모습을 보여주기도 했던 인물이다.[1] 이처럼 명암 이태일은 근대 전환기 유학을 고수하며, 이를 자신의 삶 속에서 오롯이 실천하고자 했던 전통지식인이라 할 수 있다.

그는 일찍부터 유학에 침잠하여 자신만의 학문 체계를 수립하였던 것으로 보이는데, 그의 문집에 수록되어 있는 「정학통록正學通錄」·「무극태극변無極太極辨」·「대학회의大學會疑」·「주역회의周易會疑」·「홍범정오洪範正誤」·「태극해太極解」 등의 여러 저술들은 유학 전반에 걸친 그의 높은 수준을 잘 보여준다.[2] 그리고 그의 문집에서는 수많은 유학자들이 그러했던 것처럼 인간의 마음, 즉 심心의 문제에 대해서 천착했던 흔적들을 발견할 수 있다. 특히 「정학통록」에서는 전체 10장과 총론을 통해 태극太極과 이理의 관계, 천도天道와 인도人道의 문제, 천리天理와 오상五常, 도심道心과 인심人心, 성명기질性命氣質, 성경궁리정심誠敬窮理正心 등을 논하면서 마음에 대한 자신만의 인식을 드러낸 바 있다.[3] 그 외에도 그의 문집 전반에는 이기심성론과 관련된 다양한 기록이

---

[1] 이러한 모습은 이태일이 지은 「六山-癸丑斥章詩」를 통해 알 수 있다.
[2] 정병석·이오륜, 「명암 이태일의 역학관」, 『민족문화논총』 79, 영남대학교 민족문화연구소, 2021, 1095쪽.
[3] 李泰一, 『國譯 明庵雜著(제4집)』, 대보사, 2018, 11-55쪽.

남겨져 있음을 볼 수 있고, 마음의 문제를 대사회적 측면으로 확장하는 모습 또한 나타난다. 따라서 이태일의 마음에 대한 인식을 이해하는 것은 그가 추구했던 학문의 일단을 살펴 볼 수 있는 기회가 될 것이다.

또한 그는 장편의 국문가사 두 편을 남겼는데, 그중 「오도가吾道歌」는 '척이단斥異端 정사도正斯道'라는 부제에서도 짐작할 수 있듯이 당대 외래 종교에 의해 흔들리는 유교의 도를 수호하기 위해 지은 작품이다.[4] 「태평책가太平策歌」[5]는 외세의 침탈에 의해 망국의 상황에 내몰린 조선 사회에 대한 자신만의 대책을 제시하고자 지은 것이라 할 수 있다. 따라서 이 두 작품은 근대 전환기 전통지식인의 현실인식과 이에 대한 문학적 대응을 살펴볼 수 있는 작품들이라는 점에서 나름의 의미와 가치를 지닌다.[6]

그중에서도 「태평책가」는 마음에 대한 이태일의 인식이 문학적으로 어떻게 형상화되고 있는지를 살펴볼 수 있는 작품이라는 점에서 더욱 주목된다. 구체적으로 「태평책가」의 부제는 '알인욕遏人欲 존천리存天理'로서 이 작품이 성리학적 수양론에 기반하고 있음을 단적으로 보여준다. 그리고 그가 마음의 문제를 통해 근대 전환기 조선 사회를 어떻게 진단하고 이에 대한 문학적 대안을 제시하고자 하였음을 이 작품을 통해 알 수 있다. 따라서 이태일의 「태평책가」는 근대 전환기 전통지식인의 마음 인식과 그 문학적 상상력의 향방을 검토해 보고자 하는 본고의 문제의식에 매우 적합한 작품이라 할

---

4 조유영, 「명암가사 <오도가>의 도통 형상과 그 의미」, 『한국문학논총』 83, 한국문학회, 2019 참조.
5 「태평책가」에 화자의 나이를 "年過四十"이라 언급하고 있고, 작품의 말미에 "戊申四月初七日"이라는 날짜가 등장하고 있음을 볼 때 이 작품은 1908년에 창작되었음을 알 수 있다.
6 「오도가」와 「태평책가」에 대한 작품 분석과 작자의 현실인식에 대해서는 이동영의 연구(「李明庵의 歌辭」, 『도남학보』 2, 도남학회, 1979)와 조유영의 연구(위의 논문, 2019; 「<태평책가>의 서술 방식과 명암 이태일의 현실 인식」, 『국어교육연구』 78, 국어교육학회, 2022; 「근대전환기 명암가사 <태평책가>의 환상성과 그 의미」, 『문화와 융합』 45-8, 한국문화융합학회, 2023)를 참조.

수 있다.

지금까지 「태평책가」에 대한 기존 연구를 살펴보면 이러한 문제는 미처 다루지 못한 측면이 있다. 그리고 그의 저술에 남겨져 있는 마음 인식을 통해 근대 전환기 전통지식인의 현실인식과 그 문학적 상상력의 향방을 논의해 보는 것은 그의 문학과 사상에 대한 앞으로의 진전된 논의를 이끌어내는 데 일정 부분 기여할 수 있을 것으로 기대된다.

## 2. 명암 이태일의 마음[心] 인식

명암 이태일의 학문에 대해서 기존 연구에서는 퇴계 이황의 학통을 어느 정도 계승하고 있는 것으로 보았다.[7] 또한 그가 종유했던 인물들이 대부분 퇴계학맥의 주요 인물들이라는 점에서 그의 마음[心]에 대한 인식 또한 퇴계학맥의 자장 속에 형성되었을 것으로 짐작된다. 그러나 이태일이 이해하는 심心은 퇴계의 『성학십도聖學十圖』 중 「심통성정도心統性情圖」와는 일부 차이를 보여준다는 점에서 주목되는 측면이 있다.

> 성性은 하늘이 부여한 이理이고, 마음은 인신人身의 주인이며 정情은 마음이 처음 발동한 것이다. 이러한 까닭으로 맹자께서 말씀하기를 측은지심惻隱之心은 인仁의 단서端緒이고, 수오지심羞惡之心은 의義의 단서이며, 사양지심辭讓之心은 예禮의 단서라 하였으니, 인의예지仁義禮智는 이것이 성性이고 측은惻隱과 수오羞惡, 사양辭讓, 시비是非는 마음과 정을 겸한 것이다. 체용體用으로 말한다면 이理는 체體가 되고 성性은 용用이 되며, 성性과 심心으로써 말한다

---

7   정병석·이오륜, 위의 논문, 1095쪽.

면 성性은 체體가 되고 심心은 용用이 되며 심과 정으로써 말한다면 심은 체가 되고 정은 용이 된다. 무엇 때문일까? 대개 이理가 내려옴이 성性이고, 성이 발동함이 마음이며, 마음의 발동함이 정이니, 그 처음은 일물一物이었으나, 그 만나는 바에 따라 다름이 있다. 이렇기 때문에 정은 마음이 아니면 능히 발동할 수 없고, 마음은 성이 아니면 능히 발동할 수 없으며 성性은 이理가 아니면 능히 받을 수 없다. 대개 성과 심과 정이 함께 하나로 통솔되면서 일만 가지로 다르게 되는 것이다. 그렇다면 성은 이에 매여 있고 심은 성에 매여 있으며 정은 심에 매여 있음을 말하지 않더라도 가히 상상할 수 있는데, 심이 성과 정을 통솔한다고 하면 옳겠느냐?[8]

인용한 자료는 이태일과 제자들 간의 문답인 「명암문답론」에서 발췌한 부분이다. 제자인 이종우李鍾禹가 마음이 인간의 성정性情을 통괄하는지에 대해 묻자, 스승인 이태일은 성性을 하늘이 부여한 이理라 설명하고, 마음은 인간의 몸을 주재하며, 정情은 마음이 발동하여 나타난 것이라 말한다. 그리고 이태일은 체용體用의 관계를 통해 이와 성, 성과 심, 심과 정의 관계를 설명하고 있음을 볼 수 있다. 그러나 성정과 심의 관계에 대한 이러한 그의 인식은 「심통성정도心統性情圖」에서 '심이 성정을 통괄한다'는 이황의 견해와는 미묘한 차이를 보여준다.

이황은 1568년에 『성학십도聖學十圖』를 작성하여 선조宣祖에게 올리면서 그 여섯 번째 도상圖像으로 「심통성정도」의 상·중·하 삼도三圖를 실었다. 그

---

8 李泰一, 『國譯 明庵答問錄(제5집)』, 59-62쪽, "性是天賦之理也, 心是人身之主也, 情是心之初發也, 是故, 孟子曰, 惻隱之心, 仁之端也, 羞惡之心, 義之端也, 辭讓之心, 禮之端也, 是非之心, 智之端也, 仁義禮智, 是性也, 惻隱羞惡辭讓是非, 是兼心與情也, 以體用言之則, 理爲體而性爲用, 以性與心言之則, 性爲體而心爲用, 以心與情言之則, 心爲體而情爲用, 何者, 蓋理降而性, 性發而心, 心發而情則, 其初一物, 而隨其所遇而有異也, 是故, 情非心不能發, 心非性不能動, 性非理不能稟, 蓋性與心情, 俱統於一而爲萬殊者也, 然則, 性系於理, 心系於性, 情系於心, 不可想而曰, 心統性情可乎蓋性."

리고 상도上圖의 경우에는 정복심程復心의 도상圖像을 수록하고, 중도와 하도는 그가 인식한 이기성정론理氣性情論의 핵심을 담았다.

이황은 "「심통성정도」의 상도는 정복심이 만든 것이기는 하지만, 이와 기를 갈라서 말한 곳에 마땅하지 않은 것이 많다고 이해하였다. 이 때문에 그것을 버리고, 맹자孟子와 정자程子, 주자朱子가 논한 본연지성本然之性과 기질지성氣質之性으로 갈라 만들었다고 하였다. 또한 본연지성은 이理를 주로 해서 말한 것이요, 기질지성은 이와 기를 겸하여 말한 것으로, 정情으로써 말한다면, 이理에 순응하여 발동하는 것은 사단四端이 되고, 이理와 기氣를 합하여 나오는 것은 칠정七情이 되는 것으로, 이에 중도는 본연지성으로 사단을 주로 하여 만들었고, 하도는 기질지성으로 칠정을 주로 하여 만든 것이라 하였다."[9] 또한 이황은 '이기理氣를 겸하고 성정性情을 통솔하는 것이 심心이며, 성이 발하여 정이 되는 순간은 일심一心의 기미機微이고 만화萬化의 추요樞要이니 선악이 분리되는 지점'[10]이라 하였다. 따라서 이황은 마음 안에 성과 정 즉 본연지성과 기질지성이 내재해 있고, 성과 정은 체용體用의 관계로서 선악의 문제 또한 성의 발동과 정의 형성 과정에서 이루어짐을 강조하고 있는 것이라 할 수 있다. 또한 이는 본질적으로 지경持敬의 마음 공부를 통해 일심一心의 기미機微를 살피고, 선악의 갈림길에서 악으로 흐르지 않도록 해야 함을 강조함으로써 경 중심의 수양론적 심학 체계를 보여준다.

그러나 이태일은 앞의 인용문에서 볼 수 있듯이 이理-성性-심心-정情을 체용의 관계로 파악하고 있음을 확인할 수 있고, 심이 성정性情을 통솔한다는

---

[9] 李滉, 『退溪先生年譜』 권2, 「三年己巳」, "上一圖卽程圖, 而其餘分理氣處, 語多未穩. 故舍之而以孟子程朱所論本然之性, 氣質之性, 分作中下二圖, 本然之性, 主於理而言, 氣質之性, 兼理氣而言, 以情言之, 循理而發者爲四端, 合理氣而發者, 爲七情. 故中圖, 以本然之性, 主四端而爲之, 下圖, 以氣質之性, 主七情而爲之."

[10] 李滉, 『退溪集』 권7, 「進聖學十圖箚」, "兼理氣統性情者, 心也, 而性發爲情之際, 乃一心之機微, 萬化之樞要, 善惡之所由分也."

이황의 견해를 명확히 부정하고 있음을 볼 수 있다. 그리고 이러한 그의 마음 인식은 율곡栗谷 이이李珥의 견해와 일부 유사한 측면이 있다.

> 천리天理가 사람에게 부여된 것을 성性이라 하고, 성性과 기氣를 합하여 일신一身의 주재主宰가 되는 것을 심心이라 하고, 심이 사물에 응하여 밖으로 발동되는 것을 정情이라 한다.[11]

인용문은 이이의 「인심도심도설人心道心圖說」에서 이와 성, 그리고 심과 정의 관계를 압축적으로 제시한 부분이다. 이이는 성性을 천리天理가 사람에게 부여된 것이라 하고 심心은 일신一身을 주재하며, 심이 사물과 만나 발동되는 것을 정情이라 하여, 성-심-정의 관계를 유기적으로 파악하고자 하는 모습을 보인다. 이이의 이러한 인식은 '성性은 하늘이 부여한 이理이고, 마음은 인신人身의 주인이며 정情은 마음이 처음 발동한 것이다.'라는 이태일의 인식과 크게 다르지 않다. 즉 이태일은 성과 심과 정은 체용의 관계로 서로 유기적으로 관련 맺고, 심의 주체적 작용 또한 이이의 견해처럼 능동적임을 강조하고 있는 것이다.

선행연구[12]에서도 이황에 비해 이이는 심心을 사람의 인식과 실천의 주체로 봄으로써 자신 속에 내재한 성을 더욱 능동적으로 발현시킬 수 있는 논리를 제시하였다고 평가한 바 있다. 그리고 이태일은 "심心이라는 것은 성性을 포함하여 구비한 이름이고, 정情이라는 것은 성性이 감발感發한 이름이며, 의意라는 것은 마음이 결정되어 확립됨의 이름이고, 사思라는 것은 마음을 헤아려 재는 이름이다."[13]라고 하였는데, 이 또한 마음의 작용인 의意와 사思를

---

11　李珥, 『栗谷全書』 권14, 「人心道心圖說」, "天理之賦於人者, 謂之性, 合性與氣而爲主宰於一身者, 謂之心, 心應事物而發於外者, 謂之情."
12　전병욱의 연구(「退溪와 栗谷의 心統性情說」, 『율곡사상연구』 29, (사)율곡연구원, 2014.)

적극적으로 해석함으로써 마음의 주재성과 능동성을 긍정하는 인식을 보여주는 사례라 할 수 있다.

> 천리天理라는 것은 무엇을 말함일까? 인仁과 의義와 예禮와 지智와 신信의 오상五常이 이것이고, 인욕人欲이라는 것은 무엇을 말함일까? 희노애구애오욕喜怒哀懼愛惡慾의 칠정七情이 이것이다. 오상은 인이 근본이 되고, 칠정은 하고자 함이 주인이 되며, 심이라는 것은 오상을 통솔하고 칠정도 겸하였기 때문에 발동하기 전에는 오상이 혼연히 전체가 갖추어져 있으나, 이미 발동한 후에는 칠정이 찬란하게 각각 나오니, 그 오상의 성性을 순응하여 칠정이 바른 자는 성인이고, 그 오상의 성性을 거슬러 칠정에 치우친 자는 소인이다. 이렇기 때문에 아무리 상등上等의 지혜로운 사람이라도 능히 인심人心이 없을 수 없고, 아무리 하등下等의 어리석은 사람이라도 능히 도심道心이 없을 수 없으니 대개 마음이 인심人心과 도심道心의 다름이 있음은 그 천리와 인욕의 나누어짐이 있기 때문이고, 저 두 개의 마음이 나누어져서 스스로 각각 일인一人의 몸을 주재하여 대립하며 서로 발동함은 있지 않다. … 그렇다면 본연지성本然之性은 순수하게 선하여 잡됨이 없고, 기질지성氣質之性은 선과 악을 겸하여 있다. 그러나 무릇 만물이 태어남이 있으면 기질이 있기 때문에 고인古人은 돌이키고 회복함으로써 경계를 삼았으며 존양存養하고, 성찰省察하는 것이었다.[14]

---

13　李泰一,『國譯 明庵答問錄(제5집)』, 38쪽, "心者, 性之含具之名, 情者, 性之感發之名, 意者, 心之定立之名, 思者 心之量度之名."
14　李泰一,『國譯 明庵雜著(제4집)』,「正學通錄」總論, "天理者, 何謂也. 仁義禮智信, 五常是也. 人欲者 何謂也. 喜怒哀懼愛惡欲, 七情是也. 五常, 仁爲本, 七情, 欲爲主, 而心者, 統五常兼七情, 故未發之前, 五常渾然全具, 理己發之後, 七情燦然各出, 順其五常之性, 七情之正者, 聖人也. 逆其五常之性, 七情之偏者, 小人也. 是故, 雖上智, 不能無人心, 雖下愚, 不能無道心, 蓋心有人道之異者, 以其有天理人欲之分, 非有這兩個心, 辦自가主於一人之身, 對立而互發也. … 然則, 本然之性, 純善無雜, 氣質之性, 兼有善惡, 然凡物, 有生則有質, 故古人以反之福之爲戒, 而存(未發)省(己發)者也."

위의 인용문은 이태일이 지은 「정학통록正學通錄」의 총론總論에서 발췌한 부분이다. 인용문에서 그는 천리天理를 오상五常이라 하고, 인욕人欲이 칠정七情임을 명확히 하고 있음을 볼 수 있다. 또한 심이 오상과 칠정을 통괄하면서 미발未發일 때에는 오상이 갖추어져 있는 상태이고, 기발己發인 경우에는 칠정이 찬란하게 나타난다고 말한다. 이에 오상과 인욕은 인간이라면 누구나 갖고 태어나는 까닭에 오상에 순응하여 칠정이 바른 자는 성인이 되고, 오상의 성을 거슬러 칠정에 치우친 자는 소인이 된다고 하였다. 그리고 그는 인심人心과 도심道心이 사람에게 모두 내재해 있는 것은 천리와 인욕의 분별에 의해 이루어지는 것일 뿐, 각각의 마음이 대립적으로 존재하여 사람의 몸을 주재하는 것이 아니라고 주장한다. 결국 인간 마음의 본연지성은 순수하게 선한 것이기는 하지만, 이에 비해 기질지성은 선과 악을 겸하고 있는 까닭에 미발의 상태에서는 존양存養하고, 기발己發일 경우에는 성찰省察이 필요함을 강조한 것이다. 그리고 이러한 존양과 성찰의 방법은 「태평책가」의 부제인 '알인욕遏人欲 존천리存天理'와 다름 아니다.

> 천지의 도道와 명命과 성性과 그리고 심心을 다함에 이른다면, 이기二氣가 바르고, 사시四時가 순조로우며, 사방四方이 화목하고 만국萬國이 편안하며 변화가 생성되고 삼재三才에 참여하여 하나의 사물이라도 그 바름을 얻지 못함이 없게 되어, 천지가 하나의 집이 되고 고금古今이 하나의 몸이 되며, 만국이 하나의 성性이 되고 만물이 하나의 마음이 되어, 천하의 넓음에 살며 천하의 큼을 행하고 천하의 의심을 끊고 천하의 업業을 정하여 전대 성인聖人을 이어서 후학後學을 계도하며 등용되어 행함과 버리고 감춤이 사물과 나에게 더하여짐이나 손상됨이 없고, 다만 하늘은 그 하늘일 뿐이니 지극하고도 대단하구려! 이 사물은 과연 무슨 사물일까? 부자夫子께서 이른바 태극이라는 것과 자사께서 이른바 정일精一이라는 것이다.[15]

위의 인용문은 이태일이 추구한 심학이 내성외왕內聖外王에 있음을 보여주는 부분이다. 인용문에서 사람이 천지의 도道와 명命과 성性과 심心을 다했을 때, 세계의 화목과 만국의 편안이 도모될 수 있음을 강조하고 있는 것에서 이러한 성격을 이해할 수 있다. 따라서 전대 성인聖人의 심법心法을 이어 후학을 계도하고, 세상에 나아가 나의 역량을 온전히 발휘하여 성리학적 이상세계를 구현하는 것, 그것이 바로 그가 인식했던 마음 공부의 공효인 것이다.

이태일은 '나라를 다스리는 도가 무엇인지에 대한 제자의 물음에 나라를 다스리는 도는 나라에 있지 않고 몸에 있다고 하고, 나라를 다스리기 위해서는 자신의 수양이 먼저'임을 말한 바 있다.[16] 그리고 그 수양의 핵심은 정일精一과 태극에 있다고 하였다. 주자朱子는 「중용장구서中庸章句序」에서 도통道統의 전수와 관련하여 '인심유위人心惟危 도심유미道心惟微 유정유일惟精惟一 윤집궐중允執厥中'을 말하였고, 이를 '천하의 이치[天下之理]'라 하였다. 이태일의 심 인식 또한 이러한 인식적 틀 속에서 작동하는 것으로 이해된다. 정일精一은 인심人心과 도심道心을 살펴 본심의 올바름을 지켜나가는 것이며 이를 통해 인간 행위에 있어 중화中和를 지향하는 방법이라 할 수 있다. 그리고 정일精一에 의한 내면적 수양은 대사회적 영향력으로 확장해 가야 한다는 것이 이태일이 마음 공부를 통해 궁극적으로 추구한 바였다. 그는 "제자들이 학문하는 도道 즉 방법에 대해 물었을 때, 『대학』에 이미 상세하게 말하였다 하고, 그 시작은 격물치지格物致知이며 치국治國 및 평천하平天下로 나가야 함을 말한

---

15　李泰一, 『國譯 明庵雜著(제4집)』, 「正學通錄」 總論, "以至於盡天地之道與命, 性與心則, 二氣正, 四時順, 四方和, 萬國寧, 變化生成, 參爲三才, 無一物之, 不得其正, 而天地爲一, 古今爲一身, 萬國爲一性, 萬物爲一心, 居天下之廣, 行天下之大, 斷天下之疑, 定天下之業, 紹前聖啓後學, 而用行舍藏, 無加損於物我, 只天其天, 人其人, 至矣大哉. 此物果甚物也. 夫子所謂太極, 子思所謂一之者也.

16　李泰一, 『國譯 明庵答問錄(제5집)』, 174쪽, 「問治國之道-朴東潤」, "曰治國之道, 不在於國, 而在於己, 己者身也. 不修身而有治國者乎. 治國良規, 盡在於庸學之中, 歸而求之, 有餘師."

바 있다."¹⁷ 이는 결국 앞에서 언급한 바 있듯이 그의 마음 공부가 성리학적 수양론이 추구하는 내성외왕內聖外王의 기본 정신에 기반을 두고 있음을 보여주는 것이다.

이태일의 마음에 대한 이러한 인식적 구도는 당연히 그의 작품에도 어느 정도 영향을 미쳤을 것으로 생각된다. 또한 명암가사 「태평책가」는 근대 전환기 조선 사회가 가진 다양한 문제에 대한 나름의 해결책을 제시하고자 한 작품이다. 그리고 그 방안은 작품의 부제인 '알인욕 존천리'를 통해서 짐작할 수 있듯이 성리학적 수양론 즉 마음의 문제와 깊은 관련을 맺고 있다. 따라서 다음 장에서는 이태일의 마음 인식이 작품에 어떻게 형상화되고 있는지를 구체적으로 파악해 보도록 한다.

## 3. 명암가사 「태평책가」의 마음 형상

명암가사 「태평책가」의 부제는 '알인욕遏人欲 존천리存天理'이다. 이 말은 '인욕을 막고 천리를 보존하여야 함'을 말하는 것으로 성리학적 수양론의 핵심적 가치라 할 수 있다. 따라서 이러한 부제를 통해서도 추측할 수 있듯이, 작자는 근대 전환기 민족이 겪고 있는 여러 어려움을 극복하기 위한 방법으로 유학의 전통적 가치를 내세우고 있음을 짐작할 수 있다. 그리고 작품의 내용은 일월암의 주인이 태평책을 듣고자 하는 상제上帝의 부름에 의해 어느 날 천상 여행에 나서게 되고, 그 과정에서 여러 인물들을 만나면서 벌어지게 되는 사건들이 중심을 이룬다.

---

17　李泰一, 『國譯 明庵答問錄(제5집)』, 189쪽, "學之道, 大學已詳言之, 爲學之始則, 自格致而至治平矣."

이 작품은 몽유 문학의 전통 속에서 꿈을 통해 천상의 상제나 선현들과의 만남을 그려내는 조선 후기 몽유가사[18]와 내용적으로 닮아있다. 몽유가사는 '현실-입몽-꿈속-각몽-현실'의 환몽구조를 통해 천상의 세계와 같은 허구적 공간과 그 속에서 겪게 되는 다양한 경험들을 작품의 주된 내용으로 삼는다.[19] 즉 몽유 모티브를 플롯의 기본 구조로 삼고 있는 시가 갈래가 몽유가사이다.[20] 하지만 「태평책가」는 몽유가사의 기본적인 구조인 입몽의 과정이 생략되고, 현실의 연장선에서 천상이라는 허구적 공간을 경험한다는 점에서 일반적인 몽유가사와는 다르다. 특히 춘몽에 빠져 있던 일월암 주인을 상제가 깨우는 장면, 즉 입몽이 아닌 각몽을 통해 작품이 시작되고, 환몽 과정 또한 나타나지 않는다는 점에서 더욱 그러하다. 그러나 조선 후기 몽유가사들이 대체로 천상이나 중국의 명승지와 같은 허구적 공간을 여행하거나, 전대의 역사적 인물들과의 만남이 작품의 주된 내용을 구성한다는 점에서 「태평책가」 또한 몽유가사의 전통을 계승한 작품이다.

明明한日月庵에/主人어서니러나소/春夢도困커이와/愛國思想ᄒ여보세/乾坤이陸沈ᄒ야/異敎가紛紜ᄒ니/丈夫生世ᄒ였다가/經綸바니업실소양/자네恒常ᄒ는말니/太平策이이다ᄒ니/일은찌예못져보면/언은찌예서여보랴/慷慨ᄒ고痛哭ᄒ니/英雄豪傑다늘른다/堯舜孔孟學者들니/어듸가고어듸간노/四千年吾道命脈/슨어뎌도긋붓닛가/開化時節 되거든/所謂學者先斬ᄒ시/天性됴굼닛

---

18 "몽유가사란 형식면에서 몽유의 틀을 기본구조로 하고, 내용 면에서 서사성과 교술성을 극대화한 일련의 가사를 지칭한다."(최은숙, 「몽유가사의 '꿈' 모티프 변주 양상과 <길몽가>의 의미」, 『한국시가연구』 31, 한국시가학회, 2011, 220쪽.)

19 몽유가사로 구분되는 최초의 작품은 영조대 李溎(1675-1753)의 「玉京夢遊歌」이다. 이 작품에서는 꿈에서 玉京의 옥황상제와 여러 역사적 인물들과의 만남이 주요 내용이 된다. 이외에도 韓錫地(1709-1791)의 「吉夢歌」의 경우에도 꿈속에서 맹자를 만나 대화를 나누고 이를 통해 화자가 깨달음을 얻는 내용이 주가 된다.

20 이규호, 「夢遊歌辭의 形成過程 始考」, 『국어국문학』 89, 국어국문학회, 1983.

고보면/深山窮谷누어넌나/千古治亂해여보니/異代人物쇼여선나/座收漁人이風俗니/선븨멋첩비와난니/오늘마참보은이/예날芝眉다시볼가/爽快ㅎ고爽快ㅎ다/그말솜듣고나니/風雨浸浸長夜中이/子니혼자쇠여넛다/伯牙의山水琴은/峩峩洋洋굿쉳이오/管鮑의死生交은/貧富相濟굿뿐니라/塵土에무친놈을/누가아라쎠와듀리/再拜ㅎ고다시ㅎ되/니잠이참잠이요/晝思夜度ㅎ여봐도/모랄일리혼가디오/明明ㅎ신上帝命을/우리天下다바닷네/順ㅎ면興ㅎ고/逆ㅎ면敗ㅎ오/千萬年定혼命슈/잇고잇고잇건만안/三皇以後헤어보니/熙皥世界얼믜는고/唐虞揖遜됴흘시고/湯武征伐不得已라/戰國以下말ㅎ소양/殘忍之事가이업다/上帝命이이실덧씨/이른니리니시리오/明明上帝뎌게시니/니혼번사라보시/그르신면가엽ㅎ다/이르신면ㅎ여보시/[21]

위의 인용문은 「태평책가」의 도입부이다. 상제가 일월암[22]의 주인을 깨운 이유는 '애국사상'으로 압축된다. 상제는 현재의 상황이 '건곤乾坤이 육침陸沈하고, 이교異敎가 분운紛紜하여 사천년 오도吾道가 그 맥이 끊기는 상황'이라 인식한다. 그리고 이러한 문제를 극복하기 위해서는 주인의 태평책이 필요하다고 말한다. 또한 일월암의 주인은 명명明明한 상제의 명命을 천하가 다 받았고, 이러한 상제의 명에 순응하면 흥하고, 거스르면 패망하는 것이 우주의 순리인데, 고대 성왕 이후 잔인지사殘忍之事가 끝이 없는 상황에 대해 상제에게 묻고자 한다. 주인의 이러한 문제의식은 결국 「태평책가」가 악惡이 득세하는 현상적 세계를 어떻게 성리학적 사유를 통해 해결할 것인가에 대한 답을 제시하고자 한 작품임을 보여주는 것이라 할 수 있다. 즉 천리를 부여

---

21  李泰一, 『國譯 明庵歌辭(제1집)』, 35-43쪽. 「태평책가」의 전체 원문을 보면 국문과 한문이 혼용되기도 하고, 국문만으로 쓰인 곳도 있음을 볼 수 있다. 이에 따라 본고에서는 원문의 인용을 그대로 따른다.
22  日月庵은 이태일의 호인 明庵을 日과 月로 풀어놓은 것으로 작자 자신을 지칭하는 것으로 생각된다.

받은 사람이 천리에 순응하는 것이 아니라 패역하는 현실에 대해 그 답을 찾아가는 과정이 「태평책가」 속 천상 여정이라 할 수 있다.

일월암의 주인은 이후 천상의 여러 곳을 여행하면서 다양한 사람들과 사건들을 만나게 되는데 이를 시간적 순서대로 정리하면 다음과 같다.

「태평책가」의 여정 공간과 사건 내용

| 여정 공간 | 사건 내용 |
|---|---|
| 은하수 | 천상 세계의 선녀, 선동들을 만나고, 여정 과정에서 여러 신물神物들을 구경함. |
| 옥경의 광한전과 월궁 | 옥경에 도착하여 선녀의 안내로 광한전과 월궁을 구경하고, 궁에 갇혀 있는 항아嫦娥를 만나 유방백세流芳百歲한 이후에 다시 만날 것을 기약함. |
| 삼청三淸 세계 | 하청下淸에서 일등一等 선관仙官이 된 삼수三叟를 만나고, 중청中淸과 상청上淸을 올라 옥루에 들어감. 옥루玉樓의 1층부터 12층까지 다양한 인물 군상들을 만나고, 최상층의 황발黃髮 노인의 통筒을 통해 천지개벽 이후의 고대 성왕과 성현, 그리고 문장 열사들과 함께 여러 역사적 사건들을 보게 됨. 황발 노인과의 대화를 통해 도道의 이치를 깨우침. 이후 다시 통을 돌려 9층탑에서 통곡하고 있는 귀신들과 만나게 되고, 인륜 도리를 거스르는 불교와 기독교를 비판함. |
| 광한전 | 상제에게 입시入侍하여, 상제의 하문下問에 따라 태평책을 올리고, 상제가 이름이 이기理氣이고, 별호別號가 태극옹太極翁인 선생을 찾아가 태평책에 대해 묻고 돌아와 태평책을 실현함. |
| 광한전과 봉황궁 | 상제의 명에 의해 태평선녀와 예주禮酒를 나누고 봉황궁에서 부부의 연을 맺음. |
| 광한전 | 광한전에서 만고萬古의 성왕聖王과 선현先賢들이 상제의 태평연에 참여함. 혼인을 축하하는 동상연東床宴을 겸한 태평연에서 서로 소회를 나누고, 태평연에 참석한 여러 성현들과 상제로부터 정표情表의 글자[生, 孝, 友, 中, 壽, 仁, 淸, 福]를 내려 받은 후, 선생으로부터 경敬, 성誠, 이理 세 글자를 봉서封書를 통해 받은 후 연회를 파함. |

옥동을 따라 상제가 있는 옥경에 도착한 주인은 상제가 머무는 광한전廣寒殿과 항아嫦娥가 거처하는 월궁月宮을 구경하고, 신선들의 세계인 하청, 중청,

상청의 삼청三淸 세계로 들어가 12층으로 이루어진 옥루玉樓를 여행한다. 그리고 그곳에서 여러 인물들을 만나면서 다양한 사건들을 경험하게 된다. 특히 그중 작품에서 비중 있게 서술되고 있는 부분은 삼청 세계인 옥루에서의 여정과 상제와의 만남이라 할 수 있다. 이러한 사건들은 작자의 허구적 상상력과의 결합을 통해 천상이라는 공간과 여정이라는 시간적 흐름을 구성하며, 사건의 등장 인물들은 태극太極이나 이기理氣와 같은 성리학의 핵심 개념을 의인화한 모습으로 나타난다.

> 쏘호 칙이이심니다/그장하다네칙이여/거거일절심ᄒ도다/이만히도틔평이라/무산칙이다시인노/만약별칙닛고보면/키키이ᄒ여듀리/소자칙을들르시면/슈공평치긋샨니요/션성이도유공이오/만셰에도무새리다/어서어서아리면/들어들어볼리라/고슈화히슌같고/관최화히듀공니다/혁혁딜로ᄒ사사되/듀슌도부릉ᄒ다/빅신졍신쓰는ᄌ리/ᄒ부두록말홀소냥/만약이리되고보면/건곤이시판이다/닐은만고업난칙이/어디어디인노인노/듯기밥바밥부도다/어서어서말아리라/영웅호걸업살니오/만샤도피욕인니다/오셩강충ᄒ실씨예/욕심을냥듀디마소/욕심ᄒ겸업고보면/인의예디완전ᄒ오/뉘아니요슌나며/뉘안니문무리요/고슈다시볼나히도/이쳔디예다시업고/관최다시볼나히도/이건곤이다시업소/니말이헛말이오/자시자시통쵹ᄒ소/향안치고격졀ᄒ디/고금쳔ᄒ쳠든는다[23]

위의 인용문은 일월암의 주인이 상제에게 자신이 가진 태평책을 아뢰는 장면의 마지막 부분이다. 주인이 제시하는 태평책은 모두 여덟 가지로, 첫째는 공자와 안자, 맹자를 되살려 인의예지仁義禮智와 왕도王道를 회복하는 것이고, 둘째로는 소부, 허유, 엄자릉과 같은 은일지사隱逸之士를 되살리는 것이며,

---

23   李泰一,『國譯 明庵歌辭(제1집)』, 174-177쪽.

셋째는 백이숙제, 개자추, 문천상과 같이 자기 뜻을 다 펼치지 못한 충신들을 되살리는 것이다. 넷째는 한 황실 부흥을 하지 못한 제갈량이나, 흉노에게 항복했던 이릉, 『사기』의 저자 사마천과 같은 이들을 되살리는 것이며, 다섯째는 분서갱유焚書坑儒를 주도한 이사, 한 왕실의 역적인 왕망과 조조, 불교를 받아들인 후한 명제明帝와 신하들을 베어달라는 것이다. 여섯째는 한무제를 말하면서 죽은 사람은 다시 보게 해 주고 사람은 늙지 말게 해달라는 것이며, 일곱째는 자신의 소망을 말하는데, 요순이 다스리는 세상에서 공맹을 스승으로 모시며, 강구노인康衢老人과 이웃하여 태평세월을 즐기고 싶음을 말한다.

주인은 자신의 태평책을 모두 아뢴 후, 마지막으로 사람의 욕심을 없애달라고 말한다. 그리고 사람에게 사욕이 없으면 인의예지가 완전하여 누가 아니 요순堯舜이며, 문무文武가 아니겠는가라고 묻는다. 결국 주인이 제시하고 있는 태평책은 작품의 부제인 '알인욕 존천리'로 수렴된다. 이는 결국 성리학적 수양론을 통해 모든 사람이 성인聖人이 되는 경지, 즉 성리학의 이상을 태평책으로 표현하고 있는 것과 다름 아니다. 사욕을 제거함으로써 도덕적 인격을 완성하고 도덕적 질서에 의해 운영되는 이상적인 사회를 건설하는 것, 그것이 바로 그가 꿈꾸는 이상 세계이기 때문이다.

이일은큰일이라/혼자쳐단예렵쏘다/우리선싱게압시니/물은후이쳐홀리라/ … /쳔상디호다보시고/히외히니다보시디/선싱간곳업시시니/복히시을차자가서/션쳔괴을쎅여보니/호락오뎜들러가여/선싱이안자시디/오뎜복판혼뎜둥이/허위베퍼누여시고/이목총명거두시고/무성무취호여시고/무딤무막그가운디/쳔호만상다보신다/ … /샤시업난이사람이/틱화탕이그안인가/분슈업시디니가서/모두그딜두고보니/현우귀쳔그딜두고/길흉화복그딜두고/시비곡딕그딜두고/고뎌쳥탁그냥두고/회예업시듁거가고/득실업시사라가고/됴십업시디니가고/히로업시견디가여/산도돗코물도돗코/쏘도돗코입도 돗코/이도돗코뎌도돗코/너도돗코나도됴호/ … /셩명도유슊호오/관향업난 이시오/외자일홈개오/별호눈틱극옹이오/자손녹은공부자호 소/올타올타 나도안다/이러런이션싱인가/자고시고니게와여/언어동쟉가치호고/길흉화 복가치호고/히로이락갓치하니[24]

위 인용문은 사욕을 없애 달라는 주인의 요구에 상제는 자신이 혼자 결정할 부분이 아니라고 하고, 우리 선생에게 물은 후에 처리해야 한다고 말한다. 이후 상제가 선생을 찾아가는 과정이 펼쳐지며, 이후 상제가 찾아간 선생의 정체가 이기理氣이면서 태극太極임이 나타난다. 그리고 이기 즉 태극은 사람이 깨어있거나 자거나, 말하거나 행동하거나, 길흉화복과 희노애락을 같이 하는 존재로 나타난다. 이는 결국 무물부재無物不在로서의 이기와 태극의 본질적 성격을 의인화한 것으로 판단된다. 더불어 선생은 인간의 사욕을 없애 달라는 주인의 요구에 자신은 인간사를 포함한 모든 것을 그대로 두고 본다는 답을 한다.

이태일은 「정학통론」 총론에서 "하늘을 가리켜 그 본연지성이라고 말한다. 그러나 형이상形而上과 형이하形而下로써 말하면, 다만 인물이 태어나는 것만이 그릇이 아니고, 천지도 또한 대원大元 가운데 하나의 그릇이니, 무릇 삶을 받은 만물이 모두 기질지성氣質之性이 있다면 이것은 천지도 또한 기질지성氣質之性이 있느니라."라고 한 바 있다. 이는 사람 또한 순선純善의 본연지성과 선악을 겸비한 기질지성을 지닌 것처럼, 천지 또한 본연지성만이 존재하는 것이 아니라 형체를 구성할 때에는 기질지성이 함께 존재함을 말한 것이다. 따라서 사람의 사욕 또한 기질지성을 지닌 사람이 본질적으로 가질

---

24  李泰一, 『國譯 明庵歌辭(제1집)』, 178-191쪽.

수밖에 없는 것이기에 완전히 없애는 것은 순리에 맞지 않음을 선생의 입을 빌려 말하고 있는 것이라 할 수 있다.

상지이호쟈쟈로/가가권쟝호신다/상지왈이즈눈무궁히신은물이라호고/싱쨔로듀시고/대슌이왈이쨔눈평싱미던이라호고/효쨔로듀시고/듀공이왈이쟈논평싱혼인난쟈라호고/우쨔로듀시고/공지왈이쟈논고금통용호난쟈라호고/등쨔로듀시고/안지왈이논시호원호쟈라호고/슈쨔로듀시고/밍지왈이논예양이이먹은쟈라호고/인의쨔로듀시고/빅이왈이자논시거던시라호고/쳥쨔로듀시고/그외예현은다못호여/도업퍼복쨔로듀신다라/다바다지빈호니/망극인틱갑풀소냥/ … /상지젼후마감혼일을/션싱이품호고쳥호신디/션싱이봉셔을듀고/견갈히가라디/나을보고모라니/그안이이들호양/이가치틱평잔쳬예/니엇디안가리야/간치춤츄고시됴힛다/쏘가여무엇호노/자시자시말호여라/상지들으시고황공호여/좌우을물의디부디호더라/혼봉서를쓰여보니/경쨔을시고가라사디/이자쓰디무궁호니/공부디극호여야/나거쳐출입쏘알고/나언어힝위도안다호고/쏘혼봉셔쓰어보니/셩쨔을시고가라사디/이쟈도쓰디무궁호니/공부도더호여야/니출입도실상알고/니언어도실상알고/공부업고보면/범빅이허위호여/자틱출입히도모라고/자틱언어히도모란다라/이두자만알고보면/젼후좌우다니라/니게물을것쏘업고/니게올것쏘업고/자니거쳐출입이니잇고/자니언어힝위예니잇다/ … /급급히봉셔을보니,이사람으니하인니라/무산일로쳥호느고/니가니와갓치출입호고/니가니와갓치언어호고/이가나을못쓰가고/니가이을못쓰간이/흡사이사람이나갓고/흡사니가이사람갓다/이속을뉘가아리오/셩경쨔을자시보라/ … /봉셔쏘혼자시보니/션싱셩쨔디피션니/이셰닛쨔우슙호다/이말슘이무산닐고/자시자시보기보기/히를쏘혼머라힌노/날보고시각마암/니셩쨔나쟈시보소/이쟈을디피알면/나을곳보난다라/자니출입이도니잇고/자니언힝에도니잇고/쓰는디도니잇고/보는디도니잇고/듁거도가치듁고/사라도가치살고/찔라히도찔슈업고/부칠라히도부칠슈업고/이별히도이별한다니잇고/비탄히도비탄한다니잇니/나나리 만니오고/나나리보고가니/무어시이빌이며/무어시파쵤는고/쳔호만사그러 호니/사람사람그러호고/사람사람이러하니/그말삼듯고나니/환연디각호여 도다/만좌히락무궁호여/웃고셔로히지드라[25]

인용문은 태평연에서 상제를 비롯한 유교의 여러 성현들이 명월암의 주인에게 글자를 써주는 장면이다. 상제는 생生, 대순大舜은 효孝, 주공은 우友, 공자는 중中, 안자는 수壽, 맹자는 인의仁義, 백이는 청淸, 그 외 대현大賢들은 복福자를 준다. 따라서 그들이 내려준 글자는 그들의 삶과 사상을 압축적으로 제시하면서도, 유교의 학문적 요지를 드러내는 글자라 할 수 있다.[26] 그리고 이러한 태평연을 통해 명월암 주인이 성현들로부터 글자를 전해 받은 행위는 결국 유학의 도통道統 전수를 의미한다고 할 수 있다.

이들 외에 선생[理]은 여러 봉서로 글씨를 주는데, 경敬자를 주면서 공부를 지극히 하라 하고, 성誠자를 주면서 바르고 깊이 공부해야 함을 말한다. 그리고 선생의 성姓인 이理자를 내려주면서 이理가 사람의 출입과 언행, 삶과 죽음, 듣고 보는 모든 곳에 있음을 알고 자세히 보고 생각하기를 당부한다. 이태일은 「정학통론」에서 성경誠敬과 궁리窮理와 정심正心을 함께 논하였는데, '마음은 일신一身의 주인이요 만 가지 변화의 근본이니 하나라도 바르지 않음이 있으면 이치를 가히 궁구窮究할 수 없으며 덕도 가히 밝힐 수 없다.'[27] 고 한 바 있다. 이는 사람의 마음 공부에 있어 경으로써 내면을 바르게 하는

---

25  李泰一, 『國譯 明庵歌辭(제1집)』, 234-248쪽.
26  상제의 생생은 만물의 성장과 생육의 이치인 '생생지리生生之理'를 의미하고, 대순의 효孝, 공자의 중中, 맹자의 인의仁義, 백이의 청淸 또한 그들의 삶과 사상을 상징적으로 드러내는 글자라 할 수 있다.
27  李泰一, 『國譯 明庵雜著(제4집)』, 「正學統論」 右十章統論誠敬窮理正心, "心者, 一身之主, 萬化之本, 一有不正則, 理不可窮, 而德不可明矣."

[敬以直內] 정심正心과 사악함을 막고 그 성을 보존하는[閑邪存其誠] 성의誠意를 실천함으로써 이치를 궁구하고 덕을 밝힐 수 있음을 강조한 것이라 할 수 있다. 따라서 이러한 이태일의 마음 인식과 실천에 대한 생각은 성誠과 경敬에 대한 공부와 만물에 내재해 있는 이理에 대한 궁구窮究로 표현된 것이라 할 수 있다.

명암 이태일의「태평책가」는 이처럼 이태일의 마음에 대한 성리학적 인식과 몽유가사의 문학적 전통이 만나 만들어진 작품이라 할 수 있다. 다시 말하면 작품에서 나타나는 천상이라는 상상 속 공간과 그 속에서의 여정은 마음의 근원을 찾아가는 수도修道의 과정이며, 성리학적 수양론의 측면에서 현실을 진단하고 현실의 문제를 해결하기 위한 방향을 제시하고자 한 것이라 할 수 있다.

## 4. 근대 전환기 전통지식인의 문학적 상상력과 그 향방

근대 전환기 이태일의「태평책가」는 전대 몽유가사의 형식적 전통을 일부 계승하면서도 자신만의 고유한 상상력을 통해 특유의 꿈속 세계를 형상화하고 있는 작품이다. 특히 전대 몽유가사에서 보여주던 천상 세계와는 달리 다양한 사건과 인물들을 통해 허구적 환상성이 강화된 천상 세계를 구현하고 있다는 점에서 근대 전환기 몽유가사의 변화를 살펴볼 수 있는 작품이기도 하다. 대개 몽유가사에서의 꿈은 작자가 처한 현실과 비현실의 위계를 전도하게 만드는 문학적 장치로 나타나지만, 현실과 완전히 구별된 새로운 세계로의 진입을 의미하는 것은 아니다. 왜냐하면 몽유가사의 꿈은 현실 세계의 또 다른 재현이며, 작자의 현실적 욕망에 의해 구축된 것으로 볼 수 있기

제2부 문학의 마음 339

때문이다. 「태평책가」 또한 이러한 현실과 비현실의 관계상이 가지는 특징적 면모가 잘 드러나는 작품이라 할 수 있다.

香案前이바로들가/계수ᄒ고재배ᄒ니/上帝惻然무르사디/遠路이無事ᄒ양/平身ᄒ고奏ᄒ디/玉體安寧ᄒ시닛가/이經營이몃千年고/네精誠도奇特ᄒ다/나도쏘혼반갑쏘다/틱평ᄒ고볼작시면/그아니됴흘소냥/틱평하고볼작시면/그안이됴흘소냥/듕간긔슈고약ᄒ여/명명쏘혼글르젓다/억됴창싱 원망소리/니엇디모라리오/됴물쏘혼시긔ᄒ니/긔슈뿌리안니로라/천상천ᄒ달을솟양/디공무사긋붓니라/졍딕광명됴흔공논/인간이라비올소냥/먹은마암다말ᄒ여/니의마암편케ᄒ라/디자디인ᄒ신말삼/어예ᄒ여갑푸리오/공경ᄒ고공명ᄒ니/향안다맛비인도다/딕월상뎨무이심이/일로일어ᄒ엿쏘다/디엄디돈ᄒ논자리/분뷰쏘혼기달은이/상뎨다시말삼ᄒ디/돈엄탓고침묵말라/연과사십되어신니/동심공부엇더ᄒ요/천지일시금일이라/다시보기쉬울소냥/빅운상이노퓌누어/인간소식아득ᄒ다/ᄂ만밋고사난사람/니엇디이딜소냥/유시호바리본이/은은소리간간난다/빅교회유ᄒ여난디/만국분운되야이서/천명비록길고기나/엇뎨살고ᄒ여쓰라/쏘혼말드러본이/환과고독다모와셔/탄식ᄒ고탄식ᄒ디/셰샹셰샹고약ᄒ다/몹시ᄒ니잘되고/착게ᄒ니망ᄒ도다/디미디셰다말하여/니계셔셔 밧치오라[28]

위의 인용문은 일월암의 주인이 천상의 상제를 처음 만나는 부분으로, 상제와 주인의 대화로 구성되어 있다. 상제는 주인에게 어지러운 세상과 억조창생億兆蒼生의 원망을 그칠 태평책을 아뢰기를 명하지만, 주인은 지엄지존至嚴至尊한 자리라는 생각에 바로 아뢰지를 못한다. 이에 상제는 인간 세상에 여러 종교가 난립하고 만국萬國이 분운紛紜하여 환과고독鰥寡孤獨들은 세상이

---

28  李泰一, 『國譯 明庵歌辭(제1집)』, 158-162쪽.

고약해졌다 탄식하면서 착하게 살면 망하는 풍조가 세상에 만연하고 있음을 말한다. 결국 이러한 대화는 작가가 바라보는 근대 전환기 조선 사회의 모습을 보여준다고 할 수 있다. 그리고 이러한 상제의 말을 통해 외세의 침략과 외래 종교의 도래에 의해 흔들리는 조선의 모습을 드러낸다는 점에서 작자의 현실인식의 실상을 알 수 있는 부분이다.

> 下界풍연나려보니/一酌슈히도듕이/만국강산으봉이라/흔심ᄒᆞ고가엽ᄒᆞ다/이것ᄯᅩ왜전투ᄒᆞ다/참사람이잇고보면/둔은닷고흔다말가/부귀히도볼거업고/빈천히도겁나잔다/무궁디락모르고서/부욕만드러간다/인의예디무어신고/효뎨충신다업도다/간과육젼됴ᄒᆞᄒᆞ여/듀먹방장되엿쏘다/腐鼠嚇소르기오/死蟻쌘난기미라/富貴榮華그러리요/功名事業아니로다[29]

인용문은 주인이 천상에서 하계 사람들을 바라보며 한탄하는 내용이다. 그가 바라보는 하계는 하찮은 사람들이 부욕富慾 속에 다투며 살아가는 세상이다. 인의예지仁義禮智가 사라지고 효제충신孝悌忠信도 없으며, 다툼과 전쟁이 난무하는 세상이 그가 바라본 인간 세상이었던 것이다. 그는 이러한 세상을 만들어낸 것이 결국 인간의 사욕 때문이라 말한다. 무궁지락無窮至樂을 모르고, 욕심 속에서 창과 방패를 들고 쟁투하는 인간들을 개미와 벌, 죽은 쥐를 탐하는 솔개에 비유한다. 따라서 이러한 하계의 모습은 이태일이 근대 전환기 조선의 상황을 어떻게 바라보고 있는지를 단적으로 보여준다. 즉 그는 이 시기 조선 사회가 겪고 있는 여러 문제들이 결국 인간의 욕망이라는 근원적이며 도덕적인 문제에서 출발한다고 이해하고 있었던 것이다.

또한 이태일은 당대의 사회적 혼란과 인간의 도덕적 타락을 불교나 기독

---

29  李泰一, 『國譯 明庵歌辭(제1집)』, 153-156쪽.

교와 같은 외래 종교가 사람들을 기망欺妄하면서 유교의 도가 쇠락했기 때문이라 인식한다. 주인이 천상세계를 여행하며 만난 이들 중, 불교에 귀의한 자식을 둔 어머니의 하소연이나, 기독교에 빠져 효를 저버린 귀신의 언술에서 작자가 가진 외래 종교에 대한 비판적 인식을 확인할 수 있기 때문이다.[30] 따라서 「태평책가」를 통해 근대 전환기 전통지식인으로서 가질 수밖에 없었던 그의 관념적 현실인식의 한계를 우리는 이해할 수 있게 된다.

> 천성에 따라서 행하면 사람들이 모두 요와 순이 될 수 있고, 천성을 돌이켜서 보존하면 사람들이 모두 탕왕과 문왕이 될 수 있다. 천년 후에 군자는 적은데 소인은 많아서, 세상이 잘 다스려지면 수數에 돌리고 세상이 어지러우면 변變으로 돌리니, 실로 선을 하는 자는 이것이 요와 순이요, 악을 하는 자는 이것이 걸왕과 주왕임을 알지 못하고서 사람과 사람들로 하여금 그 선을 하려는 좋은 마음을 쳐 죽이게 하는구나. 슬프구나! 요와 순은 이미 멀어졌으나 이 도는 요와 순과 더불어 함께 멀어지지 않았고, 탕왕과 문왕은 이미 떠나갔으나 이 도는 탕왕과 문왕과 더불어 함께 떠나가지 않았으며, 공자와 맹자는 이미 가셨으나, 이 도는 공자와 맹자와 더불어 함께 가지 않았다. 아! 지극하고도 크구나![31]

위의 인용문은 「오도설吾道說」의 마지막 부분이다. 이태일은 사람들이 천성을 보존하고 행하면 요순堯舜과 탕왕湯王·문왕文王이 될 수 있다고 말한다. 하지만 고대 성왕의 시대에서 멀어져 버린 뒤에는 사람들이 세상의 흥망을

---

30 전술한 표의 여정 내용을 참조.
31 李泰一, 『國譯 明庵雜著(제4집)』, 「吾道說」, "率性而行之則, 人皆可以爲堯舜, 反性而存之則, 可以爲湯文矣. 千載之下, 君子小而小人多, 世治則, 歸之於數, 世亂則, 歸之於變, 實不知爲善者是堯舜, 爲惡者是桀紂, 而使人人, 戕賊其爲善之良心. 悲夫. 堯舜已遠, 而斯道, 不與堯舜俱遠, 湯文已去, 而斯道, 不與湯文俱去, 孔孟已逝, 而斯道, 不與孔孟俱逝, 於乎. 其至矣大矣."

시세의 운수와 변화의 문제로만 이해한다고 하면서 선을 행하면 요순이 되고, 악을 행하면 걸주桀紂가 됨을 사람들이 알지 못하여 세상이 어지러워졌다고 주장한다. 그리고 고대 성왕과 공맹孔孟은 이미 떠나갔으나 그 도는 지금도 여전히 남아 있다고 함으로써, 도에 대한 올바른 인식과 실천을 강조한다. 이처럼 이태일은 근대 전환기 조선 사회의 혼란을 단순히 시세時勢의 변화로만 이해하고 있었던 것은 아니었으며, 궁극적으로 이러한 혼란이 발생한 것은 사람들이 선이 아닌 악을 행하는 데 있고 도道를 제대로 인식하고 실천하지 않는 데 있다고 보았다. 그리고 이러한 유교의 도가 온전히 복원될 때, 고대 성왕의 시대와 같은 태평성대로 돌아갈 수 있다는 신념을 지녔던 것으로 보인다.

이태일이 「태평책가」를 창작했던 1900년대 초반 조선 사회는 을사늑약에 의한 망국亡國이 점차 눈앞에 다가오고, 서구 근대문명의 강력한 영향 속에 계몽의 열기가 어느 때보다 높아져 있던 시대였다. 이러한 상황에서 전통지식인들의 현실 대응 또한 다양하게 나타날 수밖에 없었는데, 어떤 이들은 개화를 적극적으로 받아들이면서 유학의 개신改新을 추구하기도 하고, 또 다른 이들은 전통 유학을 고수하면서 이를 통해 조선 사회를 수호하고자 하기도 하였다.[32] 이태일은 전형적인 후자의 인물이라 할 수 있다. 그는 비록 작금의 현실을 유학의 도가 점차 쇠미해져 가는 시대로 보았지만, 삶과 죽음, 바탕과 그림자, 음과 양이 늘 함께 존재하는 것처럼 또한 쇠미해지더라도 사라질 수 없는 것이며, 다시 회복하는 때가 올 것으로 인식하였다. 그리고 이러한 도의 회복을 위해서는 유교의 가치와 효용을 개인이 재인식하고, 이

---

32  근대 전환기 한국 유교의 방향과 전통지식인의 유형은 안외순의 논문(「식민지적 근대문명에 대한 한국 유교의 분기와 이념적 지향」, 『동방학』 17, 한서대 동양고전연구소, 2009.)을 참조.

를 실천함이 중요하다고 판단하였던 것으로 보인다. 「태평책가」는 이러한 이태일의 지향의식이 담긴 작품이라 할 수 있다.

하지만 그가 가졌던 이러한 관념적 인식은 근대 전환기 조선 사회에 대한 정확한 진단이라고는 보기 어렵다. 특히 작품에서 국가와 민족의 위기가 이단적 사상과 외래 종교에 의한 것으로 이해하여 불교와 도교에 대한 부정적 인식을 과도하게 표출되고 있는 점은 이러한 한계를 명확히 보여주는 대표적인 사례이다. 따라서 「태평책가」는 근대 전환기 전통지식인이 가진 현실인식의 한계를 일부 노정하고 있는 작품임은 부정할 수 없으며, 이에 「태평책가」 또한 새로운 시대를 알리는 작품은 되지 못하였던 것으로 평가할 수 있다. 그러나 「태평책가」는 외세의 침탈과 중세적 질서의 몰락을 몸소 경험하면서 이러한 문제들을 어떻게 해결해 나가야 할 것인가에 대한 당대 전통지식인의 치열한 문제의식[33]을 문학적 상상력을 통해 담아냈었다는 점에서 그 나름의 의미와 가치를 찾을 수 있다.

## 5. 결론

본고에서는 명암 이태일의 문집에 남겨져 있는 여러 기록들을 통해 그의 마음 인식을 살펴본 후, 「태평책가」에 나타나는 마음 형상의 특징적 모습들을 구체적으로 파악해보고자 하였다. 그리고 이러한 논의를 발판으로 근대 전환기 전통지식인의 문학적 상상력과 그 향방을 논의해 보고자 하였다. 따라서 본고의 이러한 문제의식과 그 성과는 이후 명암 이태일의 사상과 문학

---

33 이러한 문제의식 속에는 현실에 대한 비판적 인식과 전근대적 가치의 복원 및 대안적 사회 모형에 대한 고민들이 모두 포함된다.

세계를 해명하는 데 일정 부분 기여할 수 있을 것으로 판단된다.

 명암 이태일의 「태평책가」는 그의 마음에 대한 성리학적 인식과 몽유가사의 문학적 전통이 만나 만들어진 작품이었다. 그리고 작품에 나타나는 천상이라는 상상 속 공간과 그 속에서의 여정은 마음의 근원을 찾아가는 수도修道의 과정이라 할 수 있으며, 근대 전환기 조선 사회의 혼란을 해결하기 위한 대안을 성리학적 수양론의 관점에서 제시하고자 한 것으로 파악된다. 그러나 이 작품은 근대 전환기라는 역사적 변혁기 속에서 전통지식인이 지닐 수밖에 없었던 현실 인식의 한계를 노정하고 있기도 하다. 또한 새로운 시대를 알리는 작품도 되지 못하였던 것도 사실이다. 하지만 외세의 침탈과 중세적 질서의 몰락을 몸소 경험하면서 이러한 문제들을 어떻게 해결해 나가야 할 것인가에 대한 당대 전통지식인의 치열한 문제의식이 문학적 상상력과 결합하여 표현된 작품이라는 점은 평가되어야만 한다. 이러한 측면에서 「태평책가」를 단지 구시대적인 가치관에 매몰된 작품으로 치부하거나, 근대라는 역사의 흐름을 거부하는 퇴행적인 작품으로 바라보는 시각을 이제는 재고할 필요가 여기에 있다.

## 참고문헌

이태일, 『(國譯)明庵全書』, 대보사.

안외순, 「식민지적 근대문명에 대한 한국 유교의 분기와 이념적 지향」, 『동방학』 17, 한서대 동양고전연구소, 2009.
이규호, 「夢遊歌辭의 形成過程 始考」, 『국어국문학』 89, 국어국문학회, 1983.
이동영, 「李明庵의 歌辭」, 『도남학보』 2, 도남학회, 1979.
전병욱, 「退溪와 栗谷의 心統性情說」, 『율곡사상연구』 29, (사)율곡연구원, 2014.
정병석·이오륜, 「명암 이태일의 역학관」, 『민족문화논총』 79, 영남대학교 민족문화연구소, 2021.
조유영, 「<태평책가>의 서술 방식과 명암 이태일의 현실 인식」, 『국어교육연구』 78, 국어교육학회, 2022.
\_\_\_\_, 「근대전환기 명암가사 <태평책가>의 환상성과 그 의미」, 『문화와 융합』 45-8, 한국문화융합학회, 2023.
\_\_\_\_, 「명암가사 <오도가>의 도통 형상과 그 의미」, 『한국문학논총』 83, 한국문학회, 2019.
최은숙, 「몽유가사의 '꿈' 모티프 변주 양상과 <길몽가>의 의미」, 『한국시가연구』 31, 한국시가학회, 2011.
한국국학진흥원소장 국학자료목록집, 『벽진이씨 명암고택』, 2012.

## 집필진 소개(게재순)

**정우락**鄭羽洛은 경북대학교 국어국문학과를 졸업하고, 같은 학교 대학원에서 석사 및 박사 학위를 받았다. 중국 북경대학 방문학자를 지낸 바 있으며, 경북내학교 노서관장을 역임하였다. 현재 경북대학교 국어국문학과 교수로 재직하고 있다. 주로 영남학파 및 한국문학사상과 동아시아한문학에 대해서 연구하고 있다. 저서로는 『남명학파의 문학적 상상력』(역락, 2009), 『모순의 힘 : 한국 문학과 물에 관한 상상력』(경북대학교출판부, 2019) 등이 있으며, 논문으로는 「구곡원림九曲園林의 양상과 경북 구곡의 문화사적 의미」(유교사상문화연구, 2019) 등 다수가 있다.

**김종구**金鍾求는 경북대학교 대학원 국어국문학과에서 박사 학위를 받았다. 남명학연구원 사무국장·수석연구원을 역임하였으며, 현재 동국대학교 WISE캠퍼스 불교사회문화연구원 전임연구원으로 재직하고 있다. 퇴계·남명 학파의 풍류·기행 문화와 심心의 문학적 형상화에 대해 연구하고 있다. 저서로는 『남명학과 현대 사회』(공저, 역락, 2015), 『한국 고전문학과 문화어문학』(공저, 역락, 2018), 『합천지역의 남명학파』(공저, 예문서원, 2019) 등이 있다.

**신소윤**申所潤은 경북대학교 국어국문학과를 졸업하고, 같은 학교 대학원에서 박사 과정을 수료하였다. 현재 경북대학교 교양교육센터 강사로 재직하고 있다. 주로 조선시대 문인들과 그 작품에 나타나는 주체와 객체의 문제에 관심을 가지고 공부하고 있다.

**백운용**白雲龍은 경북대학교 국어국문학과를 졸업하고, 같은 학교 대학원에서 박사 과정을 수료하였다. 현재 경북대학교 국어국문학과 강사로 재직하고 있다. 저서로는 『사천가에 핀 충효 쌍절, 청송 불훤재 신현 종가』(예문서원, 2017), 『창선감의록 (역서)』(박이정, 2019), 『기락편방(역서)』(지만지한국문학, 2024) 등이 있고, 논문으로는 「대구지역 九曲과 한강 정구」(퇴계학과 전통문화, 2016), 「'景物詩'를 통해 본 龜巖 李楨 詩作의 향방」(영남학, 2022) 등이 있다.

**송현자**宋賢子는 고려대학교 국어교육과를 졸업하고, 안동대학교 한문학과에서 석사 학위를, 같은 대학교 국어국문학과에서 고전문학 박사 학위를 받았다. 중고등학교에서 31년간 재직하다가 안동고등학교에서 퇴직하였다.

**이난수**李蘭洙는 성균관대학교 동양철학과에서 박사 학위를 받았다. 경북대학교에서 박사후연구과정을 밟았으며, (사)인문예술연구소에 선임연구원, 조선대학교 우리철학연구소 전임연구원, 한국전통문화대학교 한국철학연구소 전임연구원, 세종대학교와 조선대학교 강사를 역임하였다. 현재 한국전통문화대학교 한국철학연구소에 학술연구교수로 재직하고 있다.

**김소연**金昭延은 경북대학교 국어국문학과를 졸업하고, 같은 학교 대학원에서 박사 과정을 수료하였다. 현재 경북대학교 국제교류처 국제교류과 강사로 재직하고 있다. 주로 안동 도산서원을 소재로 창작된 문학작품에 관심을 가지고 공부하고 있다. 논문으로 「퇴계 이황의 도산서당 시에 나타난 공간감성과 그 의미」(『동양한문학연구』 63, 동양한문학회, 2022) 등이 있다.

**김선영**金先英은 안동대학교 민속, 한문학을 전공하고, 경북대학교 국어국문학과 대학원에서 박사 과정을 수료하였다. 현재 한국국학진흥원 학예연구사로 근무하고 있다. 주로 영남학파의 사상과 문학경관에 관심을 가지고 연구를 하고 있다.

**최은주**崔恩珠는 경북대학교 대학원 국어국문학과에서 박사 학위를 받았다. 경북대학교 영남문화연구원 연구원, 경북대학교 강사를 거쳐, 현재 한국국학진흥원 책임연구위원으로 재직하고 있다. 주로 영남지역 문인과 그들이 문학작품을 생성한 공간에 관심을 가지고 연구하고 있다. 저서로는 『한국 고전문학과 문화어문학』(공저, 역락, 2018), 『와룡에서 품은 큰 뜻, 안동 백담 구봉령 종가』(경북대학교출판부, 2022), 『낙동강과 문화어문학』(공저, 역락, 2022) 등이 있다.

**조유영**曺有泳은 경북대학교 대학원 국어국문학과에서 박사 학위를 받았다. 경북대학교 대학원 국어국문학과에서 연구교수를 역임한 바 있으며, 현재 제주대학교 사범대학 국어교육과 교수로 재직하고 있다. 주로 조선시대 시가 문학에 관심을 가지고 꾸준히 공부하고 있으며, 최근에는 근대 전환기 시가 문학의 가치와 의의를 규명하는 데 집중하고 있다. 주요 저서로는 『한국 고전문학과 문화어문학』(공저, 역락, 2018), 『대구 공간과 문화어문학』(공저, 역락 2019), 『낙동강과 문화어문학』(공저, 역락, 2022) 등이 있다.

**엮은이_한국문학사상연구실**

한국문학사상연구실은 경북대학교 대학원 국어국문학과에서 한국문학사상을 연구하는 사람들로 구성되어 있다. 문학사상은 문학에 관한 사상, 문학에 나타난 사상, 문학에 작동하는 사상을 포괄한다. 문학과 철학을 넘나들며 문학의 본질을 탐구하는 것을 연구의 제일의第一義로 삼는다. 이 연구실에서는 『심경』과 『삼국유사』 등 동양고전을 두루 읽으며 한국문학 독해의 기반을 다지고, 여기서 더 나아가 문학 연구가 인문학에 기능하는 점을 심도 있게 다룬다.

## 마음의 문학, 문학의 마음
― 『심경』과 문학의 상관성 ―

초판 1쇄 인쇄　2025년 2월 14일
초판 1쇄 발행　2025년 2월 24일

지 은 이　정우락 외
엮 은 이　한국문학사상연구실
펴 낸 이　이대현

편　　집　이태곤 권분옥 임애정 강윤경
디 자 인　안혜진 최선주 강보민
마 케 팅　박태훈

펴 낸 곳　도서출판 역락
주　　소　서울시 서초구 동광로 46길 6-6(반포4동 문창빌딩 2F)
전　　화　02-3409-2060(편집부), 2058(영업부)
팩　　스　02-3409-2059
등　　록　1999년 4월 19일 제303-2002-000014호
이 메 일　youkrack@hanmail.net
역락홈페이지 http://www.youkrackbooks.com

ISBN　979-11-6742-906-3　93810

＊ 사전 동의 없는 무단 전재 및 복제를 금합니다.
＊ 정가는 뒤표지에 있습니다.